Jesus Christus
die
Manifestation Gottes

Das Jesusbild der Bahá'í-Religion

Zusammengestellt aus den Schriften

*Bahá'u'lláhs, 'Abdu'l-Bahás,
Shoghi Effendis und des
Universalen Hauses der Gerechtigkeit*

und mit einem Kommentar versehen
von

Sören Rekel

www.tredition.de

© 2015 Sören Rekel

Mit Originaltexten von:
*Bahá'u'lláh, 'Abdu'l-Bahá, Shoghi Effendi
und dem Universalen Haus der Gerechtigkeit*

Verlag: tredition GmbH, Hamburg

ISBN
Paperback: 978-3-7323-2999-1
Hardcover: 978-3-7323-3000-3
e-Book: 978-3-7323-3001-0

Printed in Germany

Das Werk, einschließlich seiner Teile, ist urheberrechtlich geschützt. Jede Verwertung ist ohne Zustimmung des Verlages und des Autors unzulässig. Dies gilt insbesondere für die elektronische oder sonstige Vervielfältigung, Übersetzung, Verbreitung und öffentliche Zugänglichmachung.

In Liebe meinen Eltern gewidmet

Inhaltsverzeichnis

Vorwort (*Ulrich Gollmer*) — S. 3

Vorwort des Verfassers — S. 7

1. Erster Teil – Grundlagen des Jesusbildes — S. 15
Einführende Bemerkungen zur Bahá'í-Religion

   1.1. Wer sind die Bahá'í? – Eine Kurzeinführung — S. 17

   1.2. Vorbemerkungen zu den Quellen des Jesusbildes — S. 26

2. Zweiter Teil – Quellen des Jesusbildes — S. 37
Eine Textzusammenstellung aus dem Bahá'í-Schrifttum

   2.1. Quellen des Jesusbildes – Aus dem Bahá'í-Schrifttum — S. 39

   2.2. Nachweis der zitierten Verse aus Bibel und Koran — S. 231

3. Dritter Teil – Kommentar zum Jesusbild — S. 265
Grundaussagen – Deutungszusammenhänge – Besonderheiten

   3.1. Verheißung und Verkündigung — S. 267

   3.2. Geburt und Stufe Jesu — S. 274

   3.3. Leben und Wirken Jesu — S. 291

   3.4. Lehre und Ethik Jesu — S. 309

   3.5. Tod und Auferstehung Jesu — S. 341

   3.6. Nachfolge und Ankündigung — S. 370

Nachwort des Verfassers — S. 403

Nachwort (*Urs Baumann*) — S. 411

Literatur- und Quellenverzeichnis — S. 415

Stichwortverzeichnis — S. 421

Vorwort

So sehr die Bahá'í am interreligiösen Dialog interessiert sind: Direkte Bezüge zu zentralen Inhalten des christlichen Glaubensverständnisses fehlen in den letzten 40 Jahren im deutschen Sprachraum fast völlig.[1] Die vorliegende Arbeit ist darauf gerichtet, diese Lücke bewusst zu machen und eine Fülle von Material für ihre Bearbeitung bereitzustellen.

Dass es diese Lücke gibt, muss zweifach erstaunen: Zunächst sind biblische Bezüge in der [Bahá'í-]Schrift[2] von Anfang an zahlreich. Dies gilt nicht nur für Texte Bahá'u'lláhs, die sich an Adressaten christlichen Bekenntnisses richten,[3] sondern bereits für so frühe Zeugnisse wie die mystische Schrift ‚Edelsteine göttlicher Geheimnisse' und das ‚Buch der Gewissheit', den Text, der die „zentralen theologischen Fragen" (Shoghi Effendi) des Bahá'í-Glaubens behandelt. Dazu kommt, dass die Gläubigen der frühen deutschen Bahá'í-Gemeinde zuvor fast ausnahmslos gläubige Christen (oft pietistischen Zuschnitts) und zutiefst an der ‚richtigen' Deutung der Glaubensinhalte ihrer Herkunftsreligion interessiert waren. Gerade in den ersten Jahrzehnten erfolgten Rezeption und Verbreitung der Bahá'í-Religion daher vorwiegend im Kontext „christlicher" Fragestellungen. Eine der noch in den 1960er und 70er Jahren meistrezipierten Textsammlungen, 'Abdu'l-Bahás ‚Beantwortete Fragen'[4], enthält nicht weniger als siebenundzwanzig Kapitel, die sich unmittelbar mit biblischen und christlichen Themen befassen.

---

[1] Zu den wenigen Ausnahmen zählt eine kleine Auswahl von Texten 'Abdu'l-Bahás mit dem Titel ‚Christ sein heißt...'.
[2] D.h. den Offenbarungstexten Bahá'u'lláhs und deren autoritativer Auslegung durch 'Abdu'l-Bahá und Shoghi Effendi.
[3] Wie an Papst Pius IX., an Zar Alexander II., Königin Viktoria, Napoleon III. oder den Empfänger des ‚Sendschreibens an die Christen'.
[4] 1929 erstmals in Buchform veröffentlicht, 1953 in zwei Bänden und in neuer Übersetzung erschienen, 1962 abermals völlig neu übersetzt und seither in zahlreichen Auflagen nachgedruckt. Eine revidierte englische Übersetzung wurde 2015 publiziert.

Vielleicht sind es vor allem zwei Gründe, die für diese Leerstelle in der inhaltlichen Auseinandersetzung verantwortlich waren: In der öffentlichen Diskussion der letzten Jahre hatten christliche Themen nicht mehr den früheren Stellenwert und waren deshalb wohl auch in der Bahá'í-Gemeinde nicht mehr so virulent; und im unmittelbaren Dialog mit Vertretern der christlichen Kirchen ging es eher darum, die Vorstellungen und Ziele der Bahá'í zu erläutern und gravierende Missverständnisse darüber auszuräumen. Gerade in der letzten Zeit sind hier erfreuliche Fortschritte zu verzeichnen,[5] so dass auch andere Fragen wieder in den Fokus des gemeinschaftlichen Dialogs treten können.

Was die Arbeit Sören Rekels weit über eine bloße Materialsammlung hinaushebt, ist nicht allein ihr Umfang und die offenkundige Akribie der Recherche: Es ist zum einen die synthetische Leistung, die verstreuten Schriftaussagen zunächst aus christlicher Perspektive zu ordnen und sodann unter derselben Perspektive zusammenfassend zu diskutieren. Für den christlichen Leser eröffnet dies einen Zugang zum Bahá'í-Schrifttum auf (relativ) vertrautem Terrain, für den Bahá'í die Überraschung, das scheinbar Vertraute im fremden Spiegel zu sehen, einen Einblick in die religiöse Denkwelt seines Gegenüber. Zum anderen ist das Projekt, ‚den Bahá'í-Jesus' in der [Bahá'í-]Schrift zu finden, Teil der nachbiblischen und zugleich der nachkoranischen Exegesegeschichte des Neuen Testaments, ein reflexiver Brückenschlag über viele Jahrhunderte, Zeugnis der bleibenden Bedeutung seiner zentralen Heilsgestalt[6] –und damit weit mehr als eine nur historische Reminiszenz, mehr als der bloße Nachhall einer vergangenen Epoche im heilsgeschichtlichen Prozess der ‚fortschreitenden Offenbarung'.

---

[5] Hier ist vor allem zu nennen: F. Eißler – J. Schnare (Hrsg.), Bahai. Religion, Politik und Gesellschaft im interreligiösen Kontext, EZW-Texte 233, Berlin 2014.

[6] „Von den Tagen Adams bis zur Zeit Christi sprach man wenig vom ewigen Leben und den allumfassenden himmlischen Vollkommenheiten. Dieser Baum des Lebens war die Stufe der Wirklichkeit Christi: Mit Seiner Offenbarung wurde er gepflanzt und mit ewigen Früchten geschmückt." ('Abdu'l-Bahá, Beantwortete Fragen, S. 126.)

Es ist zu hoffen, dass diese Arbeit den Auftakt zu einer erneuten ernsthaften Beschäftigung mit christlichen Inhalten darstellt. Weitere Untersuchungen sollten sich auch der Frage widmen, in welchem Kontext die jeweiligen Aussagen der Schrift stehen: worauf die Aussage zielte, wer der Adressat war, welche Glaubensvorstellung er mitbrachte, ggf. auf welche Frage geantwortet wurde. Nur so kann man den weiteren Fragen näherkommen, inwieweit die jeweilige Schriftaussage lediglich das Vorverständnis des Adressaten aufgreift, wo sie sich bewusst davon absetzt und wo explizit Sachaussagen intendiert sind. Bezieht man derart den dialogischen Charakter der Texte mit ein, dann wird sich das Jesus-Bild der [Bahá'í-]Schrift höchst wahrscheinlich noch weiter differenzieren.

Ulrich Gollmer

Vorwort des Verfassers

„Viele haben es schon unternommen, Bericht zu geben von den Geschichten, die unter uns geschehen sind"[7], so lässt der Evangelist Lukas seine Darstellung der Geschehnisse um den Zimmermann Jesus aus Nazareth beginnen. Wie er selbst festhält, ist er schon zu diesem Zeitpunkt keinesfalls der Einzige, der den Versuch unternimmt, eine der außergewöhnlichsten Persönlichkeiten der Religionsgeschichte in ihrem Wirken angemessen zu würdigen und ihr damit ein bleibendes Vermächtnis zu attestieren. Seit den Tagen der Evangelisten hat die Begeisterung für die Person Jesu nicht nachgelassen und noch heute bekennen sich Milliarden Menschen zu ihm. Heutzutage gewinnt man allerdings im Gegenzug als interessierter Laie auch leicht den Eindruck, es gebe mehr Jesusbilder als Kirchen. Häufig können sich nicht einmal zwei Gläubige derselben Konfession in allen Punkten einigen. Nicht vergessen seien auch die zahlreichen Versuche, Jesus in unterschiedlichster Weise für die Esoterik oder die fernöstliche Spiritualität nutzbar zu machen. Dennoch halte ich es gerade in der heutigen Zeit für notwendig, aus dem Schrifttum der Bahá'í-Religion ein Jesusbild zusammenzustellen, das in seinen Facetten und Deutungszusammenhängen unter den vielen neuzeitlichen Beschäftigungen mit der Person Jesu heraussticht. Denn es handelt sich hierbei nicht um eine der zahlreichen in strengeren oder im freieren Sinne an der Leben-Jesu-Forschung orientierten persönlichen und für den ausgebildeten Kleriker großteilig absurden Darstellungen Jesu oder eine der unterschiedlich konnotierten kirchlichen Christologien, sondern um ein außerchristliches Christus- und Glaubenszeugnis. Die Frage erscheint berechtigt, was die Bahá'í mit Jesus ‚zu schaffen' haben und was er dieser Religionsgemeinschaft trotz einer eigenen Offenbarung, die sie für sich in Anspruch nimmt, noch ‚zu sagen' haben könnte. Diese Arbeit soll nicht alle auftretenden Fragen klären, aber sie soll eine Grundlage liefern, damit sich innerhalb und außerhalb der Bahá'í-Welt fundiert über solche Fragen im Kontext der Bahá'í-Lehre und ihrer Bezugspunkte in der christlichen und der islamischen Tradition Gedanken gemacht werden können.

---

[7] Lukas 1:1.

Ziel soll es sein, aus dem vorhandenen Schrifttum der Baha'i-Religion, d.h. den Schriften Bahá'u'lláhs, 'Abdu'l-Bahás, Shoghi Effendis und des Universalen Hauses der Gerechtigkeit, ein Bild dessen zu zeichnen, was das Bahá'í-Schrifttum über die Person Jesu und ihr Wirken in der Welt zu sagen hat, und dies in einer strukturierten Gesamtbetrachtung zusammenzufassen. Insbesondere wird hierbei Wert darauf gelegt, kritische oder unklare Textstellen, die eines Abgleichs mit den traditionellen Deutungsansätzen des Christentums und des Islams bedürfend, in ihrem Kontext zu betrachten und die besonderen Charakteristika der Bahá'í-Sicht im Vergleich herauszuarbeiten. Fragen nach der Glaubwürdigkeit der biblischen Berichte, der Bedeutung Jesu für die Bahá'í-Religion, der Kernpunkte seiner Lehre, seines Wirkens und seiner Lebensführung, nach Kreuzigung, Tod und Auferstehung sollen hierbei im Vordergrund stehen und ein konsistentes Bild des „Bahá'í-Jesus" im Kontext der Bahá'í-Lehre zeichnen.

Einen Anstoß hierzu hat der katholische Theologe Prof. Dr. Urs Baumann in seinem Gastbeitrag[8] für die Festschrift zum 100jährigen Jubiläum der Bahá'í-Gemeinde in Deutschland gegeben. Hierin beschrieb er aus seiner persönlichen, durchaus kritischen Sicht, sein Verhältnis zu den Bahá'í-Schriften und Bahá'u'lláh. In diesem Zuge gab er damals der Bahá'í-Gemeinde die Aufforderung mit auf den Weg, „im Horizont ihres universalistischen Religionsverständnisses die heilsgeschichtliche Rolle Jesu theologisch neu zu verhandeln"[9]. Gemeint ist damit freilich nicht, dass die Bahá'í Jesus „als die universale Heilsgestalt akzeptieren"[10] sollten, sondern stattdessen das aus dem vorhandenen Schrifttum stärker herausarbeiten, was den Bahá'í-Jesus zu einer eigenständigen Gestalt neben den eigenen

---

[8] U. Baumann, Gemeinsame Wege zum Gespräch zwischen Christen und Bahá'í, in: NGR Deutschland (Hrsg.), 100 Jahre Deutsche Bahá'í-Gemeinde. 1905-2005, Hofheim 2005, S. 192-201.

[9] U. Baumann, Gemeinsame Wege zum Gespräch zwischen Christen und Bahá'í, in: NGR Deutschland (Hrsg.), 100 Jahre Deutsche Bahá'í-Gemeinde. 1905-2005, Hofheim 2005, S. 201.

[10] U. Baumann, Gemeinsame Wege zum Gespräch zwischen Christen und Bahá'í, in: NGR Deutschland (Hrsg.), 100 Jahre Deutsche Bahá'í-Gemeinde. 1905-2005, Hofheim 2005, S. 200.

Religionsstiftern Báb und Bahá'u'lláh macht. In diesem Zusammenhang bliebe „die entscheidende Frage, die sich im Übrigen auch der christlichen Theologie mit zunehmender Dringlichkeit stellt, ... als Anfrage an die Bahá'í bestehen: Was ist die bleibende Bedeutung des Jesus von Nazareth über seine und unsere Zeit hinaus? Was hat er den Menschen über die Reichweite christlicher Religion hinaus zu sagen? Was ist seine universale Botschaft an die Menschheit?"[11]

Dieses Buch soll einen bescheidenen Beitrag dazu leisten, diese und andere Fragen zu klären, oder ihnen, wo dies nicht ohne Weiteres möglich ist, zumindest eine Diskussionsgrundlage zu schaffen, denn die Aussagen des Bahá'í-Schrifttums von und über Jesus sind großflächig über nahezu sämtliche übersetzten Werke verstreut. Ein geschlossenes, kanonisches Werk, das in autoritativer Weise die Person Jesu behandelt hätte, existiert im Schriftenkanon der Bahá'í-Religion nicht. Insofern ist ein wesentlicher Anspruch des vorliegenden Werkes, diese Lücke zu schließen und sämtliche auf Jesus verweisenden Zitate in einem Kompendium zusammenzufassen. Dass dies zum gegenwärtigen Zeitpunkt nicht vollständig gelingen kann mag auch daran liegen, dass es zudem noch tausende von unübersetzten Schriftstücken im Archiv in Haifa lagern, die mir nicht zugänglich waren. Dass die Anordnung der Zitate sicherlich ebenfalls diskutabel ist, liegt auf der Hand. Ein solches Werk kann und muss immer revisionsoffen bleiben[12].

Im Zuge der Bearbeitung wurden leichte Veränderungen am Originaltext vorgenommen, dies jedoch immer in erkennbarer Weise und nur zu dem Zweck, den Lesefluss nicht zu beeinträchtigen. Zu diesem Zweck sind auch grundsätzlich alle Auszüge aus dem Bahá'í-Schrifttum in die Neue Deutsche Rechtschreibung übertragen

---

[11] U. Baumann, Gemeinsame Wege zum Gespräch zwischen Christen und Bahá'í, in: NGR Deutschland (Hrsg.), 100 Jahre Deutsche Bahá'í-Gemeinde. 1905-2005, Hofheim 2005, S. 201.

[12] Eine erste Neubewertung muss sich zwangsläufig aus der neu übersetzten und revidierten Neuauflage von 'Abdu'l-Bahás ‚Beantworteten Fragen' ergeben, die in diesem Buch leider (noch) nicht mit aufgenommen werden konnte: 'Abdu'l-Bahá, Some Answered Questions. Newly Revised Edition, Haifa 2015.

worden. An einigen Stellen finden sich in eckige Klammern gesetzte Ergänzungen: [Beispiel]. Teilweise wird hierdurch der Satzbau angepasst, da es sich zum Beispiel um einen Nebensatz handelte, der aus sich selbst heraus nicht verständlich und auch in dieser Formulierung nicht flüssig lesbar gewesen wäre. Teilweise handelt es sich auch um Einfügungen, die Erklärungen hinzufügen, die sich außerhalb des zitierten Abschnittes finden und ohne die die Aussage des Satzes nicht verständlich gewesen wäre. Auslassungen sind ebenfalls erfolgt, wenn die ausgelassenen Stellen nicht in den Kontext gehörten. Dies äußert sich auf zweierlei Weise: Bei größeren Abschnitten in der Form eckiger Klammern: [...]. In diesen Fällen wurde meist aus größeren, zusammenhängenden Texten zitiert, in denen unterschiedlichste Themen behandelt wurden, die entweder zum Teil anderen Kategorien innerhalb dieser Textzusammenstellung zugehörig gewesen wären, zum Teil aber auch völlig andere Themen behandelten. Insofern kann es passieren, dass Abschnitte aus derselben Ansprache gestückelt an verschiedenen Stellen in der Sammlung auftauchen. Bei kleineren Auslassungen von einzelnen Wörtern erfolgt dies durch eine Folge von drei kleinen Punkten: ... In diesem Fall ändert sich sehr wenig an der Textvorlage, da nur einzelne Wörter, kurze Nebensätze oder erklärende Zusätze im Zitat selbst (z.B. der arabische Name Yaḥyá für Johannes den Täufer) entfernt wurden. Die Auslassungen lassen sich anhand des Quellenverzeichnisses mühelos nachprüfen. Einige Texte mussten aus dem Englischen übertragen werden, insbesondere trifft dies auf die Zusammenstellung ‚Lights of Guidance' von Helen Hornby und auf die ‚Promulgation of Universal Peace', eine Zusammenstellung der Ansprachen, die 'Abdu'l-Bahá auf seinen Amerika-Reisen hielt, zu. In diesen Fällen sind die entsprechenden Textstellen mit zwei Sternen ** markiert, um anzuzeigen, dass es sich hierbei um eigene, provisorische Übersetzungen des Verfassers handelt, die noch nicht von der Bahá'í-Gemeinde bestätigt worden sind. Trotzdem haben sich die Übersetzer selbstverständlich nach Kräften bemüht, den hohen Maßstäben gerecht zu werden, die an die Wiedergabe der Worte Bahá'u'lláhs, 'Abdu'l-Bahás, Shoghi Effendis und des Universalen Hauses der Gerechtigkeit angelegt werden.

Meine Hoffnung ist, dass sich mit dieser Textzusammenstellung, den daran anschließenden Bibelzitaten mit Querverweisen auf die

Bahá'í-Zitate und dem Stichwortverzeichnis jeder und jede einen umfassenden Eindruck dessen machen kann, was das Bahá'í-Schrifttum über Jesus von Nazareth, sein Leben, seine Lehre und seine Bedeutung für die Menschheit zu sagen hat. Grob lassen sich die Zitate in sieben größere Gruppen einteilen, die jeweils einen eigenen thematischen Schwerpunkt bilden. Mit den Prophezeiungen des Alten Testaments beschäftigen sich unter dem Oberbegriff ‚Verheißung und Verkündigung' die Zitate 1 bis 15. Die ‚Geburt und Stufe Jesu', die Umstände seiner Zeugung und die höhere Theologie haben die Zitate 16 bis 40 zum Thema. Das ‚Leben und Wirken Jesu', seine Wirkung auf die Welt und vor allem seine Anhänger und Gegner behandeln die Zitate 41 bis 136, wohingegen die Worte, die ‚Lehre und Ethik Jesu', Hauptthema der Zitate 137 bis 229 sind und maßgeblich die Bahá'í-Sicht auf den christlichen Erlösungsweg, die Modelle eines gottgefälligen Lebensstils sowie die Deutungen christlicher Vorstellungen von Taufe und Abendmahl ausführen. Den großen Komplex um ‚Tod und Auferstehung Jesu', die Rekonstruktion der Passionsgeschichte und die Deutung des Opfers Christi decken die Zitate 230 bis 266 ab. Schließlich widmen sich die Zitate 267 bis 305 der Zeit nach dem Tod Jesu und beschreiben Pfingstereignis, Mission und Entwicklung der Kirche; ebenso die Prophezeiungen Jesu über das Kommen seines Nachfolgers. Diese Kategorie mit dem Titel ‚Nachfolge und Ankündigung' rundet die Textzusammenstellung ab und ergänzt es um den Bereich, der insbesondere im Hinblick auf die nachfolgende Offenbarung Bahá'u'lláhs in der Vergangenheit den höchsten Stellenwert im Schrifttum der Bahá'í-Gelehrtenwelt hatte. Im Anschluss findet sich zudem mit den Zitaten 306 bis 315 noch eine kurze Zusammenfassung der Sicht der Bahá'í-Religion auf die Bibel als Heilige Schrift.

All diese gesammelten Zitate, die bisher über dutzende Werke verstreut und bei Weitem nicht alle ins Deutsche übersetzt waren, sind bewusst in einer Form zusammengestellt worden, die keinen Unterschied zwischen den einzelnen Autoren macht, sondern thematisch alle vorhandenen Textstellen auflistet. Durch die beigefügten Quellenangaben lassen sich jedoch auch Rückschlüsse über die Schwerpunkte der einzelnen Autoren bei ihrer Darstellung Jesu ziehen und die weitere Beschäftigung mit den Aussagen erleichtern. Denn ein wesentlicher Anspruch dieses Werkes ist, einen Beitrag zum Dialog zwischen Christen und Bahá'í leisten. Daher sei an dieser Stelle der Aufruf gestattet, die enthaltene Textzusammenstellung ausgiebig zu zitieren und sowohl im direkten Gespräch als auch in der Schreibarbeit die Vorteile auszunutzen, die der Umstand bietet, dass die Jesuszitate des Bahá'í-Schrifttums nun gesammelt und geordnet in einem einzigen Werk vorliegen.

Um die Arbeit an den Themen weiter zu vereinfachen und die nicht immer einwandfrei einer Kategorie zuordenbaren Zitate in einen übergreifenden Sinnzusammenhang zu stellen, folgt der bereits beschriebenen Textsammlung ein umfassender Kommentar. Dieser soll nicht nur die Aussagen zu Jesus ordnen und zusammenfügen, sondern außerdem für die Kontextualisierung innerhalb der Bahá'í-Lehre sorgen. Dem Anspruch und dem subjektiven Eindruck des Verfassers nach sollte es möglich sein, aus dem Kommentar heraus einen grundlegenden Einblick in die Lehren Bahá'u'lláhs zu gewinnen, ohne dass sie tatsächlich Thema dieses Werkes gewesen wären. Alle wesentlichen Lehren der Bahá'í, vom Gottesbild über das Gesellschaftsmodell bis hin zu metaphysischen Themen, lassen sich in irgendeiner Weise mit dem Jesus der Evangelien in Zusammenhang bringen und aus dem Neuen Testament heraus deuten. Insofern mögen manchen christlichen Leser die Bibelauslegungen der Bahá'í-Autoritäten womöglich überraschen, da sie im traditionellen christlichen Kontext keine umfassende Würdigung und Rezeption erfahren haben, doch geben sie gleichsam einen Blick darauf frei, wie man die Evangelien theoretisch auch lesen könnte.

Insofern hoffe ich, Herrn Prof. Dr. Baumann einige seiner Fragen mit diesem oder durch dieses Werk beantworten und einen bescheidenen Beitrag leisten zu können, um dem interreligiösen Gespräch zwischen Christen und Bahá'í eine solidere Textgrundlage und neuen Schwung zu geben.

Dank sagen möchte ich insbesondere meinen Eltern, die mich mit ihrer liebevollen Unterstützung durch mein Leben begleitet haben. Ebenfalls danken möchte ich Herrn Prof. Dr. Andreas Grünschloß und Herrn Dr. Fritz Heinrich, die meine Bachelorarbeit betreuten, auf der dieses Buch basiert. Des Weiteren danke ich meinen

Korrekturlesern Christa Bauermeister, Faide Faridani, Roman Kirk und Hanke Tammen, die inhaltlich viel dazu beigetragen haben, diese Arbeit zu bereichern. Ganz besonders danke ich meiner Freundin Hanna für die zahlreichen Einweisungen in diverse Funktionen von Schreibprogrammen und in die Online-Benutzeroberfläche des Verlags, aber noch viel mehr für den Buchsatz. Für seinen ermutigenden Zuspruch, sein Interesse und seine zahlreichen Hinweise gebührt Ulrich Gollmer ebenfalls ein hohes Maß an Dank und Anerkennung. Umso mehr freue ich mich, dass er ein Vorwort für dieses Werk verfasst hat. Ebenfalls in diesem Zusammenhang erwähnen möchte ich Herrn Prof. Dr. Urs Baumann, der nicht nur den Anstoß zu diesem Werk und den roten Faden beigesteuert hat, sondern ebenfalls ein Nachwort verfasst hat. Allen, die mich während der Arbeit an diesem Buch begleitet haben, gebühren mein Respekt und meine Dankbarkeit!

Sören Rekel

Erster Teil

Grundlagen des Jesusbildes

Einführende Bemerkungen
zur Bahá'í-Religion

1.1. Wer sind die Bahá'í? – Eine Kurzeinführung

Die Bahá'í-Religion ist nach inzwischen weitgehend einhelliger Meinung der religionswissenschaftlichen Fachwelt[13] als einer der jüngeren Zweige der sogenannten Universal- oder Weltreligionen zu begreifen. Statistisch gibt es Bahá'í in fast allen Staaten der Erde, wobei sie in 182 davon einen sogenannten ‚Nationalen Geistigen Rat' etabliert haben, ein demokratisch gewähltes Leitungsgremium auf nationalstaatlicher Ebene. Sie sind damit laut dem renommierten ‚Concise Oxford Dictionary of World Religions' nach dem Christentum die am weitesten verbreitete und außerdem statistisch die am schnellsten wachsende Religionsgemeinschaft der Welt. Nachdem unter ihren Anhängern in der Frühzeit noch muslimische Konvertiten und in geringerem Maße auch orientalische Christen und Juden überwogen, hat in der zweiten Hälfte des 20. Jahrhunderts ein rasanter Zuwachs an Gläubigen insbesondere im südlichen Afrika, Lateinamerika und Indien eingesetzt. Die Gläubigen im Orient bilden hierbei inzwischen ebenso eine Minderheit wie die Anhänger in den Staaten Europas und Nordamerikas.

Grundsätzliche Charakteristika

Die Bahá'í nehmen für sich in Anspruch, über eine unabhängige Gottesoffenbarung zu verfügen; sie besitzen ein religiöses Gesetzbuch sowie einen umfangreichen Kanon eigener heiliger Schriften. Die Bahá'í halten ein tägliches Pflichtgebet und eine neunzehntägige Fastenzeit im März ein, die sich mit dem letzten Monat eines eigenen Kalenders, häufig als Badí-Kalender bezeichnet, deckt. Sie kennen neun religiöse Feiertage, die mit Arbeitsruhe verbunden sind, sowie zwei weitere feste Gedenktage. Alle sollen sie an die zentralen Gestalten des Glaubens und dessen Geschichte erinnern. Zudem verfügen die Bahá'í über zahlreiche heilige Stätten, von denen sich jedoch nur ein Teil in ihrem Besitz befindet. Insbesondere

---

[13] Vgl. zur Einführung M. Hutter, Die Weltreligionen, München 2005; M. Hutter, Die Bahá'í. Geschichte und Lehre einer nachislamischen Weltreligion, Marburg 1994; M. Hutter, Handbuch Bahá'í. Geschichte – Theologie – Gesellschaftsbezug, Stuttgart 2009.

die beiden ursprünglich vorgesehen Pilgerorte, das Haus des Báb in Shíráz und das Haus Bahá'u'lláhs in Baghdád, sind mittlerweile beide staatlicherseits zerstört worden. In Shíráz erhebt sich heute an gleicher Stelle eine Moschee, die den Triumph der islamischen Geistlichkeit über die Häretiker illustrieren soll. Eine Reihe von für die Geschichte des Glaubens wichtigen Besitzungen auf dem Boden des heutigen Staates Israel bilden heute den Kernbestand dessen, was als Bahá'í-Weltzentrum bekannt geworden ist. Dazu gehören insbesondere der Kerker ihres Propheten Bahá'u'lláh in 'Akká, sein letztes Wohnhaus und sein Mausoleum in Bahjí außerhalb von Haifa sowie die Hänge des Karmel, an denen sich weitläufige Gartenanlagen erstrecken. Dort steht ebenfalls das Mausoleum des Báb, des direkten Vorläufers des Stifters, sowie der Familie Bahá'u'lláhs. Auch das Verwaltungszentrum der Religionsgemeinschaft und seine wichtigsten Institutionen – das Universale Haus der Gerechtigkeit, das Internationale Lehrzentrum, das Zentrum für das Studium der Heiligen Texte und das Bahá'í-Archiv – haben ihren Sitz in Haifa. Anstelle der beiden o. g. Häuser ist heutzutage das Weltzentrum in Haifa Ziel der Pilger aus aller Welt.

Man kann mit Recht behaupten, dass es sich bei der Bahá'í-Religion um eine eigenständige Religionsgemeinschaft handelt. Ausgehend von einem schiitisch-islamischen Hintergrund emanzipierte sich der neu entstehende Glaube frühzeitig von seinen islamischen Wurzeln und erklärte das islamische Religionsgesetz für überholt und abgeschafft. Die Bahá'í selbst betonen nachdrücklich, dass ihr Verhältnis zum Islam demjenigen des Christentums zum Judentum entspreche und daher nicht vom Islam auf die Bahá'í-Religion geschlossen werden könne oder umgekehrt.

Die Dreifache Einheit

Die Lehre der Bahá'í ist durch das Konzept der sogenannten ‚Dreifachen Einheit' gekennzeichnet: Der Einheit Gottes, der Einheit der Menschheit und der Einheit der Religionen. Das Konzept der ‚Einheit Gottes' bezeichnet einen strengen Monotheismus, der eine völlige Andersartigkeit und Unvergleichbarkeit Gottes hervorhebt, die ihn grundsätzlich von der geschaffenen Welt unterscheidet. Gott wird dabei als unteilbar, unwandelbar, ewig und einzigartig gedacht und mit verschiedenen Namen, die Eigenschaften oder Attribute beschreiben, versehen. Mit dem Begriff der ‚Einheit der Menschheit' beschreiben die Bahá'í ihre Glaubensüberzeugung, dass alle Menschen in ihrer Vielfalt und Verschiedenheit von Gott gleich geschaffen wurden und vor ihm den gleichen Wert haben. Dem entspricht die strikte Ablehnung von Rassismus, Nationalismus, Faschismus, Sexismus und allen anderen denkbaren Formen von Diskriminierungen einer Gruppe von Menschen durch eine andere. Bahá'u'lláh schreibt hierzu:

> **O Menschenkinder! Wisst ihr, warum Wir euch alle aus dem gleichen Staub erschufen? Damit sich keiner über den anderen erhebe. Bedenket allezeit, wie ihr erschaffen seid. Da Wir euch alle aus dem gleichen Stoff erschufen, ziemt es euch, wie eine Seele zu sein, auf selbem Fuße zu wandeln, in gleicher Weise zu essen und im selben Lande zu wohnen, auf dass aus eurem innersten Wesen durch eure Werke die Zeichen der Einheit und das Wesen der Loslösung offenbar werden.** [14]

Als ‚Einheit der Religionen' wird schließlich die Auffassung bezeichnet, dass alle historischen Offenbarungsreligionen, zu denen die Bahá'í neben Judentum, Christentum, Islam und Zoroastrismus auch den Hinduismus und den Buddhismus zählen, göttliche Stiftungen seien, auf dieselbe Quelle, nämlich ‚den einen wahren Gott', zurückgingen, und die in ihnen enthaltene Wahrheit immer gleich sei. Besonders 'Abdu'l-Bahá führte aus, dass der Lehrbestand der Religionen in einen unveränderlichen und einen veränderlichen Teil zu trennen sei. Die Gotteslehre und die Ethik seien demnach der Wesenkern jeder wahren Religion und unwandelbar und ewig gültig. Im Gegensatz hierzu seien die sozialen und gesellschaftlichen Regelungen, Bräuche und Rituale veränderlich und dem Entwicklungsstand der Menschheit angepasst. So erklären sich in seiner Darstellung auch die meisten Unterschiede der Religionen untereinander, wenngleich es ebenfalls zu Deformationsprozessen komme, die schließlich die Ersetzung der bestehenden Religion durch eine neue Offenbarung notwendig machen würden. Dieser Gedanke wird in der Form einer ‚Fortschreitenden Gottesoffenbarung' weiter entfaltet.

---

[14] Bahá'u'lláh, Die Verborgenen Worte, S. 45.

> Wisse mit Sicherheit, dass in jeder Sendung das Licht göttlicher Offenbarung den Menschen im unmittelbaren Verhältnis zu ihrer geistigen Fassungskraft dargereicht wurde.[15]

Demnach greife Gott durch Offenbarung unmittelbar in die Menschheitsgeschichte ein und verhelfe der Menschheit damit zu immer neuen Sprüngen in ihrer materiellen wie geistigen Entwicklung. Das Christentum könne daher in gewisser Hinsicht als Ablösung des Judentums verstanden werden, der Islam als Ablösung des Christentums und so weiter.

> Wie der Leib des Menschen eines Gewandes bedarf, sich zu kleiden, so muss der Menschheit Leib mit dem Mantel der Gerechtigkeit und Weisheit geschmückt werden. Ihr Prachtgewand ist die Offenbarung, die Gott ihr gewährt hat. Wann immer dieses Gewand seinen Zweck erfüllt hat, wird der Allmächtige es gewiss erneuern. Denn eine jede Zeit erfordert ein neues Maß des göttlichen Lichtes. Jede göttliche Offenbarung wurde so herabgesandt, wie sie den Verhältnissen des Zeitalters entsprach, in dem sie erschienen ist.[16]

Die Manifestationen Gottes

Diese Erneuerung geschieht nun durch besondere Propheten, die ‚Manifestationen Gottes', die als Mittler zwischen Gott und dem Menschen den einzigen Weg der Gotteserkenntnis eröffnen. Es handelt sich bei ihnen nicht einfach um gewöhnliche Menschen. Sie stehen auf einer eigenen Stufe, die zwar über derjenigen ‚normaler' Menschen angesiedelt ist, aber auch deutlich unter derjenigen Gottes. Manifest wird Gott in ihnen insofern, als sich in ihrem Lebenswandel die Eigenschaften Gottes widerspiegeln und diese so für den Menschen erfahrbar werden:

> Diese Propheten und Auserkorenen sind die Empfänger und Offenbarer all der ewigen Attribute und Namen Gottes. Sie sind die Spiegel, die Gottes Licht unverfälscht widerstrahlen. Was für sie gilt, gilt in Wirklichkeit für Gott selbst, der der Sichtbare und der Unsichtbare ist. Niemand kann Ihn, den Ursprung aller

---

[15] Bahá'u'lláh, Ährenlese, S. 79.
[16] Bahá'u'lláh, Ährenlese, S. 74.

> Dinge, erkennen und in Seine Gegenwart gelangen, solange er nicht diese leuchtenden Wesen, die aus der Sonne der Wahrheit hervorgehen, erkennt und in ihre Gegenwart gelangt. Wer darum zur Gegenwart dieser heiligen Leuchten gelangt, der ist in die ‚Gegenwart Gottes' gelangt, und durch ihre Erkenntnis ist ihm die Erkenntnis Gottes enthüllt, durch das Licht ihres Antlitzes das strahlende Antlitz Gottes offenbar.[17]

Dabei differenziert Bahá'u'lláh deutlich zwischen dem Offenbarer selbst, der vor seiner Berufung zunächst als normaler Mensch lebt, und der Offenbarung, die er trägt. In Aussehen, Sprache, kulturellem Hintergrund und ihrem Namen würden sich die Gottesoffenbarer daher unterscheiden, in ihrem innersten Wesen als Träger einer göttlichen Offenbarung seien sie jedoch alle gleich, weswegen es ebenso legitim wäre, sie zu unterscheiden wie sie gleichzusetzen:

> Betrachtet die Sonne! Wenn sie sagte: ‚Ich bin die Sonne von gestern', so spräche sie die Wahrheit. Und sollte sie im Hinblick auf den Zeitablauf behaupten, sie sei eine andere als jene Sonne, so spräche sie gleichwohl die Wahrheit. Ebenso wahr ist es, wenn gesagt wird, alle Tage seien ein und derselbe. Und wenn im Hinblick auf ihre besonderen Namen und Bezeichnungen gesagt wird, sie seien verschieden, so ist dies wiederum wahr, denn wenn sie auch die gleichen sind, so lässt sich doch an jedem eine andere Bezeichnung, eine besondere Eigenschaft, ein eigener Wesenszug erkennen. Begreife nun dementsprechend die Individualität, die Verschiedenheit und die Einheit der Manifestationen der Heiligkeit, damit du die Andeutungen verstehst, die der Schöpfer aller Namen und Attribute über diese Mysterien der Verschiedenheit und Einheit machte, und entdecke die Antwort auf deine Frage, warum jene ewige Schönheit sich zu verschiedenen Zeiten mit verschiedenen Namen und Titeln bezeichnet hat.[18]

Die Spiegel- und Sonnensymbolik für die Propheten Gottes zieht sich durch Bahá'u'lláhs gesamtes Werk und bestimmt seine Prophetologie maßgeblich. Das prophetologische Verständnis der Bahá'í lässt sich demnach dadurch charakterisieren, dass zum einen eine wesensmäßige Einheit der Gottesoffenbarer durch ihre Mission und ihre besonders herausgehobene Stufe besteht, hierzu anderer-

---

[17] Bahá'u'lláh, Das Buch der Gewissheit (Kitáb-i-Íqán), S. 119.
[18] Bahá'u'lláh, Das Buch der Gewissheit (Kitáb-i-Íqán), S. 18.

seits jedoch keine personale Identität der einzelnen Gottesoffenbarer vorhanden sein muss. Eine leibliche Wiederkunft der Propheten der Vergangenheit, wie sie das Judentum für Elias oder das Christentum für Jesus erwartet, wird also kategorisch abgelehnt.

Die Geschichte der Bahá'í

Die Geschichte der Bahá'í-Religion beginnt in der ersten Hälfte des 19. Jahrhunderts im schiitisch-islamisch geprägten Iran[19]. Der schiitische Islam beruft sich in verschiedener Zählung auf eine Linie von Imamen, die Mohammed nachfolgten und dessen prophetisches Amt nach dessen Tod weiterführen sollten. Nachdem der letzte Imam im Jahre 874 n. Chr. bereits im Kindesalter ermordet worden war, setzte sich allmählich die Vorstellung einer ‚Entrückung' dieses zwölften und letzten Imams durch, der am Ende aller Tage zurückkehren und die Völker der Erde auf das unmittelbar folgende Weltgericht vorbereiten sollte. Im Rahmen einer weit verbreiteten Naherwartung dieses ‚Verborgenen Imams' trat im Jahr 1844 n. Chr. (1260 d. H.) eine messianische Bewegung auf, die von dem Kaufmann Siyyid 'Alí Muḥammad aus der südiranischen Stadt Shíráz geführt wurde, der sich als Tor (arab. Báb) zum ‚Verborgenen Imám' verstand. Er selbst wie auch seine Anhänger wurden von der islamischen Geistlichkeit frühzeitig verfolgt. In der Gefangenschaft begann Siyyid 'Alí Muḥammad, von der Ankunft eines noch größeren Gottesgesandten nach ihm zu predigen, dessen, ‚den Gott offenbaren wird'. Dieser Gottesgesandte sollte, sobald er erscheinen würde, das – symbolisch gedachte – Weltgericht einläuten. Auf einer Konferenz in Badasht, einem kleinen Ort nordöstlich von Ṭihrán, erklärten die Anhänger des Báb schließlich das islamische Religionsgesetz für abgeschafft. Er selbst wurde wenig später in Tabríz unter dem Vorwurf des Hochverrats und des Abfalls vom Islam standrechtlich erschossen.

Die versprengten Reste der von ihm gegründeten Gemeinde sammelten sich in Baghdád, wo mehrere Prätendenten den An-

---

[19] Vgl. zur allgemeinen Bahá'í-Geschichte insbesondere Shoghi Effendi, Gott geht vorüber.

spruch erhoben, der vom Báb Verheißene zu sein. Einem dieser Prätendenten, dem Adligen Mírzá Ḥusayn 'Alí Núrí, gelang es schließlich, die Gemeinde neu zu ordnen. Er führte zunächst als treuer Anhänger des Báb dessen Mission weiter, bevor er kurz vor seiner von der persischen Regierung erwirkten Verbannung nach Konstantinopel einem kleinen Anhängerkreis offenbarte, dass er der vom Báb Verheißene sei und bereits Jahre zuvor im Kerker in Ṭihrán ein Berufungserlebnis gehabt habe.

Diesen Anspruch formulierte Mírzá Ḥusayn 'Alí, der sich Bahá'u'lláh (arab. ‚Herrlichkeit Gottes') nannte, im Exil im europäischen Teil der Türkei aus und schrieb apologetische Werke gegen diejenigen Anhänger des Báb, die ihn nicht anerkannten, sowie eine Reihe von Sendbriefen an die Herrscher und Würdenträger der Welt. Später wurde er nach Palästina weiterverbannt und dort in der Festung 'Akká eingekerkert. In dieser Kerkerhaft diktierte er ein neues religiöses Gesetzbuch, den Kitáb-i-Aqdas, sowie zahlreiche Sendschreiben und Zusammenfassungen seiner Lehre, von denen der ‚Brief an den Sohn des Wolfes' sicherlich die umfangreichste und bekannteste ist. Zudem regelte er frühzeitig seine Nachfolge, indem er in seinem ‚Buch des Bundes' seinen ältesten Sohn 'Abbás Effendi zum bevollmächtigten Ausleger seiner Schriften sowie zum Oberhaupt der Gemeinde ernannte. Er starb 1892 n. Chr.

'Abbás Effendi, dessen Bevollmächtigung zunächst insbesondere von vielen Familienmitgliedern wie seinem Halbbruder Muḥammad 'Alí zurückgewiesen wurde, ging trotz weiterer Repressalien der türkischen Behörden energisch daran, die junge Gemeinde zu ordnen und zu stärken. So erwarb er großflächige Gebiete auf dem Berg Karmel in Haifa, wo er ein Mausoleum für den Báb errichten ließ, dessen Gebeine aus dem Iran überführt wurden. Nachdem die jungtürkische Revolution von 1908 n. Chr. 'Abbás Effendi volle Bewegungsfreiheit geschenkt hatte, unternahm er ausgedehnte Reisen durch Ägypten, Europa und Nordamerika und machte die Lehre seines Vaters im Westen bekannt. Seine Führungsrolle innerhalb der Gemeinde wurde nach und nach akzeptiert, sodass er auch als religiöses Oberhaupt weitere Handlungsfreiheit erlangte. In Erwiderung der Anschuldigungen seiner Gegner, er wolle sich die

Stufe eines Propheten anmaßen, nannte er sich 'Abdu'l-Bahá (arab. ‚Diener Bahá['u'lláh]s') und betonte seine Unterordnung unter den Willen seines Vaters.

'Abdu'l-Bahá ernannte schließlich in seinem Testament seinen Enkel Shoghi Effendi zum ‚Hüter der Sache Gottes' und stattete dieses Amt nun institutionalisiert und dauerhaft mit der Auslegungskompetenz für die Heiligen Texte aus. Dem gegenüber sollte ein Universales Haus der Gerechtigkeit, das bereits von Bahá'u'lláh selbst vorgesehen worden war, die ergänzende Gesetzgebung für all die Fragen wahrnehmen, die in den Heiligen Texten nicht explizit geregelt sind. Shoghi Effendi bemühte sich in der Folge, der bisher sehr heterogenen Weltgemeinde eine feste organisatorische Struktur zu geben und die bereits vorgezeichnete Verwaltungsordnung aufzubauen, angefangen von sogenannten örtlichen Geistigen Räten in den Städten über Nationale Geistige Räte in den Ländern bis hin zu einem Internationalen Bahá'í-Rat, der später zum Universalen Haus der Gerechtigkeit umgewandelt werden sollte. Shoghi Effendi starb 1957 n. Chr. völlig unerwartet, ohne ein Testament zu hinterlassen. Der plötzliche Tod des Oberhauptes stürzte die Gemeinde in eine Krise, die von einer Gruppe von ernannten Unterstützern Shoghi Effendis, den ‚Händen der Sache Gottes', gemeistert wurde, indem sie die Wahl des ersten Universalen Hauses der Gerechtigkeit in die Wege leiteten.

Seit der ersten Wahl des Universalen Hauses der Gerechtigkeit im Jahr 1963 n. Chr. wird die Bahá'í-Weltgemeinde von diesem Gremium geleitet, das als kollektives Gemeindeoberhaupt fungiert und alle Aufgaben erfüllen kann, die der ursprünglich vorgesehenen Doppelspitze zugeordnet waren, ausgenommen die Auslegung der Schriften. Seitdem gibt es zwar eine organisatorische Leitung der Bahá'í-Gemeinde, jedoch keine autoritative Instanz, die verbindliche Interpretationen der Schriften festlegen könnte. Unter der Führung des Universalen Hauses der Gerechtigkeit wuchs die Weltgemeinde seitdem rasant und tut dies nach wie vor, trotz anhaltender Repressionen in Teilen der Welt.

Die Bahá'í-Gemeinde in Deutschland

In Deutschland[20] gibt es seit 1905 erste Gläubige, die damals freilich noch wenig zahlreich waren. Dennoch hielt dies weder 'Abdu'l-Bahá davon ab, nach Deutschland zu reisen, noch die Nazis davon, die Bahá'í ihrer universalistischen Weltsicht, der Forderung nach einer Weltregierung und der Ablehnung von Krieg und Gewalt wegen zu verfolgen. Vor dem Krieg war die deutsche Bahá'í-Gemeinde bereits an vorderster Front daran beteiligt, die Schriften Abdu'l-Bahás zu übersetzen und hatte zahlreiche internationale Kontakte.

Nach dem zweiten Weltkrieg sorgten amerikanische Besatzungssoldaten für eine Wiederbelebung der Gemeinden, da sie die alten Gläubigen, die sich während der Nazi-Zeit notgedrungen zurückgezogen hatten, zusammenbrachten und die Gemeindestrukturen wieder aufbauten. Seitdem haben die Bahá'í in der Bundesrepublik eine erstaunliche Entwicklung durchgemacht und beteiligen sich an Hilfsprojekten, Dialogveranstaltungen und gesellschaftlichen Diskursen, auch wenn ihre eher geringe Zahl von etwa 6500 Gläubigen den Aktionsradius der Gemeinde noch merklich einschränkt. Mittlerweile haben sich Bahá'í-Gemeinden auch in Ostdeutschland wieder etabliert, wo sie noch bis 1989 von der sozialistischen Führung verfolgt worden waren. Die in der Frühzeit sehr feindselige und polemisch-apologetische Beschäftigung mit der Bahá'í-Religion vonseiten der Kirchen sowie der staatlichen Stellen ist mittlerweile einem differenzierteren Bild gewichen, sodass heute auch ein Dialog auf Augenhöhe möglich ist, der von gegenseitigem Respekt getragen wird, was sich aktuell in der neuesten Publikation[21] der Evangelischen Zentralstelle für Weltanschauungsfragen zeigt, in der neben evangelischen Theologen und Religionswissenschaftlern auch Bahá'í-Gelehrte zu Wort kommen.

---

[20] Vgl. ausführlicher zur Geschichte der Bahá'í-Religion in Deutschland H. Mayer-Berdijs, 100 Jahre Bahá'í-Religion in Deutschland, in: NGR Deutschland (Hrsg.), 100 Jahre Deutsche Bahá'í-Gemeinde 1905-2005, Hofheim 2005, S. 50-59.

[21] F. Eißler – J. Schnare (Hrsg.), Bahai. Religion, Politik und Gesellschaft im interreligiösen Kontext, EZW-Texte 233, Berlin 2014.

1.2. Vorbemerkungen zu den Quellen des Jesusbildes

Will man sich mit Jesus beschäftigen, führt kein Weg an der Bibel vorbei. Die Deutung theologischer Aussagen über Jesus muss sich letztendlich an der Quelle seines Lebens und Wirkens orientieren und daran begründbar sein. Insofern ist sie nicht nur für christliche Theologen aller Konfessionen die zentrale Arbeitsgrundlage, auch die Bahá'í-Autoritäten zitieren sie entsprechend häufig und deuten ihre Aussagen. Neben dem Neuen Testament enthält jedoch auch der Koran zahlreiche Verweise auf Jesus von Nazareth, hier Isa ibn Maryam genannt. Dabei wendet sich der Koran bisweilen offensiv gegen christliche Interpretationen der Person Jesu, die mit der Lehre Mohammeds nicht vereinbar sind. So lässt er Jesus verschiedentlich auftreten und seine Menschlichkeit bezeugen, gegen die christliche Lehre, die aus islamischer Sicht die Einzigkeit Gottes verletzt und einen Gott – oder wenigstens einen Halbgott – neben dem Schöpfer verehrt. Zwischen beiden Schriften besteht ein geschichtsreiches Spannungsverhältnis, das die islamische Geistlichkeit dadurch löste, dass sie die Bibel in Gänze als jüdisch-christliche Fälschung verwarf und lehrte, dass Gottes Wort von den Juden und Christen verändert, verzerrt und seines Wesens beraubt worden sei.

Das Alte und das Neue Testament

Bahá'u'lláh hat sich, in bewusster Abgrenzung zur damaligen islamischen Gelehrtenwelt, in das Bibelstudium vertieft, was sich in seinen häufigen Anspielungen und Zitaten niederschlägt. Im ‚Buch der Gewissheit', einer seiner frühen Schriften, verwirft er ausdrücklich „die Behauptung einiger Toren, der ursprüngliche Text der himmlischen Evangelien sei bei den Christen nicht mehr vorhanden und zum Himmel aufgestiegen"[22]. Bahá'u'lláh versichert vielmehr, dass sie sich „schlimm ... geirrt" haben. „Solch eine Behauptung", so schreibt er weiter, unterstelle „einer gnädigen, liebevollen Vorsehung schwerste Ungerechtigkeit und Tyrannei"[23]. Diese Aussage macht mehr als deutlich, dass Bahá'u'lláh die Authentizität und den

---

[22] Bahá'u'lláh, Das Buch der Gewissheit (Kitáb-i-Íqán), S. 75.
[23] Bahá'u'lláh, Das Buch der Gewissheit (Kitáb-i-Íqán), S. 75.

religiösen Gehalt des Neuen Testaments voll anerkannte und diese Haltung auch gegenüber der islamischen Geistlichkeit verteidigte. Andererseits gesteht Bahá'u'lláh aber auch zu, dass die Evangelien erst nach Jesu Tod verfasst wurden. Die vier Evangelisten hätten demnach bei der Verfassung des Neuen Testaments die Dinge zusammengetragen, an die sie sich aus der Lebenszeit Jesu noch erinnerten.[24] 'Abdu'l-Bahá erläutert im Hinblick auf die Thora Vergleichbares: „Wisse, dass die Thora dasjenige ist, was Moses ... offenbart und was ihm befohlen worden ist. Die Geschichten aber sind historische Erzählungen und wurden nach der Zeit Mose niedergeschrieben."[25] Man kann also in diesem Sinne durchaus auch einen Unterschied zwischen den überlieferten Jesusworten und den Erzählungen über Jesus in den Evangelien machen. Für die Apostelgeschichte gilt dies umso mehr. Auch das Universale Haus der Gerechtigkeit, die höchste Institution der Bahá'í-Gemeinde, gab zu bedenken, dass die Bibel – Altes wie Neues Testament – zwar als Heilige Schrift anzuerkennen und der Wesenskern der göttlichen Botschaft in ihr enthalten sei, allerdings die dahinter stehende Redaktionsgeschichte mitbedacht werden müsse, wenn man sich zur Authentizität der Bibel in ihrer Gesamtheit, eines einzelnen Buches oder eines Zitates äußern wolle.[26]

Die historisch-kritische Bibelexegese und die Religionswissenschaft bestätigen ebenfalls den Status der Bibel als, literaturwissenschaftlich gesprochen, Sekundärquelle, die nicht auf einen einzelnen, direkt beteiligten Autoren zurückzuführen ist, sondern auf eine Gruppe von Autoren, die wiederum einen Dritten zitierten und über ihn berichteten, manchmal Jahrzehnte, manchmal Jahrhunderte nach den geschilderten Ereignissen. Es ist daher nicht abzustreiten, dass die Bibel, im Besonderen das Neue Testament, als Kompendium eines zu dieser Zeit bereits entfalteten Lehrgebäudes ganz elementar von ihren Schreibern mitgeprägt ist und in der Hauptsache Lehre, nicht historische Fakten, vermitteln soll.

---

[24] Bahá'u'lláh, zitiert in: bahai-library.com/uhj_old_new_testaments.
[25] 'Abdu'l-Bahá, zitiert in: bahai-library.com/uhj_old_new_testaments.
[26] Aus einem Brief im Auftrag des Universalen Hauses der Gerechtigkeit an einen einzelnen Gläubigen, 19.07.1981.

In diesem Spannungsfeld muss sich also jede Beschäftigung der Bahá'í mit den Schriften der Bibel bewegen. Einschränkend erklärte Shoghi Effendi in einem Brief, dass diejenigen Textstellen als unzweifelhaft authentisch angesehen werden müssten, die im Koran oder in den Schriften Bahá'u'lláhs und 'Abdu'l-Bahás zitiert worden sind[27]. Hier besteht ein fließender Übergang, da es sich in diesem Fall unmittelbar um Bahá'í-Schriften handelt, die als ‚Äußerungen der Wahrheit' anerkannt werden müssen.

Von den Bahá'í-Autoritäten werden als größere Komplexe insbesondere die Bergpredigt aus dem Matthäusevangelium sowie die Abschnitte aus dem Johannesevangelium zitiert, die sich mit der ‚Wiedergeburt aus dem Geiste' und dem ‚Brot des Lebens' befassen. Daneben werden verschiedenste biblische Szenen entweder zitiert, nacherzählt oder angerissen, meist mit direkter Quellenangabe. Dennoch machen die Zitate aus den Evangelien nach Matthäus und Johannes den weit überwiegenden Teil der verwendeten biblischen Stoffe aus. Auch Shoghi Effendi verwies darauf, dass das Evangelium nach Johannes, mit Rücksicht auf die häufigen Erwähnungen in den Bahá'í-Schriften, wohl weitgehend authentisch und in der Wiedergabe der Lehre Jesu ursprünglich sein müsse[28].

Der Koran

Der Koran, der für das Jesusbild der Bahá'í ebenso konstitutiv ist wie die biblische Überlieferung, wird als direkte Offenbarungsschrift aus der Feder eines anerkannten Propheten mit den Schriften Bahá'u'lláhs auf dieselbe Stufe gestellt. Shoghi Effendi rief die Gläubigen immer wieder zur Lektüre des Koran auf und brachte ihm ein großes Maß an Respekt und Wertschätzung entgegen. Das Studium des Koran sei daher „unerlässlich für jeden Gläubigen ... der Bahá'u'lláhs Schriften angemessen verstehen und voll Einsicht lesen möchte."[29] Das Studium des Koran und seiner Bildersprache ist also für das Verständnis der Bahá'í-Schriften essentiell. Auch im Fall des

---

[27] Aus einem Brief im Auftrag des Hüters an einen einzelnen Gläubigen, 04.07.1947.
[28] Aus einem Brief im Auftrag des Hüters an einen einzelnen Gläubigen, 23.01.1944.
[29] Shoghi Effendi, Das Kommen göttlicher Gerechtigkeit, S. 79.

Koran müssen Einschränkungen hingenommen werden, da dem Prinzip der Abrogation folgend nur diejenigen Stellen des Koran noch Gültigkeit besitzen, denen Bahá'u'lláh nicht widerspricht. Dies tangiert zwar das islamische religiöse Recht, nicht aber die inhaltlichen Aussagen und die koranischen Berichte zu Jesus, die in Teilen zitiert oder rezipiert werden. Andererseits finden einige wichtige Passagen in den Bahá'í-Schriften keine Erwähnung, wenngleich ihre Gültigkeit grundsätzlich nicht infrage gestellt wird.

Das authentische Bahá'í-Schrifttum

Den Schriften des Báb und Bahá'u'lláhs wird in der Bahá'í-Lehre als Offenbarungen Gottes an die Menschheit absolute Autorität zugestanden[30]. Die Authentizität des vorhandenen Schriftenkanons und seine Herkunft aus der Feder oder dem Diktat der Zentralgestalten des Glaubens lässt sich einfach mit der Tatsache begründen, dass die veröffentlichten Schriften der Bahá'í-Religion sämtlich auf handschriftlichen Originalen basieren, die im Archiv in Haifa lagern und dort durchgesehen, geprüft und schließlich von der Forschungsabteilung und vom Haus der Gerechtigkeit als authentisch anerkannt worden sind. Anders als im Fall des Koran im islamischen Kontext ist die Authentizität der Bahá'í-Schriften nicht davon abhängig, ob sie in der Originalsprache – im Falle des Báb, Bahá'u'lláhs und 'Abdu'l-Bahás wären dies Arabisch und Persisch, im Falle Shoghi Effendis und des Universalen Hauses der Gerechtigkeit in der Regel Englisch – oder ob sie in einer der zahlreichen Übersetzungen gelesen und studiert werden. Die Verbreitung von Übersetzungen gehört in den Bereich des ‚Schutzes und der Verbreitung des Glaubens', den heute das Universale Haus der Gerechtigkeit an oberster Stelle organisiert und leitet. Bereits 'Abdu'l-Bahá lobte die Bemühungen einzelner Gläubiger in seiner Zeit, die Bahá'í-Schriften in europäische Sprachen zu übersetzen, und Shoghi Effendi begann einige Jahre später selbst damit, die Schriften Bahá'u'lláhs und 'Abdu'l-Bahás ins Englische zu übertragen, sodass eine Sanktionierung der Übersetzungstätigkeit als

---

[30] Aus einem Brief im Auftrag des Hüters an den Nationalen Übersetzungsausschuss der Vereinigten Staaten, 29.12.1931.

solcher gegeben ist. In der heutigen Zeit werden die Übersetzungen von Ausschüssen der Nationalen Geistigen Räte ausgearbeitet. Die englischen Texte hingegen, die allen anderen Übertragungen zugrundeliegen, werden im Weltzentrum in Haifa zentral angefertigt. Die Autorität des Hauses in Fragen des ‚Schutzes und der Verbreitung der Sache' verleiht den Übersetzungen – in ihrer Funktion als Erklärungs- und Verbreitungsmedium – die gleiche Gültigkeit wie dem Ursprungstext.

Der Báb

Die Schriften des Báb, des Vorläufers Bahá'u'lláhs, sind zwar zu einem großen Teil noch nicht in westliche Sprachen übersetzt worden, doch ist die Wahrscheinlichkeit, wesentliche Aussagen über die Person Jesu in diesen Werken zu finden, eher gering. Viele dieser Schriften befassen sich auf islamisch-theologischer Grundlage mit der Auslegung von Koranversen oder grundsätzlichen theologischen Konzepten wie der Fortschreitenden Gottesoffenbarung. Dementsprechend ist Jesus im Allgemeinen nicht Thema der Schriften des Báb, zumal dieser sich maßgeblich an muslimische Anhänger und Gegner wandte, Juden und Christen hingegen zunächst nicht ausdrücklich ansprach. Daher haben die Schriften des Báb für diese Darstellung des Jesusbildes der Bahá'í-Religion trotz ihrer herausgehobenen Stellung im Schrifttum keine Relevanz.

Bahá'u'lláh

Die Schriften des Religionsstifters Bahá'u'lláh sind umfangreich und nur die wichtigsten Werke sind bisher übersetzt und veröffentlicht worden. Die Zitate von bzw. über Jesus sind hierbei großflächig über sämtliche Schriften verstreut. Es kann vorkommen, dass in einem Sendschreiben nur eine einzige Erwähnung Jesu erfolgt, wobei dies nicht zwingend auch in einem Kontext geschehen muss, in dem ein Adressat einen nachweislich christlichen Hintergrund hatte. Da Jesus auch für Muslime als Prophet gilt und seine Aussprüche ähnlich den Hadithen in Sammlungen zusammengestellt wurden, konnte Bahá'u'lláh auf eine reiche Überlieferungstradition zu und über Jesus im islamischen Kontext zugreifen. Große, zusammenhängende Texte zu Jesus finden sich insbesondere im ‚Buch der

Gewissheit', der Zusammenstellung ‚Anspruch und Verkündigung' und dem ‚Brief an den Sohn des Wolfes', in geringerem Maße auch in den ‚Botschaften aus 'Akká', den ‚Edelsteine[n] göttlicher Geheimnisse', den ‚Gebete[n] und Meditationen' und auch in der ‚Ährenlese', einer Zusammenstellung aus Schriften Bahá'u'lláhs von Shoghi Effendi.

'Abdu'l-Bahá

Die Schriften 'Abdu'l-Bahás behandeln die Person Jesu deutlich umfangreicher und meistens in einem deutlich jesusbezogenen Kontext. Dabei nehmen die Sendschreiben 'Abdu'l-Bahás wie ‚Das Geheimnis Göttlicher Kultur', die ‚Sendschreiben zum Göttlichen Plan' und die ‚Briefe und Botschaften' eine herausragende Stellung ein, da sie überwiegend als Lehrschreiben an ein christliches Publikum gerichtet waren und entsprechend häufig auf Jesus verwiesen wird. Des Weiteren sei hier die Zusammenstellung ‚Christ sein heißt...' erwähnt, in der einige wichtige Textstellen bereits zusammengefasst vorliegen. Allerdings sind im Schrifttum 'Abdu'l-Bahás einige notwendige Einschränkungen zu erwähnen, denn ein nicht unerheblicher Teil der Aussagen zu Jesus entstammt Ansprachen, die 'Abdu'l-Bahá auf seinen Amerika- und Europareisen hielt. Die meisten dieser Ansprachen wurden auf Persisch gehalten und immer abschnittsweise von einem Dolmetscher übersetzt. Da es für diese Ansprachen keine Redemanuskripte aus 'Abdu'l-Bahás Feder gibt und die erhaltenen Reden auf Mitschriften von Zuhörern basieren, kann die volle und wortgetreue Authentizität dieser Ansprachen, die als ‚Ansprachen in Paris' und ‚Ansprachen in England und Nordamerika' im Deutschen sowie als ‚Promulgation of Universal Peace' im Englischen veröffentlicht worden sind, nicht gewährleistet werden. Sie gelten demnach zwar als lehrreich, aber nicht in dem gleichen Maße als authentisch, wie dies bei Schriften von 'Abdu'l-Bahá selbst der Fall ist[31]. Eine Ausnahme hiervon macht Shoghi Effendi ausdrücklich bei den ‚Beantworteten Fragen', die

---

[31] Aus einem Brief im Auftrag des Hüters an den Nationalen Übersetzungsausschuss der Vereinigten Staaten, 29.12.1931.

nach ihrer Niederschrift zusammengestellt und von 'Abdu'l-Bahá persönlich korrigiert und freigegeben wurden[32].

Shoghi Effendi

Shoghi Effendi schließlich beschäftigte sich als letzter autorisierter Ausleger der Bahá'í-Schriften, in diesem Fall der Schriften Bahá'u'lláhs und 'Abdu'l-Bahás, nur selten mit christlichen Themen und auch dann nur, wenn er direkt um eine Einschätzung gebeten worden war. Bei Fragen mit direktem Bezug zum Bibeltext wies er jedoch auch häufig darauf hin, dass er als Hüter der Sache Gottes keinen Zugriff auf Offenbarungen habe und daher nur über Dinge urteilen könne, die auch in den Bahá'í-Schriften enthalten seien[33]. Eine eigenständige Deutung biblischer Verse lehnte er daher mehrmals ausdrücklich ab. Man kann aber festhalten, dass Shoghi Effendi strittige Punkte der Bibelauslegungen Bahá'u'lláhs und 'Abdu'l-Bahás erneut aufgriff, präzisierte und insbesondere auch die Offenbarung Jesu als solche konkreter kontextualisierte.

Die Aufgabe der autoritativen Schriftauslegung ist seit dem Tode Shoghi Effendis vakant und die Hinzufügung allgemein verbindlicher Aussagen daher nicht mehr möglich. Man kann sagen, dass mit den Konkretisierungen der Aussagen Bahá'u'lláhs und 'Abdu'l-Bahás durch Shoghi Effendi die Lehrbildung der Bahá'í abgeschlossen wurde und somit auch ein in dieser Form festgeschriebenes Jesusbild seinen Abschluss fand.

Das Universale Haus der Gerechtigkeit

Obwohl die autoritative Schriftauslegung faktisch erloschen ist, gibt es dennoch auch weiterhin Bahá'í-Gelehrte, die einzelne Schriften zugänglich machen, interpretieren und somit einen unschätzbaren Beitrag zu einem besseren Verständnis des Schrifttums leisten. Es fehlt diesen Gelehrten aber an der Autorität, die ein institutionalisiertes Lehramt verleihen würde. Dieses Lehramt war

---

[32] Aus einem Brief im Auftrag des Hüters an einen einzelnen Gläubigen, 18.11.1931.
[33] Aus einem Brief im Auftrag des Hüters an einen einzelnen Gläubigen, 25.11.1950.

innerhalb der Bahá'í-Religion seit jeher auf eine Einzelperson in direkter Nachfolge Bahá'u'lláhs beschränkt. Ein Priestertum oder einen Stand von Schriftgelehrten, wie sie die christlichen Priester und Pfarrer, die jüdischen Rabbiner oder die islamischen Imame darstellen, lehnte Bahá'u'lláh ausdrücklich ab. Es sollte die Aufgabe und das Privileg jedes einzelnen Gläubigen sein, die heiligen Schriften, soweit nicht bereits durch 'Abdu'l-Bahá oder Shoghi Effendi ausgelegt, für sich selbst zu interpretieren. Die Akzeptanz von individuellen Interpretationen Anderer ist den Gläubigen somit ebenfalls zur freien persönlichen Entscheidung überlassen. Die Aufdrängung einer Einzelmeinung hingegen, wie durch die Konzilien der frühen Kirche verschiedentlich geschehen, ist weder rechtlich zulässig noch faktisch möglich. 'Abdu'l-Bahá erklärte in Bezug auf die Schriftauslegung durch Theologen und Rechtsgelehrte:

> **Heute ist dieses Ableitungsverfahren das Recht der Körperschaft des Hauses der Gerechtigkeit, und die Schlüsse und Folgerungen einzelner Gelehrter erlangen nur dann Gesetzeskraft, wenn das Haus der Gerechtigkeit ihnen zustimmt. Der klare Unterschied ist, dass aus der Entscheidung durch die Körperschaft des Hauses der Gerechtigkeit, dessen Mitglieder von der weltweiten Bahá'í-Gemeinde gewählt und ihr bekannt sind, keine Konflikte entstehen werden; die Entscheidungen einzelner Theologen und Gelehrter führen dagegen unweigerlich zu Konflikten und enden in Schismen, Spaltung und Zersplitterung. Die Einheit der Welt würde zerstört, die Einheit des Glaubens verschwände, und das Gebäude des Glaubens Gottes würde erschüttert.**[34]

Auch wenn sich diese Ausführungen 'Abdu'l-Bahás zunächst nur auf die Rechtsauslegung, also die Regelungen für die konkrete Anwendung des Religionsgesetzes beziehen, treffen sie in gewisser Weise auch für alle sonstigen Fragen der Theologie zu. Das Universale Haus der Gerechtigkeit ist zwar nicht dafür zuständig, neue theologische Lehre zu formulieren, wohl aber, die Gemeinde auch in theologischen Fragen vor Spaltung zu bewahren. Insofern rät das Haus der Gerechtigkeit den Gläubigen bei ihrer Wahrheitssuche:

---

[34] 'Abdu'l-Bahá, zitiert in einem Brief im Auftrag des Universalen Hauses der Gerechtigkeit an einen einzelnen Gläubigen, 27.05.1966.

> Als Bahá'í müssen wir uns für verbindliche Führung in diesen Dingen den Schriften Bahá'u'lláhs, 'Abdu'l-Bahás und Shoghi Effendis zuwenden. Wenn ein Thema in den Heiligen Schriften nicht erwähnt oder erklärt worden ist, steht es uns frei, andere Bücher heranzuziehen und die Ansichten von Gelehrten zu berücksichtigen, wenn wir dies wünschen.[35]

Dennoch schließt dies keinesfalls aus, dass das Universale Haus der Gerechtigkeit auch Anfragen von Gläubigen beantwortet, die sich um ein vertieftes Verständnis der Schriften bemühen. Zu diesem Zweck hat das Haus der Gerechtigkeit eine Forschungsabteilung aufgebaut, deren Aufgabe es ist, den vorhandenen archivierten und katalogisierten Schriftenkanon nach Hinweisen zu durchforschen, die den Gläubigen helfen, ihre Fragen zu beantworten. Außerdem stellt das Universale Haus der Gerechtigkeit gelegentlich seine eigene Sichtweise als im Englischen so bezeichnete ‚elucidations' zur Verfügung, wobei es sich hierbei ausdrücklich nicht um verbindliche Auslegungen handelt, sondern um Klarstellungen zu Themen, „die kontrovers, unklar oder nicht ausdrücklich im Buche behandelt sind"[36]. Das Universale Haus der Gerechtigkeit verdeutlicht diesen Unterschied folgendermaßen:

> Es besteht ein grundlegender Unterschied zwischen den Auslegungen des Hüters und den Klarstellungen des Hauses der Gerechtigkeit in Ausübung seiner Aufgabe, „über alle Probleme zu beraten, die zu Meinungsunterschieden geführt haben, ferner über Fragen, die noch im Dunkeln liegen und Angelegenheiten, die nicht ausdrücklich im Buche verzeichnet sind." Der Hüter enthüllt, was der Heilige Text bedeutet; seine Auslegung ist eine Feststellung der Wahrheit, die unabänderlich ist. Dem Universalen Haus der Gerechtigkeit ist nach den Worten des Hüters „das ausschließliche Recht der Gesetzgebung in Dingen, die nicht ausdrücklich in den Baha'i-Schriften offenbart sind, verliehen worden".[37]

---

[35] Aus einem Brief im Auftrag des Universalen Hauses der Gerechtigkeit an einen einzelnen Gläubigen, 17.01.1978.
[36] 'Abdu'l-Bahá, Dokumente des Bündnisses, S. 53.
[37] Aus einem Brief im Auftrag des Universalen Hauses der Gerechtigkeit an einen Nationalen Rat, 09.03.1965.

In Erfüllung dieser Aufgabe entstanden auch zahlreiche Briefe im Auftrag des Universalen Hauses der Gerechtigkeit an einzelne Gläubige, die einige Fragen bezüglich biblischer Texte und deren Deutung aus Bahá'í-Sicht beantworten und teilweise auch noch konkreter auf die von Bahá'u'lláh, 'Abdu'l-Bahá oder Shoghi Effendi interpretierten Bibelstellen oder Glaubensinhalte eingehen. Insofern kann man davon sprechen, dass auch nach dem Ende der verbindlichen Auslegung weiterhin eine Instanz existiert, die den Gläubigen Führung geben kann.

Zweiter Teil

Quellen des Jesusbildes

Eine Textzusammenstellung
aus dem Bahá'í-Schrifttum

Mit Texten von

*Bahá'u'lláh, 'Abdu'l-Bahá,
Shoghi Effendi und dem
Universalen Haus der Gerechtigkeit*

2.1. Quellen des Jesusbildes – Aus dem Bahá'í-Schrifttum

1 Betrachte die, welche den Geist verwarfen, als Er mit offenbarer Herrschaft zu ihnen kam. Wie zahlreich waren die Pharisäer, die sich in Seinem Namen in die Synagogen einschlossen und über ihre Trennung von Ihm klagten; als aber die Tore der Wiedervereinigung aufgestoßen wurden, als strahlend das Licht Gottes am Morgen der Schönheit aufzog, da leugneten sie Gott, den Erhabenen, den Mächtigen. Sie säumten, in Seine Gegenwart zu treten, obwohl ihnen Sein Kommen im Buche Jesajas wie auch in den Büchern der Propheten und Gottesboten verheißen war. Keiner von ihnen wandte das Angesicht dem Morgen göttlicher Großmut zu, die ausgenommen, welche aller Macht unter den Menschen ermangelten. Und doch brüstet sich heutzutage jeder, der mit Macht belehnt und mit Herrschaft bekleidet ist, Seines Namens. Rufe dir auch den ins Gedächtnis, der Jesus zum Tode verurteilte. Er war der Gelehrteste in Seinem Land zu Seiner Zeit, während der, welcher nur ein Fischer war, an Ihn glaubte. Nimm dich wohl in Acht und gehöre zu denen, die die Warnung befolgen.
(Bahá'u'lláh, Botschaften aus 'Akká, S. 25-26)

2 Die hebräischen Propheten [wurden] gesandt, um Christus anzukündigen, doch bedauerlicherweise verhüllten der Talmud und dessen Aberglaube Ihn so vollkommen, dass sie ihren eigenen Messias kreuzigten. Hätten sie die talmudischen Traditionen aufgegeben und die Wirklichkeit der Religion Mose erforscht, wären sie Christi Anhänger geworden. Das blinde Festhalten an äußeren Ritualen und die Nachahmung des Glaubens ihrer Vorväter beraubte sie ihrer messianischen Belohnung. Sie wurden weder erfrischt von den Regenschauern der Gnade, noch wurden sie erleuchtet von den Strahlen der Sonne der Wahrheit.
('Abdu'l-Bahá, The Promulgation of Universal Peace, S. 223 **)

3 Die Juden erwarteten das Erscheinen des Messias, Ihm mit Hingabe in Herz und Seele freudig entgegensehend, aber weil sie in blinder Nachahmung versunken waren, glaubten sie nicht an Jesus, als Er erschien. Zuletzt standen sie gegen Ihn auf, sogar bis zum Extrem der Verfolgung und des Blutvergießens.
('Abdu'l-Bahá, The Promulgation of Universal Peace, S. 250 *******)*

4 Denke an jene, die sich dem Sohne widersetzten, als Er zu ihnen kam mit Macht und Souveränität. Wie viele unter den Pharisäern harrten darauf, Ihn zu schauen, und beklagten ihr Fernsein von Ihm! Doch als der Duft Seines Erscheinens über sie wehte und Seine Schönheit sich entschleierte, da wandten sie sich von Ihm ab und stritten mit Ihm. So enthüllen Wir dir, was in den Büchern und Schriften niedergelegt ist. Niemand – außer einer kleinen Schar, die keinerlei Macht unter den Menschen besaß – wandte sich Seinem Angesicht zu. Heute aber berufen sich alle, die über Macht und Herrschaft verfügen, stolz auf Seinen Namen!
(Bahá'u'lláh, Anspruch und Verkündigung, S. 75)

5 Als die Tage Mose zu Ende gingen und das Licht Jesu, aus der Morgendämmerung des Geistes aufleuchtend, die Welt umfing, stand das ganze Volk Israel wider Ihn auf. Sie schrien, dass der, den die Bibel verheißt, das Gesetz Mose verbreiten und erfüllen müsse, während dieser junge Nazarener, der sich die Stufe des göttlichen Messias anmaße, die Gesetze der Ehescheidung und des Sabbats, die wichtigsten Gesetze Mose, abgeschafft habe. Wie stehe es außerdem um die Zeichen der Manifestation, die noch erscheinen soll? Das Volk Israel harrt bis auf den heutigen Tag der in der Bibel verheißenen Manifestation. Wie viele Manifestationen der Heiligkeit, wie viele Offenbarer des ewigen Lichtes sind seit Mose Zeiten schon erschienen, und doch erwartet Israel, in dichteste Schleier satanischen Trugs und eitlen Wahns gehüllt, dass das Idol, das es selbst geschaffen, mit Zeichen erscheine, die es selbst ersonnen. So hat Gott um ihrer Sünden willen Hand an die Juden gelegt, so hat Er den Geist des Glaubens in ihnen ausgelöscht und sie

mit den Flammen der Höllentiefe gepeinigt, weil sie den Sinn der Verse nicht verstehen wollten, die über die Zeichen der künftigen Offenbarung in der Bibel enthüllt sind. Da sie deren wahre Bedeutung nicht erfassten und jene Ereignisse, äußerlich gesehen, nie eingetroffen sind, blieb es ihnen versagt, die Schönheit Jesu zu erkennen und das Antlitz Gottes zu schauen. Noch immer harren sie Seines Erscheinens! Seit unvordenklicher Zeit bis zum heutigen Tag haben die Völker auf Erden solchen wunderlichen, unziemlichen Gedanken nachgehangen und sich damit selbst der klaren Wasser beraubt, die den Quellen der Reinheit und Heiligkeit entströmen.
(Bahá'u'lláh, Das Buch der Gewissheit (Kitáb-i-Íqán), S. 15-16)

6 Besonders die Gelehrten der Thora behaupten, nach Mose werde kein unabhängiger Prophet mit einem neuen Gesetz mehr erscheinen. Sie sagen, ein Spross aus dem Hause David werde erstehen, das Gesetz der Thora verkünden und ihre Gebote im Osten wie im Westen durchsetzen.
(Bahá'u'lláh, Anspruch und Verkündigung, S. 144-145)

7 Die Sonne der Wahrheit [offenbarte] sich im mosaischen Spiegel. Diejenigen, die aufrichtig waren, nahmen Ihn an und glaubten an Ihn. Als dieselbe Sonne aus dem messianischen Spiegel schien, erkannten die Juden, die nicht die Sonne liebten und an ihre Anbetung des mosaischen Spiegels gefesselt waren, nicht den Schein und den Glanz, die aus Jesus hervorstrahlten. Die Sonne der Wahrheit, das Wort Gottes, schien durch den wundervollen Kanal Jesu Christi im messianischen Spiegel sogar umfassender und herrlicher. Sein Glanz strahlte für alle offenkundig, aber selbst bis zum heutigen Tage halten die Juden sich an den mosaischen Spiegel. Deshalb sind sie dessen beraubt, das ewige Licht in Jesus zu bezeugen.
('Abdu'l-Bahá, The Promulgation of Universal Peace, S. 159 **)

8 Die Juden [hielten] sich in der Zeit Seiner Manifestation an der Erwartung einer äußerlichen und sichtbaren Erfüllung der Prophezeiungen fest. Sie sagten: „Der Messias soll vom Himmel kommen. Dieser Mann kam aus Nazareth; wir kennen sein Haus; wir kennen seine Eltern und seine Leute. Es ist bloßes Hörensagen, dass er vom Himmel kam. Es kann nicht belegt werden."

₂ Der Text des Evangeliums bezeugt, dass Er vom Himmel kam, obgleich er körperlich aus der Mutter geboren war. Die Bedeutung ist, dass die göttliche Wirklichkeit Christi vom Himmel kam, der Körper aber von Maria geboren wurde. Deshalb kam er in Übereinstimmung mit den Prophezeiungen der Heiligen Schrift und, andererseits, in Übereinstimmung mit den Naturgesetzen – seine Wirklichkeit vom Himmel, sein Körper irdisch. So wie er zuvor kam, so muss er in dieser Zeit in gleicher Weise kommen. Aber einige erheben Einspruch und sagen: „Wir benötigen einen tatsächlichen Beweis dafür durch unsere Sinne."

₃ Die Wirklichkeit Christi war allezeit im Himmel und wird es immer sein. Dies ist die Aussage des Evangelientextes. Denn als Jesus Christus auf Erden wandelte, sagte Er: „Des Menschen Sohn ist im Himmel." Daher sind das Festhalten an wörtlichen Interpretationen und der sichtbaren Erfüllung des Textes der Heiligen Bücher lediglich Nachahmungen von äußeren Ritualen und Vorstellungen der Vorväter; denn wenn wir die Wirklichkeit Christi erkennen, werden diese Texte und Aussagen deutlich und lassen sich problemlos in Übereinstimmung bringen.
(*'Abdu'l-Bahá, The Promulgation of Universal Peace, S. 343-344* **)

9 Alle Völker dieser Erde haben auf das Erscheinen des Verheißenen gewartet. Der Verheißene des Alten Testaments war Jesus Christus. Die Juden warteten sehnsüchtig Tag und Nacht auf Ihn, der sie befreien sollte. Als aber Jesus Christus erschien, blieben sie der Gnade, Ihn zu verstehen, beraubt. Sie überhäuften Ihn mit vielen Verfolgungen und Drangsalen; anstatt Ihn zu ehren, setzten sie Ihm eine Dornenkrone aufs Haupt und kreuzigten Ihn. Noch heute warten sie auf ihren Messias, und jeden Samstag beten sie in ihren Synagogen: „Herr, sende uns unseren Messias!" Vor zweitausend Jahren ist der Messias erschienen, doch sie haben Ihn bis heute nicht erkannt. Wie bedauerlich ist dies.

₂ Fünfzehnhundert Jahre haben sie auf diesen Messias gewartet, doch als Er kam, verleugneten sie Ihn. Sie sagten: „Wir warten auf den Messias, der vom Himmel kommt. Wir aber wissen, dass dieser Mann von Nazareth kommt. Wie kann dieser Mensch der erwartete Messias sein? Wir warten auf einen Mann, der nicht von einem Ort dieser Erde, sondern vom Himmel herabkommt." So brachten sie Prophezeiungen aus dem Alten Testament herbei. In Wirklichkeit kam unser Herr Jesus Christus vom Himmel. Es war die Wirklichkeit Christi, der Geist Christi, welcher vom Himmel herabkam. Sein natürlicher Leib wurde in Nazareth geboren. Als sie sahen, dass Er naturgemäß geboren wurde und ein Zimmermannssohn von Nazareth war, nahmen sie Ihn nicht an.

₃ Weiter sagten sie: „Unser Messias muss mit einem Schwert bewaffnet kommen, weil unsere Propheten voraussagten, dass Er mit einer eisernen Rute kommen werde. Aber wir sehen, dass dieser Verheißene nicht einmal einen hölzernen Stab hat." Diese Prophezeiung hat eine geistige Bedeutung. Sie bedeutet die Zunge Jesu Christi, weil sie das Rechte vom Falschen schied.

₄ Eine andere Prophezeiung über das Kommen Jesu Christi war die, Er müsse auf dem Thron Davids sitzen. „Wir sehen aber", sagten sie, „dass dieser Mann aus Nazareth in den Wüsten und Bergen herumwandert, wie kann Er da der Verheißene sein? Wir erwarten einen Verheißenen, der ein König sein muss, doch dieser Mensch ist nur ein armer Mann."

₅ Eine andere Prophezeiung lautet, der verheißene Messias werde das Alte Testament verbreiten und erfüllen. „Dieser hat jedoch den Sabbat gebrochen." Weiter sagten sie, in dieser Zeit werden sogar die Tiere in Frieden miteinander leben. „Der Wolf und das Lamm werden aus derselben Quelle trinken. Der Löwe und die Gazelle werden auf einer Weide grasen. Aber in unseren Tagen hat die Grausamkeit eine solche Höhe erreicht, dass sie ihren eigenen König kreuzigen.

Deshalb ist es nicht glaubhaft, dass dieser unser Messias ist." Aber auch diese Prophezeiung hat ihre geistige Bedeutung. Sie ist so zu verstehen, dass die verschiedenen Nationen und Gemeinschaften, welche sich gegenseitig gleich Wölfen und Gazellen befehden, aus der einen Quelle der Lehren Jesu Christi trinken werden. Weil sie diese Prophezeiung nur buchstäblich nahmen, waren sie ihres geistigen Sinnes beraubt; sie konnten die Bildersprache der Heiligen Schrift nicht verstehen, und deshalb sind die Juden bis zum heutigen Tage der Erkenntnis Jesu Christi beraubt.
('Abdu'l-Bahá, zitiert in: W. Gollmer, Mein Herz ist bei euch, S. 23-25)

10 Die Bibel enthält Prophezeiungen über das Kommen Christi. Die Juden erwarten noch immer das Kommen des Messias und beten Tag und Nacht zu Gott, dass Er sein Kommen beschleunigen möge.

₂ Als Christus kam, verrieten und töteten sie Ihn mit den Worten: „Dies ist nicht der von uns Erwartete. Siehe, wenn der Messias kommt, werden Zeichen und Wunder bezeugen, dass Er in der Tat der Christ ist. Wir kennen die Zeichen und Gegebenheiten, und sie sind nicht erschienen. Der Messias wird aus einer unbekannten Stadt hervorgehen. Er wird auf dem Throne Davids sitzen und siehe, Er wird kommen mit einem Schwert von Stahl und mit einem eisernen Stabe herrschen! Er wird das Gesetz der Propheten erfüllen. Er wird den Osten und den Westen erobern und Sein erwähltes Volk, die Juden, erheben. Er wird ein Reich des Friedens mit sich bringen, während welchem selbst die Tiere aufhören werden, mit dem Menschen feind zu sein. Denn siehe, Wolf und Lamm werden aus ‚einer Quelle' trinken, und Löwe und Reh auf gleicher Weide lagern. Schlange und Maus werden das Nest miteinander teilen und alle Geschöpfe Gottes in Ruhe leben."

₃ Nach Meinung der Juden erfüllte Jesus Christus keine dieser Gegebenheiten, denn ihre Augen waren gehalten, und sie vermochten nicht zu erkennen.

₄ Er kam aus Nazareth, einem Orte, der nicht unbekannt war. Er trug kein Schwert, nicht einmal einen Stock, in der Hand. Er saß nicht auf dem Throne Davids und war arm. Er gestaltete das Gesetz Mose um und brach den Sabbat. Er eroberte weder den Osten noch den Westen, sondern war Selber den römischen Gesetzen untertan. Er erhob nicht die Juden, sondern lehrte Gleichheit und Brüderlichkeit und tadelte die Schriftgelehrten und Pharisäer. Er brachte kein Reich des Friedens herauf, denn zu Seinen Lebzeiten wuchsen Ungerechtigkeit und Grausamkeit derartig an, dass Er ihnen selbst zum Opfer fiel und einen schimpflichen Tod am Kreuz starb.

₅ So dachten und sprachen die Juden, denn sie begriffen weder die Schriften noch die in ihnen enthaltene herrliche Wahrheit. Sie hatten die Buchstaben auswendig gelernt, verstanden aber kein einziges Wort vom lebenspendenden Geiste.

₆ Hört zu, und ich will euch den Sinn davon zeigen. Obwohl Er aus Nazareth, einem bekannten Ort, kam, kam Er doch auch vom Himmel, Sein Körper wurde durch Maria geboren, aber sein Geist kam vom Himmel. Das Schwert, das Er führte, war das Schwert seiner Zunge, mit dem Er den Guten vom Bösen, das Echte vom Falschen, den Gläubigen vom Ungläubigen und das Licht von der Finsternis schied. Sein Wort war in der Tat ein scharfgeschliffenes Schwert!

₇ Der Thron auf dem Er saß, war der ewige Thron, von dem aus Christus auf immer herrscht, ein himmlischer und kein irdischer Thron, denn das Irdische vergeht, Himmlisches aber wird nicht vergehen. Er gab dem Gesetze Mose eine erneuerte Deutung, vollendete es und erfüllte das Gesetz der Propheten. Sein Wort eroberte den Osten und den Westen, Sein Reich ist ewig. Er erhob die Juden, die Ihn anerkannten. Es waren Männer und Frauen von schlichter Herkunft, aber die Verbindung mit Ihm machte sie groß und verlieh ihnen unvergängliche Würde. Die Tiere, die beisammen leben sollten, bedeuteten die verschiedenen Sekten und Rassen, die einst gegeneinander im Kampfe standen, jetzt aber in Liebe und Güte wohnen und miteinander das Wasser des Lebens aus Christus, der ewigen Quelle, trinken.

₈ So wurden alle auf das Kommen Christi bezüglichen geistigen Prophezeiungen erfüllt, aber die Juden schlossen ihre Augen, um nicht zu sehen, und ihre Ohren, um nicht zu hören, und die göttliche Wirklichkeit Christi ging mitten unter ihnen hindurch, ohne gehört, geliebt und erkannt zu werden.
('Abdu'l-Bahá, Ansprachen in Paris, S. 39-41)

11 Moses und die Propheten Israels kündigten das Kommen des Messias an, drückten dies aber in symbolischer Sprache aus. Als Christus erschien, verwarfen Ihn die Juden, obwohl sie doch seine Manifestation erwarteten und in ihren Tempeln und Synagogen weinten und klagten und sprachen: „O Gott, beschleunige das Kommen des Messias!" Warum verleugneten sie Ihn, als Er sich offenbarte? Weil sie äußerlichen Ritualen und Interpretationen ihrer Vorväter folgten und blind waren für die Wirklichkeit Christi. Sie erkannten nicht die inneren Bedeutungen der Bibel. Sie erhoben ihre Einwände und sprachen: „Wir erwarten den Christus, aber sein Kommen hängt von der Erfüllung bestimmter Bedingungen und prophetischer Ankündigungen ab. Unter den Zeichen seines Erscheinens ist eines, dass Er von einem unbekannten Ort kommen soll, während dieser, der die Stufe des Messias beansprucht, aus Nazareth kommt. Wir kennen sein Haus und kennen seine Mutter.

₂ Zweitens, eines der Zeichen des messianischen Zeitalters ist, dass sein Zepter ein eiserner Stab sein soll, dieser Christus hat jedoch nicht einmal einen hölzernen Stab.

₃ Drittens, Er sollte auf dem Thron Davids sitzen, während dieser messianische König in äußerster Armut lebt und nicht einmal eine Matte besitzt.

₄ Viertens, Er sollte den Osten und den Westen erobern. Dieser Mensch hat noch nicht einmal ein einzelnes Dorf erobert. Wie kann er da der Messias sein?

₅ Fünftens, Er sollte die Gesetze der Bibel verkünden. Dieser hat nicht nur darin versagt, die Gesetze der Bibel zu verkünden, sondern im Gegenteil das Gesetz über den Sabbat gebrochen.

₆ Sechstens, der Messias sollte die in Palästina verstreuten Juden wieder zusammenführen und ihre Ehre und ihr Ansehen wiederherstellen, aber dieser hat die Juden erniedrigt, statt sie aufzurichten.

₇ Siebtens, während Seiner Herrschaft müssen sogar die Tiere Segen und Freude genießen, denn gemäß den prophetischen Schriften soll Er Frieden in einer solch umfassenden Weise schaffen, dass der Adler und die Wachtel zusammenleben, der Löwe und das Reh aus der gleichen Quelle trinken und der Wolf und das Lamm auf der gleichen Wiese liegen sollen. Im Reich der Menschen muss der Krieg völlig aufhören; Speere sollen zu Rebmessern und Schwerter zu Pflugscharen werden. Nun sehen wir aber, dass in den Tagen dieses vermeintlichen Messias solche Ungerechtigkeit herrscht, dass er selbst geopfert wird. Wie könnte er da der verheißene Christus sein?"

₈ Und so sprachen sie schändliche Worte in Bezug auf Ihn.

₉ Weil nun die Juden tief in dem Meer blinder Nachahmung versunken waren, konnten sie die Bedeutung dieser Prophezeiungen nicht verstehen. All die Worte der Propheten wurden erfüllt, aber weil die Juden stur an überlieferten Deutungen festhielten, verstanden sie nicht die innere Bedeutung der Bibel; deshalb verleugneten sie Jesus Christus, den Messias. Die Absicht der prophetischen Worte war nicht die äußere oder wörtliche Bedeutung, sondern ihr innerer, symbolischer Sinn. Zum Beispiel wurde verkündigt, dass der Messias von einem unbekannten Ort kommen solle. Dies bezog sich nicht auf den Geburtsort oder den physischen Körper Jesu. Es bezieht sich auf die Wirklichkeit Christi – das will sagen, die Wirklichkeit Christi sollte vom unsichtbaren Königreich her erscheinen – denn die göttliche Wirklichkeit Christi ist heilig und erhaben über jeden Raum.

₁₀ Sein Schwert sollte ein Schwert aus Eisen sein. Dies symbolisierte Seine Zunge, die das Wahre vom Falschen scheiden sollte; und mit dieser Angriffswaffe würde Er das Reich der Menschenherzen erobern. Er eroberte nicht durch die physische Kraft eines eisernen Stabes; Er eroberte den Osten und den Westen mit dem Schwert seiner Lehren.

₁₁ Er saß auf dem Thron Davids, aber seine Hoheitsgewalt war keine napoleonische Herrschaft oder die vergängliche Oberherrschaft eines Pharao. Das Königreich Christi war ewig, immer während im Himmel des Göttlichen Willens.

₁₂ Mit seiner Verkündigung der Gesetze der Bibel war die Wirklichkeit des Mosaischen Gesetzes gemeint. Das Gesetz des Sinai ist die Grundlage der Wahrheit des Christentums. Christus verkündete es und gab ihm eine höhere, geistige Ausdrucksform.

₁₃ Er eroberte und bändigte den Osten und den Westen. Seine Unterwerfung wurde durch den Hauch des Heiligen Geistes bewirkt, der alle Grenzen beseitigte und von allen Aufgangsorten her schien.

₁₄ Zu Seiner Zeit sollten, gemäß der Prophezeiung, der Wolf und das Lamm aus derselben Quelle trinken. Dies wurde durch Christus verwirklicht. Die erwähnte Quelle war das Evangelium, aus dem das Wasser des Lebens hervorströmt. Der Wolf und das Lamm sind feindlich gesinnte und unterschiedliche Völker, die durch diese Tiere symbolisiert wurden. Ihr Zusammenkommen und ihre Gemeinschaft waren unmöglich, aber als sie nun an Jesus Christus glaubten, wurden sie, die vormals wie Wölfe und Lämmer waren, durch die Botschaft des Evangeliums vereint.

₁₅ Die Bedeutung ist, dass alle Bedeutungen der Prophezeiungen erfüllt wurden, aber die Juden waren gefangen in blinder Nachahmung ihrer Vorväter und erkannten die Wahrheit der Bedeutung dieser Worte nicht, sie verleugneten Christus; schlimmer noch, sie gingen sogar so weit, Ihn zu kreuzigen. [...]

₁₆ Die Juden halten Christus für einen Feind Mose, wo Christus doch im Gegenteil die Botschaft Mose verkündete. Er verbreitete den

Namen Mose über den Osten und den Westen. Er verkündigte die Lehren Mose. Hätte es Christus nicht gegeben, hättet ihr niemals den Namen Moses gehört; und wäre der Messias nicht in Christus erschienen, hätten wir das Alte Testament nicht erhalten.

₁₇ Die Wahrheit ist, dass Christus das Mosaische Gesetz erfüllte und Moses in jeder Hinsicht in Ehren hielt; aber die Juden, blind vor Nachahmung und Vorurteilen, hielten ihn für einen Feind Mose.
('Abdu'l-Bahá, The Promulgation of Universal Peace, S. 277-280 **)

12 Obgleich die Juden, als Christus vor zwanzig Jahrhunderten erschien, sehnlichst Sein Kommen erwarteten und jeden Tag unter Tränen beteten und flehten: „O Gott, beschleunige die Offenbarung des Messias", verleugneten sie Ihn doch, als die Sonne der Wahrheit dämmerte, und erhoben sich gegen Ihn in größter Feindschaft. Schließlich kreuzigten sie diesen göttlichen Geist, das Wort Gottes, und nannten Ihn Beelzebub, den Bösen, wie es das Evangelium berichtet. Der Grund war, dass sie sagten: „Die Offenbarung Christi wird nach dem klaren Text der Thora durch gewisse Zeichen bezeugt werden, und solange diese Zeichen nicht erschienen sind, ist jeder ein Betrüger, der beansprucht, ein Messias zu sein. Eines dieser Zeichen ist, dass der Messias von einem unbekannten Ort kommen wird; wir alle aber kennen dieses Mannes Haus in Nazareth, und was kann von Nazareth Gutes kommen? Das zweite Zeichen ist, dass Er herrschen wird mit einem Stab aus Eisen, das heißt, dass Er mit dem Schwerte Taten verrichten wird. Dieser Messias aber hat nicht einmal einen hölzernen Stab. Eine andere Bedingung und ein anderes Zeichen sind: Er muss sitzen auf dem Throne Davids und Davids Herrschaft aufrichten. Nun aber hat dieser Mann, weit davon entfernt, auf einem Thron zu sitzen, nicht einmal eine Matte, auf der er sich niederlassen könnte. Eine andere Bedingung ist die Verkündigung aller Gesetze der Thora. Dieser Mann aber hat diese Gesetze abgeschafft und sogar den Sabbat gebrochen, obgleich der klare Text der Thora bestimmt, dass, wer den Anspruch erhebt, ein Prophet zu sein, und Wunder tut, aber den Sabbat bricht, getötet werden müsse. Ein anderes Zeichen ist, dass unter Seiner Regierung die Gerechtigkeit so fortgeschritten sein wird, dass rechter Sinn und rechte Tat sich von der menschlichen Welt sogar auf die Tierwelt ausbreiten. Schlange und Maus werden ein Loch miteinander teilen, Adler und Rebhuhn ein Nest. Löwe und Gazelle werden auf einer Wiese weiden, Wolf und Lamm werden trinken aus einem Quell. Nun haben aber zu seiner Zeit Ungerechtigkeit und Tyrannei so überhand genommen, dass sie ihn gekreuzigt haben. Eine andere Bedingung ist, dass in den Tagen des Messias die Juden zu Wohlstand kommen und über alle Völker der Welt triumphieren werden. Heute aber leben sie in äußerster Erniedrigung und in der Knechtschaft des Römerreiches. Wie kann dieser Mann der in der Thora verheißene Messias sein?"

₂ So verwarfen sie die Sonne der Wahrheit, obgleich dieser Geist Gottes wirklich der in der Thora Verheißene war. Weil sie aber die Bedeutung der Zeichen nicht verstanden, kreuzigten sie das Wort Gottes. Die Bahá'í sind der Ansicht, dass die überlieferten Zeichen in der Manifestation Christi verwirklicht sind, wenn auch nicht in dem Sinne, wie es die Juden verstanden; denn die Beschreibung in der Thora ist sinnbildlich aufzufassen. So ist zum Beispiel eines der Zeichen das der Herrschaft. Die Bahá'í sagen, dass die Herrschaft Christi eine himmlische, göttliche, ewige Herrschaft sei, nicht eine napoleonische, die nur kurze Zeit währt. Denn vor nahezu zwei Jahrtausenden wurde Christi Herrschaft errichtet und dauert noch an, und für alle Ewigkeit wird dieses heilige Wesen erhöht sein auf einem ewigen Throne.

₃ Ebenso sind die anderen Zeichen alle offenbar geworden, aber die Juden verstanden sie nicht. Obgleich nahezu zwanzig Jahrhunderte verflossen sind, seit Christus in göttlichem Glanze erschien, erwarten die Juden noch immer das Kommen des Messias, dünken sich selbst im Recht und halten Christus für einen falschen Propheten.
('Abdu'l-Bahá, Briefe und Botschaften, S. 56-58)

13 Durch ihre Unfähigkeit, die Wirklichkeit zu erforschen, verleugneten die Juden Jesus Christus. Sie erwarteten Sein Kommen; Tag und Nacht klagten und jammerten sie und sprachen: „O Gott, beschleunige den Tag des Erscheinens des Messias", ihr überaus starkes Verlangen nach dem Messias bekundend. Aber als Christus erschien, verleugneten und verwarfen sie Ihn, behandelten Ihn mit hochmütiger Verachtung, verurteilten Ihn zum Tode und kreuzigten Ihn schließlich. Warum geschah dies? Weil sie blinder Nachahmung folgten, sie glaubten an das, was als Vermächtnis ihrer Väter und Vorväter auf sie gekommen war, hielten sich stur daran fest und versäumten, die Wirklichkeit Christi zu erforschen. Daher wurden sie der Gnadengaben Christi beraubt, obgleich sie, hätten sie ihre Nachahmung aufgegeben und die Wirklichkeit des Messias erforscht, sicherlich angeleitet worden wären, an Ihn zu glauben. Stattdessen sprachen sie: „Wir haben von unseren Vätern gehört und im Alten Testament gelesen, dass der Christus von einem unbekannten Ort kommen muss; aber nun müssen wir feststellen, dass dieser aus Nazareth kommt." Versunken in wörtliche Interpretation und die Nachahmung der Vorstellungen ihrer Väter und Vorväter, waren sie unfähig, die Tatsache zu verstehen, dass obwohl der Körper Jesu aus Nazareth, die Wirklichkeit Christi doch von dem unbekannten Ort kam, der das göttliche Königreich ist. Ebenso sagten sie, dass das Zepter Christi ein eiserner Stab sein würde – das will heißen, Er würde ein Schwert führen. Als Christus erschien, besaß Er kein Schwert; denn es war das Schwert Seiner Zunge, mit dem Er das Falsche vom Wahren schied. Aber die Juden waren blind für die geistige Bedeutung und den symbolischen Gehalt der Worte der Propheten. Ebenso erwarteten sie, dass der Messias auf dem Thron Davids sitzen würde, während Christus weder einen Thron noch dem Anschein nach Herrschaftsgewalt besaß; nein, Er war vielmehr ein armer Mann, offensichtlich elend und erniedrigt; wie könnte Er da der wahre Christus sein? Dies war eine ihrer nachdrücklichsten Einwendungen, fußend auf den Interpretationen und Lehren ihrer Vorväter. In Wirklichkeit wurde Christus durch ewigwährende Herrschaft und ein ewiges Reich verherrlicht – geistig, nicht zeitlich. Sein Thron und sein Reich wurden in den Herzen der Menschen aufgerichtet, wo Er mit Macht und Autorität regiert, von Ewigkeit zu Ewigkeit. Ungeachtet dessen, dass alle Zeichen der Propheten in Christus erfüllt wurden, verleugneten die Juden Ihn und traten in das Zeitalter ihrer Verwerfung ein, da sie blinder Nachahmung und Riten ihrer Vorväter anhingen.

₂ Neben Diesem und Anderem sprachen sie weiterhin: „Uns wurde durch die Propheten verheißen, dass der Christus, wenn Er erscheinen würde, das Gesetz der Thora verkünden würde, wohingegen wir nun sehen, dass dieser Mann die Gebote des Pentateuch aufhebt, unseren gesegneten Sabbat bricht und das Gesetz der Ehescheidung abschafft. Er hat nichts vom Gesetz Mose übrig gelassen; deshalb ist er ein Feind Mose." In Wahrheit verkündigte und vervollständigte Christus das Gesetz Mose. Er war wahrlich ein Helfer und Unterstützer Mose. Er verbreitete das Buch Mose über die ganze Welt und richtete die Grundlage des von Ihm verkündeten Gesetzes von Neuem auf. Er schaffte bestimmte unwesentliche Gesetze und Riten, wie die Ehescheidung und die Polygamie, ab, die nicht mehr länger den Erfordernissen des Zeitalters entsprachen. Die Juden verstanden dies nicht, und die Ursache für ihr Unverständnis war das blinde und sture Festhalten an der Nachahmung der Riten und Lehren ihrer Vorväter; deshalb verurteilten sie Christus schließlich zum Tode.

₃ Sie sagten außerdem: „Durch die Propheten wurde uns verheißen, dass der Friede Gottes sich zur Zeit des Erscheinens Christi über die ganze Welt ausbreiten würde, Tyrannei und Unterdrückung würden unbekannt sein, die göttliche Gerechtigkeit würde sogar auf das Tierreich übergreifen, wilde Tiere würden zahm und friedlich zusammenkommen, Wolf und Lamm würden aus derselben Quelle trinken, Löwe und Reh sich auf derselben Weide treffen, Adler und Wachtel im selben Nest wohnen; aber stattdessen sehen wir, dass die Römer zur Zeit dieses vermeintlichen Christus Palästina eroberten und es seitdem mit äußerster Grausamkeit beherrschen, Gerechtigkeit ist nirgends zu finden, und auch die Zeichen des Friedens im Tierreich sind sichtbar nicht eingetroffen." Diese Ausführungen und Einstellungen hatten die Juden von ihren Vorvätern ererbt – blindes Festhalten an buchstabengetreuen Erwartungen, die tatsächlich zur Zeit Jesu Christi nicht eintrafen. Tatsächlich waren aber mit diesen Aussagen der Propheten die verschiedenen Völker gemeint, versinnbildlicht durch den Wolf und das Lamm, zwischen denen Liebe und Gemeinschaft unmöglich schienen, die während der Herrschaft des Messias zusammenkommen und aus der selben Quelle des Lebens, die Seine Lehren sind, trinken und Seine treuen Anhänger werden sollten. Dies wurde verwirklicht, als Menschen

aller Religionen, Nationen und Gesinnungen in ihrem Glauben geeint wurden und Chrisus in Demut nachfolgten, sie vereinigten sich in Liebe und Brüderlichkeit unter dem Schatten Seines göttlichen Schutzes. Die Juden, blind dem gegenüber und sich an ihre engstirnigen Nachahmungen klammernd, waren Christus gegenüber anmaßend und überheblich und kreuzigten Ihn. Hätten sie die Wirklichkeit Christi erforscht, hätten sie Seine Schönheit und Wahrheit geschaut.
('Abdu'l-Bahá, The Promulgation of Universal Peace, S. 406-409 **)

14 In Jesaja 11, Vers 1-9, steht geschrieben: „Und es wird eine Rute aufgehen von dem Stamm Isais und ein Zweig aus seiner Wurzel Frucht bringen, auf welchem wird ruhen der Geist des Herrn, der Geist der Weisheit und des Verstandes, der Geist des Rates und der Stärke, der Geist der Erkenntnis und der Furcht des Herrn. Und Wohlgeruch wird ihm sein die Furcht des Herrn. Er wird nicht richten, nach dem seine Augen sehen, noch Urteil sprechen, nach dem seine Ohren hören, sondern wird mit Gerechtigkeit richten die Armen und rechtes Urteil sprechen den Elenden im Lande und wird mit dem Stabe seines Mundes die Erde schlagen und mit dem Odem seiner Lippen den Gottlosen töten. Gerechtigkeit wird der Gurt seiner Lenden sein und der Glaube der Gurt seiner Hüften. Die Wölfe werden bei den Lämmern wohnen und die Leoparden bei den Böcken liegen. Ein kleiner Knabe wird Kälber und junge Löwen und Mastvieh miteinander treiben. Kühe und Bären werden auf der Weide gehen, dass ihre Jungen beieinander liegen; und Löwen werden Stroh essen wie die Ochsen. Und ein Säugling wird seine Lust haben am Loch der Otter, und ein Entwöhnter wird seine Hand stecken in die Höhle des Basilisken. Man wird nirgends Schaden tun noch verderben auf meinem ganzen heiligen Berge; denn das Land ist voll Erkenntnis des Herrn, wie Wasser das Meer bedeckt."

₂ Die Rute aus dem Stamm Isais scheint Christus zu meinen, denn Joseph war aus dem Geschlecht Isais, des Vaters von David. Aber da Christus durch den Heiligen Geist geboren war, nannte Er Sich Selbst Sohn Gottes. Wäre dies nicht so gewesen, so könnten diese Äußerungen auf Ihn zutreffen. Darüber hinaus aber sind einige der

Ereignisse, von denen der Prophet sagte, dass sie zur Zeit dieses Sprosses geschehen werden, eingetroffen, wenn sie als Gleichnis genommen werden, aber nicht alle; werden sie dagegen nicht symbolisch genommen, so wurde keines dieser Zeichen zur Zeit Christi erfüllt. Zum Beispiel sind der Leopard und das Lamm, der Löwe und das Kalb, die Otter und der Säugling Bilder und Gleichnisse für die verschiedenen Nationen und Völker, sich bekämpfende Sekten und feindliche Rassen, die in ihrer Gegnerschaft und Feindschaft wie Wolf und Lamm sind. Wir sagen, dass sie durch den Odem des Geistes Christi den Geist der Eintracht und Harmonie fanden, dass sie von Ihm belebt wurden und sich miteinander vereinten.

₃ Aber „man wird nirgends Schaden tun noch verderben auf meinem ganzen heiligen Berge; denn das Land ist voller Erkenntnis des Herrn, wie Wasser das Meer bedeckt." Diese Umstände haben sich zur Zeit der Offenbarung Christi nicht erfüllt; denn bis auf den heutigen Tag gibt es auf der Welt verschiedene und sich bekämpfende Nationen, nur wenige Menschen bekennen sich zum Gotte Israels, und die meisten von ihnen besitzen nicht die Erkenntnis Gottes. Ebenso ist der allgemeine Friede in der Zeit Christi nicht verwirklicht worden, das heißt, unter den sich bekämpfenden und feindlichen Nationen sind Friede und Eintracht nicht zustande gekommen, Streit und Meinungsverschiedenheiten sind nicht überwunden und Versöhnung und Aufrichtigkeit nicht gewonnen worden. So hegen sogar die christlichen Glaubensgemeinschaften und Völker untereinander bis auf den heutigen Tag größte Feindschaft, und sie hassen und bekämpfen sich gegenseitig.
('Abdu'l-Bahá, Beantwortete Fragen, S. 70-71)

15 Im Buche Daniel werden vom Wiederaufbau des Tempels in Jerusalem bis zum Kreuzestode Christi 70 Wochen angegeben, das heißt, durch das Martyrium Christi wird das Opfer vollendet und der Altar zerstört. Diese Prophezeiung bezieht sich auf das Erscheinen Christi. Die siebzig Wochen beginnen mit dem Wiederaufbau und der Wiederherstellung Jerusalems, worüber vier Edikte von drei Königen erlassen wurden.

₂ Das erste stammt von Cyrus aus dem Jahre 536 v. Chr. Darüber wird im 1. Kapitel des Buches Esra berichtet. Das zweite Edikt über die bauliche Erneuerung des Tempels ist von dem Perserkönig Darius aus dem Jahre 519 v. Chr., und ist im 6. Kapitel Esra erwähnt. Das dritte Edikt wurde von Artaxerxes im siebten Jahr seiner Regierung, also 457 v. Chr. gegeben und ist im 7. Kapitel Esra verzeichnet. Das vierte erließ Artaxerxes im Jahre 444 v. Chr. Es findet sich im 2. Kapitel Nehemia.

₃ Daniel bezieht sich nun besonders auf das dritte Edikt aus dem Jahre 457 v. Chr. 70 Wochen ergeben 490 Tage, und jeder Tag bedeutet nach dem Wortlaut der Heiligen Schrift ein Jahr. Denn es ist gesagt: "Ein Tag des Herrn ist ein Jahr." 490 Tage bedeuten also 490 Jahre. Das dritte Edikt wurde von Artaxerxes im Jahre 457 vor Christi Geburt erlassen, und Christus war zur Zeit Seines Kreuzestodes und seiner Himmelfahrt 33 Jahre alt. 457 plus 33 ergibt 490, und dies ist das von Daniel prophezeite Datum für die Offenbarung Christi.

₄ Im 25. Vers des 9. Kapitels Daniel steht es aber anders, nämlich 7 Wochen und 62 Wochen; scheinbar steht dies im Widerspruch zur ersten Äußerung. Viele, die versuchten, die beiden Aussagen miteinander in Einklang zu bringen, wurden durch diese Verschiedenheit verwirrt. Wie können an einer Stelle 70 Wochen und an anderer 62 und 7 Wochen richtig sein? Diese Äußerungen stimmen nicht miteinander überein.

₅ In Wirklichkeit führt Daniel zwei Daten an. Das eine beginnt mit dem Befehl des Artaxerxes an Esra, Jerusalem wieder aufzubauen. Dies sind die 70 Wochen, die mit der Himmelfahrt Christi endeten, als mit Seinem Kreuzestod das Opfer und Speiseopfer aufhörten.

₆ Das zweite Datum, das im 26. Vers steht, bedeutet, dass nach Beendigung des Wiederaufbaus von Jerusalem bis Christi Himmelfahrt 62 Wochen vergehen. Die 7 Wochen sind die Zeit des Tempelaufbaus, der 49 Jahre währte. Zählt man diese 7 zu den 62 Wochen, erhält man 69 Wochen, und in der letzten Woche (69-70) vollzog sich die Himmelfahrt Christi. Die 70 Wochen sind also vollständig, und es besteht kein Widerspruch mehr.
('Abdu'l-Bahá, Beantwortete Fragen, S. 51-52)

16 Bezüglich des Geburtsdatums Jesu Christi; 'Abdu'l-Bahás Aussage zu diesem Thema sollte von den Bahá'í als Richtwert betrachtet werden und als Ausgangspunkt für ihre Berechnungen.
(Aus einem Brief im Auftrag des Hüters an einen einzelnen Gläubigen, 10.07.1939**)

17 Ebenso wurden, als die Stunde der Offenbarung Jesu nahte, einige Magier dessen gewahr, dass der Stern Jesu am Himmel aufgegangen war. Sie suchten ihn und folgten ihm, bis sie zu der Stadt kamen, die der Königssitz des Herodes war, dessen Herrschaftsgebiet sich in jenen Tagen über das ganze Land erstreckte.

₂ Diese Magier sprachen: „Wo ist der neugeborene König der Juden? Wir haben Seinen Stern gesehen im Morgenland und sind gekommen, Ihn anzubeten." Als sie nun nachforschten, fanden sie heraus, dass das Kind in Bethlehem im Lande Judäa geboren war. Dies war das am sichtbaren Himmel offenbarte Zeichen. Was nun das Zeichen am unsichtbaren Himmel betrifft, dem Himmel göttlicher Erkenntnis und Einsicht, so war es Johannes, der Sohn des Zacharias, der dem Volke die frohe Botschaft der Manifestation Jesu gab. So hat Er offenbart: „Gott kündigt dir Yaḥyá an, welcher zeugen wird vom Worte Gottes, ein Großer und Reiner." Mit dem ‚Wort' ist Jesus gemeint, dessen Ankunft Yaḥyá voraussagte. Zudem steht in den himmlischen Schriften geschrieben: „Johannes der Täufer predigte in der Wildnis Judäas und sprach: ‚Kehret um, denn das Himmelreich ist nahe herbeigekommen.'
(Bahá'u'lláh, Das Buch der Gewissheit (Kitáb-i-Íqán), S. 54-55)

18 Rufe dir die Tage ins Gedächtnis zurück, da der Geist Gottes erschien und Herodes das Urteil über Ihn sprach. Gott aber half Ihm mit den unsichtbaren Heerscharen, beschützte Ihn mit der Wahrheit und sandte Ihn nach Seiner Verheißung in ein anderes Land. Wahrlich, Er verordnet, was Ihm gefällt. Dein Herr behütet sicher,

wen Er will, und sei er auch in der Mitte der Meere oder im Bauch der Schlange oder unter dem Schwerte des Tyrannen.
(Bahá'u'lláh, Anspruch und Verkündigung, S. 103)

19 Die Theologen glauben, dass Christus durch den Heiligen Geist geboren wurde, die Materialisten denken, dass dies unmöglich und unzulässig sei, und dass Er zweifellos einen menschlichen Vater gehabt habe.

₂ Im Qur'án heißt es: „Wir sandten zu ihr unseren Geist in der Gestalt eines vollkommenen Mannes." Das bedeutet, dass der Heilige Geist menschliche Gestalt annahm - wie ein Bild im Spiegel hervorgerufen wird - und zu Maria sprach.

₃ Die Materialisten glauben, dass eine Ehe sein muss, und sagen, dass ein lebendiger Körper nicht von einem körperlosen Wesen gezeugt werden könne und dass ohne Mann und Frau eine Befruchtung nicht stattfinden könne. Sie denken, dass dies nicht nur beim Menschen, sondern auch beim Tier und den Pflanzen unmöglich sei. Denn die Paarung von Männlichem und Weiblichem bestehe bei allem lebendigen und pflanzlichen Sein. Diese Paarung in der Schöpfung wird sogar im Qur'án dargelegt: „Preis sei Ihm, Der zu Paaren erschaffen hat alles, was auf der Erde wächst, und die Menschen auf ihr und manches, was sie nicht erkennen." Das heißt, Menschen, Tiere und Pflanzen, alle sind gepaart – „und es gibt kein Ding, das Wir nicht in Paaren zu zweien erschaffen hätten." Das heißt, die ganze Natur wurde durch Paarung erschaffen.

₄ Kurz, die Materialisten sagen, ein Mensch ohne menschlichen Vater sei nicht denkbar. Darauf antworten die Theologen: „Dies ist nicht unmöglich und unausführbar. Es ist nur noch nicht gesehen worden, es besteht ein großer Unterschied zwischen einer unmöglichen und einer unbekannten Sache. Zum Beispiel war in früheren Zeiten der Telegraph, der den Osten und Westen verbindet, unbekannt, aber nicht unmöglich; auch die Photographie und der Phonograph waren unbekannt, aber nicht unmöglich."

₅ Die Materialisten beharren auf ihrer Meinung, und die Theologen antworten: „Ist diese Erde schon immer gewesen oder ist sie entstanden?" Die Materialisten erwidern, dass es nach dem Stand der Wissenschaften und entscheidender Entdeckungen festliege, dass sie entstanden sei. Zuerst war sie eine feurige Kugel, die sich allmählich abkühlte und eine Kruste bildete; dann wuchsen auf dieser Kruste zuerst Pflanzen, später entwickelten sich Tiere, und zuletzt trat der Mensch in Erscheinung.

₆ Die Theologen entgegnen: „Aus eurer Darstellung geht also klar und deutlich hervor, dass auf der Erde die Menschheit in Erscheinung trat und nicht schon ewig bestand. Demnach hatte der erste Mensch sicherlich weder Vater noch Mutter, denn das Dasein des Menschen ist entstanden. Ist die Erschaffung des Menschen ohne Vater und Mutter, selbst wenn er sich allmählich entwickelt hat, nicht schwerer, als wenn er einfach ohne Vater ins Leben gerufen worden wäre? Da ihr zugebt, dass der erste Mensch - sei es nun allmählich oder plötzlich - ohne Vater und ohne Mutter ins Dasein kam, kann es keinen Zweifel geben, dass auch ein Mensch ohne menschlichen Vater möglich und zulässig ist; ihr könnt dies nicht als unmöglich ansehen, sonst seid ihr unlogisch. Wenn man zum Beispiel sagt, dass diese Lampe einmal ohne Docht und Öl angezündet worden wäre, und dann behauptet, dass es unmöglich sei, sie ohne Docht zum Leuchten zu bringen, so ist dies unlogisch." Christus hatte eine Mutter; der erste Mensch hatte nach der Überzeugung der Materialisten weder Vater noch Mutter.

₇ Ein großer Mann ist groß, gleichgültig, ob er einen menschlichen Vater hat oder nicht. Wenn es ein Vorzug wäre, keinen Vater zu haben, so wäre Adam größer und erhabener als alle Propheten und Gottgesandten, denn er hatte weder Vater noch Mutter. Die Ursache der Größe und Erhabenheit ist der Glanz und die Gnade göttlicher Vollkommenheit. Die Sonne ist aus Substanz und Form geschaffen, die man mit Vater und Mutter vergleichen kann, und sie ist reine Vollendung; die Finsternis aber hat weder Substanz noch Form, weder Vater noch Mutter, und sie ist absolute Unvollkommenheit. Die Substanz von Adams körperlichem Leben war Erde, diejenige Abrahams aber reiner menschlicher Samen; sicherlich ist reiner und keuscher Samen besser als Erde. [...]

₈ Der Sinn ist: Wenn es der größte Vorzug des Menschen wäre, keinen menschlichen Vater zu haben, dann wäre Adam größer als alle anderen, weil er weder Vater noch Mutter hatte. Ist es besser für den Menschen, aus lebendiger Substanz oder aus Erde erschaffen zu werden? Sicher ist es besser, aus lebendiger Substanz erschaffen zu werden. Christus aber wurde vom Heiligen Geist geboren und ins Leben gerufen.

₉ Abschließend: Der hohe Rang und der Ehrenplatz der heiligen Seelen und der göttlichen Offenbarer kommen von ihren Vollkommenheiten und Gnadengaben und ihrer himmlischen Herrlichkeit, und von nichts anderem.
('Abdu'l-Bahá, Beantwortete Fragen, S. 92-95)

20 Denke ... über die Lage Marias nach. So tief war die Bestürzung dieser edlen Gestalt, so schlimm ihre Lage, dass sie bitterlich beklagte, jemals geboren zu sein. Dies bezeugt der Text des heiligen Verses, worin berichtet wird, wie Maria nach der Geburt Jesu ihr Los beklagte und ausrief: „Ach, wäre ich doch zuvor gestorben und wäre ganz und gar vergessen!" Ich schwöre bei Gott! Solche Klage verzehrt das Herz und erschüttert die Seele. Nur der Tadel der Feinde und der spitzfindige Spott der Ungläubigen und Verderbten konnte zu solcher Bestürzung und Verzweiflung führen. Bedenke, was konnte Maria den Leuten zur Antwort geben? Wie konnte sie behaupten, dass ein Kind, dessen Vater unbekannt war, vom Heiligen Geist empfangen sei? So nahm Maria, diese tugendsam verhüllte, unsterbliche Gestalt, ihr Kind und kehrte nach Hause zurück. Kaum waren die Augen der Leute auf sie gefallen, als sie schon ihre Stimme erhoben: „O Schwester Aarons! Dein Vater war doch kein schlechter Kerl und deine Mutter keine Dirne!"

₂ Und nun meditiere über diese größte Erschütterung, über diese schmerzliche Prüfung. All diesen Geschehnissen zum Trotz verlieh Gott diesem Wesen des Geistes, Ihm, der bei den Leuten als vaterlos bekannt war, die Herrlichkeit des Prophetentums und machte Ihn zu Seinem Zeugnis für alle, die im Himmel und auf Erden sind.
(Bahá'u'lláh, Das Buch der Gewissheit (Kitáb-i-Íqán), S. 47-48)

21 Im Lichte dessen, was Bahá'u'lláh und 'Abdu'l-Bahá zu diesem Thema [der Geburt Jesu] dargelegt haben, ist es offenkundig, dass Jesus durch die direkte Intervention des Heiligen Geistes in diese Welt kam, und dass Seine Geburt folglich gänzlich wundersam war. Es ist ein erwiesener Fakt, und die Freunde brauchen sich nicht zu wundern, ist doch der Glaube an die Möglichkeit von Wundern in den Lehren niemals abgelehnt worden. Ihre Bedeutung, indes, ist wesentlich geringer.
(Aus einem Brief im Auftrag des Hüters an einen einzelnen Gläubigen, 31.12.1937**)

22 Hinsichtlich Ihrer Frage betreffs der jungfräulichen Geburt Jesu; an diesem Punkt, wie an vielen anderen, befinden sich die Bahá'í-Lehren in voller Übereinstimmung mit den Glaubenslehren der Katholischen Kirche. Im ‚Kitáb-i-Íqán' (Buch der Gewissheit) S. 56, und in einigen anderen, bisher unveröffentlichten Sendschreiben bestätigt Bahá'u'lláh, wenn auch indirekt, die katholische Vorstellung der Jungfrauengeburt. Auch 'Abdu'l-Bahá legt in den ‚Beantworteten Fragen', Kap. XII, S. 73, dar, dass „Christus durch den Geist Gottes ins Dasein gelangte", wobei diese Aussage, textgemäß, notwendigerweise voraussetzt, dass Jesus nicht der Sohn Josephs war.
(Aus einem Brief im Auftrag des Hüters an einen einzelnen Gläubigen, 14.10.1945**)

23 Es wäre ein Sakrileg für einen Bahá'í, zu glauben, die Eltern Jesu seien nicht gesetzmäßig verheiratet gewesen und der Letztere folglich aus einer unrechtmäßigen Verbindung entstanden. Solch eine Möglichkeit könnte von einem Gläubigen nicht einmal nachvollzogen werden, der die hohe Stufe Mariens und das göttliche Prophetentum Jesu Christi anerkennt. Es ist diese selbe Anschuldigung, welche das Volk Maria an Seinem Tage unterstellte, die Bahá'u'lláh im Íqán indirekt verwarf. Daher ist die einzige Alternative, anzuerkennen, dass die Geburt Jesu übernatürlich gewesen ist. Die Ausführung von Wundertaten ist nicht notwendigerweise irrational oder unlogisch. Sie begründet in keinster Weise

eine Beschränkung der Allmacht Gottes. Der Glaube an die Möglichkeit von Wundern besagt im Gegenteil, dass Gottes Macht über Beschränkungen gleich welcher Art erhaben ist. Denn es ist nur logisch, dass der Schöpfer, Der der alleinige Autor aller Gesetze ist, die im Universum wirken, über sie erhaben ist und Er sie deshalb, wenn Er es für notwendig erachten sollte, nach Seinem Willen ändern kann. Wir, als Menschen, können unmöglich versuchen, Seine Gedanken zu lesen und Seine Weisheit vollständig zu erfassen. Das Mysterium ist daher ein untrennbarer Teil jeder wahren Religion und sollte als solcher von den Gläubigen anerkannt werden.
(Aus einem Brief im Auftrag des Hüters an einen einzelnen Gläubigen, 01.10.1935**)

24 Was die Stellung des Christentums betrifft, so sei ohne Zögern und unzweideutig festgestellt, dass ... die Wirklichkeit des Mysteriums der Unbeflecktheit der Jungfrau Maria angenommen ... [wird]. Der Begründer des christlichen Glaubens wird von Bahá'u'lláh als der „Geist Gottes" bezeichnet, als Derjenige, welcher „aus dem Odem des Heiligen Geistes" erschien, und Er wird sogar als „das Wesen des Geistes" gepriesen. Seine Mutter wird als „das verhüllte und unsterbliche, das schönste Antlitz" beschrieben und die Stufe ihres Sohnes verherrlicht als eine „Stufe, die erhöht wurde über die Vorstellungen aller, die auf Erden wohnen".
(Shoghi Effendi, Der verheißene Tag ist gekommen, 166-167)

25 Wahrhaftig, ... Jesus war erfüllt vom Heiligen Geiste. Er kam in die Welt durch die Macht Gottes, war geboren aus dem Heiligen Geiste und der gesegneten Jungfrau Maria. Maria, Seine Mutter, war eine Heilige des Himmels. Sie verbrachte ihre Tage betend im Tempel, und es kam ihr Nahrung von oben zu. Ihr Vater, Zacharias, kam zu ihr und fragte sie, von wannen die Nahrung käme, und Maria, antwortete ihm: „Von oben". Gewisslich gab Gott der Maria, dass sie über alle anderen Frauen erhoben werde.
('Abdu'l-Bahá, Ansprachen in Paris, S. 33)

26 Wir glauben, dass allein Christus unbefleckt empfangen wurde. Seine Brüder und Schwestern wären demnach auf dem natürlichen Weg geboren und natürlich empfangen worden.
(Aus einem Brief im Auftrag des Hüters an einen einzelnen Gläubigen, 19.11.1945**)

27 Christus sagte: „Sie werden des Menschen Sohn in den Wolken des Himmels kommen sehen". Bahá'u'lláh sagt: „Als Christus zum ersten Male kam, kam Er auf den Wolken". Christus sagte, dass Er vom Himmel gekommen - aus Gott hervorgegangen - sei, während Er durch Maria, seine Mutter, geboren worden war. Wenn Er erklärte, dass Er vom Himmel kam, so meinte Er damit selbstverständlich nicht das blaue Firmament, sondern Er sprach vom Himmel des Reiches Gottes und davon, dass Er aus diesem Himmel auf den Wolken herabgekommen sei. so, wie die Wolken ein Hindernis für den Sonnenschein bedeuten, so verbergen auch die Wolken der Menschenwelt den Glanz der Göttlichkeit Christi vor den Augen der Menschen.

₂ Die Menschen sagten: „Er ist aus Nazareth, von der Maria geboren, wir kennen Ihn und kennen Seine Brüder. Was kann Er meinen? Was sagt Er da? Dass Er aus Gott kam?"

₃ Der Körper Christi wurde durch Maria von Nazareth geboren, der Geist aber war von Gott. Die Möglichkeit Seines menschlichen Körpers war begrenzt, die Macht Seines Geistes aber groß, unendlich und unermesslich.

₄ Die Menschen fragten: „Warum sagt Er, dass Er von Gott ist?" Hätten sie Christi Wirklichkeit begriffen, so hätten sie gewusst, dass der Körper Seiner Menschlichkeit eine Wolke war, die Seine Göttlichkeit verbarg. Die Welt sah nur seine menschliche Form und wunderte sich darum, wieso es möglich sei, dass Er „vom Himmel herab kam".

₅ Bahá'u'lláh sagte: „Gleichwie die Wolken die Sonne und den Himmel vor unserem Blick verbergen, verbarg auch die Menschlichkeit Christi der Menschenwelt Sein wahres göttliches Wesen." [...]

₆ Atmet die Luft der Reinheit. Möget ihr alle und jeder an den göttlichen Gnadengaben des Himmelreiches teilhaben. Möge die Welt für euch kein Hindernis sein, das die Wahrheit vor eurem Blick verdeckt, wie der menschliche Körper Christi Seine Göttlichkeit vor dem Volk an seinem Tag verdeckt hat.
('Abdu'l-Bahá, Ansprachen in Paris, S. 30-31)

28
Wahrlich, der Himmel, in den sich der Messias erhob, war nicht dieses unendliche Firmament; vielmehr war Sein Himmel das Reich Seines gütigen Herrn. So sagt Er selbst: „Ich bin vom Himmel gekommen", und ein andermal: „Des Menschen Sohn ist im Himmel". Daraus erhellt, dass Sein Himmel jenseits aller Himmelsrichtungen ist, das ganze Sein umschließt und für diejenigen errichtet ist, die Gott anbeten. Bete und flehe zu deinem Herrn, dass Er dich in diesen Himmel emporhebe und dir von seiner Nahrung in diesem Zeitalter der Macht und Majestät zu essen gebe.

₂ Wisse, dass das Volk bis auf den heutigen Tag die Geheimnisse des Buches nicht entwirrt hat. Sie wähnen, Christus sei während Seines Erdenwandels von Seinem Himmel ausgeschlossen gewesen, sei vom Gipfel Seiner Erhabenheit abgefallen und hinterher in die höheren Gefilde des Himmels aufgestiegen, zu dem Himmel, der überhaupt nicht existiert, da er nur Weltraum ist. Sie warten darauf, dass Er von dort auf einer Wolke reitend wiederkomme. Sie bilden sich ein, dass es in diesem unendlichen All Wolken gebe, dass Er auf ihnen reite und so herniederfahre. Die Wahrheit ist indessen, dass eine Wolke nur Dampf ist, der von der Erde aufsteigt; sie kommt nicht vom Himmel herab. Vielmehr ist die Wolke, auf die sich das Evangelium bezieht, der Menschenleib. Er wird so bezeichnet, weil für den Menschen der Körper ein Schleier ist, der ihn wie eine Wolke daran hindert, die Sonne der Wahrheit zu erkennen, die vom Horizonte Christi scheint.
('Abdu'l-Bahá, Briefe und Botschaften, S. 199-200)

29 Beachte, dass gesagt ist: „ ... des Menschen Sohn, Der im Himmel ist", obwohl Christus zu dieser Zeit auf Erden war. Bedenke auch, dass geschrieben ist, dass Christus vom Himmel kam, obgleich Er aus Marias Schoß kam und Sein Leib von ihr geboren wurde. So ist es klar, dass es keine äußere, sondern eine innere Bedeutung hat, wenn gesagt ist, dass des Menschen Sohn vom Himmel kam; es ist eine geistige und keine körperliche Tatsache. Der Sinn ist, dass Christus, obwohl Er augenscheinlich aus Marias Schoß geboren wurde, tatsächlich vom Himmel kam, vom Mittelpunkt der Sonne der Wahrheit, von der göttlichen Welt und dem geistigen Königreich.
('Abdu'l-Bahá, Beantwortete Fragen, S. 108)

30 Die Ansprache der Engel an die Menschen von Galiläa, „dass Christus in gleicher Weise wiederkehren und vom Himmel herabkommen werde", ist eine geistige Erklärung. Denn als Christus erschien, kam er vom Himmel, obgleich er äußerlich aus dem Schoße Mariens geboren war. Denn Er sagte: „Und niemand fährt gen Himmel, denn Der vom Himmel hernieder gekommen ist."

₂ Er sagte: „Ich bin vom Himmel gekommen und gleichsam werde ich in den Himmel auffahren." Mit „Himmel" ist nicht das unendliche Weltall gemeint, sondern „Himmel" bedeutet die Welt des Gottesreiches, das die höchste Sphäre und der Sitz der Sonne der Wahrheit ist.
('Abdu'l-Bahá, Tablets of 'Abdu'l-Bahá Abbas I, S. 192 **)

31 Wenn du aber deinen Blick auf einen hell glänzenden, makellos reinen Spiegel richtest, der die göttliche Schönheit wiedergibt, so siehst du darin die Sonne mit ihren Strahlen, ihrer Wärme, ihrer Scheibe, ihrer ganzen erhabenen Gestalt. Jedes einzelne Wesen besitzt den ihm zugemessenen Anteil am Sonnenlicht und kündet von der Sonne; aber jene allumfassende Wirklichkeit in ihrer ganzen Herrlichkeit, jener makellose Spiegel, dessen Eigenschaften denen der darin offenbarten Sonne entsprechen, drückt den Ursprung der Herrlichkeit mit all seinen Merkmalen aus. Und diese universale Wirklichkeit ist Mensch, göttliches Sein, immerwährendes Wesen.

„Sprich: Rufet Gott an oder ruft den Allbarmherzigen an; wie ihr Ihn auch anrufet, überaus herrlich sind Seine Namen."

₂ Das ist die Bedeutung der Worte des Messias, dass der Vater im Sohne ist. Erkennst du es nicht? Sollte ein makelloser Spiegel verkünden: „Wahrlich, die Sonne mit allen ihren Eigenschaften, Beweisen und Zeichen scheint in mir", so wäre des Spiegels Rede weder irreführend noch falsch. Nein, bei Dem, der den Spiegel erschuf, ihn formte, ihm Gestalt gab und ihn zu einem Wesen machte, das den ihm innewohnenden Merkmalen der Herrlichkeit entspricht! Gelobt sei Er, der ihn erschuf! Gelobt sei Er, der ihm Gestalt gab! Gelobt sei Er, der ihn offenbarte!

₃ Das waren die Worte aus dem Munde Christi. Und wegen dieser Worte wurde Er von ihnen kritisiert und angegriffen, als Er zu ihnen sagte: „Wahrlich, der Sohn ist im Vater und der Vater ist im Sohn." Lass dich darüber belehren und erkenne die Geheimnisse deines Herrn. Die Leugner indes sind durch Schleier von Gott getrennt: Sie sehen nichts, sie hören nichts und verstehen nichts.
('Abdu'l-Baha, Briefe und Botschaften, S. 54-55)

32 Diese Spiegel sind die Boten Gottes, die von Gottes Herrlichkeit künden, gleichwie ein gläserner Spiegel das Licht und die Gestalt der Sonne am Himmel widerstrahlt. In diesem Sinne erscheinen das Bild und der Glanz der Sonne der Wahrheit im Spiegel der Manifestationen Gottes. Dies ist es, was Jesus Christus meinte, als er erklärte: „Der Vater ist im Sohn." Der Sinn war, dass die Wirklichkeit der urewigen Sonne Selbst in ihrer ganzen Herrlichkeit in Christus sichtbar widerstrahlte. Es soll nicht bedeuten, dass die Sonne der Wahrheit aus Ihrem Sitz im Himmel herabgestiegen oder ihr urewiges Sein Eingang in den Spiegel gefunden hätte, da es für die göttliche Wirklichkeit weder Eingang noch Ausgang gibt, keinen Eintritt oder Austritt; Sie ist über alle Dinge erhaben und verbleibt stets auf Ihrer ganz eigenen, heiligen Stufe. Begriffe wie Wechsel und Wandel sind auf diese ewige Wirklichkeit nicht anwendbar. Der Wechsel von einem Zustand zu einem anderen ist das Kennzeichen der bedingten Wirklichkeiten.
('Abdu'l-Bahá, The Promulgation of Universal Peace, S. 241 **)

33 Wir lesen im Alten Testament, dass Gott sprach: „Lasset Uns Menschen machen nach Unserem Bilde." In den Evangelien sagt Christus: „Ich bin im Vater und der Vater ist in Mir". Im Qur'án spricht Muḥammad: „Der Mensch ist Mein Geheimnis und Ich bin seines." Bahá'u'lláh schreibt, dass Gott gesagt hat: „Dein Herz ist Meine Heimstatt, reinige es für Mein Kommen." „Dein Geist ist Mein Ausblick, bereite ihn für Meine Offenbarung."

₂ Alle diese heiligen Worte zeigen uns, dass der Mensch nach Gottes Ebenbild gemacht ist, und doch ist das Wesen Gottes für den menschlichen Geist unfassbar, denn das endliche Begreifen lässt sich nicht auf das unendliche Geheimnis übertragen. Gott begreift alles in Sich, Er Selbst kann nicht begriffen werden. Das Umfassende ist größer als das Umfasste. Das Ganze ist größer als seine Teile. [...]

₃ Dem Menschen ist die besondere Gabe der geistigen Fähigkeiten verliehen, durch die er einen größeren Anteil des göttlichen Lichtes zu empfangen vermag. Der vollkommene Mensch ist ein klargeschliffener Spiegel, der die Sonne der Wahrheit und die in ihr offenbarten Eigenschaften Gottes widerstrahlt.

₄ Der Herr Christus sagte: „Wer Mich gesehen hat, der hat den Vater gesehen" - Gott, geoffenbart im Menschen.

₅ Die Sonne verlässt ihren Platz am Himmel nicht und steigt auch nicht in den Spiegel hernieder, denn Auf- und Abstieg, Kommen und Gehen entsprechen nicht dem Unendlichen, sondern der Eigenart der endlichen Wesen. In der Manifestation Gottes, dem vollkommen geschliffenen Spiegel, erscheinen die Eigenschaften des Göttlichen in einer Form, die der Mensch begreifen kann.

₆ Dies ist so einfach, dass es alle verstehen können, und was wir verstehen können, müssen wir notwendigerweise auch annehmen.
('Abdu'l-Bahá, Ansprachen in Paris, S. 14-16)

34 Die göttliche Wirklichkeit ist über das Verstehen der Geschöpfe erhaben und geheiligt, und die weisesten und klügsten Köpfe können sich kein Bild von ihr machen; denn sie ist frei von jeder Vorstellung. Jene Wirklichkeit des Herrn lässt keine Teilung zu; denn Teilung und Vermehrung sind den Geschöpfen eigen, die abhängig in ihrem Sein sind, und sind keine Ereignisse, von denen der Selbstbestehende mitbetroffen ist.

₂ Die göttliche Wirklichkeit ist über die Vereinzelung geheiligt, wie viel mehr noch über die Vielheit. Das Herabsteigen jener Wirklichkeit Gottes zu Bedingungen und Stufen wäre mit Unvollkommenheit gleichbedeutend und das Gegenteil von Vollkommenheit; deshalb ist es völlig ausgeschlossen. Die Wirklichkeit des Herrn war immer und bleibt in der Erhabenheit der Heiligung und Heiligkeit. Alles, was von den Offenbarungen und Erscheinungsorten Gottes gesagt ist, bezeichnet die göttliche Widerspiegelung und nicht ein Herabsteigen zu den Bedingungen des Daseins.

₃ Gott ist reine Vollkommenheit, Geschöpfe sind bloß unvollkommen. Das Herabsteigen Gottes zu den Bedingungen des Daseins wäre die größte Unvollkommenheit; nein, Seine Offenbarung, Sein Erscheinen, Sein Aufgang gleichen dem Sichtbarwerden der Sonne in einem reinen, makellosen und feingeschliffenen Spiegel. Alle Geschöpfe sind offenkundige Zeichen Gottes, wie die anderen irdischen Organismen, auf die alle die Strahlen der Sonne fallen. Aber auf Ebenen, Berge, Bäume und Früchte fällt nur soviel Licht, dass sie sichtbar werden, sich entfalten und zum Ziel ihres Daseins gelangen, während der vollkommene Mensch im Rang des klaren Spiegels ist, in dem die Sonne der Wahrheit mit allen ihren Eigenschaften und Vollkommenheiten sichtbar und deutlich wird. So war die Wirklichkeit Christi ein klarer, feingeschliffener Spiegel von größter Schönheit und Reinheit. Die Sonne der Wahrheit, das Wesen Gottes, offenbarte sich in diesem Spiegel, und durch ihn wurden ihr Licht und ihre Wärme wahrnehmbar; aber von der Höhe ihrer Heiligkeit und dem Himmel ihrer Reinheit ist die Sonne nicht selbst herabgestiegen, um im Spiegel zu wohnen und zu verweilen. Nein, sie verharrt ewig in ihrer

Erhabenheit und Höhe, während sie im Spiegel nur sichtbar wird und sich in Schönheit und Vollendung offenbart.

₄ Wenn wir nun sagen, dass wir die Sonne in zwei Spiegeln - einer Christus und einer der Heilige Geist - gesehen haben, so dass wir also drei Sonnen, eine am Himmel und zwei andere auf Erden, wahrgenommen haben, haben wir recht. Und wenn wir sagen, dass es nur EINE unteilbare Sonne gibt, die einzig und ohnegleichen ist, sprechen wir wiederum die Wahrheit.

₅ Zusammengefasst: Die Wirklichkeit Christi war ein reiner Spiegel, und die Sonne der Wahrheit, die wesenhafte Einzigkeit, mit ihren unendlichen Vollkommenheiten und Wesensmerkmalen, wurde im Spiegel sichtbar. Es ist nicht so, dass die Sonne, die das Wesen Gottes ist, geteilt und vervielfacht worden wäre, sondern die Sonne ist eine, aber sie erschien im Spiegel. Darum sagte Christus: „Der Vater ist im Sohn" und meinte, dass jene Sonne in diesem Spiegel ersichtlich und offenbar ist.

₆ Der Heilige Geist ist die Gnade Gottes, die in der Wirklichkeit Christi sichtbar und offenkundig wurde. Die Stufe der Sohnschaft ist das Herz Christi, und der Heilige Geist ist die Stufe des Geistes Christi. Folglich ist es erwiesen und eindeutig geworden, dass das Wesen Gottes absolut einzigartig ist und dass es nichts Gleiches, nichts Ähnliches, nichts Vergleichbares gibt.

₇ Dies ist die Bedeutung der drei Personen der Dreieinigkeit. Wäre es anders, so beruhten die Grundlagen der Religion Gottes auf einer unlogischen Annahme, die der Verstand niemals begreifen könnte; und wie könnte das Bewusstsein gezwungen werden, etwas zu glauben, was es nicht einsehen kann? Vom Verstand kann nur etwas angenommen werden, wenn es in eine verständliche Form gefasst ist; sonst ist es nichts als eine Bemühung der Einbildung.

₈ Durch diese Erklärung dürfte deutlich geworden sein, was der Sinn der drei Personen der Dreieinigkeit ist. Auch die Einheit Gottes ist bewiesen.
('Abdu'l-Bahá, Beantwortete Fragen, S. 115-116)

35 Wisse, dass es zwei Arten des Hervorgehens gibt: Das Hervorgehen und Erscheinen durch Emanation und das Hervorgehen und Erscheinen durch Manifestation. Das Hervorgehen durch Emanation gleicht dem Hervorkommen der Handlung vom Handelnden, der Schrift vom Schreiber. Die Schrift emaniert also aus dem Schreiber, die Rede aus dem Redner, und in gleicher Weise emaniert der Menschengeist aus Gott. Es ist nicht so, dass er aus Gott austritt - das heißt, kein Teil hat sich von der göttlichen Wirklichkeit gelöst, um in den menschlichen Körper einzugehen. Nein, wie die Rede aus dem Redner emaniert, so erscheint der Geist im Körper des Menschen.

₂ Das Hervorgehen durch Manifestation dagegen ist die Offenbarung der Wirklichkeit eines Dinges in anderen Formen, wie das Hervorkommen dieses Baumes aus dem Samen des Baumes, oder das Entstehen der Blume aus dem Samen der Blume; denn es ist der Same selbst, der in Form der Zweige, Blätter und Blumen erscheint. Dies wird das Hervorgehen durch Manifestation genannt. Der Menschengeist ist mit Beziehung auf Gott abhängig durch Emanation, so wie die Rede aus dem Redner und die Schrift aus dem Schreiber hervorgehen, das heißt, der Redner wird nicht selbst zur Rede und der Schreiber zur Schrift, sondern sie gehen vielmehr durch Emanation hervor. Der Redner behält seine vollständige Fähigkeit und Kraft, und die Rede emaniert aus ihm wie die Tat vom Täter. Der wahre Redner, das Wesen der Einheit, bleibt immer auf der einen Stufe, die sich weder ändert noch wechselt, weder Wandlung noch Änderung unterworfen ist. Er ist der Ewige, der Unsterbliche. Darum geht der Menschengeist aus Gott durch Emanation hervor. Wenn es in der Bibel heißt, dass Gott dem Menschen Seinen Geist eingehaucht habe, so emaniert dieser Geist, der Rede gleich, aus dem wahren Redner und tritt in der Wirklichkeit des Menschen in Kraft.

₃ Das Hervorgehen durch Manifestation aber, im Sinne der göttlichen Widerspiegelung und nicht als Aufspaltung in Teile verstanden, bedeutet, wie Wir schon sagten, das Hervorgehen und Erscheinen des Heiligen Geistes und des Wortes, das von Gott ist. Wie es im Johannesevangelium heißt: „Im Anfang war das Wort, und das Wort war bei Gott"; der Heilige Geist und das Wort sind also die Erscheinungen Gottes. Geist und Wort bedeuten die göttlichen Vollkommenheiten, die in der Wirklichkeit Christi erschienen, und diese Vollkommenheiten waren bei Gott; dies ist so wie die Sonne, die ihre ganze Herrlichkeit im Spiegel offenbart. Denn das Wort bedeutet nicht den Körper Christi, sondern die göttlichen Vollkommenheiten, die in Ihm offenbar wurden. Christus war wie ein reiner Spiegel, der der Sonne der Wahrheit zugekehrt war, und die Vollkommenheiten der Sonne der Wahrheit, das heißt ihr Licht und ihre Wärme, erschienen und zeigten sich in diesem Spiegel. Wenn wir in den Spiegel blicken, sehen wir die Sonne und sagen, es ist die Sonne. Darum sind das Wort und der Heilige Geist, die die Vollkommenheiten Gottes bedeuten, göttliche Erscheinung. Das ist die Bedeutung des Verses im Evangelium: „Das Wort war bei Gott, und Gott war das Wort"; denn die göttlichen Vollkommenheiten sind vom Wesen der Einheit nicht verschieden. Die Vollkommenheiten Christi werden das Wort genannt, weil alle Geschöpfe im Zustand von Buchstaben sind und ein einzelner Buchstabe keine volle Bedeutung hat, während die Vollkommenheiten Christi die Macht des Wortes haben, weil aus einem Wort eine vollständige Bedeutung gefolgert werden kann. Da die Wirklichkeit Christi die Offenbarung der göttlichen Vollkommenheiten war, war sie wie das Wort. Und warum? Weil Er der Inbegriff vollkommener Bedeutungen war. Darum wird Er das Wort genannt.

$_4$ Und wisse, dass das Hervorgehen des Wortes und des Heiligen Geistes aus Gott, das das Hervorgehen und Erscheinen der Offenbarung ist, nicht so verstanden werden darf, als ob sich die Wirklichkeit Gottes in Teile aufgespalten habe oder zu einer Mehrzahl geworden wäre oder gar von den Höhen der Heiligkeit und Reinheit herabgestiegen wäre. Gott behüte! Wenn ein reiner, klarer Spiegel der Sonne zugewandt ist, werden das Licht und die Wärme, die Gestalt und das Bild der Sonne mit solcher Offenbarung in ihm erstrahlen, dass es wahr ist, wenn ein Betrachter von der Sonne, die im Spiegel erscheint und strahlt, sagt: „Das ist die Sonne." Trotzdem bleibt der Spiegel ein Spiegel und die Sonne die Sonne. Die eine Sonne, selbst wenn sie in zahlreichen Spiegeln erscheint, ist ‚eine'. Diese Stufe ist weder ein Wohnen noch ein Eingehen, weder ein Sichvermischen noch ein Herabsteigen; denn Eingehen, Wohnen,

Herabsteigen, Ausgehen und Sichvermischen sind Notwendigkeiten und Eigentümlichkeiten des Körpers, nicht des Geistes; wie viel weniger also gehören sie zur geheiligten und reinen Wirklichkeit Gottes. Gott ist frei von allem, was nicht Seiner Reinheit und Seiner erhabenen und majestätischen Heiligkeit entspricht.

₅ Die Sonne der Wahrheit bleibt, wie Wir schon sagten, immer auf der einen Stufe; sie kennt keinen Wechsel, keine Änderung, keine Umformung, keine Wandlung. Sie ist immerwährend und ewig. Aber die heilige Wirklichkeit des Wortes Gottes ist auf der Stufe des reinen, klaren und glänzenden Spiegels; die Wärme, das Licht, das Bild und Gleichnis, das heißt die Vollkommenheiten der Sonne der Wahrheit, erscheinen in ihm. Darum sagte Christus im Evangelium: „Der Vater ist im Sohn", das heißt, die Sonne der Wahrheit erscheint im Spiegel. Preis sei dem Einen, Der auf diese heilige Wirklichkeit schien, die geheiligt ist unter den Geschöpfen!
('Abdu'l-Bahá, Beantwortete Fragen, S. 203-205)

36
Bedenkt die Aussage im ersten Kapitel des Johannesevangeliums: „Am Anfang war das Wort, und das Wort war bei Gott, und Gott war das Wort." Das ist eine kurze Feststellung, aber sie steckt voll größter Bedeutungen. Diese sind unermesslich, und es liegt nicht in der Macht von Büchern oder Worten, sie auszuloten und auszudrücken. Bis heute haben die gelehrten Theologen sie nicht auslegen können; sie haben sie vielmehr allein auf Jesus als das „Fleischgewordene Wort" bezogen ... Die wesensmäßige Einheit des Vaters, des Sohnes und des Geistes hat viele Bedeutungen und stellt die Grundlage des Christentums dar ... Warum war Jesus das Wort?

₂ In dem Universum der Schöpfung sind alle Wesen, die der Welt der Erscheinung angehören, wie Buchstaben. Buchstaben sind, für sich genommen, ohne Bedeutung; sie drücken keine Gedanken oder Vorstellungen aus, z.B. „a", „b" usw. So sind auch alle Wesen der Erscheinung, für sich genommen, ohne Bedeutung. Aber ein Wort setzt sich aus Buchstaben zusammen und hat als Wort Sinn und Bedeutung. Daher war Christus „Das Wort", in dem Er die vollkommene Bedeutung göttlicher Wirklichkeit vermittelte und ihren

eigentlichen Sinn verkörperte. Er war wie die Stufe der Wirklichkeit, verglichen mit der Stufe des Abbildes. Die Seiten eines Buches haben als solche keine innere Bedeutung, aber die Gedanken, die sie vermitteln, führen uns dazu, über die Wirklichkeit nachzudenken. Die Wirklichkeit Jesu war die vollkommene Bedeutung, es war der Christus in Ihm, was in den heiligen Büchern als „Das Wort" umschrieben wird ... Die Christus-Natur bedeutet nicht den Körper Christi, sondern die Vollkommenheit göttlicher Tugenden, die sich in Ihm manifestierte ... Die Wirklichkeit Christi war die Verkörperung göttlicher Tugenden und der Eigenschaften Gottes.
('Abdu'l-Bahá, Ansprachen in England und Nordamerika, S. 40-41)

37 Es gibt zwei Arten von Präexistenz: Die eine ist wesentlich, keine Ursache geht ihr voraus, sondern ihr Dasein ist unabhängig. Zum Beispiel hat die Sonne ihr Licht in sich, denn ihr Scheinen hängt nicht vom Licht anderer Gestirne ab. Dies nennt man Licht aus dem Wesen. Das Licht des Mondes aber kommt von der Sonne, denn der Mond ist mit seinem Scheinen von der Sonne abhängig. Folglich ist die Sonne in Bezug auf das Licht die Ursache und der Mond die Wirkung. Die Sonne ist das Frühere, Vorhergehende, Ursprüngliche, während der Mond das Spätere, Nachkommende ist.

₂ Die zweite Art von Präexistenz ist zeitlich, bei ihr gibt es keinen Anfang. Das Wort Gottes ist geheiligt über die Zeit. In Beziehung auf Gott sind Vergangenheit, Gegenwart und Zukunft gleich. Ein Gestern, Heute und Morgen gibt es nicht für die Sonne.

₃ Ebenso gibt es eine Präexistenz der Herrlichkeit, das heißt, das Herrlichste geht dem Herrlichen voraus. Darum ist die Wirklichkeit Christi, Der das Wort Gottes ist, in Bezug auf Wesen, Eigenschaften und Herrlichkeit sicherlich den Geschöpfen vorangegangen. Vor Seiner Offenbarung in menschlicher Gestalt war das Wort Gottes in höchster Heiligkeit und Herrlichkeit, wesenhaft in vollendeter Schönheit und hellstem Glanz, auf der Höhe Seiner Pracht. Als es nach dem Ratschluss des allmächtigen Gottes von den Höhen der Herrlichkeit in die körperliche Welt leuchtete, wurde das Wort Gottes infolge der Körperlichkeit unterdrückt, so dass es in die

Hände der Juden fiel; es wurde das Opfer der Herrschsüchtigen und Unwissenden und wurde schließlich gekreuzigt.
('Abdu'l-Bahá, Beantwortete Fragen, S. 118)

38 Wisse, dass die heiligen Offenbarer, wenn auch die Grade ihrer Vollkommenheit unendlich sind, allgemein gesprochen, nur drei Seinsweisen haben. Die erste ist die körperliche, die zweite die menschliche, welche die der mit Vernunft begabten Seele ist, und die dritte die der göttlichen Erscheinung und des himmlischen Glanzes.

₂ Die körperliche Erscheinungsform ist erschaffen; sie ist aus Elementen zusammengesetzt, und notwendigerweise folgt jeder Zusammensetzung eine Auflösung. Es ist nicht möglich, den Zerfall einer Zusammensetzung zu verhindern.

₃ Die zweite Stufe ist die der mit Vernunft begabten Seele, die die menschliche Wirklichkeit darstellt; auch diese ist erschaffen, und die heiligen Offenbarer haben sie mit allen menschlichen Geschöpfen gemein.

₄ Wisse, dass die menschliche Seele erschaffen wurde, obwohl sie seit undenkbar langen Zeiten auf der Erde lebt. Da sie ein göttliches Zeichen ist, ist sie, einmal ins Leben gerufen, unvergänglich. Der Menschengeist hat einen Anfang, aber kein Ende; er lebt in alle Ewigkeit. Auch die auf der Erde lebenden Arten sind erschaffen, denn es steht fest, dass es eine Zeit gab, in der diese Arten nicht auf der Erdoberfläche lebten. Nicht einmal die Erde hat immer bestanden, nur die Welt des Daseins ist von jeher dagewesen, denn das Weltall ist nicht auf diese Erdkugel beschränkt. Damit soll gesagt werden, dass menschliche Seelen, obwohl sie erschaffen sind, doch unsterblich, unvergänglich und ewig sind. Denn die Welt des Stoffes ist die Welt der Unvollkommenheit in Bezug auf den Menschen, und die menschliche Welt ist die der Vollkommenheit verglichen mit der Welt des Stoffes. Wenn die Unvollkommenheit zur Stufe der Vollkommenheit aufsteigt, wird sie unvergänglich. Dies ist ein Beispiel, dessen Bedeutung du verstehen musst.

₅ Die dritte Stufe ist die der göttlichen Erscheinung und des himmlischen Glanzes; sie ist das Wort Gottes, die ewige Gnade, der Heilige Geist. Sie hat keinen Anfang und kein Ende, denn das gibt es nur in der erschaffenen und nicht in der göttlichen Welt. Für Gott ist Ende und Anfang dasselbe. So ist das Rechnen nach Tagen, Wochen, Monaten und Jahren, das Gestern und Heute mit der Erde verbunden, aber in der Sonne gibt es so etwas nicht - sie kennt weder Gestern, Heute und Morgen, noch Monate oder Jahre - alle sind gleich. Ebenso ist das Wort Gottes von allen diesen Bedingungen geläutert und frei von den Grenzen, den Gesetzen und Beschränkungen der bedingten Welt. Die Wirklichkeit des Prophetentums, die das Wort Gottes und die vollkommene Offenbarung ist, hatte deshalb keinen Anfang und wird kein Ende haben; ihr Ursprung ist verschieden von allen anderen und dem Aufgang der Sonne zu vergleichen. Zum Beispiel ging sie im Zeichen Christi mit größter Pracht und Herrlichkeit auf, und diese Wirklichkeit ist ewig und unvergänglich. Sieh doch, wie viele welterobernde Könige gelebt haben, wie viele Staatsmänner und Fürsten, mächtige Führer - alle sind sie dahingegangen. Aber die Lüfte Christi wehen immer noch, Sein Licht leuchtet, Seine Melodie ertönt, noch immer flattert Sein Banner, Seine Heerscharen kämpfen, Seine himmlische Stimme erklingt in süßem Wohlklang, Seine Wolken senden noch immer belebenden Regen, Seine Blitze flammen, Seine Offenbarung ist hell und glanzvoll, Seine Herrlichkeit strahlt und leuchtet immer noch. Ebenso ist es bei jenen Seelen, die unter Seinem Schutze stehen und sich von Seinem Lichte erleuchten lassen.

₆ Es ist also klar, dass den Offenbarern drei Seinsweisen eignen: Die körperliche Stufe, die der mit Vernunft begabten Seele und die Stufe der göttlichen Erscheinung und himmlischen Herrlichkeit. Die körperliche Erscheinungsform wird sicher vergehen, aber die der mit Vernunft begabten Seele hat, obwohl einen Anfang, kein Ende; ihr wurde ewiges Leben geschenkt. Und die heilige Wirklichkeit, von der Christus sagt: „Der Vater ist im Sohn", hat weder Anfang noch Ende. Wenn man von einem Anfang spricht, meint man die Zeit des Erscheinens der Offenbarung; und die Zeit ihres Schweigens wird symbolisch mit dem Schlaf verglichen. Nehmen wir als Beispiel einen Mann, der schläft. In dem Augenblick, wo er zu sprechen anfängt, ist er wach - aber es ist immer derselbe Mensch, ob er schläft oder wacht; seine Stellung, seine Würde, seine Ehre, seine Wirklichkeit oder seine Natur haben sich nicht verändert. Der Zustand des Schweigens wird mit dem Schlaf und der des Offenbarens mit dem Wachsein verglichen. Der Mensch ist derselbe, ob er schläft oder wacht; Schlaf ist ein Zustand und Wachsein ein anderer. Die Zeit des Schweigens wird mit dem Schlaf verglichen und die Offenbarung und Rechtleitung mit dem Wachsein.

₇ Im Evangelium heißt es: „Im Anfang war das Wort, und das Wort war bei Gott." So ist es also klar und offenkundig, dass Christus die Stufe des Messias und ihre Vollkommenheiten nicht erst zur Zeit der Taufe, als der Heilige Geist in Gestalt einer Taube auf Ihn herabkam, erreichte. Denn das Wort Gottes war von aller Ewigkeit auf der Höhe der Heiligkeit und wird es immer sein.
('Abdu'l-Bahá, Beantwortete Fragen, S. 152)

39 Was Ihre Fragen bezüglich der Stufe Jesu Christi betrifft, ... wie in den Evangelien dargelegt. Es ist wahr, dass Jesus sich selbst als Sohn Gottes bezeichnet hat, doch dies, wie von Bahá'u'lláh im Íqán erklärt, keine physische Beziehung gleich welcher Art andeutet. Ihre Bedeutung ist völlig geistig und weist auf die enge Verbindung hin, die zwischen Ihm und dem Allmächtigen Gott besteht. Ebenso wenig deutet sie notwendigerweise irgendeine wesensmäßige Überlegenheit der Stufe Jesu über diejenige anderer Propheten und Sendboten an. Soweit ihre geistige Natur beschrieben wird, können alle Propheten als Söhne Gottes angesehen werden, da sie alle Sein Licht widerstrahlen, wenn auch nicht im gleichen Maße, und dieser Unterschied in der Widerspiegelung hängt wiederum von den Bedingungen und Umständen ab, unter denen sie erscheinen.
(Aus einem Brief im Auftrag des Hüters an einen einzelnen Gläubigen, 29.11.1937**)

40 Bezüglich des Abschnittes über den Qur'án, den Sie anfügten: In Wahrheit gibt es überhaupt keinen Widerspruch; wenn der Qur'án leugnet, dass Jesus der Sohn Gottes ist, dann widerlegt er nicht Seine

Worte, sondern ihre falsche Interpretation durch die Christen, die in diese eine Beziehung von beinahe körperlicher Art hineindeuten, obwohl doch der Allmächtige Gott weder Eltern noch Kinder hat. Was Christus meinte, ist die Verbindung Seines Geistes zur Unbegrenzten Wirklichkeit, und dies streitet der Qur'án nicht ab. Diese Art der Sohnschaft ist in gewisser Hinsicht auf alle Propheten übertragbar.
(Aus einem Brief im Auftrag des Hüters an einen einzelnen Gläubigen, 19.05.1945 **)

41 Nicht alle Ereignisse aus dem Leben Christi sind in der Chronik des Juden Josephus dargestellt, obwohl er die Geschichte der Zeit Christi niederschrieb. Deshalb kann man es aber nicht ablehnen, die Ereignisse in den Tagen Christi für wahr zu halten, mit der Begründung, dass sie in der Darstellung des Josephus nicht erwähnt werden.
('Abdu'l-Bahá, Briefe und Botschaften, S. 69)

42 Christus war himmlisch, göttlich, Er war nicht von dieser Welt. Er war die Verkörperung geistiger Erkenntnis. Sein Verstand war weiter entwickelt, Sein Verständnis tiefer, Seine Wahrnehmung schärfer, Sein Wissen überlegen. Wie kommt es, dass Er sich Selbst alle Dinge dieser Welt vorenthielt und sie in keinster Weise beachtete? Er achtete dieses materielle Leben gering, versagte sich Selbst Rast und Ruhe, hieß Prüfungen willkommen und ertrug willig Sein Schicksal, weil Er mit geistiger Empfindsamkeit und der Kraft des Heiligen Geistes ausgestattet war. Er verwahrte die Segnungen des Himmelreiches, verkörperte die Gnade Gottes und besaß vollkommene Macht. Er war erleuchtet von Liebe und Barmherzigkeit, wie es gleichsam alle Propheten Gottes waren.
('Abdu'l-Bahá, The Promulgation of Universal Peace, S. 434 **)

43 Erinnert euch daran, wie die heiligen Düfte des Geistes Gottes ihre Süße über Palästina und Galiläa, über die Ufer des Jordan und

die Gefilde um Jerusalem ergossen, wie die wundersamen Melodien des Evangeliums in den Ohren der geistig Erleuchteten klangen: Alle Völker von Asien und Europa, von Afrika Und Amerika, von Ozeanien, das die Inseln und Inselgruppen des Pazifischen und des Indischen Ozeans umfasst, waren Feueranbeter und Heiden, unbewusst der Göttlichen Stimme, die am Tage des Bundes[1] sprach. Allein die Juden glaubten an die Göttlichkeit und Einheit Gottes. Nach der Erklärung Jesu hauchte der reine, erweckende Odem Seines Mundes drei Jahre hindurch ewiges Leben in die Bewohner jener Landstriche, und durch die Göttliche Offenbarung des Gesetzes Christi wurde damals dem siechen Körper der Welt die lebensspendende Arznei gereicht. In den Tagen Jesu wandten nur wenige Menschen ihr Angesicht Gott zu. Tatsächlich wurden nur die zwölf Jünger und ein paar Frauen wahre Gläubige, und einer der Jünger, Judas Ischariot, verriet seinen Glauben, so dass nur elf übrigblieben.
('Abdu'l-Bahá, Das Geheimnis göttlicher Kultur, S. 47)

44 Zum zweiten Mal hatten sich die unmissverständlichen Zeichen für Israels Zerfall, Erniedrigung, Unterjochung und Vernichtung offenbart. Da erfüllte der heilige Hauch des Geistes Gottes lieblich das Tal des Jordan und das Land Galiläa; die Wolken göttlichen Erbarmens überspannten jene Himmelsstriche und ergossen in Fülle die Wasser des Geistes über sie. Und nach diesem Regen aus dem Überfluss des Größten Meeres erblühte und duftete das Heilige Land in der Erkenntnis Gottes. Die Hymnen des Evangeliums erklangen und stiegen auf bis zu den Bewohnern der Himmelsgemächer, und beim Hauch des Odems Jesu erhoben die achtlosen Toten das Haupt aus den Gräbern ihrer Unwissenheit, um ewiges Leben zu empfangen. Drei Jahre lang wandelte diese Leuchte der Vollkommenheiten über die Felder Palästinas vor den Toren Jerusalems, führte alle Menschen in das Morgenlicht der Erlösung und lehrte sie, geistige Eigenschaften und gottgefällige Tugenden zu erwerben. Hätte das Volk Israel an diese herrliche Gestalt geglaubt, so hätte es sich aufgemacht, Ihm mit Leib und Seele zu dienen; durch den belebenden Hauch Seines Geistes hätte das Volk seine alte Schwungkraft wieder erlangt und neue Siege errungen.

₂ Aber ach! Was half dies alles? Sie wandten sich ab und widersetzten sich Ihm. Sie erhoben sich nur, um Ihn zu quälen, Ihn, der die Quelle göttlicher Erkenntnis, der Dämmerort der Offenbarung war. Alle machten es so außer einer Handvoll Gläubiger, die ihr Antlitz Gott zuwandten, vom Makel dieser Welt gereinigt wurden und den Weg zu den Höhen des unsichtbaren Königreiches fanden. Jede nur denkbare Pein fügte man jenem Brunnquell der Gnade zu, bis es Ihm unmöglich wurde, in den Städten zu weilen, aber dennoch hielt Er das Banner des Heils empor und schuf feste Grundlagen für die menschliche Ehrenhaftigkeit, die der Baugrund wahrer Kultur ist.
('Abdu'l-Bahá, Das Geheimnis göttlicher Kultur, S. 75-76)

45 Die Eigenschaften und Vollkommenheiten Mose wurden in Jesus Christus außerordentlich glänzend sichtbar, doch die Juden hielten sich an den Namen Mose, statt Seine Eigenschaften zu preisen und seine Vollkommenheiten zu erstreben, die sich in Ihm offenbart hatten. Hätten sie diese Eigenschaften gepriesen und diese Vollkommenheiten erstrebt, hätten sie gewisslich an Jesus Christus geglaubt, als dieselben Eigenschaften und Vollkommenheiten in Ihm erschienen. **
('Abdu'l-Bahá, The Promulgation of Universal Peace, S. 211 **)

46 Später erschien Christus und sprach: „Ich bin vom Heiligen Geiste geboren." Wenn es auch heute für die Christen leicht ist, dies zu glauben, so war es doch zu jener Zeit sehr schwer, und wir hören aus dem Neuen Testament, dass die Pharisäer einwandten: „Ist dies nicht der Sohn des Joseph von Nazareth, den wir kennen, wie kann er sagen ‚Ich bin vom Himmel gekommen'?"

₂ Obwohl Er, äußerlich gesehen und in den Augen aller, aus niedrigem Stande war, erhob Er Sich mit solcher Macht, dass Er religiöse Gesetze, die fünfzehnhundert Jahre bestanden hatten, abschaffte, obgleich jeder, der sich der kleinsten Übertretung schuldig machte, in größte Gefahr geriet und sein Leben aufs Spiel setzte. Ja, noch mehr: Zu Christi Zeit waren das sittliche Verhalten der ganzen Welt und der Zustand der Kinder Israel völlig verdorben und zerrüttet, und die Stämme Israels befanden sich in tiefer Erniedrigung, Knechtschaft und Not. Sie fielen in die Gefangenschaft der Chaldäer und Perser, wurden ein anderes Mal von den Assyrern versklavt, dann wieder zu Untertanen und Vasallen der Griechen. Als Christus kam, wurden sie von den Römern beherrscht und verachtet.

₃ Christus hob als junger Mensch mit Hilfe einer überirdischen Macht das alte mosaische Gesetz auf, verbesserte das allgemeine sittliche Verhalten und legte zum zweiten Male den Grund zum ewigen Ruhm für das Volk Israel. Darüber hinaus brachte Er der Menschheit allgemeinen Frieden und verkündete Lehren, die nicht nur für das Volk Israel bestimmt waren, sondern die Grundlage für das allumfassende Glück der menschlichen Gemeinschaft bildeten.

₄ Die Ersten, die sich erhoben, um Ihn zu vernichten, waren die Israeliten, Sein eigener Stamm. Rein äußerlich gesehen, überwältigten sie Ihn und stürzten Ihn in tiefste Erniedrigung. Schließlich setzten sie Ihm die Dornenkrone aufs Haupt und kreuzigten Ihn. Aber Christus verkündete in der Stunde Seiner scheinbar höchsten Not und Trübsal: „Diese Sonne wird strahlen, dieses Licht wird scheinen, und Meine Gnade wird die Welt umfassen, und alle Meine Feinde werden erniedrigt sein." Was Er gesagt hatte, ging in Erfüllung. Alle Könige der Welt haben Ihm nicht widerstehen können, ja mehr noch, die Banner aller Könige gingen unter, das Banner jenes Unterdrückten aber wurde zum Gipfelpunkt erhoben.

₅ Dies widerspricht völlig aller menschlichen Vernunft. Damit ist klar und deutlich erwiesen, dass dieses strahlende Wesen als wahrhafter Erzieher des Menschengeschlechtes von Gottes Macht getragen und bestätigt worden ist.
('Abdu'l-Bahá, Beantwortete Fragen, S. 30-31)

47 Allein und ohne Begleiter, ohne Schulbildung oder äußere Erziehung, und ausgebildet, um in der Werkstatt eines Zimmer-

manns zu arbeiten, erschien Christus in der Welt zu einer Zeit, da das jüdische Volk in äußerster Erniedrigung lebte. Dieser strahlende Jüngling rettete, ohne Reichtum, ohne die Stärke einer Armee oder Ansehen die Juden, die an Ihn glaubten, vor Gewaltherrschaft und Entwürdigung und erhob sie zur höchsten Stufe des Fortschritts und des Ruhmes. Sein Jünger Petrus war ein Fischer. Durch die Macht Christi erstrahlte sein Licht über die ganze Welt. Ferner wurden verschiedene Menschen aus dem griechischen, römischen, ägyptischen und assyrischen Volk in Einheit und Einigkeit zusammengeführt; wo einst Krieg und Blutvergießen waren, hielten Bescheidenheit und Liebe Einzug, und der unzerstörbare Grund der göttlichen Religion wurde gelegt. Dies beweist, dass Christus ein himmlischer Lehrer und Erzieher der Menschenwelt war, denn solche Beweise sind in der Geschichte belegt und unbestreitbar, und nicht auf Traditionen und Indizien aufgebaut. Die Macht Seines Wortes, diese Völker zusammenzuschweißen, ist so klar und offensichtlich wie die Mittagssonne. Weitere Beweise sind überflüssig. **
('Abdu'l-Bahá, The Promulgation of Universal Peace, S. 482 **)

48 Ebenso vereinigte Er durch die höchste Wirksamkeit und Macht des Wortes Gottes die meisten Völker des Ostens und des Westens. ... Er führte sie unter den Schatten des Zeltes der Einheit der Menschheit. Er erzog sie, bis sie in Herz und Seele übereinstimmten, und durch Seinen Geist der Versöhnung wurden die Römer, Griechen, Chaldäer und Ägypter in einer Kultur vereinigt, zu der sie alle beitrugen. Diese wunderbare Macht und außerordentliche Wirksamkeit des Wortes beweisen schlüssig die Wahrheit Christi.
('Abdu'l-Bahá, Ansprachen in England und Nordamerika, S. 138)

49 Vor neunzehnhundert Jahren erschien Christus in dieser Welt, um Bande der Einigkeit und der Liebe zwischen den unterschiedlichen Völkern und Gemeinschaften zu knüpfen. Er schmiedete die Wissenschaften Roms und den Ruhm der Kultur Griechenlands zusammen. Er vollendete auch die Verbindung des assyrischen

Königtums mit der Macht Ägyptens. Die Vermischung dieser Völker in Einheit, Liebe und Einigkeit waren unmöglich, aber Christus schuf diesen Zustand durch göttliche Macht unter den Menschenkindern.
('Abdu'l-Bahá, The Promulgation of Universal Peace, S. 25 **)

50 Durch diese Kraft hat Christus Sein Zeitalter neu gestaltet; mit ganz neuem Leben und größter Frische schlug der himmlische Frühling sein Zelt in der menschlichen Welt auf, und seelenbelebende Düfte erquickten die Erleuchteten.
('Abdu'l-Bahá, Beantwortete Fragen, S. 145)

51 Christus erzog die Menschheit und förderte ihr volles Potenzial zutage. Er befreite Nationen und Völker von den Fesseln des Aberglaubens und des Götzendienstes. Er rief sie alle zur Einheit Gottes. Sie waren finster und wurden erleuchtet; sie waren weltlich, sie wurden geistig; sie waren irdisch, sie wurden himmlisch.
('Abdu'l-Bahá, The Promulgation of Universal Peace, S. 288 **)

52 Als der Stern Jesu Christi, des Messias, erstrahlte, erklärte Er, Er sei gekommen, um die verlorenen Stämme, die verstreuten Schafe Mose zu sammeln. Er hütete nicht nur die Herde Israels, sondern brachte auch Menschen aus Chaldäa, Ägypten, Syrien, dem alten Assyrien und Phönizien zusammen. Diese Menschen waren äußerst feindselig gegeneinander, blutdürstig wie wilde, grausame Tiere; aber Jesus Christus brachte sie zusammen, verband und vereinigte sie in Seiner Sache und knüpfte zwischen ihnen ein solches Band der Liebe, dass Feindschaft und Krieg aufgegeben wurden. Man kann daraus ersehen, dass die göttlichen Lehren dazu bestimmt sind, ein Band der Einheit in der Menschenwelt zu erschaffen und die Grundlage für Liebe und Brüderlichkeit unter den Menschen zu errichten.
('Abdu'l-Bahá, 'Abdu'l-Bahá, Christ sein heißt..., S. 18)

53 Im Laufe der Zeit sind die Israeliten moralisch verkommen und wurden von den Römern und den Griechen unterworfen. Da erhob sich am Horizont über den Israeliten der strahlende Stern Jesu und erleuchtete die Welt, bis allen Sekten, Bekenntnissen und Völkern das an der Einheit so Wunderbare kundgetan war. Es gibt keinen besseren Beweis als diesen für die Tatsache, dass Jesus das Wort Gottes war.
('Abdu'l-Bahá, zitiert in: S. Blomfield, 'Abdu'l-Bahá in London, S. 45)

54 Die Juden besaßen in ihrem Glauben am Ende nur noch ein großes Bündel von Überlieferungen und Aberglauben. Als die Religion zu solchem Tiefstand gekommen war, sandte Gott Christus. Er erschien als das Licht der Sonne und begründete die Religion Gottes wieder neu. Auch belebte Er das von Moses gegebene Gesetz und erfüllte es. Dies soll Ihnen zeigen, dass die Religion einem Wechsel unterworfen ist.
('Abdu'l-Bahá, zitiert in: W. Gollmer, Mein Herz ist bei euch, S. 40)

55 Als die Israeliten durch die Macht des Römerreiches zerstreut wurden und das nationale Leben des hebräischen Volkes durch seine Eroberer ausgelöscht war, als das Gesetz Gottes allem Anschein nach von ihnen gewichen war und die Grundlage der göttlichen Religion zerstört schien, da kam Jesus Christus. Und das Erste, was Er tat, als Er sich unter den Juden erhob, war die Gültigkeit der Offenbarung Mose zu verkünden. Er erklärte, dass die Thora, das Alte Testament, das Buch Gottes sei und dass alle Propheten Israels gültig und wahr seien. Er verherrlichte die Sendung Mose, und durch Seine Verkündigung wurde der Name Mose über die ganze Welt verbreitet. Durch das Christentum wurde die Größe Mose überall auf der Welt bekannt...

₂ Durch die Vermittlung Christi – durch die Übersetzung des Neuen Testaments, des schmalen Bändchens des Evangeliums – ist das Alte Testament, die Thora, in sechshundert Sprachen übersetzt und auf der ganzen Welt verbreitet worden. Die Namen der hebräischen

Propheten wurden allen Völkern geläufig; alle glaubten, dass die Kinder Israels tatsächlich das auserwählte Volk Gottes waren, ein heiliges Volk unter dem besonderen Segen und Schutz Gottes, und dass deshalb die Propheten, die in Israel erstanden waren, die Aufgangsorte der Offenbarung und strahlende Sterne am Himmel des göttlichen Willens waren.

₃ Tatsächlich machte Christus so das Judentum in der Welt bekannt, denn er war Jude und nicht ein Gegner der Juden...
('Abdu'l-Bahá, Ansprachen in England und Nordamerika, S. 137-138)

56 Jesus von Nazareth war Jude. Er war allein und ohne Helfer, einsam und einzigartig. Er hatte keinen Unterstützer. Die Juden behaupteten allesamt von Ihm, er sei ein Feind Mose. Sie erklärten, dass Er das Mosaische Gesetz und seine Ordnung zu zerstören beabsichtigte... Diese Persönlichkeit, Jesus Christus, erklärte aber stattdessen, dass Moses ein Prophet Gottes sei und verkündete, dass alle Propheten Israels von Gott gesandt worden seien. Er bestätigte, dass die Thora das Buch Gottes ist und rief jedermann auf, ihre Regeln zu beachten und ihren Lehren zu folgen. Es ist eine erwiesene Tatsache, dass die Könige Israels es über fünfzehnhundert Jahre hinweg nicht vermocht hatten, das Judentum in der Welt bekannt zu machen. Tatsächlich waren die Kenntnis des Namens und der Lehren Mose zu dieser Zeit auf Palästina beschränkt, die Thora war nur in diesem Land bekannt. Aber durch Christus, durch den Segen des Neuen Testaments, wurde das Alte, die Thora, in über sechshundert Sprachen übersetzt und verbreitete sich über die ganze Welt... Durch Ihn wurde der Name Mose verbreitet und anerkannt. Durch Ihn wurden die Namen und die Größe der israelitischen Propheten in der Welt bekannt, und er zeugte davon, dass die Israeliten das Volk Gottes waren. Welcher König Israels hätte dies vermocht? Hätte es Christus nicht gegeben ... wäre dann der Name Mose über die ganze Welt verbreitet worden? Schaut in die Vergangenheit. Jedermann weiß, dass, als das Christentum sich verbreitete, gleichermaßen eine Verbreitung des Judentums und der Thora vonstatten ging... Es ist

daher offensichtlich, dass Christus ein Freund Mose war, dass Er Moses liebte und an Ihn glaubte; anderenfalls hätte Er wohl kaum seinen Namen und sein Prophetentum hochgehalten. Dies versteht sich von selbst.
('Abdu'l-Bahá, The Promulgation of Universal Peace, S. 574-575 **)

57 Christus erhöhte Moses. Er verbreitete das Alte Testament, die Thora, und bewirkte, dass der Name Mose im Osten und im Westen bekannt wurde. Was ich damit sagen will ist, dass die Propheten Selbst die innigste Liebe füreinander empfanden, während die Nationen, die an Sie glauben und Ihnen nachfolgen, einander ablehnend und feindselig gegenüberstehen.
('Abdu'l-Bahá, The Promulgation of Universal Peace, S. 491 **)

58 Als Christus erschien, offenbarte Er sich in Jerusalem. Er rief die Menschen zum Reiche Gottes auf. Er lud sie zum ewigen Leben ein und hieß sie, menschliche Vollkommenheit zu erlangen. Das Licht der Führung ging aus jenem strahlenden Stern hervor, und schließlich gab Er sein Leben als Opfer für die Menschheit hin.

₂ Sein ganzes gesegnetes Leben lang erlitt Er Unterdrückung und Ungemach, und doch stand ihm die Menschheit feindlich gegenüber.

₃ Sie verleugneten Ihn, verhöhnten Ihn, misshandelten und verfluchten Ihn. Er wurde nicht wie ein Mensch behandelt, und doch und trotz allem war Er die Verkörperung des Mitleids, höchster Güte und Liebe.

₄ Er liebte die ganze Menschheit, doch sie behandelte Ihn wie einen Feind und war nicht fähig, Ihn zu schätzen. Sie legte keinen Wert auf Seine Worte und wurde durch die Flamme Seiner Liebe nicht erleuchtet.

₅ Später erkannten sie, wer Er war, dass Er das heilige und göttliche Licht war und dass Seine Worte ewiges Leben enthielten.

₆ Sein Herz war von Liebe für die ganze Welt erfüllt, Seine Güte ausersehen, jeden zu erreichen, und als sie dies zu erkennen begannen, bereuten sie - doch Er war unterdessen gekreuzigt!
('Abdu'l-Bahá, Ansprachen in Paris, S. 91-92)

59 Denke über den Geist nach: Weil Er der Brennpunkt geistiger Kraft war, der Quell geistiger Gnadengaben, gelang es Ihm, unter dem schützenden Tabernakel des Christentums alle widerstreitenden Sekten zu vereinen, obgleich Er am Anfang nur ein paar Seelen um sich scharte. Das geschah durch die Ihm gegebene allunterwerfende Kraft. [...]

₂ Die Unterschiede zwischen den Religionen der Welt sind auf die unterschiedlichen Geisteshaltungen zurückzuführen. Solange sich die Geisteskräfte unterscheiden, werden mit Sicherheit auch die Urteile und Meinungen der Menschen auseinandergehen. Wird aber eine einzige, allumfassende Wahrnehmungskraft eingebracht, eine Kraft, die alles andere einschließt, so werden diese unterschiedlichen Meinungen verschmelzen; geistige Harmonie und Einheit werden sichtbar werden. Als beispielsweise Christus offenbart wurde, standen die verschiedenen Völker der damaligen Zeit - Römer, Griechen, Syrer, Israeliten und andere - mit ihren Ansichten und Gefühlsregungen im Widerspruch zueinander. Sobald jedoch Seine allumfassende Kraft zum Tragen kam, gelang es ihr im Laufe von dreihundert Jahren allmählich, alle diese auseinanderstrebenden Geister unter dem Schutz und der Herrschaft eines Sammelpunktes zusammenzuführen, und alle hegten die gleichen geistigen Gefühle im Herzen.
('Abdu'l-Bahá, Briefe und Botschaften, S. 78-79)

60 Bedenke, wie viele unterschiedliche Völker und widerstreitende religiöse Lehren existierten, als Christus erschien. Feindschaft und Zwietracht herrschten unter ihnen – Römer, Griechen, Assyrer, Ägypter – sie alle waren kriegerisch und feindselig gegeneinander. Christus vereinigte sie durch den Hauch des Heiligen Geistes und

stiftete Gemeinschaft unter ihnen, sodass kein Anzeichen von Hass mehr zurückblieb. Unter Seinem Banner wurden sie vereinigt und unter Seinem Wort lebten sie in Frieden. Was ist wünschens- und empfehlenswerter? Dem Beispiel Jesu zu folgen oder satanische Instinkte zu zeigen?
('Abdu'l-Bahá, The Promulgation of Universal Peace, S. 57 **)

61 Denke an die Zeit Christi. Es gab viele Völker, Rassen und Reiche; es gab zahlreiche verschiedene Religionen, Sekten und Glaubensgemeinschaften; aber als Christus erschien, wurde die messianische Wirklichkeit zum Sammelpunkt, der sie unter demselben Tabernakel der Einheit zusammenführte. Denke darüber nach. Hätte Jesus Christus diese widerstreitenden Gruppen durch weltliche Macht vereinen oder solche Erfolge hervorbringen können? Waren diese Einheit und Einigkeit durch physische Kraft möglich? Es ist offensichtlich, dass es nicht so ist; nein, vielmehr wurden diese verschiedenen Völker durch eine göttliche Macht vereinigt, durch den Hauch des Heiligen Geistes. Indem ihnen neues Leben eingeflößt wurde, wurden sie zusammengeschweißt und wiederbelebt. Die Geistigkeit Christi überwand ihre selbst geschaffenen Barrieren, sodass ihre Unstimmigkeiten völlig verschwanden. Auf diese Weise wurden diese verschiedenen Völker vereinigt und durch Bande der Liebe, die allein Herzen vereinen können, zusammengeschweißt. Es ist daher deutlich, dass die göttlichen Manifestationen, die Sprachrohre Gottes, die Sammelpunkte Gottes sind. Diese himmlischen Boten sind die wahren Hirten der Menschheit, denn wann immer sie in der Welt erscheinen, sammeln sie die verstreuten Schafe.
('Abdu'l-Bahá, The Promulgation of Universal Peace, S. 227-228 **)

62 Bedenke, wie Jesus Christus in früheren Tagen die widerstreitenden Völker, Sekten und Glaubensgemeinschaften vereinigte. Es ist offenkundig, dass die Grundlage der Religion dazu gedacht ist, zu vereinigen und zusammenzuschweißen; ihr Zweck ist universaler und ewigwährender Friede. Bereits vor der Zeit Jesu Christi

vereinigte das Wort Gottes gegensätzliche Gruppen und widerstreitende Glieder der menschlichen Gesellschaft; und auch nach Seinem Erscheinen haben alle göttlichen Lehrer der wichtigsten Prinzipien des göttlichen Gesetzes stets dieses Ergebnis zum Ziel gehabt.
('Abdu'l-Bahá, The Promulgation of Universal Peace, S. 134 **)

63 Eine Sache, die alle Regierungen und Völker der Welt mit all ihrer Macht und ihren Heeren nicht zu verkündigen und auszubreiten vermögen, wird durch eine einzige heilige Seele ohne Hilfe und Beistand vorwärtsgebracht! Ist dies den menschlichen Kräften möglich? Nein, bei Gott! So hat Christus allein und ohne Hilfe das Banner des geistigen Friedens und der Rechtschaffenheit erhoben, während alle siegreichen Regierungen mit ihren Heeren dazu unfähig waren. Denke daran, was aus so vielen verschiedenen Reichen und Völkern wurde: Das römische Reich, Frankreich, Deutschland, Russland, England und andere; alle versammelten sich unter dem einen Zelt. Damit soll gesagt sein, dass das Erscheinen Christi diese verschiedenartigen Völker zur Einigkeit führte. Unter dem Einfluss des Christentums ging diese Einigkeit bei manchen dieser Völker so weit, dass sie Gut und Leben füreinander opferten.
('Abdu'l-Bahá, Beantwortete Fragen, S. 24)

64 Eine einzelne, himmlische Gestalt formte viele Völker. Zum Beispiel erzog Jesus Christus, allein und ohne Helfer, die Römer, Griechen und Assyrer sowie ganz Europa.
('Abdu'l-Bahá, The Promulgation of Universal Peace, S. 468 **)

65 Christus war eine einzigartige Persönlichkeit, ohne Helfer oder Unterstützer. Einsam und allein erhob Er sich, große und mächtige Völker zu erziehen; Römer, Griechen, Ägypter, Syrer, Chaldäer und Assyrer gerieten unter seinen bezwingenden Einfluss. Er war fähig, viele Völker zu vereinen, in gewisser Weise verschmolz Er sie, und goss sie in eine neue, gemeinsame Form. Er verwandelte ihre

Feindschaft in Liebe, den Krieg in Frieden. Unter Seinem Einfluss wurden aus satanischen Seelen wahrhaftige Engel, Gewaltherrscher wurden gerecht, die moralischen Maßstäbe wurden gehoben. Dies beweist, dass Christus ein Erzieher war, ein Lehrer und Ausbilder ganzer Völker.
('Abdu'l-Bahá, The Promulgation of Universal Peace, S. 489 **)

66 Denke an Christus: wie dieses herrliche Beispiel der Einheit den Römern, Griechen, Ägyptern, Syrern und Assyrern Erziehung und ethische Lehren schenkte und aus ihnen mit unzertrennlichen Banden ein neues Volk formte. Diese Völker waren zuvor feindselig und befanden sich in einem Zustand steter Feindschaft und Zwietracht. Er schweißte sie zusammen, führte sie zur Einmütigkeit, schenkte der Menschheit innere Ruhe und legte überall auf der Welt den Grund für Wohlergehen unter den Menschen. Deshalb war Er ein wahrer Erzieher, ein Wahrheitslehrer.
('Abdu'l-Bahá, The Promulgation of Universal Peace, S. 564-565 **)

67 Bedenke, wie sich das Römische Reich und das Volk der Griechen zur Zeit des Messias in Feindschaft und Hass im Kriegszustand befanden, wie die Feindseligkeiten zwischen Ägypten und Assyrien immer noch in den Herzen dieser alten und untergehenden Völker brannten. Doch durch die Lehren Jesu Christi wurden sie vereinigt; der Krieg fand ein Ende, Zwietracht und Hass vergingen, und diese einstmals kriegerischen Völker vereinten sich in Liebe und Freundschaft.
('Abdu'l-Bahá, The Promulgation of Universal Peace, S. 136 **)

68 Christus vereinigte unterschiedlichste Nationen, brachte kriegerischen Völkern Frieden und errichtete die Einheit der Menschheit. Die eroberungssüchtigen Griechen und Römer, die vorurteilsbehafteten Ägypter und Assyrer, sie alle befanden sich in einem Zustand der Zwietracht, der Feindschaft und des Krieges, aber Christus brachte diese verschiedenen Völker zusammen und entzog

ihrer Uneinigkeit die Grundlage, nicht durch die Macht von Nationalismus, Patriotismus oder Herrschaftsgewalt, sondern durch göttliche Macht, die Macht des Heiligen Geistes. Dies war auf keinem anderen Wege möglich. Alle menschlichen Anstrengungen, ob von Einzelpersonen oder ganzen Völkern, bleiben unvollendet als Fußnote der Geschichte zurück.
('Abdu'l-Bahá, The Promulgation of Universal Peace, S. 219 **)

69 Christus war ein wahrer Hirte. Zur Zeit Seiner Manifestation glichen die Griechen, Römer, Assyrer und Ägypter verstreuten Schafherden. Christus hauchte ihnen den Geist der Einheit ein und brachte sie in Einklang.
('Abdu'l-Bahá, The Promulgation of Universal Peace, S. 225 **)

70 Die göttlichen Propheten kamen, das Reich der Einheit in den Herzen der Menschen zu errichten. Sie alle kündeten der Menschenwelt die frohe Botschaft der göttlichen Gnadengaben. Alle brachten der Welt die nämliche Botschaft der göttlichen Liebe. Um der Einheit der Menschen willen gab Jesus Christus am Kreuz Sein Leben. [...]

₂ Durch Seinen Tod und durch Seine Lehren gelangten wir in Sein Reich. Das Wesen Seiner Lehre war die Einheit der Menschheit und dass wir durch Liebe die erhabensten menschlichen Tugenden erlangen. Er kam, das Reich des Friedens und des ewigen Lebens zu errichten. Könnt ihr in Seinen Worten die leiseste Rechtfertigung für Uneinigkeit und Feindschaft finden? Das Ziel Seines Lebens und der Ruhm Seines Todes waren, die Menschheit von den Sünden des Streits, des Kriegs und Blutvergießens zu befreien.
('Abdu'l-Bahá, 'Abdu'l-Bahá, Christ sein heißt..., S. 50-51)

71 Die heiligen Manifestationen Gottes offenbaren sich nicht, um eine Nation, Sekte oder Fraktion zu begründen. Sie erschienen nicht, damit nur eine begrenzte Anzahl von Menschen Ihr Prophetentum anerkannte. Sie offenbarten Ihren göttlichen Auftrag und Ihre

Botschaft nicht, um den Grund für eine Glaubensgemeinschaft zu legen. Auch Christus offenbarte Sich nicht, damit wir lediglich an Ihn als den Christus glaubten, ihm folgten und Seinen Namen ehrten. All dies ist in Ausmaß und Anspruch begrenzt, wohingegen die Wirklichkeit Christi unbegrenztes Sein ist. Die unendliche und unbegrenzte Wirklichkeit kann nicht durch irgendetwas begrenzt werden. Nein, vielmehr erschien Christus, um die Menschenwelt zu erleuchten, die irdische Welt himmlisch werden zu lassen, das Reich der Menschen zu einem Reich der Engel zu machen, die Herzen zu vereinen und das Licht der Liebe in den Menschenseelen zu entzünden, damit solche Seelen unabhängig werden, vollständige Einheit und Verbundenheit erlangen, sich Gott zuwenden, in das göttliche Königreich eintreten, die göttlichen Segnungen und Gnadengaben erhalten und am Manna, das vom Himmel herabkommt, teilhaben mochten. Durch Christus wurden sie dazu bestimmt, mit dem Heiligen Geist getauft zu werden, neue Tatkraft zu erlangen und das ewige Leben zu verwirklichen.
('Abdu'l-Bahá, The Promulgation of Universal Peace, S. 623-624 **)

72 Alle Propheten mühten sich, Liebe in der Menschen Herz zu pflanzen. Jesus Christus suchte in den Herzen Liebe zu erschaffen. Er ertrug alle Heimsuchungen und alle Qual, damit des Menschen Herz zur Quelle der Liebe werde.
('Abdu'l-Bahá, 'Abdu'l-Bahá, Christ sein heißt..., S. 51)

73 Alle Propheten wurden gesandt, Christus verkörperte und auch die Gesegnete Schönheit verkündete Gottes Wort, damit die Menschenwelt himmlisch, das Irdische göttlich, das Dunkel erleuchtet, das Teuflische engelgleich werde und damit Einheit, Einklang und Liebe zwischen den Menschen der Welt entstehe, damit wahrhafte Einheit werde, der Grund der Zwietracht zerberste und Gnade und immerwährendes Leben entstehen.
('Abdu'l-Bahá, zitiert in: H. Balyuzi, Der Mittelpunkt des Bündnisses Bahá'u'lláhs, S. 480)

74 Alle Propheten Gottes, Jesus Christus eingeschlossen, erschienen in der Welt, um die Menschheit zu erziehen, unreife Seelen zur Reife zu führen, die Unwissenden der Menschheit zu Weisen zu machen und dabei durch göttliche Erziehung und Ausbildung Liebe und Einigkeit zu begründen. Die Propheten sind nicht gekommen, um Uneinigkeit und Feindschaft zu verursachen. Denn Gott wünscht nur Gutes für Seine Diener, und wer den Dienern Gottes Übles wünscht, handelt gegen Gott; er hat nicht den Willen Gottes befolgt und auch nicht das Leitbild Gottes erstrebt; er ist satanischen Irreleitungen und Fußspuren gefolgt. Die Eigenschaften Gottes sind Liebe und Erbarmen; das Kennzeichen Satans ist Hass. Deshalb manifestiert derjenige, der barmherzig und freundlich gegen seine Mitgeschöpfe handelt, die Eigenschaften Gottes, und ist derjenige, der hasserfüllt und feindselig gegen seine Mitgeschöpfe handelt, satanisch. Gott ist vollkommene Liebe, wie auch Christus es verkündet hat, und Satan ist blanker Hass. Wisse, dass, wo Liebe herrscht, die Gnade Gottes sichtbar wird; wann immer Hass und Feindschaft euch begegnen, wisset, dass dies die Zeichen und Eigenschaften Satans sind. Die Propheten sind in dieser Welt mit der Aufgabe erschienen, dass die Menschenseelen zum Abbild des Barmherzigen werden, dass sie erzogen und entwickelt werden, zu Liebe und Freundschaft gelangen und Frieden und Einigkeit errichten.
('Abdu'l-Bahá, The Promulgation of Universal Peace, S. 54-55 **)

75 Als Christus kam, entzündete Er die lodernde Fackel der Wahrheit, und Er hielt sie hoch empor, damit sie die ganze Welt erleuchte.
('Abdu'l-Bahá, Ansprachen in Paris, S. 93)

76 Durch die Liebe Gottes wurde Christus mit seinem anfeuernden Beispiel des vollkommenen Lebens der Selbstaufopferung und Ergebenheit in die Welt gesandt und brachte Er den Menschen die Botschaft ewigen Lebens.
('Abdu'l-Bahá, Ansprachen in Paris, S. 63)

77 Alle Propheten Gottes waren die Gründer von Frieden und Freundschaft. Der größte Gründer von Frieden und Heil ist Christus. Doch bis zu dieser Zeit hatte diese Welt noch nicht die Fähigkeit, Seine hohen Ideale aufzunehmen.
('Abdu'l-Bahá, zitiert in: W. Gollmer, Mein Herz ist bei euch, S. 101)

78 Alle Propheten sind erschienen, damit sich die Einheit unter den Menschen entwickle, und wie viel Leid haben diese Propheten ertragen, um die Erleuchtung unter den Menschen Wirklichkeit werden zu lassen! Jesus Christus opferte Sein Leben. Er hatte die schwerste Erniedrigung in diesem Leben zu ertragen. Sein Haupt wurde mit einer Dornenkrone gekrönt. Er opferte Seinen eigenen Frieden, damit die Menschen sich wiedervereinigten. Durch Seine Liebe wollte Er die Menschenherzen zusammenschmieden, doch diese hauptsächlichsten Pflichten der Religion werden heute vernachlässigt.
('Abdu'l-Bahá, zitiert in: W. Gollmer, Mein Herz ist bei euch, S. 84)

79 Alle göttlichen Offenbarer, die Gott in die Welt gesandt hat, haben ihre furchtbaren Mühsale und Leiden allein um der einen Hoffnung willen ertragen, Wahrheit, Einigkeit und Eintracht unter den Menschen zu verbreiten. Christus ertrug ein Leben der Sorgen, Qualen und Schmerzen, um ein vollkommenes Beispiel der Liebe in die Welt zu bringen, und dennoch fahren wir fort, einander im Geist des Gegensatzes zu behandeln!
('Abdu'l-Bahá, Ansprachen in Paris, S. 95)

80 Wir bezeugen, dass Er, als Er in die Welt trat, den Glanz Seiner Herrlichkeit über alles Erschaffene ergoss. Durch Ihn wurde der Aussätzige vom Aussatz der Verderbtheit und Unwissenheit befreit. Durch Ihn wurden der Unkeusche und der Widersetzliche geheilt. Durch Seine Macht, aus dem allmächtigen Gott geboren, wurden die Augen des Blinden geöffnet und die Seele des Sünders geheiligt.

₂ Aussatz mag als Schleier gedeutet werden, der zwischen den Menschen und die Erkenntnis des Herrn, seines Gottes fällt. Wer sich von Ihm trennen lässt, ist in der Tat ein Aussätziger, dessen im Reiche Gottes, des Allmächtigen, des Allgepriesenen, nicht gedacht werden soll. Wir bezeugen, dass durch die Macht des Wortes Gottes jeder Aussätzige gereinigt, jede Krankheit geheilt und jedes menschliche Gebrechen überwunden wurde. Er ist es, der die Welt läuterte. Selig der Mensch, der sich lichtstrahlenden Angesichts Ihm zugewandt hat!
(Bahá'u'lláh, Ährenlese, S. 78)

81 Denn die Menschen sind blind, wie Jesus im Evangelium von ihnen sprach, sie sind taub und stumm; und Er sagte: „Ich werde sie heilen."
('Abdu'l-Bahá, Briefe und Botschaften, S. 206)

82 Das Lukasevangelium berichtet, dass Jesus eines Tages an einem Juden vorüberging, der gelähmt auf seinem Bette lag. Als der Jude Ihn erblickte, erkannte er Ihn und jammerte um Seine Hilfe. Jesus sprach zu ihm: „Erhebe dich von deinem Bett, deine Sünden sind dir vergeben." Einige Juden, die dabeistanden, murrten und sprachen: „Wer kann Sünden vergeben außer Gott allein?" Er aber durchschaute sofort ihre Gedanken, Er antwortete ihnen und sprach: „Was ist leichter, zu dem Lahmen zu sagen: ‚Stehe auf, nimm dein Bett und wandle', oder: ‚Dir sind deine Sünden vergeben.' Ihr sollt aber wissen, dass der Menschensohn auf Erden Macht hat, die Sünden zu vergeben". Dies ist die wahre Souveränität, dies ist die Macht der Auserwählten Gottes! Unsere Ausführungen und Zeugnisse aus verschiedenen Quellen sollen dir nur dazu verhelfen, den tieferen Sinn des Gotteswortes zu erfassen, wie es von Seinen Auserwählten geäußert wurde, damit nicht einige dieser Aussprüche deinen Fuß straucheln lassen und dein Herz verstören.
(Bahá'u'lláh, Das Buch der Gewissheit (Kitáb-i-Íqán), S. 112)

83 Christus heilte durch die Macht des Wortes, denn das Wort des Messias ist der von allem geläuterte und geheiligte Heilige Geist. Die Worte vieler Redner sind mit den Begehrlichkeiten ihrer Seelen und ihrer weltlichen Wünsche durchmischt; daher haben ihre Worte weder Macht noch Erfolg.

[2] Jesus sagte: „Steh' auf, nimm dein Bett und wandle". Er benutzte dafür keine Gebete oder geistige Eingebung. Bei dem Befehl benutzte Er die Autorität, welche die in Ihm manifeste Macht des Heiligen Geistes war. Sein Wort wurde befolgt, da es schöpferisch war.
('Abdu'l-Bahá, zitiert in: T. Klapp - P. Schwartz-Klapp, Gesundheit, Ernährung, Medizin und Heilen, S. 112)

84 Wir können die Bedeutung der Heiligen Bücher nicht verstehen, bevor wir nicht ernstlich die Wirklichkeit erforschen, denn diese Bedeutung ist symbolisch und geistig – wie zum Beispiel die Auferweckung des Lazarus, die metaphorisch zu verstehen ist.
('Abdu'l-Bahá, The Promulgation of Universal Peace, S. 344 **)

85 Ich will nicht Seine Wunder erwähnen, denn die Hörer könnten sagen, dies seien Überlieferungen, die wahr oder falsch sein können. So werden auch in den Evangelien die Wunder Christi von Seinen Jüngern und nicht von anderen berichtet, die Juden aber leugnen sie. ... Aber diese Erzählungen sind keine vollgültigen Beweise und Zeugnisse für jedermann. Die Hörer könnten vielleicht einwenden, dass dieser Bericht nicht in Übereinstimmung mit den tatsächlichen Geschehnissen sei, denn es ist bekannt, dass auch andere Religionsgemeinschaften Wunderdinge von ihren Stiftern berichten. Zum Beispiel erzählen die Brahmanen von Wundern. Wie können wir wissen, welche wahr und welche Legende sind? Sind sie Erdichtungen, so sind es auch die anderen; sind sie verbürgte Überlieferungen, so sind es auch die übrigen. Darum sind solche Erzählungen keine zufriedenstellenden Beweise. Wohl haben sie Beweiskraft für den, der selbst dabei war, aber selbst dieser mag sie nicht als Wunder, sondern als Zauberei ansehen.
('Abdu'l-Bahá, Beantwortete Fragen, S. 49)

86 Die heiligen Offenbarer sind die Quellen von Wundern und die Urheber wunderbarer Zeichen. Ihnen ist jede schwierige und unausführbare Sache möglich und leicht gemacht. Denn durch eine überirdische Macht gehen Wunder von ihnen aus, und mit dieser Kraft, die übernatürlich ist, beeinflussen sie die Welt der Natur. Von allen Offenbarern sind außergewöhnliche Dinge vollbracht worden.

₂ Aber die heiligen Bücher haben ihre besondere Ausdrucksweise; und für die Offenbarer selbst haben diese Wunder und aufsehenerregenden Zeichen kein großes Gewicht, sie wollen sie nicht einmal erwähnt haben. Denn wenn wir Wunder als großartigen Beweis ansehen, so sind sie Zeugnis und Bestätigung doch nur für Augenzeugen, nicht aber für andere Menschen.

₃ Wenn wir zum Beispiel einem Suchenden, dem Moses und Christus fremd sind, wunderbare Dinge von Diesen erzählen, wird er sie leugnen und sagen: „Auch von falschen Göttern werden durch das Zeugnis zahlreicher Menschen laufend erstaunliche Begebenheiten berichtet und in Büchern bestätigt. Die Brahmanen haben ein Buch über unerklärliche Wundertaten Brahmas geschrieben." Er mag auch sagen: „Wie können wir wissen, dass die Juden und Christen die Wahrheit berichten und die Brahmanen lügen? Denn beide haben allgemein anerkannte Überlieferungen, die in Büchern gesammelt sind, und sie mögen wahr oder falsch sein." Dasselbe kann auch von anderen Religionen gesagt werden: Wenn das eine wahr ist, sind alle wahr; wenn eines anerkannt wird, müssen alle anerkannt werden. Deshalb sind Wunder kein Beweis. Wenn sie auch Beweiskraft für Augenzeugen haben, für andere Menschen genügen sie als Bestätigung nicht.

₄ Aber zur Zeit einer Offenbarung erkennen die Einsichtigen, dass alle Umstände, die mit dem Offenbarer zusammenhängen, Wunder sind, weil sie vor allen anderen ausgezeichnet sind, und das allein ist schon ein unbestreitbares Wunder. Denke daran, dass Christus, allein und nur auf Sich Selbst gestellt, ohne Beschützer und Helfer, ohne Truppen und Heer und unter schwerster Bedrückung das Banner Gottes vor der ganzen Welt aufrichtete und ausharrte und schließlich alle überwand, obwohl Er, äußerlich gesehen, gekreuzigt wurde. Das ist doch ein wahrhaftiges Wunder, das niemals geleugnet werden kann. Eines weiteren Beweises für die Wahrheit Christi bedarf es nicht.

₅ Die äußeren Wunder sind für Menschen, die Sinn für die Wirklichkeit haben, ohne Gewicht. Wenn zum Beispiel ein Blinder sehend wird, so wird er schließlich doch wieder blind, das heißt, er wird sterben und alle seine Sinneskräfte verlieren. Einen Blinden sehend zu machen, ist darum weniger wichtig, weil seine körperliche Sehkraft letzten Endes doch verschwindet. Wenn ein toter Körper lebendig gemacht wird, was hat das zu bedeuten, wo er doch wieder vergehen muss? Wesentlich dagegen ist die Verleihung der inneren Sehkraft und des ewigen Lebens, das heißt des geistigen und göttlichen Lebens. Denn das körperliche Leben hat keinen Bestand und ist dem Nichtsein gleich. So kommt es, dass Christus zu einem Seiner Jünger sagte: „Lass die Toten ihre Toten begraben"; denn „was vom Fleisch geboren wird, das ist Fleisch; und was vom Geist geboren wird, das ist Geist."

₆ Beachte, dass Menschen, die nach außen hin lebten, von Christus Tote genannt wurden; denn Leben heißt ewiges Leben und Sein ist wahres Sein. Wenn daher in den heiligen Büchern die Auferweckung von Toten erwähnt wird, so bedeutet dies, dass sie ewiges Leben fanden; wenn ein Blinder sehend wurde, so ist jenes Sehen gemeint, das wirkliche, innere Einsicht bedeutet; wenn ein Tauber hörend wurde, so besagt dies, dass er geistiges und himmlisches Hören erlangte. Dies geht aus dem Text des Evangeliums hervor, wo Christus sagt: „Sie sind wie diejenigen, von denen Jesaja sagte, mit sehenden Augen sehen sie nicht, und mit hörenden Ohren hören sie nicht; und Ich heilte sie."

₇ Damit soll nicht gesagt sein, dass die Offenbarer unfähig sind, Wunder zu vollbringen; denn sie besitzen alle Macht. Aber für sie sind inneres Sehen, geistiges Heilen und ewiges Leben die wertvollen und wichtigen Dinge. Folglich besagen jene Stellen der heiligen Bücher, die von einem Blinden berichten, der sehend wurde, dass er innerlich blind war und dass er geistige Sicht erlangte, oder dass er unwissend war und weise wurde, oder dass er gleichgültig war und wach wurde, oder dass er weltlich war und fromm wurde.

₈ Da dieses innere Sehen, Hören, Leben und solches Heilen ewig sind, darum sind sie wesentlich. Was sind, damit verglichen, das Gewicht, die Bedeutung und der Wert dieses fleischlichen Lebens mit seinen Kräften? In wenigen Tagen wird es zu Ende sein wie fliehende Gedanken. Wenn man zum Beispiel eine erloschene Lampe anzündet, wird sie letztlich wieder erlöschen, aber das Licht der Sonne strahlt immerzu; und nur dies ist wichtig.
('Abdu'l-Bahá, Beantwortete Fragen, S. 105-107)

87 Nichtsdestotrotz möchte [der Hüter] Ihnen eine Sache erneut ins Gedächtnis rufen, nämlich dass Wunder immer möglich sind, auch wenn sie keinen regulären Kanal darstellen, durch den Gott der Menschheit Seine Macht offenbart. Wunder auf Grundlage dessen zu verwerfen, dass sie einen Bruch der Naturgesetze mit sich bringen, ist ein sehr oberflächliches, beinahe törichtes Argument, da Gott, der der Schöpfer des Universums ist, in Seiner Weisheit und Allmacht jede Änderung, ganz gleich wie kurzfristig, in der Funktionsweise der Gesetze, die er selbst geschaffen hat, herbeizuführen imstande ist.
(Aus einem Brief im Auftrag des Hüters an einen einzelnen Gläubigen, 27.02.1938 **)

88 Lausche dem Gurren der Taube der Ewigkeit auf den Zweigen des heiligen Lotosbaumes: O Völker der Erde! Wir sandten Johannes zu euch herab, der euch mit Wasser taufte, damit euer Leib für das Kommen des Messias gereinigt werde.
(Bahá'u'lláh, Anspruch und Verkündigung, S. 81)

89 Johannes, der Sohn des Zacharias, sagte, was auch Mein Vorläufer gesagt hat: „Ich sage euch, tut Buße; denn das Himmelreich ist nahe." „Wahrlich, ich taufe euch mit Wasser zur Buße, aber Er, der nach mir kommt, ist mächtiger als ich; ich bin nicht wert, Seine Schuhe zu tragen." Und deshalb hat auch Mein Vorläufer zum Zeichen Seiner Unterwürfigkeit und Demut gesagt: „Der ganze Bayán

ist nur ein Blatt unter den Blättern Seines Paradieses." Und weiter sagt Er: „Ich bin der erste, der Ihn anbetet, und rühme Mich Meiner Verwandtschaft mit Ihm."
(Bahá'u'lláh, Brief an den Sohn des Wolfes, S. 137)

90 Ursprünglich war die Taufe eine Kultwaschung zum Zeichen der Reue. Johannes gab den Menschen Ermahnungen und guten Rat und führte sie so zur Reue, dann taufte er sie. Es ist also klar, dass diese Taufe ein Symbol der Reue über alle Sünden war, wie es in den Worten zum Ausdruck kommt: „O Gott, wie mein Körper von äußerlichem Schmutz rein und geheiligt wurde, ebenso reinige und heilige meinen Geist vom Schmutz der irdischen Welt, der der Schwelle Deiner Einheit unwürdig ist!" Reue bedeutet Rückkehr vom Ungehorsam zum Gehorsam. Der Mensch, der von Gott fern und Seiner beraubt war, bereut und unterzieht sich der Reinigung. Es ist ein Sinnbild, das bedeutet: „O mein Gott, mache mein Herz gut und rein, läutere und heilige es von allem außer meiner Liebe zu Dir!"

$_2$ Da Christus wünschte, dass dieser Brauch des Johannes zu jener Zeit von allen geübt werde, befolgte Er ihn Selbst, um dadurch die Menschen zur Besinnung zu rufen und die Vorschrift des alten religiösen Gesetzes zu erfüllen. Obwohl die Kultwaschung zum Zeichen der Reue bei Johannes Brauch war, wurde sie tatsächlich schon früher in der Religion Gottes ausgeübt.

$_3$ Christus brauchte die Taufe nicht; da sie aber zu jener Zeit ein allgemeiner und vorbildlicher Brauch war und auf die frohe Botschaft vom Königreich hinwies, unterzog Er Sich ihr.
('Abdu'l-Bahá, Beantwortete Fragen, S. 96)

91 Das Licht des Wissens und die Dunkelheit der Unwissenheit sind intelligible und nicht stoffliche Wirklichkeiten, aber wenn wir in der stofflichen Welt nach Erklärungen suchen, müssen wir ihnen eine gegenständliche Form geben.

₂ Es ist also augenfällig, dass die Taube, die auf Christus herabkam, keine körperliche Taube, sondern ein geistiger Zustand war, der, um verstanden zu werden, durch ein anschauliches Bild dargestellt wurde. So heißt es im Alten Testament, dass Gott in einer Feuersäule erschien. Damit ist nicht die materielle Form gemeint, sondern es ist eine intelligible Wirklichkeit, die durch ein fassbares Gleichnis ausgedrückt wurde.
('Abdu'l-Bahá, Beantwortete Fragen, S. 90)

92 Die Geschichte von der Taube ist einfach eine Metapher. Es kam keine Taube herab. Inmitten der Leute spürte Johannes der Täufer, dass der Heilige Geist in Christus war. Der Heilige Geist war stets bei Christus. Er wusste seit frühester Kindheit von Seiner Mission.
('Abdu'l-Bahá, Star of the West XIV, S. 274)

93 Wir beginnen, es anhand des Evangeliums zu erläutern, denn da ist klar gesagt, dass Johannes, Zacharias' Sohn, als er auftrat und den Menschen die frohen Botschaften vom Gottesreich brachte, gefragt wurde: „Wer bist du? Bist du der verheißene Messias?" Er antwortete: „Ich bin nicht der Messias." Darauf fragten sie ihn: „Bist du Elias?" Er sagte: „Ich bin es nicht." Diese Äußerung scheint klar zu beweisen, dass Johannes, Zacharias' Sohn, nicht der verheißene Elias war. Aber am Tage der Verklärung auf dem Berg Tabor sagte Christus deutlich, dass Johannes, Zacharias' Sohn, der verheißene Elias gewesen sei.

₂ In Kapitel 9, Vers 11-13, des Markusevangeliums heißt es: „Und sie fragten Ihn und sprachen: Die Schriftgelehrten sagen doch, dass zuvor Elias kommen muss. Er aber sprach zu ihnen: Ja, zuvor kommt Elias und bringt alles wieder zurecht. Und wie steht geschrieben von des Menschen Sohn, dass Er viel leiden soll und verachtet werden? Aber Ich sage euch: Elias ist schon gekommen, und sie haben an ihm getan, was sie wollten, wie von ihm geschrieben steht." In Kapitel 17, Vers 13, des Matthäusevangeliums steht: „Da verstanden die Jünger, dass Er von Johannes dem Täufer zu ihnen geredet hatte."

₃ Johannes war also gefragt worden: „Bist du Elias?" Er antwortete: „Ich bin es nicht", obwohl im Evangelium steht, dass Johannes der verheißene Elias war, und auch Christus dies deutlich sagte. Wenn also Johannes Elias war, warum sagte er: „Ich bin es nicht?" Und wenn er nicht Elias war, warum sagte Christus, dass er es wäre?

₄ Die Erklärung ist wie folgt: Es ist nicht die Person, sondern die Wirklichkeit der Vollkommenheiten gemeint; das heißt, die Vollkommenheiten, die in Elias lebendig waren, wurden genauso in Johannes dem Täufer verwirklicht. Deshalb war Johannes der Täufer der verheißene Elias. In diesem Fall ist nicht von der Person, sondern von den Eigenschaften die Rede. ... Darum sagte Christus: Was zu den Zeiten der früheren Propheten geschah, das werdet ihr alles sehen. [...]

₅ Wenn daher Christus sagte: „Dies ist Elias", so meinte Er, dieser Mensch ist ein Wiedererscheinen der Gaben und Vollkommenheiten, des Charakters, der Eigenschaften und Tugenden des Elias. Johannes der Täufer konnte sagen: „Ich bin nicht Elias." Christus sprach von den Eigenschaften und Vollkommenheiten, dem Charakter und den Tugenden, die beide besaßen, und Johannes sprach von seinem physischen Sein und der Individualität.
('Abdu'l-Bahá, Beantwortete Fragen, S. 133-134)

94 Es gibt eine Reinkarnation der Aufgabe des Prophetentums. Christus erklärte, als er von Johannes dem Täufer sprach, dass er Elias sei. Als Johannes der Täufer gefragt wurde, „Bist du Elias?", sagte er, „Ich bin es nicht." Diese beiden Aussagen scheinen sich zu widersprechen, aber in Wahrheit gibt es keinen Widerspruch. Das Licht ist EIN Licht. Das Licht, das die Lampe in der letzten Nacht erleuchtete, erleuchtet sie in dieser Nacht erneut. Dies bedeutet nicht, dass dieselben Lichtstrahlen zurückgekehrt wären, sondern dass sich vielmehr die Eigenschaft des Leuchtens erneut zeigt. Das Licht, dass sich in der Lampe offenbarte, offenbart sich erneut, sodass gesagt werden kann, dass das Licht dieses Abends die Wiederkehr des Lichtes des vergangenen Abends ist. Dies betrifft jedoch ausschließlich seine Eigenschaften und nicht seine Identität.

Dies ist unsere Ansicht über die Reinkarnation. Wir glauben das, was Jesus Christus und alle Propheten geglaubt haben.
('Abdu'l-Bahá, The Promulgation of Universal Peace, S. 232 **)

95 Du fragst nach der Verklärung Jesu mit Moses, Elias und dem himmlischen Vater auf dem Berg Tabor, wie in der Bibel erwähnt. Dieses Ereignis nahmen die Jünger mit ihrem inneren Auge wahr; deshalb war es ein verborgenes Geheimnis und ihre geistige Entdeckung. Wäre die Bedeutung nämlich, dass sie leibliche Gestalten sahen, das heißt, diese Verklärung mit ihren äußeren Augen wahrnahmen, warum sahen es dann nicht die vielen anderen, die auf dem Berg und in der Ebene zugegen waren? Und warum verlangte dann der Herr von ihnen, niemandem davon zu erzählen? Es ist eindeutig, dass es eine geistige Schau war, ein Aufzug des Gottesreiches. Warum sonst gebot ihnen der Messias, es verborgen zu halten, „bis der Menschensohn von den Toten auferweckt worden ist", - das heißt, bis die Sache Gottes verherrlicht würde, das Wort Gottes sich durchsetzte und die Wirklichkeit Christi sichtbar wäre?
('Abdu'l-Bahá, Briefe und Botschaften, S. 193-194)

96 Unter geistigen Seelen gibt es geistiges Verstehen und Entdecken, eine Verbindung, die von Einbildung und Wahn geläutert ist, und eine Vereinigung, die über Zeit und Raum geheiligt ist. So steht im Evangelium, dass auf dem Berge Tabor Moses und Elias zu Christus kamen, und es ist offenkundig, dass dies keine körperliche Begegnung war. Es war ein geistiges Geschehen, das als leibliche Zusammenkunft dargestellt wird.
('Abdu'l-Bahá, Beantwortete Fragen, S. 245)

97 Die Gläubigen werden stets durch die Anwesenheit der Himmlischen Heerscharen unterstützt. Zu den himmlischen Heerscharen gehören Jesus und Moses und Elias und Bahá'u'lláh und andere erhabene Seelen, und ebenso die Märtyrer.
('Abdu'l-Bahá, zitiert in: S. Blomfield, 'Abdu'l-Bahá in London, S. 104)

98 Im Evangelium wird berichtet, dass ein Mann zu Christus kam und Ihn „Guter Meister" nannte. Christus antwortete: „Was heißest du Mich gut? Niemand ist gut als Gott allein." Damit ist nicht gemeint, dass Christus - Gott behüte! - ein Sünder gewesen wäre, sondern die Absicht war, den Sprecher Ergebenheit, Demut, Sanftmut und Bescheidenheit zu lehren.
('Abdu'l-Bahá, Beantwortete Fragen, S. 168)

99 An anderer Stelle des Evangeliums wird berichtet, wie eines Tages der Vater eines Jüngers Jesu gestorben war und wie der Jünger den Tod seines Vaters Jesus mitteilte und Ihn bat: „Herr, erlaube mir, dass ich zuvor hingehe und meinen Vater begrabe", worauf Jesus, dieses Wesen der Loslösung, antwortete und sprach: „Lass die Toten ihre Toten begraben".
(Bahá'u'lláh, Das Buch der Gewissheit (Kitáb-i-Íqán), S. 100)

100 Es geschah eines Tages zur Zeit Christi - möge das Leben der ganzen Welt ein Opfer für Ihn sein - dass Er an einem toten Hund vorbeikam, einem übelriechenden Kadaver, widerlich anzusehen, mit faulenden Gliedern. Einer Seiner Begleiter sagte: „Wie faul ist sein Gestank!" Ein anderer meinte: „Wie ekelerregend, wie abscheulich!" Kurzum, jeder hatte etwas hinzuzufügen.

₂ Aber dann sprach Christus, und Er sagte ihnen: „Sehet die Zähne des Hundes! Wie strahlend weiß sie sind!"

₃ Der sündenbedeckende Blick des Messias verweilte keinen Augenblick lang auf dem Widerwärtigen des Aases. Der einzige Teil des Kadavers, der keine Abscheu erregte, waren seine Zähne, und Jesus schaute auf ihren Glanz.
('Abdu'l-Bahá, Briefe und Botschaften, S. 201)

101 Jesus, der Sohn Marias, saß eines Tages da und sprach folgende Worte aus dem Heiligen Geist: „O Menschen! Die Speise, mit der Ich Meinen Hunger stille, ist das Gras des Feldes. Mein Bett ist der Staub der Erde, Meine Lampe in der Nacht ist der Mondenschein, und Mein Ross sind Meine Füße. Doch sehet, wer auf Erden ist reicher als Ich?"
(Bahá'u'lláh, Das Buch der Gewissheit (Kitáb-i-Íqán), S. 109-110)

102 Jesus war ein armer Mann. Eines Nachts, als Er draußen im Freien war, begann es zu regnen. Er hatte kein Obdach, und so hob Er Seine Augen zum Himmel und sprach: „O Vater! Für die Vögel der Luft hast Du Nester geschaffen, für die Schafe einen Pferch, für die Tiere Erdhöhlen, Zufluchtsorte für die Fische, aber für mich hast du kein Obdach. Ich habe keinen Ort, wo ich mein Haupt betten kann; mein Bett ist der kalte Erdboden, meine Lichter bei Nacht sind die Sterne, und meine Nahrung ist das Gras auf dem Felde –und doch, wer ist auf Erden reicher als ich?"
('Abdu'l-Bahá, Ansprachen in England und Nordamerika, S. 22)

103 Hungrig und ohne Obdach nährte Sich Christus von den Früchten des Feldes, und keines Menschen Gefühle wollte Er verletzen.
('Abdu'l-Bahá, Beantwortete Fragen, S. 136)

104 Er, der nicht heiratete, fand wegen der Untaten der Verräter keine Stätte, wo Er hätte wohnen und Sein Haupt zur Ruhe legen können.
(Bahá'u'lláh, Brief an den Sohn des Wolfes, S. 56)

105 Bedenke, wie Jesus, der Geist Gottes, trotz Seiner äußersten Sanftmut und vollkommenen Herzensgüte von Seinen Feinden

behandelt wurde. So heftig war der Widerstand, dem sich Er, das Wesen des Seins, der Herr des Sichtbaren und des Unsichtbaren, gegenübersah, dass er nirgends Sein Haupt niederlegen konnte.
(Bahá'u'lláh, Ährenlese, S. 53)

106 Zerreiße die Schleier der Gelehrsamkeit, damit sie dich nicht von Meinem Namen, der Selbstbestehende, abhalten. Erinnere dich der Zeit, da der Geist kam. Als Er erschien, sprachen die Gelehrtesten Seiner Zeit und Seines Landes das Urteil über Ihn, indes einer, der nur ein Fischer war, an Ihn glaubte.
(Bahá'u'lláh, Anspruch und Verkündigung, S. 74)

107 Dies fürwahr ist es, was der Geist Gottes ankündigte, als Er mit der Wahrheit zu euch kam, Er, wider den die jüdischen Gelehrten stritten, bis sie schließlich begingen, was den Heiligen Geist wehklagen ließ und den Gottnahen die Tränen in die Augen trieb. Denke darüber nach, wie ein Pharisäer, der siebzig Jahre lang Gott angebetet hatte, den Sohn, als Er erschien, zurückwies, indes einer, die Unzucht getrieben hatte, Einlass ins Himmelreich gewährt wurde.
(Bahá'u'lláh, Anspruch und Verkündigung, S. 88)

108 Denke an jene, die sich dem Sohne widersetzten, als Er zu ihnen kam mit Macht und Souveränität. Wie viele unter den Pharisäern harrten darauf, Ihn zu schauen, und beklagten ihr Fernsein von Ihm! Doch als der Duft Seines Erscheinens über sie wehte und Seine Schönheit sich entschleierte, da wandten sie sich von Ihm ab und stritten mit Ihm. So enthüllen Wir dir, was in den Büchern und Schriften niedergelegt ist. Niemand – außer einer kleinen Schar, die keinerlei Macht unter den Menschen besaß – wandte sich Seinem Angesicht zu.
(Bahá'u'lláh, Anspruch und Verkündigung, S. 75)

109 Denke an den Messias, an Seine Tage auf Erden, Seine Erniedrigung, Seine Heimsuchung und wie die Menschen ihm keine Aufmerksamkeit schenkten. ... Keiner folgte Ihm außer ein paar Seelen: Fischer, Zimmerleute und andere aus dem gemeinen Volk.
('Abdu'l-Bahá, Briefe und Botschaften, S. 206)

110 Denke auch über Jesus nach, den Sohn der Maria, der vor dem Siegel der Propheten erschien. Als diese Manifestation des Allbarmherzigen sich offenbarte, beschuldigten alle Gelehrten diesen Inbegriff des Glaubens der Gottlosigkeit und des Aufruhrs. Schließlich fügte man Seinem gesegneten Leib mit der Billigung des Hannas, des gelehrtesten Geistlichen Seiner Zeit, und des Hohepriesters Kaiphas zu, was die Feder vor Scham verschweigt und ohnmächtig ist zu beschreiben. So lange bedrängten sie Ihn, bis Gott Ihn in den Himmel erhob.
(Bahá'u'lláh, Anspruch und Verkündigung, S. 144)

111 Im Zeitalter Christi hetzten Hannas und Kaiphas das jüdische Volk gegen Ihn auf, und die Gelehrten Israels vereinten sich, um sich seiner Macht zu widersetzen. Alle erdenklichen Verleumdungen wurden gegen ihn verbreitet! Die Schriftgelehrten und Pharisäer wirkten zusammen, um die Menge glauben zu machen, dass Er ein Lügner, ein Abtrünniger und Gotteslästerer sei. Sie streuten diese üble Nachrede gegen Christus in der ganzen Welt des Ostens aus und bewirkten, dass Er zu einem schmachvollen Tod verurteilt wurde.
('Abdu'l-Bahá, Ansprachen in Paris, S. 79)

112 Betrachte die Sendung Jesu Christi. Sieh, wie alle Gelehrten des damaligen Geschlechts das Kommen des Verheißenen ungeduldig erwartet haben und Ihn dennoch verleugneten. Sowohl Hannas, der Gelehrteste unter den Geistlichen Seiner Zeit, als auch Kaiphas, der Hohepriester, klagten Ihn öffentlich an und sprachen das Todesurteil über Ihn.
(Bahá'u'lláh, Ährenlese, S. 76)

113 Zur Zeit Christi gab es viele Rabbiner und Hohepriester, die Gottes Wort predigten, aber kein einziger außer Paulus wurde bestätigt. Alle gingen der geistigen Gaben verlustig, die sie von Christus hätten empfangen können; Paulus aber wurde zum Oberhaupt aller geistigen Priester.
('Abdu'l-Bahá, zitiert in: W. Gollmer, Mein Herz ist bei euch, S. 120)

114 Die Pharisäer sagten von Christus, Er habe den Sabbat gebrochen, das Gesetz Mose herausgefordert und gedroht, den Tempel und die heilige Stadt Jerusalem zu zerstören, weshalb Er die Kreuzigung verdiene.
('Abdu'l-Bahá, Ansprachen in Paris, S. 81-82)

115 Rufe ihnen diese Worte ins Gedächtnis und sprich: Wahrlich, die Pharisäer erhoben sich gegen den Messias, trotz der leuchtenden Schönheit Seines Antlitzes und all Seiner Anmut, und sie schrien, Er sei nicht der Messias, sondern ein Unhold, weil Er behauptete, der allmächtige Gott, der unumschränkte Herr über alle zu sein. Und Er sagte ihnen: „Ich bin Gottes Sohn, und wahrlich, im innersten Sein des einzigen Sohnes, Seines mächtigen Schützlings, stehet der Vater, deutlich offenbart mit allen Seinen Eigenschaften und Vollkommenheiten." Das sei, so sagten sie, nach den klaren, unwiderleglichen Texten des Alten Testaments offene Gotteslästerung und eine Verleumdung des Herrn. [...]

² Nur aus Unwissenheit über den tiefsten Kern der Geheimnisse, nur weil sie Seinen Strahlenglanz nicht schauten und Seine Beweise nicht beachteten, erkühnten sich die Pharisäer, Ihn zu verleumden und dieser schweren Sünde zu beschuldigen. Sonst hätten sie Seine Worte anerkannt und für die von Ihm offenbarten Verse Zeugnis abgelegt. Sie hätten die Wahrheit Seiner Äußerungen bekannt, im schirmenden Schatten Seines Banners Schutz gesucht, von Seinen Zeichen und Beweisen gelernt und über Seine glückselige Botschaft frohlockt.
('Abdu'l-Bahá, Briefe und Botschaften, S. 51-52)

116 Ich beschwöre dich bei Gott, urteile gerecht! Welchen Beweis brachten die jüdischen Gelehrten vor, um Ihn, den Geist Gottes, zu verdammen, als Er mit der Wahrheit zu ihnen kam?
(Bahá'u'lláh, Botschaften aus 'Akká, S. 234)

117 Die sich von Mir abwandten, redeten genauso, wie die Anhänger Johannis redeten; denn auch diese verwahrten sich gegen Ihn, der der Geist war, und sagten: „Die Sendung Johannis ist noch nicht beendet; weshalb bist du gekommen?"
(Bahá'u'lláh, Brief an den Sohn des Wolfes, S. 136-137)

118 Während Seines Daseins in der körperlichen Welt war Er der Verachtung und dem Spott des schwächsten Volkes der Welt, der Juden, preisgegeben, die es für passend hielten, eine Dornenkrone auf Sein gesegnetes Haupt zu setzen.
('Abdu'l-Bahá, Beantwortete Fragen, S. 119)

119 Vergleichen Sie ... die Worte, die der verfolgte Christus nach dem Zeugnis des Evangeliums an Jerusalem richtete, mit Bahá'u'lláhs Botschaft für Konstantinopel, die Er in Seinem fernen Gefängnis offenbarte und in Seinem Heiligsten Buche aufzeichnete: „O Jerusalem, Jerusalem, die du die Propheten tötest und sie steinigest, die zu dir gesandt sind, wie oft wollte Ich deine Kinder versammeln, wie eine Henne ihre Küchlein unter ihre Flügel nimmt!" Und wieder, als Er über diese Stadt weinte: „Hättest du doch, gerade du, wenigstens an diesem deinem Tage die Dinge erkannt, die deinem Frieden dienen! Aber nun sind sie vor deinen Augen verborgen. Denn die Tage werden über dich kommen, da deine Feinde einen Graben um dich legen und dich umzingeln und von jeder Seite bezwingen und dem Erdboden gleichmachen werden, und deine Kinder mit dir. Und sie werden keinen Stein in dir auf dem andern lassen, weil du die Zeit deiner Heimsuchung nicht kanntest."
(Shoghi Effendi, Die Weltordnung Bahá'u'lláhs, S. 253)

120 Jesus errichtete sodann das heilige Gesetz auf der Grundlage sittlicher Charakterstärke und völliger Durchgeistigung, und für jene, die an Ihn glaubten, entwarf Er ein Leitbild der Lebensführung, das den höchsten Verhaltensmaßstab auf Erden darstellt. Obwohl jene Wahrzeichen der Erlösung äußerlich der böswilligen Verfolgung ihrer Peiniger ausgeliefert schienen, waren sie in Wirklichkeit von dem hoffnungslosen Dunkel befreit, das die Juden verschlungen hatte, und sie erstrahlten in immerwährender Herrlichkeit am Morgen dieses neuen Tages.

₂ Die mächtige Nation der Juden stürzte und verfiel, aber jene wenigen Seelen, die unter dem Baum der messianischen Sendung Schutz suchten, gestalteten alles menschliche Leben neu. Alle Völker der Welt waren damals äußerst unwissend, fanatisch und götzendienerisch. Nur eine Handvoll Juden bekannte sich zum Glauben an die Einheit Gottes, und sie waren armselige Ausgestoßene. Jene heiligen Seelen der Christenheit erhoben sich nun, um eine Sache zu verkünden, die den Anschauungen der gesamten Menschenrasse völlig entgegengesetzt und zuwider war. Die Herrscher in vieren der fünf Erdteile fassten den unerbittlichen Entschluss, die Anhänger Christi zu vernichten; und dennoch schickten sich schließlich die meisten von ihnen an, den Glauben Gottes mit ganzem Herzen zu verbreiten. Alle Nationen Europas, zahlreiche Völker Asiens und Afrikas und sogar einige Einwohner der pazifischen Inseln wurden unter dem Schutz der Einheit Gottes versammelt.
('Abdu'l-Bahá, Das Geheimnis göttlicher Kultur, S. 77)

121 Es ist offenkundig, dass der Buchstabe ein Teil des Wortes ist, und dieser Anteil am Wort bedeutet, dass der Buchstabe in seinem Wert vom Wort abhängt. Das heißt, er bezieht seine Gnade vom Wort; er hat eine geistige Verwandtschaft mit dem Wort und ist als wesentlicher Teil des Wortes anzusehen. Die Apostel waren wie Buchstaben, Christus war das Wesen des Wortes. Die Bedeutung des Wortes, nämlich ewige Gnade, wirft einen Glanz auf jene Buchstaben. Noch einmal: Weil der Buchstabe Teil des Wortes ist, steht er in seiner inneren Bedeutung in Einklang mit dem Wort.
('Abdu'l-Bahá, Briefe und Botschaften, S. 74-75)

122 Der Schöpfer alles erschaffenen ist EIN Gott. Aus diesem gleichen Gott trat alles Erschaffene ins Dasein, und Er ist das eine Ziel, nach dem alles in der Natur Verlangen trägt. Diese Auffassung fand in den Worten Christi Ausdruck, als Er sagte: „Ich bin das Alpha und das Omega, der Anfang und das Ende." Der Mensch ist die Summe der Schöpfung, und der vollkommene Mensch ist der Ausdruck für den vollendeten Gedanken des Schöpfers - das Wort Gottes.
('Abdu'l-Bahá, Ansprachen in Paris, S. 37)

123 Als der Herr Christus kam, goss Er das Licht des Heiligen Geistes über alle aus, die um Ihn waren, und Seine Jünger und alle, die sein Licht empfingen, wurden erleuchtete, geistige Wesen.
('Abdu'l-Bahá, Ansprachen in Paris, S. 47)

124 Christus war die Sonne der Wahrheit, die vom Horizont des Christentums schien und Herzen und Seelen lehrte, beschützte und bestätigte, bis sie in Einklang mit dem göttlichen Königreich kamen und befähigt wurden, der zahllosen Segnungen und Gnadengaben Gottes teilhaftig zu werden. Wäre Er nicht in Herrlichkeit erschienen, sie wären weiterhin verloren geblieben in der Finsternis der Unvollkommenheit und Trennung von Gott. Da aber die Sonne der Wahrheit ihr Licht über die Herzen und Seelen ergoss, erstrahlten sie. Er gab ihnen ein neues, ewiges Leben.
('Abdu'l-Bahá, The Promulgation of Universal Peace, S. 378 **)

125 Die Kontrolle über physische Körper zu gewinnen, ist eine sehr einfache Sache, aber Seelen innerlich zur Ruhe kommen zu lassen, ist ein äußerst beschwerliches Unterfangen. Dies ist keine Aufgabe für jeden. Sie erfordert eine göttliche und heilige Macht, die Macht der Inspiration, die Macht des Heiligen Geistes. Christus war beispielsweise fähig, Seelen in diese Feste innerer Ruhe zu führen. Er

war fähig, die Herzen in diesen sicheren Hafen zu steuern. Von den Tagen seiner Manifestation bis heute belebt Er Herzen und Seelen.
('Abdu'l-Bahá, The Promulgation of Universal Peace, S. 386 **)*

126 Wie viele Seelen wandten sich doch dem Herrn zu, betraten Seines Wortes schützenden Schatten und wurden auf der ganzen Welt berühmt - zum Beispiel Judas Ischariot. Doch dann, als die Prüfungen härter und heftiger wurden, glitten ihre Füße auf dem Pfade aus. Sie wandten sich vom Glauben ab, nachdem sie seine Wahrheit anerkannt hatten, und verleugneten ihn; von Einklang und Liebe fielen sie ab in Unheil und Hass. So zeigte sich die Macht der Prüfungen, die starke Pfeiler zittern macht.

₂ Judas Ischariot war der bedeutendste der Jünger; er rief die Menschen zu Christus. Dann schien es ihm, als ob Jesus dem Apostel Petrus zunehmend mehr Aufmerksamkeit schenkte. Als Jesus sagte: "Du bist Petrus, und auf diesen Felsen will ich meine Kirche bauen", hatten diese an Petrus gerichteten Worte, die Auserwählung des Petrus zu besonderer Ehre, deutliche Wirkung auf den Apostel - und sie entfachten Neid im Herzen des Judas. So wandte sich der einst Nahegekommene ab, der vormals Glaubende verleugnete nun seinen Glauben; seine Liebe wurde zu Hass, bis er die Kreuzigung dieses herrlichen Herrn, dieses offenbarten Lichtes herbeiführte. Solches bewirkt der Neid. Deshalb wenden sich die Menschen vom geraden Pfad ab. So geschah es früher, so wird es auch in dieser großen Sache geschehen. Aber es macht nichts, denn bei den übrigen bewirkt es Treue und lässt Seelen erstehen, die nicht zaudern, die wie Berge so fest und unerschütterlich sind in ihrer Liebe zu dem offenbaren Licht.
('Abdu'l-Bahá, Briefe und Botschaften, S. 194-195)

127 Die beiden großen Apostel, Petrus und der Evangelist Johannes, waren ursprünglich schlichte Werkner, die sich um ihr tägliches Brot bemühten. Durch die Kraft des Heiligen Geistes

wurden ihre Seelen erleuchtet, und sie empfingen die ewigen Segnungen des Herrn Christus.
('Abdu'l-Bahá, Ansprachen in Paris, S. 43-44)

128 Die an Ihn glaubten opferten ebenso Leben, Ehre, Besitz, Familie, einfach alles, damit diese menschliche Welt aus der Hölle der Zwietracht, des Haders und der Feindschaft errettet werde. Sein Fundament war die Einheit der Menschheit. Nur wenige fühlten sich zu Ihm hingezogen. Es waren nicht die Könige und Herrscher Seiner Zeit. Es waren nicht die Reichen und Bedeutenden. Einige waren Fischer. Die meisten waren unwissend, ungelehrt im Wissen dieser Welt. Einer der Größten unter ihnen, Petrus, konnte sich nicht die Wochentage merken. Alle waren sie in den Augen der Welt Menschen von geringem Ansehen und Einfluss. Aber ihre Herzen waren rein, sie waren angezogen vom Feuer des Heiligen Geistes, der sich in Christus offenbarte.
('Abdu'l-Bahá, 'Abdu'l-Bahá, Christ sein heißt..., S. 50-51)

129 'Abdu'l-Bahá bezeugt: „Nach der Kirchengeschichte war Petrus ebenfalls nicht imstande, sich die Wochentage zu merken. Wann immer er beschloss, zum Fischfang zu gehen, verschnürte er seine Wochenration in sieben Päckchen und jeden Tag aß er eines davon, und wenn er beim siebten angekommen war, wusste er, dass es Sabbat war, und er konnte ihn dann einhalten."

₂ Wenn des Menschen Sohn in der Lage war, einem offenbar so rohen und hilflosen Instrument eine solche Kraft einzuflößen, die verursachte, dass, mit den Worten Bahá'u'lláhs, „Geheimnisse der Weisheit und der Äußerung aus seinem Mund hervorströmten", und er über die übrigen Seiner Jünger erhoben und in den Stand gesetzt wurde, Sein Nachfolger und Begründer Seiner Kirche zu werden, wie viel mehr kann dann der Vater, nämlich Bahá'u'lláh, den geringsten und unbedeutendsten unter Seinen Anhängern ermächtigen, für die

Durchführung Seiner Absichten solche Wunder zu vollbringen, die die höchsten Leistungen selbst des ersten Apostels Jesu Christi klein erscheinen lassen.
(Shoghi Effendi, Das Kommen göttlicher Gerechtigkeit, S. 74)

130 Die Gnade und Kraft Gottes ist jeder Menschenseele zugedacht und kennt keine Grenzen. Überlegt: welche belebende Kraft strömte von Christus aus, als Er auf Erden weilte. Betrachtet Seine Jünger! Sie waren arme, ungebildete Menschen. Aus dem derben Fischer formte Er den großen Petrus, und aus Magdalena, dem armen Mädchen vom Dorf, machte Er eine Gestalt, die heute in aller Welt Einfluss ausübt. Viele Königinnen haben regiert, von denen nur historische Daten blieben und sonst nichts. Aber Maria Magdalena überragt sie alle. Sie war es, deren Liebe die Jünger erstarken ließ, als deren Glaube ermattete. Was sie für die Welt tat, kann nicht hoch genug geschätzt werden. Seht, welch göttliche Kraft in ihr durch die Macht Gottes entflammt wurde!
('Abdu'l-Bahá, zitiert in: S. Blomfield, 'Abdu'l-Bahá in London, S. 94)

131 Petrus war ein Fischer, Maria Magdalena eine Bäuerin. Aber weil ihnen Christi Segen zuteil ward, erstrahlte der Horizont ihres Glaubens, und sie leuchten bis zum heutigen Tage vom Himmel ewigwährender Herrlichkeit.
('Abdu'l-Bahá, Briefe und Botschaften, S. 127)

132 Denkt daran, dass Petrus ein Fischer war; aber durch den Segen des Königreiches wurde er ein großer Apostel. Maria Magdalena war eine ganz einfache Dorfbewohnerin; aber diese selbe Maria wurde verwandelt und wurde zum Mittel, durch das die Bestätigungen Gottes auf die Jünger herabkamen.
('Abdu'l-Bahá, Ansprachen in England und Nordamerika, S. 157)

133 Aber du musst dich gänzlich dem Reiche Abhá zuwenden und ihm deine völlige Aufmerksamkeit schenken, dieselbe Aufmerksamkeit, die Maria Magdalena Seiner Heiligkeit Christus schenkte, und ich versichere dir, dass du alsdann körperliche und geistige Gesundheit erlangen wirst. Du bist dessen würdig. Ich gebe dir die frohe Botschaft, dass du dessen würdig bist, weil dein Herz rein ist.
('Abdu'l-Bahá, zitiert in: T. Klapp - P. Schwartz-Klapp, Gesundheit, Ernährung, Medizin und Heilen, S. 143-144)

134 Bedenket! Die Stufe und die Betätigung der Apostel war zur Zeit Christi verborgen, und niemand hielt sie für etwas Besonderes - nein, die Leute verfolgten und verlachten sie gar. Später wurde offenbar, welche Kronen, mit den glänzenden Juwelen der Führung übersät, den Aposteln, Maria Magdalena und Maria, der Mutter des Johannes, aufs Haupt gesetzt worden waren.
('Abdu'l-Bahá, Sendschreiben zum Göttlichen Plan, S. 41)

135 Denkt daran, mit welchem Diadem Christus Seine Jünger krönte – die welche Seine Lehre annahmen. In der damaligen Zeit schätzten die Menschen dies nicht, aber später, als es bekannter war, wussten es die Menschen zu würdigen. Die Apostel Christi wurden verspottet, verleumdet und verlacht. Auf der Straße wiesen die Leute mit Fingern auf sie und sagten: „Dies ist auch ein Nachfolger des Nazareners, er ist ein Narr, ein Verrückter, was ist ihn bloß angekommen, dass er ein Nachfolger des Nazareners werden musste?" Ich will damit sagen, dass die Stufe der Apostel zu ihrer Zeit noch nicht erkannt wurde; erst als sie diese Welt verlassen hatte, wurden sie von den Menschen geschätzt. Die Brillianten dieser Krone strahlen mit ihrem Glanz über alle Länder.
('Abdu'l-Bahá, zitiert in: W. Gollmer, Mein Herz ist bei euch, S. 113)

136 Zur Zeit Christi erlangten Seine ersten Anhänger den Ruhm. Sie wurden Führer der Menschheit, sie waren leuchtende Sterne der

Wahrheit, Leuchten der Führung, weil sie am Tag der Manifestation aus ihrem Schlaf erwachten. Wohl war es für sie eine Zeit der Prüfungen und Trübsale. Aber später kamen sie zu Ehren, und die Stufe der Apostel, im Vergleich zu den späteren Christen, war unleugbar höher.
('Abdu'l-Bahá, zitiert in: W. Gollmer, Mein Herz ist bei euch, S. 73)

137 Die Lehren [von Christus und Bahá'u'lláh] sind gleich, ... sie haben die gleiche Grundlage und entstammen dem gleichen Tempel. Es gibt nur eine ungeteilte Wahrheit. Die Lehren Jesu sind sehr konzentriert. Bis heute sind die Menschen sich über die Bedeutung vieler Seiner Aussagen gar nicht einig. Seine Lehren sind wie eine in der Knospe verborgene Blüte. Heute entfaltet sich die Knospe zur Blüte! Bahá'u'lláh hat die Lehren erfüllt, sie erweitert und Punkt für Punkt auf die ganze Welt angewandt.
('Abdu'l-Bahá, zitiert in: S. Blomfield, 'Abdu'l-Bahá in London, S. 99)

138 Die mit dem Glauben Jesu Christi verbundene Offenbarung richtete ihr Augenmerk in erster Linie auf die Erlösung des einzelnen Menschen und auf die Formung seines Betragens und betonte als ihre Hauptaufgabe die Notwendigkeit, dem Menschen, als der Grundeinheit der menschlichen Gesellschaft, ein hohes Maß von Sittlichkeit und Disziplin einzuprägen. Nirgends in den Evangelien finden wir einen Hinweis auf die Einheit der Nationen oder die Vereinigung der Menschheit insgesamt. Als Jesus zu denen sprach, die um Ihn waren, redete Er sie in erster Hinsicht als Einzelmenschen an, weniger als Bestandteil einer umfassenden, unteilbaren Einheit. Fast die ganze Erdoberfläche war noch unerforscht, und die Organisation aller ihrer Völker und Nationen zu einer Einheit konnte darum noch nicht ins Auge gefasst, geschweige denn verkündet oder errichtet werden. Welche andere Auslegung kann jenen Worten gegeben werden, mit denen Bahá'u'lláh im besonderen die Anhänger des Evangeliums anredete, worin die grundsätzliche Unterscheidung zwischen der in erster Linie den Einzelmenschen betreffenden Sendung Jesu Christi und Seiner

eigenen, mehr und vor allem an die gesamte Menschheit gerichteten Botschaft genau festgestellt wird: „Wahrlich, Er sagte: ‚Folget Mir nach, und Ich will euch zu Menschenfischern machen.' Am heutigen Tage jedoch sagen Wir: ‚Folget Mir nach, auf dass Wir euch zu Lebensspendern der Menschheit machen.'"
(Shoghi Effendi, Der verheißene Tag ist gekommen, S. 180)

139 Die christliche Lehre war durchdrungen vom Lichte der göttlichen Sonne der Wahrheit, weshalb ihre Anhänger gelehrt wurden, alle Menschen als Brüder zu lieben, nichts, auch nicht den Tod, zu fürchten, den Nächsten wie sich selbst zu lieben und die eigenen selbstischen Belange im Bemühen um das höchste Wohlergehen der Menschheit zu vergessen. Es war das große Ziel der Religion Christi, die Herzen aller Menschen der strahlenden Wahrheit Gottes näher zu bringen.
('Abdu'l-Bahá, Ansprachen in Paris, S. 20)

140 Jesus Christus kam, um die Völker der Welt statt der materiellen Kultur eine göttliche zu lehren. Er hauchte der Welt den Heiligen Geist ein und schuf eine erleuchtete Zivilisation. Unter den Leitgedanken dieser göttlichen Kultur, die Er zu errichten gekommen war, findet sich der Größte Friede. Unter den Leitgedanken dieser geistigen Kultur findet sich die Einheit der Menschheit. Unter den Leitgedanken dieser himmlischen Kultur, die Er brachte, waren die menschlichen Tugenden. Unter den Leitgedanken dieser Kultur, die Er ankündigte, fand sich die Weiterentwicklung und Besserung des menschlichen Betragens.
('Abdu'l-Bahá, The Promulgation of Universal Peace, S. 15 **)

141 Die göttliche Kultur ist gut, da sie die Sittlichkeit fördert. Bedenkt, was die Propheten Gottes zum menschlichen Betragen beigetragen haben. Jesus rief alle Menschen dazu auf, den Größten Frieden zu errichten, indem sie reine Sitten annähmen.
('Abdu'l-Bahá, The Promulgation of Universal Peace, S. 151 **)

142 Was die Zunge des Sohnes sprach, wurde in Gleichnissen offenbart, doch der, der an diesem Tage die Wahrheit verkündet, spricht nicht in Gleichnissen.
(Bahá'u'lláh, Anspruch und Verkündigung, S. 80)

143 Könntest du auch nur weniger als durch ein Nadelöhr geht von dem Hauch Meines Wortes begreifen, du würdest die Welt und alles, was darinnen ist, verlassen und deinen Blick auf das Licht des ersehnten Antlitzes richten. Kurz, in den Aussprüchen Dessen, Der der Geist ist, liegen ungezählte Bedeutungen verborgen. Auf viele Dinge kam Er zu sprechen, aber als Er niemanden fand, der ein hörendes Ohr oder ein sehendes Auge besaß, zog Er es vor, die meisten dieser Dinge zu verhüllen, wie Er ja einmal sagte: „Ihr könnt es jetzt noch nicht tragen." Dieser Aufgangsort der Offenbarung sagte, an jenem Tag werde Er, der Verheißene, die kommenden Dinge enthüllen.
(Bahá'u'lláh, Brief an den Sohn des Wolfes, S. 129)

144 Als Christus mit jenem wunderbaren Atem des Heiligen Geistes beseelt hervortrat, sprachen die Kinder Israels: „Wir sind ganz unabhängig von ihm, wir können ohne ihn auskommen und Moses nachfolgen. Wir besitzen ein Buch, in dem die Lehren Gottes enthalten sind. Wozu brauchen wir also diesen Menschen?" Christus sprach zu ihnen: „Das Buch genügt euch nicht!" Ein Mensch mag sich an ein Buch über Heilkunde halten und sagen: „Ich brauche keinen Arzt, ich werde mich nach dem Buch richten; jede Krankheit ist darin mit Namen genannt, alle Symptome sind erläutert, die Diagnose für jedes Leiden ist vollständig gestellt, und gegen jede Krankheit ist ein Rezept gegeben. Warum brauche ich also einen Arzt?" Das ist reine Unwissenheit. Ein Arzt zum Verschreiben ist notwendig. Durch seine Kunst werden die Grundsätze des Buches richtig und wirksam angewandt bis die Gesundheit des Patienten wiederhergestellt ist.
('Abdu'l-Bahá, zitiert in: T. Klapp - P. Schwartz-Klapp, Gesundheit, Ernährung, Medizin und Heilen, S. 205)

145 Die Menschenwelt kann mit dem einzelnen Menschen selbst verglichen werden; sie hat ihre Krankheiten und Leiden. Ein Patient muss von einem erfahrenen Arzt untersucht werden. Die Propheten Gottes sind die wahren Ärzte. In welchem Zeitalter Sie auch erscheinen mögen, immer verordnen Sie, was den menschlichen Bedürfnissen entspricht. Sie kennen die Krankheiten; Sie fördern die verborgenen Ursachen des Unwohlseins zutage und verschreiben das passende Heilmittel. Wer immer von diesem Heilmittel gesund wird, erlangt immerwährende Gesundheit. Zum Beispiel war die Menschenwelt in den Tagen Jesu Christi von zahllosen Leiden befallen. Jesus Christus war der wahre Arzt. Er erschien, erkannte die Ursachen und verschrieb das wahre Heilmittel. Was für ein Heilmittel war das? Es waren seine offenbarten Lehren, jenem Zeitalter angepasst.
('Abdu'l-Bahá, The Promulgation of Universal Peace, S. 285 **)

146 Wie eure Herzen erleuchtet sind, so zeigen eure Gesichter dieselbe Wahrheit. Ich hoffe, dass jeder von euch die Botschaft von der Einheit der Menschheit, die ihr hier vernehmt, auf dass die Religion Gottes überall verbreitet werde, dass das Hauptprinzip der Lehren Christi überall anerkannt werde. Denn die Grundlage der Religion Gottes ist eine und dieselbe. Das Wesen des Gottesglaubens ist einheitlich. Von Anbeginn der Schöpfung an war die Grundlage aller Religionen und ihr Ziel ein und dasselbe. Alle Religionsstifter Gottes haben die Einheit der Menschen verkündet, sie laden alle Menschen zum Frieden, zur Erlösung ein, sie haben allen Menschen befohlen, Liebe und Freundschaft zu pflegen, sie haben die Tugenden der Menschheit in die Herzen der Menschen eingegraben. Alle Menschen haben sie berufen, in das Reich Gottes einzutreten. Zum Ewigen Leben haben sie die Menschen gerufen.

₂ Jede Offenbarung der Religion Gottes teilt sich in zwei Teile: Der erste Teil, die Grundlage der Religion Gottes, handelt von der Moral, er lehrt Vergeistigung, und diese Lehre ist das Wissen von Gott, die Liebe Gottes, das Mitleid für alle Menschen der Welt; es ist die Einigkeit der Menschheit, es ist universaler Friede. Dieser erste Teil der Religion Gottes handelt von der göttlichen Tugend, er ist Geistigkeit, kurz, er gehört dem Reiche der Ethik an. Das ist gleichbleibend durch alle Religionen hindurch seit Adam bis zur Gegenwart, dieser Teil der Religion unterlag keiner Veränderung und keiner Umgestaltung. Er ist das Fundament der Religion Gottes. Der zweite Teil ist nicht so wesentlich, er gehört den äußeren Zeremonien an, er unterliegt der Veränderung des Zeitalters und ist der Entwicklungsstufe der Menschheit angepasst, zum Beispiel der des mosaischen Zeitalters. Der zweite Teil der Religion gehört zu den veränderlichen, äußerlichen Verrichtungen. Er unterlag der Veränderung in der Zeit Christi. Zum Beispiel wurde in der mosaischen Periode die Ehescheidung durchgeführt, aber Christus änderte dieses Gesetz, weil die Menschen davon im Übermaß Gebrauch machten. In den Tagen Moses lebten die Israeliten in der Wildnis, zu jener Zeit hatten sie keine Besserungs- oder Strafanstalt. Deshalb haben wir das Mosaische Gesetz, das äußere Gesetz, wie Auge um Auge, Zahn um Zahn. Und wenn damals ein Mensch nur einen Gegenstand im Wert von zehn Mark stahl, wurde ihm die Hand abgehauen. Ohne diese strengen äußerlichen Strafen wäre es unmöglich gewesen, die Ordnung und den Frieden in der Gemeinschaft zu erhalten. Im christlichen Zeitalter wurden diese Gesetze verändert. Wir finden im Alten Testament zehn Gesetze für die Todesstrafe, aber dies entsprach nicht dem Geiste Christi in Seiner Zeit; deshalb sagte Christus, diese Gesetze sollten für Sein Zeitalter nicht mehr maßgebend sein. Denn diese Gesetze behandelten nur die äußerlichen Ausübungen und Handlungen der Menschen. Indessen unterlag die Grundlage der Mosaischen Religion keiner Veränderung.

₃ Kurz, die Grundlage jeder Religion, das Wesen jeder Religion ist eines und einzig dastehend in seiner Art. Die Wirklichkeit, das ewige Wesen, ist eines, es kann nicht vervielfältigt und niemals verändert werden. Die Ziele jeder Religion Gottes sind Liebe, Zuneigung, Freundlichkeit und Güte. Die Religion muss notwendigerweise die Herzen der Menschen zusammenbinden. Aber in diesen Tagen, in diesem Zeitalter wurde die Religion tausendmal zur Ursache des Hasses und des Streits. Christus nahm viele Trübsale und Leiden auf sich, um Liebe und Einigkeit unter den Menschen zu schaffen. Viele Tage und Nächte wanderte Er in der Wüste, Er nahm willig jede

Trübsal auf sich. Er ertrug alle Verleumdungen, und zuletzt erduldete Er den Tod am Kreuz. Warum tat Er dies alles? Sein Ziel war, die Menschheit zu erleuchten, sodass Einigkeit und Harmonie in den Herzen Platz greifen. Friede und Vergebung sollten in allen Ländern herrschen.

₄ Alle Propheten Gottes haben sich gleichfalls bemüht, dass die Menschen Frieden halten und Liebe und Einigkeit üben sollen. Aber wie bedauerlich ist es, dass heute noch sogar die Konfessionen einander feind sind. Sie vergießen gegenseitig Blut, sie berauben einander, sie zerstören ihre Heimat, ihre Häuser. All dies geschieht im Namen der Religion. Christus sagte zu Petrus: „Stecke dein Schwert in die Scheide!" Aber das Christentum erklärte den Heiligen Krieg ... Seht, wie weit wir von den ursprünglichen Lehren Christi entfernt sind! Was für ein großer Unterschied! Die Lehren Christi sind Licht und Liebe, heute aber herrscht undurchdringliche Finsternis.
('Abdu'l-Bahá, zitiert in: W. Gollmer, Mein Herz ist bei euch, S. 31-33)

147 Änderungen der Lebensbedingungen, Wandel und Wechsel der Zeiten gehören zu den Wesensnotwendigkeiten der erschaffenen Welt, und diese Wesensnotwendigkeiten können von der Wirklichkeit des Seins nicht getrennt werden. So ist zum Beispiel eine Scheidung der Hitze vom Feuer, der Feuchtigkeit vom Wasser, des Lichtes von der Sonne völlig unmöglich, denn sie sind deren unabdingbare Wesenszüge. Weil Wechsel und Änderung der Umstände zu den Notwendigkeiten dieser Welt gehören, werden auch die Gesetze dem Wandel und Umbruch der Zeit entsprechend abgeändert und umgeformt. Zum Beispiel wurde zur Zeit Mose Sein Gesetz nach den damaligen Lebensbedingungen ausgerichtet und diesen angepasst; zur Zeit Christi aber hatten sich jene Umstände so weit geändert und entwickelt, dass das mosaische Gesetz den menschlichen Bedürfnissen nicht mehr entsprach und angemessen war; darum wurde es aufgehoben. So brach Christus den Sabbat und verbot die Scheidung. Nach Christus haben vier Jünger, darunter Petrus und Paulus, den Genuss der von der Bibel verbotenen tierischen Nahrung erlaubt, mit Ausnahme des Fleisches der erwürgten und an Götzenaltären geopferten Tiere und des Blutes. Auch das Verbot des Ehebruchs blieb bestehen. Diese vier Gebote blieben in Kraft. Später hat Paulus auch den Genuss des Fleisches erstickter Tiere, der Schlachtopfer an Götzenaltären und des Blutes erlaubt, und es blieb allein das Verbot des Ehebruchs bestehen. So schreibt Paulus im 14. Kapitel, Vers 14, des Römerbriefes: „Ich weiß und bin es gewiss in dem Herrn Jesus, dass nichts unrein ist an sich selbst; nur dem, der es für unrein hält, dem ist's unrein."

$_2$ Auch im 1. Kapitel, Vers 15, des Paulusbriefes an Titus steht: „Den Reinen ist alles rein; den Unreinen aber und Ungläubigen ist nichts rein, sondern unrein ist beides, ihr Verstand und ihr Gewissen."

$_3$ Dieser Wandel also, diese Veränderungen und die Aufhebung von Gesetzen kommen daher, dass die Zeit Christi mit der Zeit Mose nicht verglichen werden kann. Lebensbedingungen und Erfordernisse hatten sich grundsätzlich geändert und gewandelt. Darum wurden die früheren Gesetze aufgehoben.

$_4$ Das Sein der Welt kann mit dem des einzelnen Menschen, und die Propheten und Gottgesandten können mit geschickten Ärzten verglichen werden. Ein menschliches Wesen verharrt nicht immer in ein und demselben Zustand; es kann von verschiedenen Krankheiten befallen werden, und jede Krankheit verlangt ein besonderes Heilmittel. Der geschickte Arzt wird nicht bei jeder Gesundheitsstörung und Krankheit das gleiche Mittel anwenden, sondern den verschiedenen Erfordernissen der Krankheiten und dem Befinden entsprechend wechselt er die Heilmittel und Arzneien. Der kluge Arzt wird also einem Menschen, der fieberkrank ist, zweifellos kühlende Mittel geben; und wenn zu einer anderen Zeit sich der Zustand dieser Person geändert hat und sie nicht mehr fiebert, sondern fröstelt, lässt der Arzt zweifellos die kühlenden Mittel weg und wendet erwärmende an; diese Änderung und dieser Wechsel sind durch den Zustand des Patienten bedingt und sind ein offensichtlicher Beweis für die Geschicklichkeit des Arztes. [...]

$_5$ Zusammengefasst ist Unsere Meinung, dass Wandel und Wechsel der Lebensbedingungen und die Veränderung der Lebens- notwendigkeiten der verschiedenen Zeiten und Jahrhunderte zur

Aufhebung von Gesetzen führen. Denn die Zeit kommt, in der diese Gesetze den Lebensbedingungen nicht länger angepasst sind. Denke daran, wie grundverschieden die Bedingungen der Frühzeit von denen des Mittelalters und der Neuzeit sind. Könnte man die Gesetze aus den ersten Jahrhunderten in unserer Zeit durchführen? Es ist klar, dass dies unmöglich und unausführbar wäre. Ebenso werden, wenn einige Jahrhunderte vorübergegangen sind, die Erfordernisse der Gegenwart der Zukunft nicht mehr entsprechen, und zweifellos werden sie geändert und abgewandelt werden. In Europa werden die Gesetze fortwährend geändert und umgeformt; wie viele Gesetze gab es in den Organisationen und Regierungssystemen Europas in vergangenen Zeiten, die jetzt abgeschafft sind! An diesen Veränderungen und Abwandlungen sind die Schwankung und Entwicklung der Denkweise, der Lebensbedingungen und der Gebräuche schuld. Wenn es nicht so wäre, könnte die Menschenwelt nicht gedeihen.

₆ Zum Beispiel ist es ein Gesetz des Alten Testaments, dass ein Mensch, der den Sabbat bricht, getötet werde. Noch mehr, in der Thora gibt es zehn Gesetze mit Todesstrafe. Könnten diese Gesetze in unserer Zeit gehalten werden? Es ist klar, dass dies völlig unmöglich wäre. Folglich gibt es Abänderungen und Umformungen der Gesetze, was ein hinreichender Beweis für die überragende göttliche Weisheit ist.
('Abdu'l-Bahá, Beantwortete Fragen, S. 98-101)

148 Alle Religionen lehren uns, das Gute zu tun, großmütig, aufrichtig, wahrhaftig, gesetzestreu und ehrlich zu sein. Dies alles ist vernünftig und logischerweise der einzige Weg, auf dem die Menschheit vorwärts kommen kann.

₂ Alle Religionsgesetze entsprechen der Vernunft und sind den Menschen angemessen, für welche sie geschaffen wurden, sowie dem Zeitalter, in dem ihnen gehorcht werden muss.

₃ Die Religion umfasst zwei Hauptteile: erstens den geistigen, zweitens den praktischen Teil.

₄ Der geistige Teil bleibt immer unverändert. Alle Manifestationen Gottes und Seine Propheten lehrten die gleichen Wahrheiten und gaben das gleiche geistige Gesetz. Sie alle lehren das eine Buch der Gesittung. In der Wahrheit gibt es keine Spaltung. Die Sonne hat viele Strahlen ausgesandt, um den menschlichen Verstand zu erleuchten; das Licht ist immer das gleiche.

₅ Der praktische Teil der Religion hat es mit äußeren Formen und Gebräuchen zu tun und mit der Art, gewisse Vergehen zu bestrafen. Dies ist die materielle Seite des Gesetzes, und sie leitet die Gewohnheiten und Sitten der Menschen.

₆ Zu Zeiten Mose wurden zehn Verbrechen mit dem Tod bestraft. Dies änderte sich, als Christus kam. Der alte Grundsatz „Auge um Auge, Zahn um Zahn" wurde zu „Liebet eure Feinde, tut Gutes denen, die euch hassen", und so wurde das starre, alte Gesetz zu einem solchen der Liebe, des Erbarmens und der Duldsamkeit.

₇ In früheren Zeiten wurde Diebstahl mit dem Verlust der rechten Hand bestraft. In unserer Zeit wäre dieses Gesetz nicht anwendbar. in diesem Zeitalter darf ein Mensch, der seinen Vater verflucht, noch weiterleben, während man ihn früher zum Tod verurteilt hätte. Darum ist es klar, dass sich das geistige Gesetz niemals wandelt, während die praktischen Vorschriften ihre Anwendung entsprechend den Erfordernissen der Zeit verändern müssen. Die geistige Seite der Religion ist die größere, die bedeutsamere von beiden, und sie ändert sich niemals. Sie bleibt die gleiche gestern, heute und immer! „Wie im Anfang, so auch heute und immerdar."
('Abdu'l-Bahá, Ansprachen in Paris, S. 112-114)

149 Die Lehren und Gebote der göttlichen Religionen gliedern sich in zwei Teile. Die ersteren sind geistig und wesentlich – so wie der Glaube an Gott, der Glaube an Christus ... die Liebe Gottes und die Einheit der Menschheit. Diese göttlichen Grundsätze sollen in der Welt verbreitet werden. Zwietracht und Feindschaft sollen verschwinden, Unwissenheit, Hass und Feindseligkeit enden und die ganze Menschheit vereinigt werden. Die zweite Art von Lehren und

Geboten betreffen die äußeren Bedingungen und Rechtsgeschäfte der Menschenwelt. Sie sind die nichtwesentlichen, nebensächlichen oder auch zeitbedingten Gebote für die menschlichen Angelegenheiten, die dem Wandel und Wechsel entsprechend den Bedingungen von Zeit und Ort unterliegen. Zum Beispiel war zur Zeit Mose die Ehescheidung erlaubt, aber zur Zeit Christi wurde sie verboten. In der Thora finden sich zehn Gesetze, die sich mit den Strafen für Mord befassen, was in der heutigen Zeit und unter heutigen Bedingungen unmöglich umzusetzen wäre. Deshalb werden diese nichtwesentlichen, zeitbedingten Gesetze überwunden und abgeschafft, um den Bedingungen und Erfordernissen aufeinander folgender Zeitalter gerecht zu werden.
('Abdu'l-Bahá, The Promulgation of Universal Peace, S. 626-627 **)

150 In den Tagen Mose wurden von Ihm zehn Gesetze in Bezug auf Mord offenbart. Diese Gebote befanden sich in Übereinstimmung mit den Erfordernissen jener Zeit. Auch andere Gesetze, die drastische Strafen vorsahen, wurden von Moses eingeführt – Auge um Auge, Zahn um Zahn. Die Strafe für Diebstahl war das Abhacken der Hand. Diese Gesetze und Strafen waren der Stufe des israelitischen Volkes angemessen, das unter solchen Bedingungen in der Wildnis und in der Wüste lebte, dass Härte notwendig und gerechtfertigt war. Aber zur Zeit Jesu Christi war diese Art Gesetze nicht zweckdienlich; deshalb hob Christus die Gebote Mose auf und überwand sie.
('Abdu'l-Bahá, The Promulgation of Universal Peace, S. 146-147 **)

151 Zur Zeit Mose wurden in der Thora zehn Gebote offenbart, die sich mit den Strafen für Mord befassten. Die Ehescheidung war erlaubt und Mehrehen bis zu einem gewissen Grad zulässig. Wenn ein Mann einen Diebstahl beging, wurde ihm die Hand abgehackt. Dies waren ein drastisches Gesetz und eine schwere Strafe, die der Zeit Mose angemessen waren. Aber als die Zeit Christi kam, hatten sich die Gemüter weiterentwickelt, die Einsichten waren geistreicher geworden und das geistige Fassungsvermögen gestiegen, sodass bestimmte Gesetze bezüglich Mord, Mehrehe und Ehescheidung

aufgehoben wurden. Aber die wesentlichen Lehren der Sendung Mose blieben unverändert.
('Abdu'l-Bahá, The Promulgation of Universal Peace, S. 480 **)

152 Zur Zeit Mose ... war die Ehescheidung entsprechend den Bedingungen dieses Zeitalters gestattet. Zur Zeit Christi hob Dieser das Gesetz der Ehescheidung auf, da es nicht mehr mit den Bedingungen des neuen Zeitalters übereinstimmte. Während der Dauer der Sendung Mose war die Mehrehe gestattet. Aber zur Zeit Christi existierten die Bedingungen nicht mehr, die sie gerechtfertigt hatten; deshalb wurde sie verboten. Moses lebte in der Wildnis und der Wüste des Sinai; deshalb waren Seine Gebote und Gesetze auf diese Bedingungen abgestimmt. Die Strafe für Diebstahl war das Abhacken der Hand. Ein Gesetz dieser Art war einem Leben in der Wüste angemessen, aber es ist in keinster Weise mit den Bedingungen der heutigen Zeit vereinbar.
('Abdu'l-Bahá, The Promulgation of Universal Peace, S. 554 **)

153 Die Polygamie ist beim größten Teil der Menschheit ein sehr altes Institut. Nur Schritt für Schritt konnten die Manifestationen Gottes die Einehe einführen. Jesus zum Beispiel hat die Polygamie nicht verboten, aber die Scheidung abgeschafft, ausgenommen bei Unzucht. Muḥammad begrenzte die Zahl der Ehefrauen auf vier, machte aber mehrere Frauen von der Gerechtigkeit abhängig und ließ die Scheidung wieder zu. Bahá'u'lláh, der Seine Lehre im Milieu einer muslimischen Gesellschaft offenbarte, führte nach den Grundsätzen der göttlichen Weisheit und der allmählichen Verwirklichung Seiner Absicht die Monogamie schrittweise ein.
(Das Universale Haus der Gerechtigkeit, zitiert in: Bahá'u'lláh, Das Heiligste Buch (Kitáb-i-Aqdas), S. 237)

154 Wir sollten die Wirklichkeit ernstlich suchen und gründlich erforschen und erkennen, dass der Zweck der Religion Gottes die Erziehung der Menschen und die Einheit und Brüderlichkeit der

Menschheit ist. Auch wollen wir klar herausstellen, dass die göttlichen Religionen nur eine gemeinsame Grundlage haben. Diese Grundlage ist nicht vielgestaltig, denn sie ist die Wirklichkeit selbst. Die Wirklichkeit lässt keine Vielheit zu, obwohl jede der göttlichen Religionen in zwei Bereiche unterteilt werden kann.

₂ Christus hat die Grundlage des mosaischen Gesetzes bestätigt und verkündet. Muḥammad und alle Propheten haben diese selbe Wirklichkeit wieder ausgesprochen. Daher waren Zweck und Ziel der göttlichen Boten ein- und dasselbe. Sie waren die Quelle des Fortschritts in der Entwicklung der Gesellschaft und die Ursache für die Ehre und für die göttliche Kultur der Menschheit. Ihre Grundlage ist in jeder Sendung dieselbe. Es zeigt sich also, dass die Beweise für die Gültigkeit und Inspiration eines göttlichen Propheten die Taten und Segenswirkungen und die Größe sind, die von Ihm ausströmen. Erweist es sich, dass Er die Ursache für Veredelung und Besserung der Menschen ist, so ist Er unzweifelhaft ein echter himmlischer Sendbote. [...]

₃ Der Teil der mosaischen Vorschriften, der das soziale Leben und vorübergehende Bedingungen betraf, wurde geändert, aber die wesentlichen Lehren Mose wurden von Christus ohne Veränderung erneut verkündet und bestätigt.
(*'Abdu'l-Bahá, Ansprachen in England und Nordamerika, S. 136-138*)

155 Der Mensch [bedarf] göttlicher Erziehung und Eingebung ... Gottes geistige Gnadengaben [sind] für seine Entwicklung unentbehrlich ... Das heißt, die Lehren Christi und der Propheten sind für die menschliche Erziehung und Führung notwendig. Warum? Weil Christus und die Propheten göttliche Gärtner sind, die den Boden des menschlichen Herzens und Verstandes umgraben. Sie erziehen den Menschen, jäten das Unkraut, verbrennen das Dorngestrüpp und gestalten das Ödland zu Gärten und Obsthainen mit fruchtbaren Bäumen. Sinn und Weisheit ihrer Erziehungsarbeit ist, dass der Mensch sich von Stufe zu Stufe fortschreitend entfaltet, bis er Vollkommenheit erlangt.
(*'Abdu'l-Bahá, zitiert in: T. Klapp - P. Schwartz-Klapp, Esoterik, Träume und übersinnliche Phänomene, S. 69-70*)

156 In allen Evangelien steht geschrieben, dass der Geist diese Worte des Lichtes zu Seinen Jüngern sprach: „Wisset, Himmel und Erde werden vergehen; meine Worte aber werden niemals vergehen." Dir, geschätzter Freund, ist bekannt, dass diese Worte dem äußeren Sinn nach nichts anderes besagen, als dass die Evangelien bis zum Ende aller Tage bei den Menschen bleiben, dass ihre Gebote nicht außer Kraft gesetzt werden und ihr Zeugnis nicht vergehen wird. Alles, was darin bestimmt und befohlen wurde, wird ewig bestehen und nimmer vergehen.

₂ O Mein Bruder! Reinige und erleuchte dein Herz, schärfe deinen Blick, auf dass du die Melodien der himmlischen Vögel des Paradieses und die Weisen der Tauben der Heiligkeit im Himmelreich der Ewigkeit erfassen und die inneren Bedeutungen dieser Worte und ihre Geheimnisse verstehen kannst. Denn wolltest du sie wörtlich auslegen, so könntest du weder die Wahrheit der Sache dessen beweisen, der nach Jesus kam, noch die Widerspenstigen zum Schweigen bringen oder über die Feindseligen unter den Gottlosen obsiegen. Denn mit diesem Vers suchen die christlichen Geistlichen zu beweisen, dass das Evangelium niemals seine Gültigkeit verliere. Und sie behaupten, selbst wenn sich alle Zeichen ihrer Bücher erfüllten und der Verheißene erschiene, so hätte Er doch keine andere Wahl, als nach den Geboten des Evangeliums unter den Menschen zu richten. Sollte Er auch alle in den Büchern verzeichneten Zeichen erfüllen, doch anderes bestimmen als Jesus – sie würden Ihn weder anerkennen noch Ihm folgen.
(Bahá'u'lláh, Edelsteine göttlicher Geheimnisse, S. 31-32)

157 Jesus errichtete sodann das heilige Gesetz auf der Grundlage sittlicher Charakterstärke und völliger Durchgeistigung, und für jene, die an Ihn glaubten, entwarf Er ein Leitbild der Lebensführung, das den höchsten Verhaltensmaßstab auf Erden darstellt. Obwohl jene Wahrzeichen der Erlösung äußerlich der böswilligen Verfolgung ihrer Peiniger ausgeliefert schienen, waren sie in Wirklichkeit von dem hoffnungslosen Dunkel befreit, das die Juden

verschlungen hatte, und sie erstrahlten in immerwährender Herrlichkeit am Morgen dieses neuen Tages.
('Abdu'l-Bahá, Das Geheimnis göttlicher Kultur, S. 76)

158 Denke daran, dass Christus immer wieder darauf hingewiesen hat, dass die zehn Gebote des Alten Testaments befolgt werden sollen, und Er bestand darauf, dass an ihnen festgehalten werde. Eines unter den zehn Geboten heißt: „Du sollst kein Bildnis oder Gleichnis anbeten."
('Abdu'l-Bahá, Beantwortete Fragen, S. 164)

159 Keiner der vielen Propheten, die seit der Offenbarung Mose als Boten des Wortes Gottes herabgesandt wurden, wie David, Jesus und andere der größeren Propheten aus dem Zeitraum zwischen den Offenbarungen Mose und Muḥammads, hat jemals das Gesetz der Qibla geändert. Diese Boten des Herrn der Schöpfung haben allesamt ihre Völker die gleiche Gebetsrichtung einhalten lassen.
(Bahá'u'lláh, Das Buch der Gewissheit (Kitáb-i-Íqán), S. 43)

160 In Bezug auf die von Jesus eingesetzten Sakramente und Zeremonien würde der Hüter vorschlagen, dass Sie herausstellen sollten, dass Jesus, soweit es im Evangelium aufgezeichnet ist, lediglich zwei Sakramente selbst gestiftet hat. Unser Wissen über Jesu Leben und seine Lehren ist sehr fragmentarisch und so wäre es zutreffender, wenn sie erklären würden, dass diese Sakramente die einzigen sind, die im Evangelium schriftlich niedergelegt wurden, und dass sie nicht die einzigen sein könnten. Es mag andere Lehren und Sakramente geben, von denen keine Aufzeichnungen zurückgeblieben sind.
(Aus einem Brief im Auftrag des Hüters an einen einzelnen Gläubigen, 12.11.1933 **)

161 Er, der Geist - möge Friede mit Ihm sein -, wurde gefragt: „O Geist Gottes! ist es rechtens, dem Kaiser Tribut zu zahlen?" Und Er gab zur Antwort: „Ja, gebt dem Kaiser, was des Kaisers ist, und Gott, was Gottes ist." Er verbot es nicht. Diese beiden Aussagen sind in den Augen einsichtsvoller Menschen ein und dasselbe; denn wenn das, was dem Kaiser gehörte, nicht von Gott gekommen wäre, hätte Er es verboten. ... In seinem Brief an die Römer hat der heilige Paulus geschrieben (Kap. 13): „Jedermann soll sich übergeordneten Gewalten unterwerfen; denn es gibt keine Gewalt, es sei denn von Gott, die bestehenden aber sind von Gott angeordnet. Wer sich darum der Gewalt widersetzt, hat sich wider die Anordnung Gottes aufgelehnt." Und weiter: „Denn sie ist Gottes Dienerin, eine Rächerin zum Zorn an dem, der Böses betreibt." Er sagt, dass die Erscheinung der Könige, ihre Majestät und Macht von Gott sind.
(Bahá'u'lláh, Brief an den Sohn des Wolfes, S. 86-87)

162 Der Mensch muss Frucht tragen. Wer keine Frucht bringt, gleicht nach den Worten des Geistes einem unfruchtbaren Baum, und ein unfruchtbarer Baum taugt nur für das Feuer.
(Bahá'u'lláh, Botschaften aus 'Akká, S. 78)

163 Wenn im Garten der menschlichen Seele keine Früchte des Königreiches wachsen, ist der Mensch nicht das Ebenbild Gottes, aber wenn solche Früchte reifen, so empfängt sie unvergleichliche Segnungen und wird von der Liebe Gottes entflammt. Wenn die Sitten des Menschen geistig werden, sein Streben himmlisch und seine Taten gottgefällig, dann wird der Mensch zum Ebenbild seines Schöpfers; anderenfalls ist er das Ebenbild Satans. Deswegen hat Christus gesagt: „An ihren Früchten sollt ihr sie erkennen."
('Abdu'l-Bahá, The Promulgation of Universal Peace, S. 475 **)

164 Christus sprach ein Gleichnis, in dem Er erklärte, dass Seine Worte wie Weizenkörner seien; einige fielen auf den Weg, einige auf

unfruchtbaren Boden, einige wurden von Disteln und Dornen erstickt, aber einige fielen auf den vorbereiteten, aufnahmebereiten und fruchtbaren Boden menschlicher Herzen. Wenn Samen auf den Weg fallen, wachsen sie nicht. Diejenigen, die auf unfruchtbaren Boden fallen, wachsen eine Zeit lang, weil sie aber keine tiefen Wurzeln schlagen können, verwelken sie schließlich. Disteln und Dornen vernichten andere völlig, aber der Samen, der auf gutes Land fiel, bringt Ernte und Frucht hervor.
('Abdu'l-Bahá, The Promulgation of Universal Peace, S. 205-206 **)

165 Die materielle Kultur kann mit dem Körper verglichen werden, wohingegen die göttliche Kultur der Geist in diesem Körper ist. Ein Körper, der den Geist nicht hat, ist tot; ein fruchtloser Baum ist wertlos. Jesus erklärt, dass einige Menschen geistige Fassungskraft besitzen, denn nicht alle sind im Meer des Materialismus versunken. Sie suchen den Göttlichen Geist; sie wenden sich Gott zu; sie richten ihr Verlangen auf das Königreich.
('Abdu'l-Bahá, The Promulgation of Universal Peace, S. 143-144 **)

166 Betrachten Sie die Anhänger Christi. Sie verdankten ihre Kraft ihrem Eifer und ihren Werken. Jede Leistung muss ein Ergebnis einbringen, sonst war sie keine wirkliche Leistung. Sie müssen zum Werkzeug für die Erleuchtung der Menschenwelt werden. Das ist der untrüglich sichtbare Beweis.
('Abdu'l-Bahá, zitiert in: S. Blomfield, 'Abdu'l-Bahá in London, S. 118)

167 Wisset, o ihr Einsichtigen, dass wahre Geistigkeit wie ein See voll klaren Wassers ist, der das Göttliche widerspiegelt. Die Geistigkeit Christi war von dieser Art. Es gibt noch eine andere Art, die einer Luftspiegelung gleicht und geistig zu sein scheint, es aber nicht ist. Das wahrhaft Geistige muss den Pfad zu Gott erhellen und sich in Taten äußern. Wir können der Aufforderung zur Geistigkeit nicht glauben, wenn keine Ergebnisse vorliegen. Der Geist ist eine Wirklichkeit, und wenn der Geist in jedem von uns sich mit der

Erhabenen Wirklichkeit zu vereinen sucht, muss er seinerseits Leben spenden. Zur Zeit Christi waren die Juden tot, ohne wahres Leben, und Jesus blies in Wirklichkeit neuen Odem in ihre Leiber. Schaut, was seither vollbracht wurde!
('Abdu'l-Bahá, zitiert in: S. Blomfield, 'Abdu'l-Bahá in London, S. 117)

168 Unser größtes Bemühen muss auf die Loslösung von den Dingen dieser Welt gerichtet sein. Wir müssen danach streben, geistiger und strahlender zu werden, den Rat der göttlichen Lehre zu befolgen, uns dem Dienste der Sache der Einigkeit und wahren Gleichheit zu ergeben, Barmherzigkeit zu üben und die Liebe des Höchsten auf alle Menschen auszustrahlen, auf dass das Licht des Geistes in allen unseren Taten sichtbar und die ganze Menschheit dadurch vereinigt werde, damit sich ihr stürmisches Meer beruhigt und alle rauen Wogen von der hinfort stillen und friedlichen Oberfläche der See des Lebens schwinden mögen. Dann wird die Menschheit das Neue Jerusalem erschauen, durch seine Pforten treten und die Gottesgabe empfangen. [...]

₂ Ich bete, dass ihr im göttlichen Eifer wachsen möget und dass die Einigkeit im Geist an Kraft gewinne, auf dass sich die Prophezeiungen erfüllen und in diesem großen Jahrhundert des Lichtes Gottes alle in den Heiligen Büchern aufgezeichneten frohen Botschaften Ereignis werden. Dieses ist die herrliche Zeit, von welcher der Herr Jesus Christus sprach, als Er uns zu beten gebot: „Dein Reich komme, Dein Wille geschehe wie im Himmel also auch auf Erden." Ich hoffe, dass dies auch eure Erwartung und eure große Sehnsucht ist.

₃ Wir sind in dem einen Ziel und Hoffen vereint, dass alle eins sein mögen und ein jedes Herz durch die Liebe unseres himmlischen Vaters, Gott, erleuchtet werde.
('Abdu'l-Bahá, Ansprachen in Paris, S. 67)

169 Wie bedrückend ist es doch, zu sehen, dass der Mensch seine von Gott verliehenen Gaben missbraucht, um Gottes Gebot „Du sollst nicht töten" zu verletzen und Christi Vorschrift „Liebet einander" Trutz zu bieten!
('Abdu'l-Bahá, Ansprachen in Paris, S. 29)

170 Gott gab dem Menschen diese Macht, damit er sie zum Fortschritt der Zivilisation, zum Heil der Menschheit und zur Förderung der Liebe, der Eintracht und des Friedens nutze. Der Mensch aber zieht vor, diese Gabe zur Vernichtung statt zum Aufbau zu verwenden, zu Ungerechtigkeit und Unterdrückung, zu Hass und Missklang, zur Verwüstung und zur Ausrottung seiner Nächsten, denen Christus befohlen hat, einander wie sich selbst zu lieben!
('Abdu'l-Bahá, Ansprachen in Paris, S. 29)

171 Wenn ihr über die zentralen Lehren Jesu nachdenkt, werdet ihr erkennen, dass sie das Licht der Welt sind. Niemand kann ihre Wahrheit bestreiten. Sie sind die Quelle des Lebens und die Ursache für das Glück der Menschheit. Äußerlichkeiten und abergläubische Vorstellungen, die später aufkamen und das Licht verdunkelten, hatten keinen Einfluss auf die Wirklichkeit Christi. So sprach Jesus Christus: „Stecke das Schwert in die Scheide." Dies besagt, dass der Krieg verboten und abgeschafft ist... Christus verkündete: „Liebet eure Feinde,... betet für die, so euch verfolgen; auf dass ihr die Kinder seid eures Vaters, der im Himmel ist. Denn Er lässt die Sonne aufgehen über Gute und Böse und sendet Regen auf Gerechte und Ungerechte." Wie lassen sich Hass und Verfolgung vereinbaren mit Christus und Seinen Lehren?
('Abdu'l-Bahá, 'Abdu'l-Bahá, Christ sein heißt..., S. 10-11)

172 Jesus Christus rief die ganze Menschheit zu Freundschaft und Frieden auf. Zu Petrus sprach Er: „Stecke dein Schwert in die Scheide." Das war das Gebot und der Rat Christi, des Herrn; und doch

haben heutzutage alle Christen ihre Schwerter aus der Scheide gezogen. Wie groß ist der Widerspruch zwischen solchem Tun und dem klaren Wortlaut des Evangeliums!
('Abdu'l-Bahá, Briefe und Botschaften, S. 291)

173 Christus verbot den Krieg. Als Sein Jünger Petrus, in der Absicht, Seinen Herrn zu verteidigen, das Ohr des Hohenpriesterknechtes abschlug, sagte Christus zu ihm: "Stecke dein Schwert ein". Und doch streiten die Menschen, trotz des ausdrücklichen Befehls des Herrn, zu Dessen Dienst sie sich bekennen, immer noch. Sie führen Krieg und töten einander, und Seine Ratschläge und Lehren scheinen ganz vergessen.
('Abdu'l-Bahá, Ansprachen in Paris, S. 34)

174 Im fünften Kapitel Matthäi, Vers 39, rät Er: „Ihr sollt dem Bösen und dem Unrecht nicht mit gleichen Mitteln entgegentreten; sondern wenn dich jemand auf die rechte Wange schlägt, so halte ihm auch die andere hin." Und weiterhin, im 43. Vers.: „Ihr habt gehört, dass gesagt ist: ‚Lieben sollst du deinen Nächsten, Und deinen Feind sollst du nicht mit Feindschaft quälen' Ich aber sage euch: Liebet eure Feinde, tut wohl denen, die euch hassen, und betet für jene, die euch beleidigen und verfolgen, auf dass ihr die Kinder eures Vaters im Himmel seid; denn Er lässt seine Sonne aufgehen über Böse und Gute und sendet den Regen seiner Gnade hernieder auf Gerechte und Ungerechte. Denn wenn ihr die liebt, die euch lieben, welchen Lohn habt ihr da? Tun das nicht auch die Zöllner?"

₂ Zahllos waren die Ratschläge dieser Art, die jener Morgenglanz göttlicher Weisheit brachte, und Menschen, die sich durch solche Eigenschaften der Heiligkeit auszeichnen, sind die Quintessenz der Schöpfung und die Quellen wahrer Kultur.
('Abdu'l-Bahá, Das Geheimnis göttlicher Kultur, S. 76)

175 Es gibt zwei Arten von vergeltender Bestrafung. Eine ist Rache, die andere Züchtigung. Der Einzelne hat nicht das Recht, Rache zu nehmen, aber die Gemeinschaft hat das Recht, den Verbrecher zu bestrafen; und diese Strafe hat den Zweck, abzuschrecken und zu verhindern, dass andere ein ähnliches Verbrechen zu begehen wagen. Diese Bestrafung dient dem Schutz der Menschenrechte, ist aber keine Rache; Rache beschwichtigt den Zorn in der Brust, indem sie Böses mit Bösem vergilt. Dies ist nicht zulässig, denn der Mensch hat kein Recht, Rache zu üben. Aber wenn man den Verbrechern völlig verziehe, würde die Ordnung der Welt umgeworfen. So ist die Strafe eine der unerlässlichen Notwendigkeiten für die Sicherheit der Gemeinschaft, aber der Einzelne, der von einem Missetäter angegriffen wird, hat nicht das Recht, Rache zu nehmen: er sollte vielmehr verzeihen und vergeben, denn dies ist des Menschen würdig. [...]

₂ Wenn zum Beispiel jemand einen anderen unterdrückt, benachteiligt und verletzt und der Geschädigte Vergeltung übt, so ist dies Rache und zu tadeln. Wenn 'Amrus Sohn den Sohn Zaïds tötet, hat Zaïd nicht das Recht, den Sohn 'Amrus zu töten; tut er es, ist dies Rache. Wenn 'Amru Zaïd beleidigt, hat der Letztere nicht das Recht, 'Amru zu beleidigen; tut er es, ist dies Rache, und sie ist sehr verwerflich. Er muss vielmehr Böses mit Gutem vergelten und nicht nur verzeihen, sondern sogar, wenn es möglich ist, dem Beleidiger Hilfe gewähren. Diese Verhaltensweise ist des Menschen würdig; denn welchen Nutzen gewinnt er durch die Rache? Beide Handlungen sind sich gleich; wenn die eine verwerflich ist, so sind es beide. Der einzige Unterschied ist der, dass die eine Tat früher, die andere später verübt wurde.

₃ Aber die Gemeinschaft hat das Recht auf Verteidigung und Selbstschutz; überdies hegt die Gemeinschaft keinen Hass und keine Feindschaft gegen den Mörder; sie verhaftet und bestraft ihn lediglich des Schutzes und der Sicherheit der anderen wegen. Dies geschieht nicht, um am Mörder Rache zu nehmen, sondern in der Absicht, eine Strafe, durch die die Gemeinschaft geschützt wird, zu verhängen. Wenn die Gemeinschaft und die Hinterbliebenen des Ermordeten verzeihen und Böses mit Gutem vergelten sollten, so würden die Grausamen die anderen dauernd schlecht behandeln, und Mordtaten wären an der Tagesordnung. Schlechte Menschen würden wie Wölfe die Herde Gottes zerreißen. Die Gemeinschaft hat keine böse Absicht und keinen Hass, wenn sie Strafen verhängt, und sie will keinen Zorn in der Brust beschwichtigen; ihre Absicht ist es, durch Bestrafung die anderen zu beschützen, damit keine abscheulichen Handlungen begangen werden.

₄ Wenn also Christus sagte: „Wenn dir jemand einen Streich gibt auf deine rechte Backe, dem biete die andere auch dar", so wollte Er damit die Menschen belehren, dass sie keine persönliche Rache nehmen sollen. Er meinte nicht, dass man den Wolf, der in eine Herde Schafe einfällt und sie zerreißen will, noch dazu ermuntern sollte. Nein, wenn Christus gesehen hätte, dass ein Wolf in eine Herde eingebrochen sei und die Schafe zerreißen wolle, so hätte Er es zweifellos verhindert. [...]

₅ Zusammengefasst: Der Bestand der Gemeinschaft hängt von Gerechtigkeit, nicht von Vergebung ab. Was Christus also mit Verzeihung und Vergebung meinte, ist nicht, dass ihr, wenn fremde Völker euch angreifen, eure Häuser anzünden, eure Habe plündern, eure Frauen, Kinder und Verwandten anfallen und eure Ehre verletzen, in Gegenwart solch tyrannischer Feinde unterwürfig sein und sie ihre Grausamkeiten und Unterdrückungen begehen lassen sollt. Nein, Christi Worte beziehen sich auf das Verhältnis zweier Menschen zueinander: Wenn einer den anderen angreift, sollte der Geschädigte ihm verzeihen. Die Gemeinschaft aber muss die Rechte des Menschen wahren.
('Abdu'l-Bahá, Beantwortete Fragen, S. 260-262)

176 Nachdem [Muḥammad] dreizehn Jahre der Verfolgung durch [die heidnischen Araber] ausgehalten hatte, floh Er. Aber diese Menschen hörten nicht mit der Bedrückung auf. Sie vereinigten sich, um Ihn und alle Seine Anhänger auszurotten. Unter solchen Umständen war Muḥammad gezwungen, zu den Waffen zu greifen. Das ist die Wahrheit. Wir sind persönlich nicht blindgläubig und wollen Ihn auch nicht in Schutz nehmen, aber wir sind gerecht und

sagen, was richtig ist. Betrachte es in Gerechtigkeit. Wenn Christus Selbst unter derartigen Umständen zu solch tyrannischen und barbarischen Stämmen gesandt worden wäre, und wenn Er dreizehn Jahre lang in Geduld mit Seinen Jüngern alle diese Prüfungen ertragen hätte, die in der Flucht aus Seiner Heimat gipfelten - wenn diese gesetzlosen Stämme Ihn weiterhin verfolgt hätten, um die Männer zu töten, Hab und Gut zu plündern und Frauen und Kinder gefangen zu nehmen, wie hätte Sich Christus ihnen gegenüber verhalten? Hätte diese Unterdrückung Ihm allein gegolten, hätte Er ihnen verziehen, was im höchsten Maß anerkennenswert gewesen wäre. Aber wenn Er gesehen hätte, dass diese grausamen und blutdürstigen Mörder die Unterdrückten quälen, überfallen und töten und die Frauen und Kinder gefangen nehmen, so würde Er sie zweifellos beschützt und Sich der Bedrücker erwehrt haben. Was kann man demnach Muḥammad vorwerfen? Etwa, dass Er Sich nicht mit Seinen Gefährten, ihren Frauen und Kindern den gottlosen Stämmen unterwarf? Diese Volksstämme von ihrem Blutdurst zu heilen, war höchste Güte, und Zwang und Widerstand gegen sie die reinste Gnade. Sie glichen einem Menschen, der einen Giftbecher in der Hand hält und gerne daraus trinken will, dem aber ein Freund den Becher aus der Hand schlägt und so das Leben rettet. Wenn Christus in dieser Lage gewesen wäre, hätte Er bestimmt mit siegreicher Macht die Männer, Frauen und Kinder aus den Krallen dieser blutdürstigen Wölfe befreit.
(*'Abdu'l-Bahá, Beantwortete Fragen, S. 34*)

177 Bedenke noch einmal, wie sehr die Grundlagen der Religion Christi in Vergessenheit geraten und wie viele Irrlehren in sie eingedrungen sind. Zum Beispiel verbot Christus Gewalt und Rache; überdies gebot Er, Unrecht und Böses mit Güte und Verzeihung zu erwidern.
(*'Abdu'l-Bahá, Beantwortete Fragen, S. 165*)

178 Christus sagt: „Den Kindern hast Du gewährt, was den Gelehrten und Weisen versagt ist." Der Weise von Sabzivár sagte:

„Ach! Es fehlt an offenen Ohren; sonst wäre das Rascheln des Busches vom Sinai aus jedem Baum zu hören." In einem Sendbrief an einen Gelehrten, der über die Bedeutung der Ersten Wirklichkeit anfragte, wandten Wir Uns an jenen berühmten Weisen mit den Worten: „Wenn dieser Ausspruch wirklich von dir stammt, wie kommt es dann, dass du versäumtest, auf den Ruf zu hören, den der Baum des Menschen auf den höchsten Höhen der Welt erhoben hat? So du den Ruf gehört hast, aber die Furcht und das Verlangen, dein Leben zu bewahren, dich antrieben, seiner nicht zu achten, gehörst du zu denen, die nie der Erwähnung wert waren, und wenn du den Ruf nicht gehört hast, bist du des Gehörsinns beraubt." Kurz gesagt, dies sind Menschen, deren Worte der Stolz aller Welt und deren Taten die Schmach der Völker sind.
(Bahá'u'lláh, Botschaften aus 'Akká, S. 79-80)

179 Der wahre Bahá'í liebt die Kinder, weil sie, wie Jesus sagt, dem Himmelreich angehören. Ein schlichtes, reines Herz steht Gott nahe. Ein Kind strebt nicht ehrgeizig nach Weltlichem.
('Abdu'l-Bahá, zitiert in: S. Blomfield, 'Abdu'l-Bahá in London, S. 60)

180 Heute sind erleuchtete und geistig gesinnte Kinder in dieser Versammlung zusammengekommen. Das Himmelreich gehört solchen Seelen wie diesen, denn sie sind Gott nahe. Sie besitzen reine Herzen. Sie haben vergeistigte Angesichter. Die Wirkung geistiger Erziehung zeigt sich in der makellosen Reinheit ihrer Herzen. Darum hat Christus die Welt aufgerufen: „Wenn ihr nicht umkehrt und werdet wie die Kinder, so werdet ihr nicht ins Himmelreich kommen" – das will heißen, der Mensch muss im Herzen rein werden, um Gott zu erkennen.
('Abdu'l-Bahá, The Promulgation of Universal Peace, S. 71-72 **)

181 Diese Kinder sind zarte Pflanzen; ihre Herzen sind rein und klar. Vor wenigen Jahren sind sie, aus dem himmlischen Reiche kommend, in diese Welt getreten. Daher sagte Christus: „Gesegnet sind die kindlich Reinen, denn ihrer ist das Himmelreich."
('Abdu'l-Bahá, zitiert in: W. Gollmer, Mein Herz ist bei euch, S. 47)

182 Ihr müsst dankbar sein, dass ihr arm seid, denn Christus sagte: „Selig sind die Armen." Er sagte niemals: „Selig sind die Reichen." Er sagte außerdem, dass das Himmelreich den Armen gehört und es einfacher für ein Kamel ist, durch ein Nadelöhr zu gehen, als für einen Reichen, ins Reich Gottes zu kommen. Daher müsst ihr Gott dankbar sein, denn auch wenn ihr in dieser irdischen Welt mittellos seid, sind doch die Schätze Gottes in eurer Reichweite; und auch wenn ihr in der irdischen Welt arm seid, seid ihr doch im Reiche Gottes begünstigt. Jesus war selbst arm. Er gehörte nicht zu den Reichen. Er fristete sein Leben in der Wüste, wanderte unter den Armen umher und lebte von den Früchten des Feldes. Er hatte keinen Ort, wo Er Sein Haupt niederlegen konnte, kein Heim. Er war auf freiem Feld Hitze, Kälte und Frost schutzlos ausgeliefert – unwirtlichem Wetter jeder Art – dennoch macht ihn dies reicher als die Reichen. Wäre es ruhmreich, Reichtümer anzuhäufen, ... wäre Jesus ein reicher Mann gewesen. Als Jesus Christus erschien, waren es die Armen, die Ihn zuerst annahmen, nicht die Reichen. Deshalb seid ihr die wahren Nachfolger Jesu Christi; ihr seid Seine Gefährten, denn Er war äußerlich arm, nicht reich.
('Abdu'l-Bahá, The Promulgation of Universal Peace, S. 44-45 **)

183 Ihr seid die Kinder des Königreichs und von Gott angenommen. Wenn ihr hier auch arm seid, so seid ihr doch reich an den Schätzen des Königreiches. ... Denkt an die Worte Jesu: „Selig sind die Armen!"
('Abdu'l-Bahá, zitiert in: S. Blomfield, 'Abdu'l-Bahá in London, S. 90)

184 Als Christus auf die Erde kam, waren es die Armen und Geringen, die an Ihn glaubten und Ihm nachfolgten, was zeigt, dass die Armen Gott nahe waren. Wenn ein Reicher an die Manifestationen Gottes glaubt und Ihnen folgt, ist dies ein Beweis, dass sein Reichtum kein Hindernis ist und ihn nicht davon abhält, den Pfad der Erlösung zu beschreiten. Nachdem er geprüft und versucht worden ist, wird sich zeigen, ob seine Besitztümer ein Hindernis für sein religiöses Leben darstellen. Aber die Armen liebt Gott besonders. Ihr Leben ist voll von Schwierigkeiten, ihre Prüfungen dauern an, ihre Hoffnungen richten sich allein auf Gott.
('Abdu'l-Bahá, The Promulgation of Universal Peace, S. 301 **)

185 Er lädt alle an Gottes Tafel, zum Festmahl göttlicher Großmut. Heute gehören jedoch die meisten, die an dieser Tafel sitzen, zu den Armen, und darum sagte Christus: „Selig sind die Armen"; denn die Reichen hält der Reichtum davon ab, das Königreich zu betreten. Und wiederum sagte Er: „Es ist leichter, dass ein Kamel durch ein Nadelöhr gehe, denn dass ein Reicher ins Reich Gottes komme." Wenn jedoch der Reichtum dieser Welt, irdischer Ruhm und Ansehen den Reichen nicht am Eintritt in das Gottesreich hindern, wird er an der Heiligen Schwelle begünstigt und vom Herrn des Königreiches angenommen.
('Abdu'l-Bahá, Briefe und Botschaften, S. 231)

186 Christus sagt: „Selig sind die Armen, denn ihrer ist das Himmelreich." Mit anderen Worten: Selig sind die namenlosen und spurlosen Armen, denn sie sind die Führer der Menschheit.
('Abdu'l-Bahá, Sendschreiben zum Göttlichen Plan, S. 35)

187 Er war frei und geheiligt von der Verhaftung und in höchster Loslösung. Wie Christus sprach: „Schüttelt sogar den Staub von euren Füßen."
('Abdu'l-Bahá, Sendschreiben zum Göttlichen Plan, S. 54)

188 Luxus legt den freien Austausch lahm. Ein von Wünschen besessener Mensch ist immer voller Sorgen. Die Kinder des Reiches Gottes haben die Fesseln ihrer Wünsche abgeworfen. Zerreißt alle Ketten und sucht nach geistiger Freude und Erleuchtung. Dann werdet ihr erkennen, dass euer Blick schon auf dieser Erde die Weiten des göttlichen Horizontes wahrnimmt. Nur der Mensch ist dazu fähig.

₂ Wenn wir uns umschauen, sehen wir, dass jedes andere Geschöpf von seinem Umfeld abhängt. Der Vogel ist an die Luft gebunden, der Fisch an das Meer. Nur der Mensch steht über den Dingen und sagt zu den Elementen: „Ich will euch zu meinen Dienern machen! Ich kann euch beherrschen!" Durch seine Empfindungsgabe sperrt er die Elektrizität ein und macht sie zum wunderbaren Kraftquell für Beleuchtung und zum Kommunikationsmittel über Entfernungen von Tausenden von Meilen. Doch der Mensch kann zum Gefangenen seiner eigenen Erfindungen werden. Seine wahre zweite Geburt erlebt er, wenn er sich von allem Materiellen befreit hat, denn nur wer nicht an seine Wünsche gefesselt ist, ist frei. Dann wird er, wie Jesus sagte, vom Heiligen Geist eingenommen.
('Abdu'l-Bahá, zitiert in: S. Blomfield, 'Abdu'l-Bahá in London, S. 93)

189 Die Menschen behalten ihren Besitz sich selbst zur Freude und teilen die von Gott empfangenen Gnadengaben nicht genug mit anderen. So wird der Frühling in einen Winter aus Selbstsucht und Eigennutz verwandelt. Jesus Christus sagte: „Ihr müsst wiedergeboren werden", so dass in euch erneut himmlisches Leben entstehen kann. Seid zu den Menschen um euch freundlich und dienet einander. Liebt Gerechtigkeit und Ehrlichkeit in all eurem Tun. Betet inständig und lebt euer Leben so, dass Sorge euch nicht beeinflussen kann. Betrachtet die Menschen eures Volkes und anderer Völker als Teile eines organischen Ganzen, als Söhne des selben Vaters. Zeigt durch euer Verhalten, dass ihr zum Volke Gottes gehört. Dann werden Krieg und Streit aufhören und der Größte Friede wird die ganze Welt umspannen.
('Abdu'l-Bahá, zitiert in: S. Blomfield, 'Abdu'l-Bahá in London, S. 88)

190 Wisse, dass die Unsterblichkeit den Seelen eigen ist, denen von Gott der Geist des Lebens eingehaucht ward. Alle anderen sind leblos - sie sind tot, wie Christus im Evangelium erklärt hat. Wem der Herr die Augen öffnet, der wird die Menschenseelen in dem Rang sehen, den sie nach ihrer Befreiung aus dem Leib einnehmen werden. Er wird die Lebenden in der Nähe ihres Herrn blühen sehen, die Toten versunken in den tiefsten Abgrund der Verdammnis.

₂ Wisse, dass jede Seele nach Gottes Wesen erschaffen, jede bei der Geburt rein und heilig ist. Später jedoch unterscheiden sich die Menschen je nach den Tugenden oder Lastern, die sie in der Welt erwerben. Wenn auch alles seinem Wesen nach in Rängen oder Stufen erschaffen wird, weil die Fähigkeiten verschieden sind, wird doch jeder einzelne heilig und rein geboren, und erst hernach kann er verderbt werden.
('Abdu'l-Bahá, Briefe und Botschaften, S. 224-225)

191 Wenn Seelen als vergeistigte, strahlende Wesen in dieses Leben geboren werden, dann aber durch Belastungen und Versuchungen wahrhafter Vorzüge verlustig gehen und schließlich die Welt verlassen, ohne ihr Leben ausgeschöpft zu haben, so ist dies wahrlich ein Grund, traurig zu sein. Die allumfassenden Manifestationen Gottes enthüllen dem Menschen ihr Antlitz, nehmen jedes Elend, jede Heimsuchung auf sich und bringen ihr Leben zum Opfer, damit gerade diese vorbereiteten, aufnahmefähigen Menschen zu Aufgangsorten des Lichtes werden und das unvergängliche Leben erlangen.
('Abdu'l-Bahá, Briefe und Botschaften, S. 80)

192 Die Unsterblichkeit des Geistes wird in den heiligen Büchern erwähnt; sie ist die wesentliche Grundlage der göttlichen Religionen. Nun heißt es, dass es zwei Arten von Bestrafung und Belohnung gibt. Erstens, die Belohnungen und Bestrafungen dieser Welt; zweitens, diejenigen der anderen Welt. Aber Paradies und Hölle des Daseins sind in allen Welten Gottes zu finden, ob in dieser Welt oder in den

geistigen himmlischen Welten. Diese Belohnungen zu verdienen heißt das ewige Leben gewinnen. Darum sagte Christus: „Handelt so, dass ihr ewiges Leben ererbt und dass ihr aus Wasser und Geist geboren werdet, damit ihr ins Reich Gottes kommt."
('Abdu'l-Bahá, Beantwortete Fragen, S. 218)

193 Im Menschen sind zwei Naturen: seine geistige oder höhere und seine materielle oder niedere Natur. In der einen nähert er sich Gott, wogegen er in der anderen nur der Welt lebt. Von beiden Naturen finden sich im Menschen Zeichen. In seiner materiellen Art bringt er Lüge, Grausamkeit und Ungerechtigkeit zum Ausdruck, die alle seiner niederen Natur entspringen. Die Eigenschaften seiner göttlichen Natur erscheinen als Liebe, Erbarmen, Güte, Wahrheit und Gerechtigkeit, und sie sind eine wie die andere Ausdruck seines höheren Wesens. Alles gute Gebaren, jeder edle Zug gehört der geistigen Natur des Menschen an, wogegen alle seine Unzulänglichkeiten und bösen Taten aus seiner materiellen Wesensart heraus geboren werden. Überwiegt bei einem Menschen die göttliche Natur gegenüber der menschlichen, so haben wir einen Heiligen.

₂ Der Mensch hat die Kraft zum Guten wie auch zum Bösen. Wenn die Kraft zum Guten vorherrscht und seine Neigungen zum Unrechten überwunden werden, mag der Mensch mit Recht als Heiliger bezeichnet werden. Doch wenn er stattdessen das, was Gottes ist, verwirft und seine üblen Leidenschaften über sich siegen lässt, ist er nicht besser als die bloßen Tiere.

₃ Heilige sind Menschen, die sich von der Welt des Stoffes freigemacht und die Sünde überwunden haben. Sie leben in der Welt, sind aber nicht von ihr, weil ihre Gedanken dauernd in der Welt des Geistes weilen. Sie verbringen ihr Leben in Heiligkeit, und ihre Taten zeigen Liebe, Gerechtigkeit und Frömmigkeit. Sie werden aus der Höhe erleuchtet und sind wie helle, scheinende Lampen in den dunklen Plätzen der Erde. Das sind die Heiligen Gottes. Die Apostel, die Jünger Christi, waren genau wie andere Menschen. Gleich den übrigen wurden sie durch die weltlichen Dinge angezogen, und jeder dachte nur an seinen eigenen Vorteil. Sie wussten nur wenig von Gerechtigkeit, und man fand bei ihnen keine göttlichen Vollkom-

menheiten. Als sie aber Christus anhingen und an Ihn glaubten, wich ihre Unwissenheit der Einsicht, die Härte wurde in Gerechtigkeit, die Unwahrheit in Wahrheit und die Dunkelheit in Licht verwandelt. Waren sie zuvor weltlich, wurden sie jetzt geistig und göttlich. Sie waren Kinder der Finsternis gewesen und wurden Gottessöhne, Heilige! Bemühet euch darum, in ihren Fußstapfen zu folgen, indem ihr alles Weltliche zurücklasst und danach strebt, ins Geistige Reich zu gelangen.
('Abdu'l-Bahá, Ansprachen in Paris, S. 44-45)

194 Im Alten Testament heißt es, dass Gott Adam in den Garten Eden setzte, damit er ihn pflege und behüte, und dass Er sprach: „Iss von jedem Baum im Garten, mit Ausnahme des Baumes der Erkenntnis von Gut und Böse, denn wenn du von diesem isst, wirst du sterben." Dann wird gesagt, dass Gott Adam in Schlaf versenkte, eine seiner Rippen nahm und die Frau erschuf, damit sie seine Gefährtin sei. Weiter heißt es, dass die Schlange die Frau verleitet habe, vom Baum zu essen, indem sie sprach: „Gott hat euch verboten vom Baum zu essen, damit eure Augen nicht aufgetan werden und damit ihr nicht Gut von Böse unterscheiden könnt." Darauf aß Eva vom Baum und gab Adam, der ebenfalls aß; ihre Augen wurden aufgetan, sie wurden gewahr, dass sie nackt waren und bedeckten sich mit Blättern. Als Folge dieser Tat wurden sie von Gott getadelt. Er sagte zu Adam: „Hast du vom verbotenen Baum gegessen?" Adam antwortete: „Eva hat mich verleitet, und ich aß." Gott tadelte dann Eva, und sie sprach: „Die Schlange hat mich verleitet, und ich aß." Dafür wurde die Schlange verflucht und zwischen ihr und Eva und zwischen ihren Nachkommen Feindschaft gesetzt. Und Gott sprach: „Der Mensch ist Uns ähnlich geworden und weiß, was gut und böse ist, und vielleicht wird er auch vom Baum des Lebens essen und ewig leben." Daher behütete Gott den Baum des Lebens.

₂ Wenn wir diese Geschichte nach der äußeren Bedeutung ihrer Worte nehmen, wie es allgemein üblich ist, klingt sie höchst seltsam. Der Verstand kann sie nicht annehmen, bestätigen oder sich vorstellen; denn solche Geschehnisse, Einzelheiten, Gespräche und Vorwürfe stehen vernünftigen Menschen fern, um wie viel mehr

Gott, Der dieses unendliche Weltall in der vollkommensten Gestalt und seine unzähligen Bewohner mit unübertrefflicher Ordnung, Kraft und Vollendung eingerichtet hat.

₃ Wir müssen überlegen: Wenn die wörtliche Bedeutung dieser Geschichte einem klugen Menschen zugeschrieben würde, würden zweifellos alle folgerichtig urteilen, dass diese Anordnung, diese Erdichtung nicht von einem intelligenten Wesen herrühren könne. Diese Geschichte von Adam und Eva, die vom Baum der Erkenntnis aßen, und von ihrer Vertreibung aus dem Paradies muss deshalb einfach als Gleichnis verstanden werden. Sie enthält göttliche Geheimnisse und umfassende Bedeutungen und steht wunderbaren Erklärungen offen. Nur die in das Geheime eingeführt sind und die dem Hof des Allmächtigen nahe sind, können diese Geheimnisse begreifen. Diese Verse des Alten Testaments enthalten also zahlreiche Bedeutungen.

₄ Eine dieser Bedeutungen wollen Wir jetzt erklären: Mit Adam ist sein Geist und mit Eva seine Seele gemeint. Denn an einigen Stellen der heiligen Bücher, in denen Frauen erwähnt werden, ist die menschliche Seele damit gemeint. Der Baum der Erkenntnis von Gut und Böse bezeichnet die menschliche Welt; denn die geistige und göttliche Welt ist vollkommen gut und reines Licht, aber in der irdischen Welt bestehen Licht und Finsternis, Gut und Böse als gegensätzliche Seinsweisen.

₅ Die Bedeutung der Schlange ist Bindung an die Menschenwelt. Dieses Verhaftetsein des Geistes mit der irdischen Welt lenkte Adams Seele und Geist von der Welt der Freiheit zur Welt des Zwangs und verleitete ihn, sich vom Reich der Einheit zur Menschenwelt zu wenden. Als Adams Seele und Geist die menschliche Welt betraten, verließ er das Paradies der Freiheit und verfiel der Welt der Bindung. Von der Höhe der Reinheit und des absolut Guten kam er in die Welt des Guten und Bösen.

₆ Der Baum des Lebens verkörpert die höchste Stufe in der bestehenden Welt: Die Stufe des Wortes Gottes und der allumfassenden Offenbarung. Darum blieb jene Stufe verwahrt, bis sie im Erscheinen der größten Universalen Offenbarung sichtbar und offenkundig wurde. Denn die Stellung Adams war in Bezug auf das Erscheinen und die Offenbarung der göttlichen Vollkommenheiten in keimhaftem Zustand; der Rang Christi entspricht der Zeit des Heranreifens und Vernünftigwerdens; der Aufgang des Größten Gestirns war die Stufe der Vollkommenheit des Geistes und der menschlichen Tugenden. Deshalb ist im höchsten Paradies der Baum des Lebens der Ausdruck für den Mittelpunkt vollkommen reiner Heiligkeit, nämlich der göttlichen allumfassenden Offenbarung. Vom Zeitalter Adams bis zur Zeit Christi sprach man wenig vom ewigen Leben und den allumfassenden himmlischen Vollkommenheiten. Dieser Baum des Lebens war die Stufe der Wirklichkeit Christi; durch Seine Offenbarung wurde er gepflanzt und mit ewigen Früchten geschmückt.

7 Beachte nun, wie diese Auslegung der Wirklichkeit entspricht. Denn als sich Geist und Seele Adams mit der irdischen Welt verbanden, gerieten sie von der Welt der Freiheit in die Welt des Zwangs, und seine Nachkommen blieben in Knechtschaft. Diese Bindung von Seele und Geist an die menschliche Welt ist Sünde und wurde von Adam auf seine Nachkommen vererbt. Sie ist die Schlange, die immer im Geiste seiner Nachkommen lebt und mit ihnen im Kampf steht. Diese Feindschaft währt immerfort. Denn die Bindung an die Welt wurde zur Ursache der Unfreiheit des Geistes, und sie ist das gleiche wie die Sünde, die von Adam auf seine Nachkommenschaft übertragen wurde. Durch diese Bindung werden die Menschen von wesentlicher Geistigkeit und erhabener Stufe ausgeschlossen.

8 Als der heilige Odem Christi und die geheiligten Strahlen des Größten Gestirns sich verbreiteten, wurden die menschlichen Wirklichkeiten, nämlich diejenigen Menschen, die sich dem Wort Gottes zuwandten und den Reichtum Seiner Gnadengaben empfingen, frei von dieser Bindung und Sünde, gewannen ewiges Leben, wurden aus den Fesseln des Zwangs gelöst und gelangten zur Welt der Freiheit. Sie wurden von den Schwächen der menschlichen Welt gelöst und mit den Tugenden des Königreiches gesegnet. Das ist die Bedeutung der Worte Christi: „Ich gab Mein Blut für das Leben der Welt." Das heißt: Alle Heimsuchungen, Prüfungen und Trübsale, selbst das größte Martyrium habe ich auf Mich genommen, um

dieses Ziel, die Überwindung der Sünde, zu erreichen. Damit ist die Loslösung des Geistes von der menschlichen Welt und sein Hingezogenwerden zum göttlichen Reich gemeint, damit sich Seelen erheben, die zum innersten Wesen der Führung der Menschheit werden und zu Offenbarungen der Vollkommenheiten des höchsten Königreichs.

9 Bedenke, wenn der Sündenfall in seinem buchstäblichen Sinn gedeutet würde, entsprechend den Annahmen der Anhänger des Buches, so wäre dies reine Ungerechtigkeit und völlige Vorherbestimmung. Wenn Adam sündigte, indem er vom verbotenen Baume aß, was war die Sünde Abrahams, des Ruhmvollen, und was war der Fehler Mose, des Sprechers mit Gott? Was war das Vergehen des Propheten Noah? Was die Übertretung Josephs, des Aufrechten? Und was war die Schuld der Propheten Gottes, oder die Missetat Johannes des Täufers? Könnte es die Gerechtigkeit Gottes zugeben, dass diese erleuchteten Offenbarer der Sünde Adams wegen qualvolle Höllenpein ertragen müssten, bis Christus kam und Sie durch Sein eigenes Opfer von den schmerzhaften Martern befreite? Eine solche Vorstellung steht außerhalb jedes Gesetzes und jeder Regel, und kein vernünftiger Mensch kann sie annehmen.

10 Nein, der Sinn ist, wie schon erwähnt: Adam ist der Geist des Menschen und Eva seine Seele; der Baum ist die menschliche Welt, und die Schlange ist jene Bindung an diese Welt, welche die Sünde ausmacht und die Nachkommen Adams befallen hat. Christus bewahrte durch Seinen heiligen Odem die Menschen vor dieser Bindung und befreite sie von dieser Sünde. Die Sünde Adams steht im Verhältnis zu seiner Stufe. Obgleich die Bindung an die irdische Welt auch gute Ergebnisse zeitigen mag, so ist sie doch im Vergleich zur Verbundenheit mit der geistigen Welt wie Sünde. Was für die Gläubigen noch eine gute Tat ist, kann für die Gott Nahestehenden schon Sünde sein. Dies ist außer Frage gestellt. So ist körperliche Kraft in Beziehung zu geistiger nicht nur mangelhaft, sondern sogar Schwäche. Ebenso erscheint das körperliche Leben im Vergleich mit dem ewigen Leben im Königreich als Tod. Darum nannte Christus das körperliche Leben Tod, als Er sprach: „Lass die Toten ihre Toten begraben." Obwohl jene Seelen körperliches Leben hatten, war dieses Leben in Seinen Augen Tod.

₁₁ Dies ist eine der Bedeutungen der biblischen Geschichte von Adam. Denke nach, bis du die anderen findest.
('Abdu'l-Bahá, Beantwortete Fragen, S. 124-127)

195 Wisse, dass es im Menschen zwei Naturen gibt, die körperliche und die geistige. Die körperliche Natur ist das Erbe von Adam und die geistige das Erbe aus der Wirklichkeit des Wortes Gottes, das die Geistigkeit Christi ist. Die körperliche Natur wurde von Adam geboren, aber die geistige aus der Gnade des Heiligen Geistes; die körperliche Natur ist die Quelle aller Unvollkommenheit, die geistige die Quelle aller Vollkommenheit.

₂ Christus opferte Sich Selbst, damit die Menschen von der Unvollkommenheit der körperlichen Natur befreit und mit den Gaben der geistigen Natur ausgezeichnet werden. Diese geistige Natur, die durch die Gnade der göttlichen Wirklichkeit in Erscheinung trat, ist die Vereinigung aller Vollkommenheiten und wird durch den Odem des Heiligen Geistes offenbar. Sie ist göttliche Vollkommenheit, Licht, Geistigkeit, rechte Führung, Erhabenheit, edles Streben, Gerechtigkeit, Liebe, Großmut, Güte zu allen, Menschenliebe, der innerste Kern des Lebens. Sie ist die Widerspiegelung des Glanzes der Sonne der Wahrheit.

₃ Christus ist der Mittelpunkt des Heiligen Geistes: Aus dem Heiligen Geist wurde Er geboren, durch den Heiligen Geist wurde Er berufen und vom Heiligen Geist stammt Er ab. Das heißt, dass die Wirklichkeit Christi nicht von Adam abstammt, sondern vom Heiligen Geist geboren ist. Darum bedeutet der Vers: „Denn gleichwie sie in Adam alle sterben, so werden sie in Christus alle lebendig gemacht werden", entsprechend dieser Ausdrucksweise, dass Adam der Stammvater der Menschheit ist, dass er nämlich ihr körperliches Leben begründet hat; sein ist die körperliche Vaterschaft. Er ist eine lebende Seele, aber nicht der Spender des geistigen Lebens. Dagegen ist Christus die Ursache des geistigen Lebens der Menschheit, und mit Bezug auf den Geist ist Sein die geistige Vaterschaft. Adam ist eine lebendige Seele, Christus der lebensspendende Geist.

₄ Diese physische, menschliche Welt ist der Macht der Triebe unterworfen, und Sünde ist die Folge dieser Macht der sinnlichen Begierden, die ja den Gesetzen der Gerechtigkeit und Heiligkeit nicht unterstellt sind. Der Körper des Menschen ist ein Sklave der Natur; was immer sie befiehlt, wird er tun. Es steht also fest, dass Sünden, wie Zorn, Eifersucht, Streit, Habsucht, Geiz, Torheit, Vorurteil, Hass, Stolz und Herrschsucht, in der körperlichen Welt vorhanden sind. Alle diese niedrigen Eigenschaften finden sich in der Natur des Menschen. Ein Mensch ohne geistige Erziehung ist wie ein Tier. Wie die Wilden Afrikas, deren Handlungen, Gewohnheiten und Sitten allein von den Sinnen bestimmt werden, benehmen sie sich entsprechend den Ansprüchen der Natur in einem solchen Maß, dass sie einander zerreißen und fressen. So ist es klar, dass die stoffliche Welt des Menschen eine Welt der Sünde ist. In dieser physischen Welt steht der Mensch nicht höher als das Tier.

₅ Jede Sünde entspringt den Forderungen der Natur, und diese Ansprüche, die der physischen Erde entstammen, sind beim Tier keine Sünde, während sie für den Menschen Sünde sind. Das Tier ist die Quelle von Unvollkommenheiten, wie Zorn, Gier, Neid, Habsucht, Grausamkeit und Selbstsucht; alle diese Mängel werden in Tieren gefunden, stellen aber keine Sünden dar. Beim Menschen dagegen sind sie Sünde.

₆ Adam begründete das körperliche Leben der Menschen, aber die Wirklichkeit Christi, das heißt das Wort Gottes, ist die Ursache des geistigen Lebens. Es ist der belebende Geist. Das bedeutet, dass alle Unvollkommenheiten, die von den Ansprüchen des physischen, menschlichen Lebens herrühren, durch die Lehren und Unterweisungen jenes Geistes in menschliche Vollkommenheit umgewandelt werden. Deshalb war Christus der belebende Geist und die Ursache des Lebens in der ganzen Menschheit.

₇ Adam war die Ursache des physischen Lebens, und weil die stoffliche Welt des Menschen die Welt der Unvollkommenheit und Unvollkommenheit gleichbedeutend mit Tod ist, verglich Paulus die stoffliche Unvollkommenheit mit dem Tod.

₈ Aber die meisten Christen glauben, dass Adam durch das Essen vom verbotenen Baum sündigte, weil er ungehorsam war, und dass die verheerende Folge dieses Ungehorsams als Erbe übertragen wurde und seinen Nachkommen geblieben ist. So sei Adam zur Ursache des menschlichen Todes geworden. Diese Erklärung widerspricht der Vernunft und ist offensichtlich falsch; denn sie besagt, dass alle Menschen, sogar die Propheten und Boten Gottes, ohne Vergehen und Sünde, nur weil sie aus der Nachkommenschaft Adams stammen, schuldlos schuldig und sündig geworden seien und bis zum Tage des Opfers Christi zu qualvoller Strafe in der Hölle gefangen gehalten wurden. Dies ist weit von der Gerechtigkeit Gottes entfernt. Wenn Adam ein Sünder war, was war die Sünde Abrahams? Was haben sich Isaak und Joseph zuschulden kommen lassen? Was hat Moses Übles getan?
('Abdu'l-Bahá, Beantwortete Fragen, S. 120-122)

196 Der Körper des Menschen benötigt physische und psychische Kraft, doch seine Seele benötigt die Belebung und Festigung durch den Heiligen Geist. Ohne seinen Schutz und seine belebende Wirkung würde die Menschenwelt zugrunde gehen. Jesus Christus erklärte: „Lasst die Toten ihre Toten begraben." Er sagte auch: „Was vom Fleisch geboren ist, das ist Fleisch; und was vom Geist geboren ist, das ist Geist." Es ist daher offensichtlich, dass gemäß der Worte Christi die Menschenseele, die nicht durch die Gegenwart des Heiligen Geistes gefestigt ist, einem Toten gleicht und der Auferstehung durch die Macht Gottes bedarf; anderenfalls kann der Mensch sein volles Potenzial nicht ausschöpfen, mag er sich materiell auch noch so weit entwickeln.
('Abdu'l-Bahá, The Promulgation of Universal Peace, S. 253-254 **)

197 Es ist deutlich erwiesen, dass der Mensch, während er gewisse Kräfte mit dem Tier gemein hat, sich doch vom Tier durch seine intellektuellen Leistungen, seine geistige Fassungskraft, die Aneignung von Tugenden und die Fähigkeit, die Segnungen Gottes, die Gnadengaben Seines Herrn und die Ausgießungen Seines

himmlischen Erbarmens zu empfangen, unterscheidet. Dies ist die Zierde des Menschengeschlechts, sein Ruhm und seine Erhabenheit. Die Menschheit muss dieser höchsten Stufe entgegenstreben. Christus hat diese Stufe als die zweite Geburt gedeutet. Der Mensch wird zunächst aus einer Welt des Dunkels, aus dem Schoße seiner Mutter, in diese irdische Welt des Lichts hineingeboren. In der dunklen Welt, aus der er kam, wusste er nichts von den Bedingungen dieses Daseins. Er wurde befreit aus dem Dunkel und in ein neues, weiträumiges Reich gebracht, wo die Sonne scheint, die Sterne funkeln, der Mond leuchtet, wo es schöne Landschaften, Rosengärten, Früchte und all die Segnungen dieser Welt gibt... Genauso wie der Mensch körperlich in diese Welt hineingeboren wurde, kann er aus dem Reich und dem Schoß der Natur wiedergeboren werden; denn das Reich der Natur ist ein Zustand der Tierhaftigkeit, der Dunkelheit und des Mangels. Bei dieser zweiten Geburt erlangt er das Reich Gottes. Dort erkennt er, dass die Welt der Natur Düsternis, das Reich Gottes aber eine Welt strahlender Herrlichkeit ist. Ihm sind nun große Entdeckungen und Offenbarungen möglich; er hat die Wirklichkeit der geistigen Wahrnehmung erreicht; sein Verstehenshorizont hat sich unbegrenzt erweitert; er erkennt die Geheimnisse der Schöpfung, versteht die göttlichen Segnungen und enthüllt die Geheimnisse aller Erscheinungen. Dies ist die Stufe, die Christus als Wiedergeburt bezeichnete. Er sagt, genauso, wie wir leiblich vom Mutterschoß in diese Welt geboren werden, so müssen wir aus dem Mutterschoß der Natur wiedergeboren werden in das Leben des Reiches Gottes. Möget ihr alle diese zweite, geistige Geburt erlangen. „Was vom Fleische geboren ist, ist Fleisch; was vom Geiste geboren ist, ist Geist."
('Abdu'l-Bahá, The Promulgation of Universal Peace, S. 471-472 **)

198 Die Lampe ist wertlos ohne das Licht; in gleicher Weise benötigt der Mensch in seinem materiellen Zustand die Leuchtkraft und belebende Wirkung der Gnade Gottes und Seiner Vollkommenheiten. Ohne die Gegenwart des Heiligen Geistes ist er leblos. Obwohl er physisch und psychisch am Leben ist, ist er doch geistig tot. Christus verkündete: „Was vom Fleisch geboren ist, das ist Fleisch; und was vom Geist geboren ist, das ist Geist", und meinte

damit, dass der Mensch von Neuem geboren werden müsse. Wie der Säugling das Licht der physischen Welt erblickt, so muss der physische und psychische Mensch das Licht des Gottesreiches schauen. Im Mutterleib war das ungeborene Kind sich der physischen Welt nicht bewusst, aber nach seiner Geburt erblickte es die Wunder und die Schönheit einer neuen Lebenswelt.
('Abdu'l-Bahá, The Promulgation of Universal Peace, S. 402 **)

199 Nach dem Wort Christi müssen sie die Stufe der Wiedergeburt erlangen, das heißt, wie sie bei der ersten Geburt aus dem Mutterleib hervorgingen, so müssen sie nunmehr aus dem Leib der stofflichen Welt geboren werden. Wie sie sich jetzt ihrer Erlebnisse in der Welt des Mutterleibes in keiner Weise mehr bewusst sind, so müssen sie auch das Reich der Natur und seine Mängel völlig vergessen. Sie müssen getauft werden mit dem Wasser des Lebens, dem Feuer der Liebe Gottes und dem Odem des Heiligen Geistes; sie müssen sich mit wenig Nahrung zufriedengeben, aber ein großes Stück von der himmlischen Tafel nehmen. Sie müssen sich frei machen von Versuchung und Begier und vom Geist erfüllt sein. Durch das Wirken ihres reinen Odems müssen sie den Stein in einen leuchtenden Rubin verwandeln, die Muschel in eine Perle. Wie die Wolke des Frühlingsschauers müssen sie den grauen Boden umgestalten in einen Rosengarten und einen Obsthain. Den Blinden müssen sie sehend machen, den Tauben hörend, den Erloschenen entzünden und in Brand setzen und den Toten beleben.
('Abdu'l-Bahá, Sendschreiben zum Göttlichen Plan, S. 91)

200 Es gibt noch viele andere Beweise für dieses lebenswichtige Thema, aber ich sollte es mit den Worten Jesu Christi zusammenfassen: „Was vom Geist geboren ist, das ist Geist" und ist im Reich Gottes annehmbar. Das heißt, dass die Menschenseele, gleichsam wie der Mensch aus dem Mutterleib zu den Bedingungen der Menschenwelt geboren wird, aus dem Leib der physischen Welt, der niederen Natur, heraus geboren werden muss, damit sie die verborgenen Geheimnisse des Gottesreiches verstehen kann. Der Mensch

muss aus dem Schoß von Mutter Erde geboren werden, um ewiges Leben zu finden. Und diese Wirklichkeit, dieser Geist des Menschen, wird, einmal aus der Welt der Natur heraus geboren, auf ewig im Himmelreich leben.
('Abdu'l-Bahá, The Promulgation of Universal Peace, S. 589 **)

201 Du fragst nach dem ewigen Leben und dem Eingehen in das Reich Gottes. Die Bezeichnung der äußeren Welt für dieses Reich ist „Himmel"; das ist aber ein Vergleich und ein Gleichnis, keine Wirklichkeit oder Tatsache, denn das Gottesreich ist kein stofflicher Ort, es ist über Zeit und Raum geheiligt. Es ist eine geistige Welt, eine göttliche Welt und der Mittelpunkt der Herrschaft Gottes; es ist frei vom Körperlichen und von allem, was stofflich ist, und ist geläutert und geheiligt über die Vorstellungen der menschlichen Welt. An den Ort gebunden zu sein, ist eine Eigentümlichkeit des Körpers und nicht des Geistes...

₂ Denn es gibt zwei Arten von Leben, das des Körpers und das des Geistes. Das Leben des Körpers ist ein stoffliches, aber das Leben des Geistes offenbart das Sein des Gottesreichs, das im Empfangen des Geistes Gottes und im Lebendigwerden durch den Odem des Heiligen Geistes besteht. Obgleich das körperliche Leben existiert, ist es für die geistig Geheiligten reines Nichtsein und völliger Tod. So existiert der Mensch, und auch dieser Stein existiert, aber welch ein Unterschied ist zwischen dem Dasein des Menschen und dem des Steins! Obwohl der Stein ein Dasein hat, so ist es mit dem des Menschen verglichen ein Nichtsein. Die Bedeutung des ewigen Lebens ist die Gabe des Heiligen Geistes... Das bedeutet, dass das Leben des Gottesreiches das Leben des Geistes ist, das heißt ewiges Leben, und dass es vom Raum geläutert ist, wie der menschliche Geist, der keinen Ort hat... Seine Verbindung mit dem Körper ist wie die der Sonne mit diesem Spiegel. Die Sonne ist nicht im Spiegel, aber sie steht in Verbindung mit ihm.

₃ Ebenso ist die Welt des Gottesreichs über alles geheiligt, was mit den Augen oder anderen Sinnen, wie Gehör, Geruch, Geschmack oder Tastgefühl, wahrgenommen werden kann... Mit dem Gottesreich ist es ebenso. Auch die Liebe hat keinen Ort, ist aber mit dem Herzen verbunden; und so hat das Gottesreich keinen Ort, aber es ist mit dem Menschen verbunden.

₄ Das Eingehen ins Gottesreich erfolgt durch die Liebe zu Gott, durch Loslösung, durch Heiligkeit und Keuschheit, durch Wahrhaftigkeit, Reinheit, Standhaftigkeit, Treue und das Opfer des Lebens.

₅ Diese Erklärungen zeigen, dass der Mensch unsterblich ist und ewig lebt. Für die, die an Gott glauben, die Liebe und Vertrauen zu Gott haben, ist das Leben wahrhaft gut, das heißt, es ist ewig; für jene Seelen aber, die vor Gott verschleiert sind, ist es, obwohl sie Leben haben, finster, und im Vergleich mit dem Leben der Gläubigen ist es Nichtsein.
('Abdu'l-Bahá, Beantwortete Fragen, S. 234-235)

202 Wir müssen die Bedeutung der Worte Christi bezüglich der Toten verstehen. Einer der Jünger kam zu Christus und bat um Seine Erlaubnis, seinen Vater begraben zu dürfen. Er antwortete: „Lass die Toten ihre Toten begraben." Damit bezeichnete Er einige als Tote, die noch am Leben waren – das heißt, lass die lebenden Toten, die geistig Toten, deinen Vater begraben. Sie waren tot, da sie nicht an Christus glaubten. Obwohl physisch am Leben, waren sie doch geistig tot. Dies ist die Bedeutung der Worte Christi, „Was vom Fleisch geboren ist, das ist Fleisch; und was vom Geist geboren ist, das ist Geist." Er meinte damit, dass diejenigen, die lediglich in die körperliche Welt geboren worden waren, geistig tot waren, während diejenigen, die durch den Hauch des Heiligen Geistes belebt worden waren, lebendig und unsterblich waren. Dies sind Christi eigene Deutungen. Denke darüber nach, dann wird die Bedeutung der Heiligen Bücher so offensichtlich werden wie die Mittagssonne.
('Abdu'l-Bahá, The Promulgation of Universal Peace, S. 344 **)

203 Das körperliche Leben hat keinen Bestand und ist dem Nichtsein gleich. So kommt es, dass Christus zu einem Seiner Jünger sagte: „Lass die Toten ihre Toten begraben"; denn „was vom Fleisch geboren wird, das ist Fleisch; und was vom Geist geboren wird, das ist Geist."

₂ Beachte, dass Menschen, die physisch lebten, von Christus Tote genannt wurden; denn Leben heißt ewiges Leben und Sein ist wahres Sein. Wenn daher in den heiligen Büchern von der Auferweckung von Toten die Rede ist, so bedeutet dies, dass sie ewiges Leben fanden; wenn ein Blinder sehend wurde, so ist jenes Sehen gemeint, das wirkliche, innere Einsicht bedeutet; wenn ein Tauber hörend wurde, so besagt dies, dass er geistiges und himmlisches Hören erlangte. Dies geht aus dem Text des Evangeliums hervor, wo Christus sagt: „Sie sind wie diejenigen, von denen Jesaja sagte, mit sehenden Augen sehen sie nicht, und mit hörenden Ohren hören sie nicht; und Ich heilte sie."
('Abdu'l-Bahá, Beantwortete Fragen, S. 106)

204 Jene, die Gott nicht beachteten, und die Verleugner Christi [wurden] als tot bezeichnet, obwohl sie offensichtlich lebten; aber im Vergleich zu den Gläubigen waren sie tot, blind, taub und stumm. Dies meinte Christus, als Er sprach: „Lass die Toten ihre Toten begraben."
('Abdu'l-Bahá, Beantwortete Fragen, S. 269)

205 Du [schmücktest] Ihn mit dem Namen Dessen, der Dein Geist war. Du sandtest Ihn aus dem Himmel Deines Willens hernieder, damit Er Dein Volk erbaue und dadurch den Aufrichtigen unter Deinen Dienern, den Getreuen unter Deinen Geschöpfen, den Geist des Lebens in die Herzen flöße.
(Bahá'u'lláh, Gebete und Meditationen, S. 60-61)

206 Jesus sprach: „Ihr müsset von neuem geboren werden". Und wiederum sagte Er: „Es sei denn, dass jemand geboren werde aus Wasser und Geist, so kann er nicht in das Reich Gottes kommen. Was

vom Fleisch geboren wird, das ist Fleisch; und was vom Geist geboren wird, das ist Geist". Der Sinn dieser Worte ist: Wer immer in einer Sendung aus dem Geist geboren und durch den Hauch der Manifestation der Heiligkeit beseelt ist, gehört wahrlich zu denen, die zum „Leben" und zur „Auferstehung" gelangt und in das „Paradies" der Liebe Gottes eingegangen sind. Und wer nicht zu ihnen gehört, ist zum „Tod" und zur „Gottferne", zum „Feuer" des Unglaubens und zum „Zorn" Gottes verurteilt. In allen Schriften, in den Büchern und Chroniken lautet das Urteil über die, deren Lippen nicht vom lieblich reinen Kelche wahrer Erkenntnis gekostet haben und deren Herzen der Gnade des Heiligen Geistes an ihrem Tage beraubt waren, auf Tod, Feuer, Blindheit, Mangel an Verständnis und Gehör. So wie schon früher vermerkt wurde: „Herzen haben sie, mit denen sie nicht verstehen."
(Bahá'u'lláh, Das Buch der Gewissheit (Kitáb-i-Íqán), S. 99)

207 Der Mensch ist unvollkommen, solange er nicht durch die Segnungen des Heiligen Geistes belebt wird, ganz gleich, wie weit er in den weltlichen Belangen auch voranschreiten oder wie weit er seine materielle Kultur auch entwickeln mag; denn es ist offenkundig, dass er ohne diesen göttlichen Impuls unwissend und seines wahren Potenzials beraubt bleibt. Aus diesem Grunde sprach Christus: „Es sei denn, dass jemand geboren werde aus Wasser und Geist, so kann er nicht in das Reich Gottes kommen." Damit meinte Christus, dass der Mensch, bevor er nicht aus der materiellen Welt und aus der Gefangenschaft des Materialismus befreit wird und einen Anteil an den Segnungen der geistigen Welt hat, der Segnungen und Gaben des Gottesreiches beraubt ist; das äußerste, was wir von ihm sagen könnten, wäre, dass er ein vollkommenes Tier ist. Niemand kann ihn billigerweise einen Menschen nennen. An anderer Stelle sagte Er: „Was vom Fleisch geboren ist, das ist Fleisch; und was vom Geist geboren ist, das ist Geist." Die Bedeutung dieser Worte ist, dass der Mensch, wenn er ein Gefangener der Natur ist, einem Tier gleicht, da er nur körperlich geboren worden ist – das heißt, er gehört der Welt des Stoffes an und ist den Gesetzen und Begrenzungen der Natur unterworfen. Wenn er aber mit dem Heiligen Geist getauft wird, wenn er von den Fesseln der Natur

befreit und seinen animalischen Trieben erlöst wird und sich in der Menschenwelt weiterentwickelt, dann wird er befähigt, ins Gottesreich einzugehen ... Daher meint „Wiedergeburt" seine Befreiung aus der Gefangenschaft der Natur, Freiheit von der Verhaftung an dieses sterbliche und materielle Leben. Dies ist die zweite oder geistige Geburt, von der Jesus Christus im Evangelium sprach.
('Abdu'l-Bahá, The Promulgation of Universal Peace, S. 422-423 **)

208 Wird der Mensch nicht zum Empfänger der himmlischen Segnungen und geistigen Gaben, so verbleibt er auf der Stufe und im Reich des Tieres. Denn der Unterschied zwischen Mensch und Tier ist, dass der Mensch von Natur aus mit der Befähigung zur Göttlichkeit ausgestattet ist, wohingegen das Tier dieser Gabe und Möglichkeit völlig beraubt ist. Deshalb ist der Mensch, wenn er des unmittelbaren Wirkens des Heiligen Geistes beraubt ist, der göttlichen Gaben und der Erkenntnis der ewigen Wahrheiten beraubt, die himmlische Welt ist für ihn unerreichbar; obgleich er äußerlich einem Menschen gleicht, ist er doch in Wirklichkeit ein Tier; wie auch Christus erklärte: „Was vom Fleisch geboren ist, das ist Fleisch; und was vom Geist geboren ist, das ist Geist." Das heißt, dass der Mensch lediglich ein Tier ist, wenn er ein Gefangener physischer Notwendigkeiten bleibt und der belebenden Wirkung geistiger Empfindungen ermangelt. Aber jede Seele, die geistige Empfindsamkeit besitzt und sich der Segnungen des Heiligen Geistes versichert hat, ist lebendig und mit dem ewigen Leben des Himmelreiches ausgestattet. Die Seele aber, die keinen Anteil [an den Segnungen des Heiligen Geistes] hat und [der geistigen Empfindsamkeit] beraubt bleibt, gleicht einem Toten. Deshalb sprach Er: „Lasst die Toten ihre Toten begraben." So wie der menschliche Körper seiner Lebenskraft bedarf, so bedarf auch die menschliche Seele des göttlichen Geistes und der belebenden Kraft, die vom Heiligen Geist ausgeht. Ohne diese belebende Kraft und Nahrung wäre der Mensch ein Tier, nein, vielmehr wäre er tot!
('Abdu'l-Bahá, The Promulgation of Universal Peace, S. 450 **)

209 Es gibt noch einen weiteren Geist [neben dem menschlichen], den man als Göttlichen Geist bezeichnen kann, und auf den sich Jesus Christus bezog, als Er erklärte, dass der Mensch aus ihm geboren und mit seinem belebenden Feuer getauft werden müsse. Seelen, die dieses Geistes beraubt sind, werden als tot bezeichnet, obgleich sie einen menschlichen Geist besitzen. Er spricht: „Lasst die Toten ihre Toten begraben." Bei anderer Gelegenheit erklärt er: „Was vom Fleisch geboren ist, das ist Fleisch; und was vom Geist geboren ist, das ist Geist." Damit meinte Er, dass Seelen, auch wenn sie äußerlich leben mögen, dennoch tot sind, solange sie nicht den belebenden Göttlichen Geist besitzen. Sie haben keinen Anteil am ewigen Leben des Himmelreiches, denn die Seele, die Anteil hat am Göttlichen Geist, ist wahrhaft lebendig.
('Abdu'l-Bahá, The Promulgation of Universal Peace, S. 79-80 **)

210 Zur Zeit, da Jesus Christus auf Erden wandelte, suchte die Menschheit die Nähe Gottes, aber an diesem Tage erlangte sie keiner außer einer kleinen Schar – seinen Jüngern. Diese gesegneten Seelen wurden durch die Liebe Gottes bestätigt. Gottnähe hängt von der Erkenntnis Gottes ab, von der Loslösung von allem außer Gott. Sie ist bedingt durch Selbstaufopferung und die Aufgabe von Wohlstand und weltlichem Besitz. Sie wird ermöglicht durch die Taufe mit Wasser und Feuer, wie im Evangelium offenbart. Wasser symbolisiert das Wasser des Lebens, welches Erkenntnis ist, und Feuer ist das Feuer der Liebe Gottes; deshalb muss der Mensch mit dem Wasser des Lebens, dem Heiligen Geist und der Liebe zum Reich Gottes getauft werden. Bis er diese drei Stufen erreicht, ist die Nähe zu Gott unerreichbar.
('Abdu'l-Bahá, The Promulgation of Universal Peace, S. 203-204 **)

211 Christus ... sagte ... später, dass die wahre Taufe nicht mit tatsächlichem Wasser, sondern mit Wasser und mit Geist geschehen solle. Hier bedeutet Wasser kein materielles Wasser; denn an anderer Stelle wird ausdrücklich erwähnt, dass die Taufe mit Geist und mit

Feuer sein soll; hieraus wird klar, dass weder sinnlich wahrnehmbares Feuer noch Wasser gemeint ist, denn eine Taufe mit Feuer ist unmöglich.

₂ Geist bedeutet also göttliche Güte, Wasser Erkenntnis und Leben, und Feuer die Liebe Gottes. Denn irdisches Wasser reinigt nicht das menschliche Herz, sondern nur den Körper. Aber das himmlische Wasser und der Geist, der Erkenntnis und Leben bedeutet, machen das Herz des Menschen gut und rein; das Herz, das an der Gnadengabe des Heiligen Geistes teilhat, wird geheiligt und gut und rein. Das heißt, die Wirklichkeit des Menschen wird von den Befleckungen der irdischen Welt gewaschen und geheiligt. Diese natürlichen Befleckungen sind böse Eigenschaften, wie Zorn, Leidenschaft, Materialismus, Stolz, Lüge, Heuchelei, Betrug, Egoismus und ähnliches.

₃ Der Mensch kann sich nicht selbst aus dem Taumel der sinnlichen Leidenschaften befreien ohne die Hilfe des Heiligen Geistes. Darum wurde gesagt, die Taufe mit Geist, Wasser und Feuer sei notwendig und unerlässlich; und Geist bedeutet hier göttliche Gnade, Wasser Erkenntnis und Leben, und Feuer die Liebe Gottes. Mit diesem Geist, Wasser und Feuer muss der Mensch getauft werden, damit er die ewige Gnade empfange. Was wäre sonst der Nutzen der Taufe mit materiellem Wasser? Nein, jene Taufe mit Wasser war ein Sinnbild für die Reue und das Streben nach Vergebung der Sünden.
('Abdu'l-Bahá, Beantwortete Fragen, S. 96-97)

212 Im Evangelium Johannis hat Christus gesagt: „Es sei denn, dass jemand geboren werde aus dem Wasser und Geist, so kann er nicht in das Reich Gottes kommen". Die Priester haben dies dahin gedeutet, dass die Taufe zur Erlösung nötig sei. In einem anderen Evangelium heißt es: „Er wird euch mit dem Heiligen Geiste und mit Feuer taufen".

₂ Daher sind das Wasser der Taufe und das Feuer eines. Das kann nicht bedeuten, dass das „Wasser", von dem hier gesprochen ist, ‚ein physisches Wasser' sei, denn es ist das gerade Gegenteil von „Feuer", und eines zerstört das andere. Wenn Christus in den Evangelien von „Wasser" spricht, so meint Er ‚das, was Leben verursacht', denn ohne Wasser kann ein irdisches Geschöpf nicht leben. Das Mineral, die Pflanze, das Tier und der Mensch, sie alle hängen im Dasein vom Wasser ab. Ja, die jüngsten wissenschaftlichen Entdeckungen bestätigen, dass selbst das Mineral eine gewisse Lebensform hat und ebenfalls Wasser für sein Dasein braucht.

₃ Das Wasser ist die Ursache des Lebens, und wenn Christus von Wasser spricht, so versinnbildlicht Er das, was die ‚Ursache des ewigen Lebens' ist.

₄ Dieses lebengebende Wasser, von dem Er spricht, ist wie das Feuer, denn es ist nichts anderes als die Liebe Gottes, und diese Liebe bedeutet für unsere Seelen Leben.

₅ Durch das Feuer der Liebe Gottes wird der Schleier verbrannt, der uns von den himmlischen Wirklichkeiten trennt, und mit klarem Blicke werden wir fähig, uns vorwärts- und emporzukämpfen, auf den Pfaden der Tugend und Heiligkeit voranzuschreiten und ein Mittel der Erleuchtung für die Welt zu werden.

₆ Es gibt nichts Größeres und Gesegneteres als die Liebe Gottes. sie schenkt den Kranken Heilung, den Verwundeten Balsam, allen Menschen Freude und Trost, und nur durch sie kann der Mensch zu ewigem Leben kommen. ‚Das Wesen aller Religionen' ist die Liebe Gottes, und sie ist die Grundlage aller heiligen Lehren.
('Abdu'l-Bahá, Ansprachen in Paris, S. 62-63)

213 Wir erklären, dass Liebe die Ursache für die Existenz aller Erscheinungen ist und dass das Fehlen von Liebe Auflösung oder Nichtsein bewirkt. Liebe ist ... die verbindende Kraft zwischen allen Erscheinungen. [...]

₂ Wir entdecken im menschlichen Wesen die Anziehungskraft des Herzens, die Empfindsamkeit und Zuneigung, die Menschen aneinander bindet und sie befähigt, in Freundschaft und Solidarität zusammenzuleben und eine Gemeinschaft zu bilden. Das zeigt, dass in der Menschenwelt der höchste, königliche Souverän die Liebe ist. Würde die Liebe ausgetilgt, die Anziehungskraft hinweg genommen, die Zuneigung der Menschenherzen zerstört, dann müssten die Erscheinungsformen menschlichen Lebens verschwinden ...

3 Beobachtet und bedenkt, wie die Gnadengaben Gottes in unablässiger Folge auf die Menschen hernieder kommen, wie die Strahlen des Göttlichen ewig über der Menschenwelt scheinen. Es kann keinen Zweifel geben, dass diese Gnadengaben, diese Segnungen, diese Strahlen von der Liebe ausgehen ... Durch die leuchtende Strahlenfülle der Sonne ist die Welt der Erscheinung hell und glanzvoll. So wird auch das Reich der Herzen und des Geistes vom Strahlenkranz der Sonne der Wirklichkeit und von den Segnungen der Liebe Gottes erleuchtet und wiederbelebt.

4 Bedenkt, in welchem Ausmaß sich die Liebe Gottes offenbart. Unter den Zeichen Seiner Liebe, die in der Welt erscheinen, sind die Aufgangsorte Seiner Manifestationen. Welch ein unendliches Maß von Liebe strahlen die göttlichen Manifestationen auf die Menschheit aus! Damit das Volk geführt werde, haben Sie willig Ihr Leben geopfert und so die Menschenherzen neu belebt. Sie haben das Kreuz auf Sich genommen. Damit die Menschenseelen fähig werden, die höchste Stufe des Fortschritts zu erreichen, haben Sie ein begrenztes Leben lang unvorstellbare Prüfungen und Schwierigkeiten erduldet.

5 Alle göttlichen Manifestationen haben Leiden auf Sich genommen, haben Blut und Leben geopfert, Ihre ganze Existenz, Ihr Behagen und allen Besitz um der Menschheit willen hingegeben. Bedenkt, wie groß Ihre Liebe ist. Ohne Ihre Liebe zur Menschheit wäre geistige Liebe ein leeres Wort. Ohne Ihre Erleuchtung könnten Menschenseelen nicht strahlen. Wie produktiv ist Ihre Liebe! Sie ist ein Zeichen der Liebe Gottes.

6 Gäbe es nicht die Liebe Gottes, jeder Geist bliebe leblos. Dies bezieht sich nicht auf den körperlichen Tod. Gemeint ist jener Zustand, von dem Christus erklärte: „Lasst die Toten ihre Toten begraben", denn

„was vom Fleische geboren ist, das ist Fleisch, und was vom Geiste geboren ist, das ist Geist."

₇ Gäbe es nicht die Liebe Gottes, der Weg zu Seinem Reich stünde nicht offen ... Gäbe es nicht die Liebe Gottes, die göttlichen Propheten wären nicht in die Welt gesandt worden. Das Fundament all dieser Gnadengaben ist die Liebe Gottes. Deshalb gibt es in der Menschenwelt keine größere Macht als die Liebe Gottes.
('Abdu'l-Bahá, Ansprachen in England und Nordamerika, S. 70-72)

214 Liebe ist der Ursprung der Schöpfung. Liebe führt das Glück und den Frieden der Menschheit herbei. Liebe ist das unterscheidende Merkmal zwischen dem Geistigen und dem Tierischen. Darum sagte Jesus Christus „Gott ist die Liebe". Das erste und größte Gebot der Religion ist die Liebe. Der beste Gottesdienst ist, Liebe unter den Menschen zu entwickeln und zu fördern.
('Abdu'l-Bahá, zitiert in: W. Gollmer, Mein Herz ist bei euch, S. 85-86)

215 Das menschliche Geschlecht ist für die Liebe erschaffen. Die Welt der Menschheit muss die Erleuchtung des Gottesreiches empfangen. Bedenket, dass Christus Sein Leben geopfert hat, damit die Errichtung des Friedens unter den Menschen möglich wurde und Liebe im Menschenreich einziehen konnte. Alle Offenbarer sind für die Sache des Friedens und der Versöhnung eingetreten ... Ist es erlaubt, dass wir den Geboten Christi zuwider handeln? ... Der Mensch ist dazu da, das Leben zu erhalten, und nicht, es zu vernichten. Der Mensch muss die Erleuchtung der Menschheit bewirken, nicht die Verfinsterung. Christus hat gesagt: „Gott ist Liebe." Gottes Gunst ist die Gnade der Liebe. Darum müssen wir Ebenbilder Gottes sein. Das steht im Alten Testament. Es besteht kein Zweifel, dass Gottes Ebenbild Liebe ist, Frieden und Erlösung. Es ist die Solidarität des Menschengeschlechts. Es ist göttliche Gerechtigkeit. Ist es unser würdig, das göttliche Ebenbild zu vergessen und uns das teuflische Ebenbild anzueignen? Das Ebenbild Gottes gewährt ewiges Leben, aber das satanische Ebenbild ewige

Zerstörung. Wie können wir dieses wunderbare Ebenbild Gottes beiseite schieben und dem satanischen folgen?
('Abdu'l-Bahá, zitiert in: W. Gollmer, Mein Herz ist bei euch, S. 102-103)

216 Ein Mensch benötigt Augen, Ohren, Arme, ein Haupt, Füße und viele andere Glieder. Wenn er alle besitzt und alle zusammenarbeiten, so zeigen sich in ihm Symmetrie und Perfektion. Deshalb sagte Christus, „Ihr sollt vollkommen sein, wie auch euer Vater im Himmel vollkommen ist", und meinte damit, dass wahres Christentum Vollkommenheit erfordert. Seid das Ebenbild Gottes! Dies ist nicht einfach. Es erfordert die Bündelung aller himmlischen Tugenden. Es erfordert, dass wir Empfänger aller Vollkommenheiten Gottes werden. Dann werden wir Sein Ebenbild werden. Denn in der Bibel steht geschrieben: „Lasset uns Menschen machen, ein Bild, das Uns gleich sei." Dies zu erreichen ist überaus schwierig.
('Abdu'l-Bahá, The Promulgation of Universal Peace, S. 348 **)

217 Die Welt des Seins ist eine Emanation der liebevollen Eigenschaften Gottes. Gott lässt den Glanz seines Erbarmens über allen erschaffenen Dingen erstrahlen, und Er ist milde und gütig gegenüber allen Seinen Geschöpfen. Deshalb muss die Menschenwelt stets Empfängerin der Segnungen Seiner Erhabenheit, des ewigen Herrschers, sein, wie auch Christus gesagt hat: „Ihr sollt vollkommen sein, wie auch euer Vater im Himmel vollkommen ist." Denn Seine Segnungen kommen wie die Strahlen der Sonne am physischen Himmel, auf die ganze Menschheit gleichermaßen herab. Dementsprechend muss der Mensch Freundlichkeit und Wohltätigkeit von Gott Selbst lernen. Ebenso wie Gott gütig gegen die ganze Menschheit ist, muss der Mensch gütig gegen alle seine Mitgeschöpfe sein. Wenn sein Verhalten gegenüber allen seinen Mitmenschen, gegenüber der ganzen Schöpfung, gerecht und liebevoll ist, dann ist er wahrlich wert, Ebenbild Gottes genannt zu werden.
('Abdu'l-Bahá, The Promulgation of Universal Peace, S. 549-550 **)

218 Gott ist zu allen freundlich; Er gibt seine Gaben allen gleichermaßen, so wie auch Christus erklärte, dass Gott „über Gerechte und Ungerechte regnen lässt" – das will heißen, die Barmherzigkeit Gottes ist allumfassend. Die ganze Menschheit befindet sich unter dem Schutz Seiner Liebe und Gunst, und allen hat Er den Weg der Führung und des Fortschritts aufgezeigt.
('Abdu'l-Bahá, The Promulgation of Universal Peace, S. 194 **)

219 Christus erklärt, dass die Sonne über den Guten wie den Bösen aufgeht und der Regen auf die Gerechten wie die Ungerechten fällt – auf die ganze Menschheit gleichermaßen. Christus war die göttliche Barmherzigkeit, die über der ganzen Menschheit strahlte, das Medium für die Gnadengaben Gottes, die auf die Erde herniederkommen, und die Gnadengaben Gottes sind überweltlich, unbegrenzt und allumfassend.
('Abdu'l-Bahá, The Promulgation of Universal Peace, S. 56 **)

220 O Menschen! Wahrlich, der Baum des Lebens wurde inmitten von Gottes Paradies gepflanzt und spendet Leben nach allen Seiten. Wie kann es sein, dass ihr Ihn nicht seht und anerkennt? Er wird dir wahrlich helfen, alles zu erfassen, was diese „zur Ruhe gekommene Seele" dir vom Wesen der göttlichen Geheimnisse enthüllt hat. Die Taube der Heiligkeit gurrte im Paradies der Unsterblichkeit, und Ich rufe es dir ins Gedächtnis, damit du ein neues, stählernes Gewand anlegst, das dich vor den Pfeilen des Zweifels beschütze, die in den Anspielungen der Menschen verborgen liegen. Sie sprach: „Es sei denn, dass jemand geboren werde aus Wasser und Geist, so kann er nicht in das Reich Gottes kommen. Was vom Fleisch geboren ist, das ist Fleisch; und was vom Geist geboren ist, das ist Geist. Wundere dich nicht, dass ich dir gesagt habe: Ihr müsst von neuem geboren werden." Schwinge dich also auf zu diesem göttlichen Baume und koste von seinen Früchten. Dann sammle auf, was davon herabgefallen ist und bewahre es sorgfältig auf.
(Bahá'u'lláh, Edelsteine göttlicher Geheimnisse, S. 64)

221 Der in der Bibel erwähnte Baum des Lebens ist Bahá'u'lláh, und die Töchter des Königreiches sind die Blätter an diesem gesegneten Baum. Darum danke Gott, dass du mit diesem Baum verbunden bist und zart und frisch heranwächst.

₂ Weit stehen die Tore des Königreiches offen; jede begnadete Seele sitzt an der Festtafel des Herrn und empfängt ihren Anteil an dem himmlischen Festmahl. Gelobt sei Gott, auch du bist an dieser Tafel zugegen und nimmst deinen Anteil von der gnadenreichen Speise des Himmels. Du dienst dem Reiche Gottes und bist wohl vertraut mit den süßen Düften des Paradieses Abhá.

₃ So strebe denn mit aller Kraft danach, die Menschen zu führen, und iss vom Brot, das vom Himmel herabkam. Denn dies ist die Bedeutung der Worte Christi: „Ich bin das lebendige Brot, welches herabkam vom Himmel...; wer von diesem Brote isst, wird ewig leben."
('Abdu'l-Bahá, Briefe und Botschaften, S. 71-72)

222 Mehr noch, im Evangelium des Johannes, im ersten Kapitel, Vers 12 und 13, heißt es: „Wie viele ihn aber aufnahmen, denen gab er Macht, Gottes Kinder zu werden, die an seinen Namen glauben; welche nicht von dem Gelübde noch von dem Willen des Fleisches noch von dem Willen eines Mannes, sondern von Gott geboren sind."

₂ Aus diesen Worten geht klar hervor, dass das Wesen eines Jüngers auch nicht durch physische Kraft, sondern durch die geistige Wirklichkeit verursacht wurde.
('Abdu'l-Bahá, Beantwortete Fragen, S. 94)

223 Dieser Unterdrückte will nur eine dieser Stellen anführen und damit der Menschheit aus Liebe zu Gott Gnadengaben vermitteln, die noch bei den Schätzen des verborgenen und geheiligten Baumes verwahrt sind, auf dass die Sterblichen nicht ihres Anteils an der unsterblichen Frucht beraubt bleiben, sondern einen Tautropfen von den Wassern ewigen Lebens erlangen, die sich ... über die Menschheit ergießen. Wir verlangen weder Preis noch Lohn dafür: „Wir nähren eure Seelen um Gottes willen. Wir suchen weder Lohn noch Dank von euch." Dies ist die Speise, die den im Herzen Reinen und im Geist Erleuchteten ewiges Leben bringt. Dies ist das Manna, von dem gesagt ist: „Herr, sende Dein Brot vom Himmel auf uns herab." Dieses Brot wird denen, die es verdient haben, niemals vorenthalten, noch kann es jemals aufgezehrt werden. Es wächst ewiglich am Baume der Gnade. Es kommt zu allen Zeiten aus den Himmeln der Gerechtigkeit und Barmherzigkeit. So spricht Er: „Siehest du nicht, womit Gott ein gutes Wort verglichen hat? Mit einem guten Baum, dessen Wurzeln fest gewachsen sind, dessen Zweige zum Himmel reichen, der Früchte bringt zu allen Zeiten."

₂ Wie schade, wenn der Mensch sich selbst dieser schönen Gnade beraubt, dieses unvergänglichen Gnadengeschenkes, des ewigen Lebens. Er sollte diese Himmelsspeise hoch achten, damit vielleicht durch die wundersame Gunst der Sonne der Wahrheit die Toten ins Leben gerufen und die erschöpften Seelen durch den unendlichen Geist erquickt werden.
(Bahá'u'lláh, Das Buch der Gewissheit (Kitáb-i-Íqán), S. 19-20)

224 Bedenkt die symbolische Bedeutung der Worte und Lehren Christi. Er sprach: „Ich bin das lebendige Brot, das vom Himmel gekommen ist. Wer von diesem Brot isst, der wird leben in Ewigkeit." Als die Juden dies hörten, nahmen sie es wörtlich und verstanden die Bedeutung seiner Worte und Lehren nicht. Die geistige Wahrheit jedoch, die Christus auszudrücken versuchte, war, dass die göttliche Wirklichkeit in Ihm eine Gnadengabe war, die vom Himmel kam, und dass derjenige, der daran teilhat, niemals sterben solle. Das will heißen, dass das Brot ein Symbol für die Vollkommenheiten war, die auf Ihn herabgekommen waren, und dass derjenige, der von diesem Brot aß, oder der selbst die Vollkommenheiten Christi erwarb, unzweifelhaft in das ewige Leben eingehen würde. Die Juden verstanden Ihn nicht, nahmen Seine Worte wörtlich und sprachen: „Wie

kann der uns sein Fleisch zu essen geben?" Hätten sie die wahre Bedeutung der Heiligen Schrift verstanden, hätten sie an Christus geglaubt.
('Abdu'l-Bahá, The Promulgation of Universal Peace, S. 648 **)

225 Die Stufe Christi war reine Vollkommenheit; Er brachte zustande, dass Seine göttlichen Vollkommenheiten wie Strahlen der Sonne auf alle gläubigen Seelen fielen, und die Gaben des Lichts schienen und leuchteten in der Wirklichkeit der Menschen. Daher sagt Er: „Ich bin das lebendige Brot, vom Himmel gekommen. Wer von diesem Brot essen wird, der wird leben in Ewigkeit." Das heißt, dass jeder, der an diesem himmlischen Mahl teilnimmt, ewiges Leben findet; jeder, der an dieser Gnade teilhat und diese Vollkommenheiten annimmt, wird ewiges Leben gewinnen, wird immerwährende Gnaden empfangen, wird von der Finsternis des Irrtums befreit und vom Licht Seiner Führung erleuchtet.
('Abdu'l-Bahá, Beantwortete Fragen, S. 123)

226 Im Evangelium [steht] geschrieben, dass Christus sagte: „Ich bin das Brot des Lebens, das vom Himmel hernieder gekommen ist; wer von diesem Brot isst, wird ewig leben." Er sagte auch: „Dieser Wein ist mein Blut, das für die Vergebung der Sünden vergossen wird." Solche Verse wurden von den Kirchen auf derart abergläubische Weise ausgelegt, dass es dem menschlichen Verstand unmöglich ist, diese Auslegung zu verstehen oder anzunehmen.

₂ Er [sagte]: „Ich bin das Brot, das vom Himmel hernieder gekommen ist." Es war nicht der Leib Christi, der vom Himmel kam. Sein Leib kam aus dem Schoß Mariens, aber die Vollkommenheiten Christi stiegen vom Himmel hernieder; die Wirklichkeit Christi kam vom Himmel herab. Der Geist Christi und nicht der Leib kam vom Himmel. Der Leib Christi war nur menschlich. Es steht außer Frage, dass der stoffliche Leib aus dem Schoß Mariens geboren wurde.

₃ Wenn Er sagte, Er sei das Brot, das vom Himmel gekommen ist, meinte Er folglich, dass die Vollkommenheiten, die sich in Ihm zeigten, göttliche Vollkommenheiten sind, dass die Segensgaben in Ihm himmlische Gaben und Gnaden sind, dass Sein Licht das Licht der Wirklichkeit ist. Er sprach: „Wer von diesem Brot isst, wird ewig leben." Das will heißen: Wer sich diese göttlichen Vollkommenheiten, die in Mir sind, aneignet, wird niemals sterben; wer Anteil hat an diesen himmlischen Segnungen, die Ich verkörpere, wird ewiges Leben finden; wer dieses göttliche Licht in sich aufnimmt, wird immerfort leben. Wie klar ist doch die Bedeutung, wie offen liegt sie auf der Hand! Die Seele, die aus den Lehren Christi göttliche Vollkommenheiten erwirbt und himmlische Erleuchtung sucht, wird zweifellos ewig leben. Dies ist ein weiteres Mysterium des Opfers.
('Abdu'l-Bahá, Ansprachen in England und Nordamerika, S. 168-172)

227 Dieses Brot bedeutet himmlische Speise und göttliche Vollkommenheit. „Wer von diesem Brot essen wird ..." besagt, wer sich der göttlichen Gnade erschließt, himmlisches Licht empfängt und an Christi Vollkommenheit teilhat, der gewinnt dadurch ewiges Leben. Auch mit dem Blut ist der Geist des Lebens und die göttliche Vollkommenheit, himmlischer Glanz und immerwährende Gnade gemeint. Denn alle Teile des menschlichen Körpers erhalten durch den Kreislauf des Blutes ihre Lebenskraft.

₂ Im Johannesevangelium, Kapitel 6, Vers 26, steht geschrieben: „Wahrlich, wahrlich, Ich sage euch: Ihr suchet Mich nicht darum, dass ihr Zeichen gesehen habt, sondern weil ihr von dem Brot gegessen habt und seid satt geworden."

₃ Es ist klar, dass das Brot, das die Jünger aßen und von dem sie satt wurden, die himmlischen Gnadengaben waren; denn in Vers 33 desselben Kapitels heißt es: „Denn Gottes Brot ist das, das vom Himmel kommt und gibt der Welt das Leben." Es ist unmissverständlich, dass der Leib Christi nicht vom Himmel herab, sondern aus Marias Schoß gekommen ist; was aber vom göttlichen Reich herabgestiegen ist, war der Geist Christi. Weil die Juden glaubten, dass Christus Seinen Leib meinte, murrten sie und sprachen, wie es in Vers 42 desselben Kapitels berichtet wird: „Ist dieser nicht Jesus, Josephs Sohn, des Vater und Mutter wir kennen? Wie spricht er denn: ich bin vom Himmel gekommen?"

₄ Überlege, wie klar es ist, dass Christus mit dem Brot des Himmels Seinen Geist, Seine Gnadengaben, Seine Vollkommenheit und Seine Lehren gemeint hat; denn in Vers 63 heißt es: „Der Geist ist's, der da lebendig macht; das Fleisch ist nichts nütze."

₅ Es ist deshalb offensichtlich, dass der Geist Christi eine Gnadengabe ist, die vom Himmel herabkommt; jeder, der von diesem Geist Licht in Fülle, das heißt die himmlischen Lehren, empfängt, findet ewiges Leben. Darum wird in Vers 35 gesagt: „Jesus aber sprach zu ihnen: Ich bin das Brot des Lebens. Wer zu Mir kommt, den wird nicht hungern; und wer an Mich glaubt, den wird nimmermehr dürsten."

₆ Beachte, dass Er „zu Mir kommen" als essen und „an Mich glauben" als trinken bezeichnete. Es ist demnach eindeutig erwiesen, dass mit der himmlischen Nahrung die göttlichen Gnadengaben, der geistige Glanz, die himmlischen Lehren und die umfassende Bedeutung Christi gemeint sind. Essen heißt "Ihm nahe kommen", und trinken heißt "an Ihn glauben". Denn Christus hatte einen natürlichen Leib und eine himmlische Gestalt. Der irdische Leib wurde gekreuzigt, die himmlische Gestalt aber ist lebendig und ewig und wird zur Ursache ewigen Lebens. Sein natürlicher Leib war menschlicher Natur, Seine himmlische Gestalt aber göttlicher Natur. Es gibt Menschen, die denken, dass das Abendmahlsbrot die Wirklichkeit Christi sei und dass Gott und der Heilige Geist in dieses eingehen und darin enthalten seien. Wenn aber das Brot genommen ist, löst es sich nach wenigen Augenblicken auf und wird völlig verändert. Wie kann man sich so etwas vorstellen? Gott bewahre! Dies ist wahrlich reine Phantasie. [...]

₇ Um abzuschließen: Durch das Erscheinen Christi wurden die geheiligten Lehren, die ewige Gnade bedeuten, verbreitet; das Licht der Führung leuchtete auf, und der Geist des Lebens wurde der Menschheit geschenkt. Wer hierin Führung fand, wurde belebt, und wer auf dem falschen Wege verblieb, verfiel ewigem Tod. Das Brot, das vom Himmel herabkam, war der himmlische Leib Christi und Sein geistiges Wesen, von dem die Jünger aßen und durch das sie ewiges Leben fanden.

₈ Es ist also klar, dass Brot und Wein Symbole mit folgender Bedeutung waren: Ich gab euch Meine Segensgaben und Vollkommenheiten, und wenn ihr diese Gnade angenommen habt, habt ihr ewiges Leben gewonnen und seid eures Anteils an der himmlischen Nahrung teilhaftig geworden.
('Abdu'l-Bahá, Beantwortete Fragen, S. 102-104)

228 Eine Versammlung der Gläubigen ist eine Zusammenkunft der geistig Gesinnten. Gottes Geist [kommt] auf diese Versammlung herab. Die Freunde Gottes bilden ein geistiges Haus der Macht; Glückseligkeit und Freude gehen davon aus. Christus hielt in den letzten Tagen Seines Lebens mit den Aposteln eine Versammlung ab. Alle saßen mit Ihm an derselben Tafel. Von diesem Tag an nannte man diese Versammlung ‚Mahl des Herrn'; denn sie sprachen über Gottes Königreich. Wenn daher eine Versammlung abgehalten, in der man im Allgemeinen nur über Geistiges spricht, so wird eine solche Versammlung unzweifelhaft gottähnlich sein. [...]

₂ Außer der Versammlung, die sich um Jesus Christus bildete, hatte keine der vielen Zusammenkünfte, die der Landwirtschaft, der Politik oder dem Handel dienten, eine dauerhafte Wirkung. Nahezu zweitausend Jahre sind seit dem ‚Mahl des Herrn' vergangen, und dennoch sind seine gesegneten Früchte heute noch zu sehen.
('Abdu'l-Bahá, zitiert in: W. Gollmer, Mein Herz ist bei euch, S. 123)

229 Kurz gesagt, meine Hoffnung ist, dass das Neunzehntagefest ein starkes geistiges Zusammengehörigkeitsgefühl unter den Freunden bewirkt und dass es die Gläubigen in das Bündnis der Einheit führt. Wir werden dann so vereinigt sein, dass Liebe und Weisheit sich von diesem Mittelpunkt aus zu allen Gliedern hin verbreiten. Dieses Fest ist ein göttliches Fest. Es ist ein Abendmahl

des Herrn. Es zieht die Bestätigung Gottes wie ein Magnet an. Es ist Ursache für die Erleuchtung der Herzen.
('Abdu'l-Bahá, zitiert in: Báb – Bahá'u'lláh, Verse Gottes, S. 58)

230 Der Gastgeber muss die Freunde persönlich bedienen. Er muss für die Bequemlichkeit Aller sorgen und jedem in äußerster Demut Herzensgüte erweisen. Wenn das Fest auf diese Weise und in der erwähnten Art veranstaltet wird, ist dieses Mahl das ‚Abendmahl des Herrn'; denn das Ergebnis ist das gleiche Ergebnis und die Auswirkung ist die gleiche Auswirkung.
('Abdu'l-Bahá, zitiert in: Báb – Bahá'u'lláh, Verse Gottes, S. 344)

231 Seid niemals niedergeschlagen. Je mehr euch der Bündnisbruch erregt, desto mehr vertieft euch in Festigkeit und Standhaftigkeit. Seid sicher, dass die göttlichen Heerscharen siegen werden, denn ihnen ist der Triumph des Reiches Abhá verheißen. Überall wird das Banner der Festigkeit und Standhaftigkeit gehisst, die Fahne des Bündnisbruchs jedoch gesenkt; denn nur eine Handvoll schwacher Seelen ließ sich von den Schmeicheleien und Scheinargumenten der Bündnisbrecher verführen, die nach außen hin mit aller Sorgfalt ihre Festigkeit zeigen, im Innern aber darauf aus sind, die Seelen ins Wanken zu bringen. Nur einige wenige, nämlich die Anführer der Unruhestifter, sind auch nach außen hin als Bündnisbrecher bekannt. Der Rest aber täuscht die Seelen durch Hinterlist; denn nach außen beteuern sie ihre Festigkeit und Standhaftigkeit im Bündnis, aber wenn sie auf offene Ohren stoßen, säen sie heimlich die Saat des Misstrauens. Ihr Fall gleicht dem Bündnisbruch durch Judas Ischariot und seinen Anhang. Bedenket: Blieb von ihnen irgendein Erfolg oder die geringste Spur? Nicht mal ein Name blieb von seinen Nachfolgern, und obwohl eine Reihe von Juden zu ihm hielten, war es, als hätte er keinerlei Gefolgsleute gehabt. Dieser Judas Ischariot war der Führer der Apostel, und doch verriet er Christus für dreißig Silberlinge. Hüte dich, o Volk der Einsicht!
('Abdu'l-Bahá, Briefe und Botschaften, S. 250)

232 Meine Augen werden hell, o mein Gott, wenn ich über die Leiden nachsinne, die aus dem Himmel Deines Ratschlusses auf mich niedersteigen und mich von allen Seiten umgeben, wie Deine Feder es unwiderruflich bestimmt hat. Ich schwöre bei Deinem Selbst! Was von Dir kommt, gefällt mir wohl, und sollte es die Bitternis meines Todes mit sich bringen.

₂ Er, der Dein Geist war, o mein Gott, zog sich am Abend vor Seinem letzten Tag auf Erden ganz allein in das Dunkel der Nacht zurück. Er fiel auf Sein Antlitz, betete zu Dir und sagte: „Wenn es Dein Wille ist, o mein Herr, mein Vielgeliebter, so lass durch Deine Gunst und Güte diesen Kelch an mir vorübergehen."

₃ Bei Deiner Schönheit, o Du Herr aller Namen, Du Schöpfer der Himmel! Ich kann den Duft der Worte spüren, die Ihm in Seiner Liebe zu Dir über die Lippen kamen, und kann die Glut des Feuers fühlen, das Seine Seele entflammte in ihrer Sehnsucht nach dem Morgenlicht Deiner Einzigkeit, dem Dämmerort Deiner überragenden Einheit.

₄ Was mich betrifft - und davon bist Du selbst mein Zeuge - so rufe ich zu Dir und sage: „O mein Herr, mein Meister, mein Gebieter! Vor den Zeichen Deines Willens habe ich keinen eigenen Willen, und angesichts der Offenbarung Deines Zieles kann ich kein Ziel haben. Ich schwöre bei Deiner Herrlichkeit! Ich wünsche nur, was Du wünschest, und schätze nur, was Du schätzest. Für mich wähle ich nur, was Du für mich wählst, o Du Besitzer meiner Seele."
(Bahá'u'lláh, Gebete und Meditationen, S. 240-241)

233 Erinnere dich auch des Tages, da die Juden Jesus, den Sohn Marias, umringten und Ihn drängten, Er solle Seinen Anspruch, der Messias und Prophet Gottes zu sein, bekennen; denn sie wollten Ihn zum Ungläubigen erklären und zum Tode verurteilen. Sie führten Ihn, die Sonne des Himmels göttlicher Offenbarung, zu Pilatus und zu Kaiphas, dem obersten Priester jener Zeit. Die hohen Geistlichen waren im Palast versammelt, auch eine Menge Volkes war

zusammengeströmt, um Seine Leiden zu begaffen, um Ihn zu verhöhnen und zu beleidigen. Obwohl sie Ihn mehrfach fragten - denn sie hofften, Er werde Seinen Anspruch bekennen -, verharrte Jesus stumm und sagte nichts. Schließlich stand ein von Gott Verworfener auf, trat zu Jesus und beschwor Ihn: „Hast du nicht behauptet, du seiest der göttliche Messias? Sagtest du nicht: ‚Ich bin der König der Könige, Mein Wort ist Gottes Wort, und Ich breche den Sabbat'?" Da hob Jesus Sein heiliges Haupt und sprach: „Siehest du nicht den Menschensohn sitzen zur Rechten der Kraft und Macht?" Dies waren Seine Worte. Und nun beachte: Er, dem es dem Anschein nach an aller Macht gebrach, besaß jene innere göttliche Macht, die alles im Himmel und auf Erden umfängt. Wie kann Ich alles berichten, was über Ihn kam, als Er diese Worte gesprochen hatte? Wie soll Ich die Gemeinheit beschreiben, mit der sie Ihn behandelten? Zuletzt häuften sie solch tödliches Leid auf Seine gesegnete Gestalt, dass Er Seine Zuflucht in den vierten Himmel nahm.
(Bahá'u'lláh, Das Buch der Gewissheit (Kitáb-i-Íqán), S. 111-112)

234 Bedenke, wie [die Juden] bestrebt waren, Christus herabzuwürdigen und Ihn völlig zu vernichten. Sie setzten Ihm eine Dornenkrone aufs Haupt, stellten Ihn in den Straßen und auf den Märkten zur Schau und verhöhnten Ihn: „Friede sei mit dir, König der Juden!" Einige verneigten sich vor Ihm und sprachen höhnisch: „O König der Juden", oder „O König der Könige, Friede sei mit dir!" Wieder andere spien Ihm in Sein gesegnetes Antlitz.
('Abdu'l-Bahá, The Promulgation of Universal Peace, S. 613 **)

235 Sie verleugneten Ihn völlig und weigerten sich, an Ihn zu glauben. Keine Misshandlung oder Verfolgung gab es, die sie Ihm nicht aufbürdeten. Sie schmähten Ihn mit Flüchen, setzten Ihm eine Dornenkrone aufs Haupt, führten Ihn mit Hohn und Spott durch die Straßen und kreuzigten Ihn schließlich.
('Abdu'l-Bahá, The Promulgation of Universal Peace, S. 84-85 **)

236 Als es nach dem Ratschluss des allmächtigen Gottes von den Höhen der Herrlichkeit in die körperliche Welt leuchtete, wurde das Wort Gottes infolge der Körperlichkeit unterdrückt, so dass es in die Hände der Juden fiel; es wurde das Opfer der Herrschsüchtigen und Unwissenden und wurde schließlich gekreuzigt. Darum sprach Christus zu Gott: „Löse mich aus den Fesseln der körperlichen Welt, mache mich frei aus diesem Käfig, auf dass ich zur höchsten Höhe der Erhabenheit und Herrlichkeit aufsteige und dass ich jene Größe und Heiligung, die vor der irdischen Welt bestand, wiederfinde, dass ich mich der ewigen Welt erfreue und mich zur ursprünglichen Heimat, zur Welt ohne Raum, zum verborgenen Königreich erhebe."
('Abdu'l-Bahá, Beantwortete Fragen, S. 118)

237 Sie [fällten] das Urteil gegen Ihn, bestimmten, dass Sein Blut vergossen werde, und hängten Ihn ans Kreuz, wo Er ausrief:

₂ „O Mein geliebter Herr, wie lange willst Du Mich ihnen überlassen? Erhebe Mich zu Dir, schütze Mich bei Dir, gib Mir eine Wohnstatt bei Deinem Thron der Herrlichkeit.

₃ Wahrlich, Du bist der Erhörer der Gebete, und Du bist der Gütige, der Barmherzige.

₄ O Mein Herr! Wahrlich, diese weite Welt ist zu klein für Mich; Ich liebe dieses Kreuz aus Liebe zu Deiner Schönheit, aus Sehnsucht nach Deinem Reich der Höhe und um des Feuers willen, das, von den Windstößen Deiner Heiligkeit entfacht, in Meinem Herzen lodert. Hilf Mir, o Herr, zu Dir aufzusteigen, stehe Mir bei, Deine Heilige Schwelle zu erreichen, o Mein liebender Herr!

₅ Wahrlich, Du bist der Barmherzige, der Besitzer großer Gabenfülle! Wahrlich, Du bist der Großmütige! Wahrlich, Du bist der Mitleidvolle! Wahrlich, Du bist der Allwissende! Es gibt keinen Gott außer Dir, dem Mächtigen, dem Kraftvollen!"
('Abdu'l-Bahá, Briefe und Botschaften, S. 52)

238 Wir müssen dem Beispiel und dem Vorbild Jesu Christi folgen. Lies das Evangelium. Jesus Christus war die Barmherzigkeit selbst, war die Liebe selbst. Er betete sogar für Seine Mörder – für diejenigen, die Ihn kreuzigten – und sprach: „Vater, vergib ihnen, denn sie wissen nicht, was sie tun." Hätten sie gewusst, was sie taten, hätten sie es nicht getan. Bedenke, wie gütig Jesus Christus war, sodass Er selbst am Kreuz für seine Unterdrücker betete. Wir müssen Seinem Beispiel folgen. Wir müssen den Propheten Gottes nacheifern. Wir müssen Jesus Christus nachfolgen.
('Abdu'l-Bahá, The Promulgation of Universal Peace, S. 57 **)

239 Warum führen [die christlichen Völker] Krieg gegeneinander? Das Königreich Christi kann nicht erhalten werden, indem man es zerstört und missachtet. Die Banner Seiner Heerscharen können nicht die Mächte Satans führen ... Ist diese Zerstörung von Leben Unterwerfung unter seine Gebote und Lehren? Wo befiehlt es dies? Wo stimmt Er diesem zu? Er wurde von seinen Feinden getötet; Er tötete nicht. Er liebte sogar sie und betete für diejenigen, die Ihn ans Kreuz hängten.
('Abdu'l-Bahá, The Promulgation of Universal Peace, S. 7 **)

240 In den Evangelien [wird] über das Martyrium Christi berichtet, dass eine Finsternis eintrat, die Erde erbebte, der Vorhang des Tempels von oben bis unten entzweigerissen wurde und die Toten aus den Gräbern aufstanden. Wenn sich dies alles wirklich ereignet hätte, wäre es ganz außerordentlich gewesen und sicherlich in der Geschichte jener Tage verzeichnet worden. Solche Geschehnisse hätten die Herzen gewaltig aufgerüttelt. Die Kriegsknechte hätten Christus entweder vom Kreuz herabgenommen oder sie wären davongelaufen. Diese Ereignisse werden aber in keinem Geschichtswerk erwähnt, weshalb es klar ist, dass sie nicht wörtlich zu nehmen sind, sondern eine innere Bedeutung haben.
('Abdu'l-Bahá, Beantwortete Fragen, S. 49)

241 Was du über Abraham, den Freund des Allbarmherzigen, gehört hast, ist die Wahrheit, daran besteht kein Zweifel. Die Stimme Gottes befahl Ihm, Ismael als Opfer darzubringen, damit Seine Standhaftigkeit im Glauben Gottes und Seine Loslösung von allem außer Ihm den Menschen dargetan werde. Überdies war es Gottes Absicht, ihn als Lösegeld für die Sünden und Frevel aller Völker auf Erden zu opfern. Jesus, der Sohn Marias, flehte zu dem einen, wahren Gott - gepriesen seien Sein Name und Seine Herrlichkeit - Ihm die gleiche Ehre zuteil werden zu lassen. Aus demselben Grunde wurde Ḥusayn von Muḥammad, dem Gesandten Gottes, als ein Opfer dargebracht.

₂ Kein Mensch kann je behaupten, das Wesen der verborgenen, mannigfaltigen Gnade Gottes begriffen zu haben. Niemand kann Seine allumfassende Barmherzigkeit ergründen. So groß sind die Verderbtheit der Menschen und ihre Übertretungen, so schmerzlich die Prüfungen gewesen, welche die Propheten Gottes und ihre Erwählten heimsuchten, dass die ganze Menschheit Folter und Untergang verdiente. Gottes verborgene, liebreiche Vorsehung hat sie jedoch durch ihre sichtbaren und unsichtbaren Kräfte beschützt und wird sie weiter vor der Strafe für ihre Bosheit bewahren. Bedenke dies in deinem Herzen, damit dir die Wahrheit offenbar werde, und sei standhaft auf Seinem Pfade.
(Bahá'u'lláh, Ährenlese, S. 69-70)

242 Was Ihre Frage hinsichtlich der Sure 4:158 des Qur'án angeht, in der Muḥammad sagt, dass die Juden nicht Jesus, den Christus, sondern jemanden wie Ihn gekreuzigt haben: Was diese Textstelle meint ist, dass die Juden, obwohl sie den physischen Körper Jesu erfolgreich zerstörten, unfähig waren, die göttliche Wirklichkeit in ihm zu zerstören.
(Aus einem Brief im Auftrag des Hüters an einen einzelnen Gläubigen, 19.03.1938)

243 Wenn der Geist nicht unsterblich wäre, wie könnten dann wohl die Manifestationen Gottes so furchtbare Prüfungen erdulden? Warum hat Christus Jesus den furchtbaren Kreuzestod erlitten? ... Warum sollte sich all dies Leiden zugetragen haben, wenn nicht, um das ewige Leben des Geistes zu beweisen? Christus litt. Er nahm alle Seine Prüfungen um der Unsterblichkeit Seines Geistes willen hin. Ein Mensch, der nachdenkt, wird die geistige Bedeutung des Gesetzes der Fortentwicklung verstehen, wie alles sich von der niederen Stufe zur höheren bewegt. Nur ein Mensch, der kein Verständnis hat, kann bei Betrachtung dieser Dinge meinen, der große Schöpfungsplan könnte sich plötzlich nicht weiter entfalten, die Entwicklung zu einem so unangemessenen Ende kommen.
('Abdu'l-Bahá, Ansprachen in Paris, S. 72)

244 Bedenke, wie alle Propheten Gottes verfolgt wurden und welche Drangsal sie durchleiden mussten. Jesus Christus ertrug alle Qualen und nahm den Tod am Kreuz hin, um die Menschheit zu Einheit und Liebe aufzurufen. Welches Opfer könnte größer sein? Er brachte die Religion der Liebe und Gemeinschaft in die Welt.
('Abdu'l-Bahá, The Promulgation of Universal Peace, S. 327 **)

245 Die allumfassenden Manifestationen Gottes enthüllen dem Menschen ihr Antlitz, nehmen jedes Elend, jede Heimsuchung auf sich und bringen ihr Leben zum Opfer, damit gerade diese vorbereiteten, aufnahmefähigen Menschen zu Aufgangsorten des Lichtes werden und das unvergängliche Leben erlangen. Das ist das wahre Opfer: sich selbst hinzugeben, wie es Christus tat, als ein Lösegeld für das Leben der Welt.
('Abdu'l-Bahá, Briefe und Botschaften, S. 80)

246 Welch bedingungslose Liebe zeigen die göttlichen Manifestationen doch gegenüber der Menschheit! Um die Menschen zu führen und die Herzen zu neuem Leben zu erwecken, haben Sie

willig Ihr Leben gelassen. Sie haben das Kreuz auf sich genommen. Um die Menschenseelen zu befähigen, die höchste Stufe des Fortschreitens zu erreichen, haben Sie während Ihrer begrenzten Lebensjahre enorme Schwierigkeiten und Qualen durchlitten. Hätte Jesus Christus die Menschenwelt nicht bedingungslos geliebt, hätte Er wohl kaum das Kreuz willkommen geheißen. Er wurde Seiner Liebe zur Menschheit wegen gekreuzigt. Bedenke diese bedingungslose Liebe. Ohne diese Liebe zur Menschheit hätte Johannes der Täufer sein Leben nicht zum Opfer dargebracht. Dies gilt gleichsam für alle anderen Propheten und Heiligen.
('Abdu'l-Bahá, The Promulgation of Universal Peace, S. 358 **)

247 O ihr heimatlosen Wanderer auf dem Pfade Gottes! Wohlstand, Zufriedenheit und Freiheit, so wünschenswert und förderlich sie für das Glück des Menschenherzens auch sind, lassen sich auf keine Weise mit den Prüfungen der Heimatlosigkeit und des Ungemachs auf dem Pfade Gottes vergleichen; denn solche Vertreibung und Verbannung sind mit göttlicher Gnade gesegnet und ziehen sicherlich die Barmherzigkeit der Vorsehung nach sich. Das Wohlbefinden im eigenen Heim und die süße Freiheit von allen Sorgen werden vergehen, aber der Segen der Heimatlosigkeit wird ewig währen; seine weitreichenden Folgen werden eines Tages offenbar.

₂ Abrahams Auszug aus Seinem Heimatland offenbarte die segensreichen Gaben des Allherrlichen, und der Untergang von Kanaans hellstem Stern enthüllte Josephs Strahlenglanz vor aller Augen. Die Flucht Mose, des Propheten am Sinai, offenbarte die Feuerflamme des Herrn, und Jesu Aufstieg hauchte der Welt den Odem des Heiligen Geistes ein. Der Aufbruch Muḥammads, des Geliebten Gottes, aus Seiner Geburtsstadt führte zur Erhöhung von Gottes heiligem Wort, und die Verbannung der Geheiligten Schönheit bewirkte, dass das Licht Seiner göttlichen Offenbarung sich allenthalben ausbreitete.

₃ Merke auf, o Volk der Einsicht!
('Abdu'l-Bahá, Briefe und Botschaften, S. 328-329)

248 Christus, Der das Wort Gottes ist, hat Sich Selbst geopfert. Dieses Opfer hat zwei Bedeutungen, eine offensichtliche und eine verborgene. Die äußere Bedeutung ist folgende: Christi Absicht war, eine Sache zu vertreten und zu fördern, die das Menschengeschlecht erziehen, die Kinder Adams neu beleben und die ganze Menschheit erleuchten sollte. Weil aber die Offenbarung einer solch großen Sache - einer Sache, die im Widerspruch zu allen Menschen, Völkern und Obrigkeiten stand - es in sich schloss, dass Er getötet und gekreuzigt würde, hat Christus damit, dass Er Seine Sendung verkündete, Sein Leben hingegeben. Für Ihn war das Kreuz wie ein Thron, die Wunden wie Balsam, das Gift wie Honig und Zucker. Er erhob Sich, die Menschen zu lehren und zu erziehen, und so opferte Er Sich Selbst, um den Geist des Lebens zu spenden. Sein Leib ging zugrunde, damit Sein Geist die Menschen neu beseele.

₂ Die andere Bedeutung des Opfers ist die: Christus war wie ein Samenkorn, und dieses Samenkorn opferte seine eigene Gestalt, damit der Baum wachsen und sich entfalten möge. Wenn auch das Äußere des Samenkorns zugrunde ging, so offenbarte sich seine Wirklichkeit in vollendeter, majestätischer Pracht und Schönheit in der Gestalt eines Baumes. [...]

₃ Die Gestalt des Samenkorns wurde dem Baum geopfert, aber seine Vollkommenheiten wurden infolge dieses Opfers sichtbar und offenkundig; denn der Baum mit seinen Zweigen, Blättern und Blüten war im Samenkorn verborgen, indem das Äußere des Samenkorns geopfert wurde, zeigten sich seine Vollkommenheiten in der vollendeten Gestalt der Blätter, Blüten und Früchte.
('Abdu'l-Bahá, *Beantwortete Fragen*, S. 122-123)

249 Es gibt zwei Arten von Opfer, das stoffliche und das geistige. Die Erklärung der Kirchen zu diesem Thema ist in Wirklichkeit Aberglauben. [...]

₂ Es heißt, Adam sei ungehorsam gegen das Gebot Gottes gewesen und habe von der Frucht des verbotenen Baumes gekostet; dadurch habe er eine Sünde begangen, die als Erbsünde auf seine Nachkommen gekommen sei. Man lehrt, der Sünde Adams wegen hätten all seine Nachfahren gleichfalls gesündigt und seien durch ihr Erbe schuldig geworden; die ganze Menschheit verdiene demnach Strafe und Vergeltung; Gott habe indessen Seinen Sohn als Opfer entsandt, damit dem Menschen vergeben und die Menschheit von den Folgen der Sünde Adams erlöst werde.

3 Wir wollen diese Erklärungen vom Standpunkt der Vernunft betrachten. Können wir uns vorstellen, dass ... Gott, der die Gerechtigkeit selbst ist, über die Nachkommen Adams Strafen verhängt, nur Adams Sünde und Ungehorsam wegen? Selbst einen Regenten, einen irdischen Herrscher, der einen Sohn für die Verfehlungen seines Vaters bestraft, würden wir für ungerecht halten.

4 Wir müssen noch andere Fragen und Beweise berücksichtigen: Abraham war eine Manifestation Gottes und ein Nachkomme Adams; ebenso gehörten Ismael, Isaak, Jeremia und die ganze Reihe der Propheten einschließlich Davids, Salomons und Aarons zu den Nachkommen Adams ... Es wird erklärt, als Christus kam und sich opferte, sei die ganze Reihe der Propheten, die Ihm vorangegangen sind, der Sünde und der Strafe ledig geworden ... Diese Auslegungen und Erklärungen sind darauf zurückzuführen, dass die Aussagen der Bibel missverstanden wurden.

5 Um die Wirklichkeit des Opfers verstehen zu lernen, wollen wir die Kreuzigung und den Tod Jesu Christi betrachten. Es ist wahr, dass Er sich um unseretwillen geopfert hat ... Als Christus erschien, wusste Er, dass Er sich gegen den Widerstand aller Nationen und Völker der Erde verkünden musste. Er wusste, die Menschheit würde sich gegen Ihn erheben und Ihm Leiden aller Art zufügen. Zweifellos erweckt derjenige, der einen solchen Anspruch wie Christus erhebt, die Feindschaft der Welt und setzt seine Person Schmähungen und Misshandlungen aus. Christus sah, dass Sein Blut vergossen und Sein Leib in Stücke gerissen würde. Obwohl Er wusste, was Ihm widerfahren wird, erhob Er sich, Seine Botschaft zu verkünden; Er litt alle Drangsal und Bedrückung aus den Händen des Volkes und brachte schließlich sein Leben zum Opfer, um die Menschheit zu

erleuchten; Er gab Sein Blut, um die Menschenwelt zu führen, jede Schwierigkeit, jede Not nahm Er auf sich, um die Menschen zur Wahrheit zu leiten. Hätte Er Sein eigenes Leben retten wollen, wäre es nicht Sein Wunsch gewesen, sich zu opfern, dann hätte Er auch nicht eine einzige Seele führen können. Es gab keinerlei Zweifel, dass Sein gesegnetes Blut vergossen, sein Leib gemartert würde. Trotzdem nahm diese heilige Seele Not und Tod in ihrer Liebe zur Menschheit auf sich. Dies ist eine der Bedeutungen des Opfers. [...]

6 Die [andere] Bedeutung des Opfers ist diese: Wenn ihr ein Samenkorn in den Boden pflanzt, wird daraus ein Baum entstehen. Der Samen opfert sich dem Baum, der aus ihm hervorgeht. Äußerlich ist der Samen verloren und zerstört, aber derselbe Samen, der sich opfert, wird in dem Baum, seinen Blüten, Früchten und Zweigen, aufgenommen und verkörpert. Würde die Identität des Samens nicht dem Baum, der aus ihm offenbar wird, geopfert, dann gäbe es keine Zweige, Blüten und Früchte. Äußerlich verschwand Christus. Seine persönliche Identität verbarg sich vor den Augen, wie die Identität des Samens verschwindet; aber die Segnungen, die göttlichen Eigenschaften und Vollkommenheiten Christi offenbarten sich in der christlichen Gemeinde, die Christus ins Leben rief, indem Er sich opferte ... Christus opferte sich wie dieser Samen für den Baum der Christenheit.

7 Bei der [letzten] Bedeutung des Opfers handelt es sich um das Prinzip, dass eine Wirklichkeit ihre eigenen Wesenszüge opfert. Der Mensch muss sich lösen von den Einflüssen der stofflichen Welt, der Welt der Natur ... denn die materielle Welt ist die Welt des Zerfalls und des Todes.

8 Das will sagen: Der Mensch muss die Eigenschaften und Merkmale der natürlichen Welt um der Eigenschaften und Merkmale der göttlichen Welt willen opfern. Betrachtet als Beispiel den Stoff, den wir Eisen nennen. Achtet auf seine Eigenschaften: Es ist fest, schwarz und kalt. Dies sind die Kennzeichen des Eisens. Wenn dieses nämliche Eisen vom Feuer Hitze aufnimmt, opfert es seine Eigenschaft der Festigkeit für die Eigenschaft der Flüssigkeit. Es opfert seine Eigenschaft der Schwärze für die Eigenschaft des Leuchtens, die das Feuer kennzeichnet. Es opfert seine Eigenschaft

der Kälte für die Eigenschaft der Hitze, die das Feuer besitzt; so bleiben dem Eisen weder Festigkeit, Schwärze noch Kälte. Es erglüht und wird verwandelt, nachdem es seine Eigenschaften den Eigenschaften und Merkmalen des Feuers geopfert hat.

₉ Wenn sich nun der Mensch von den Merkmalen der natürlichen Welt trennt und löst, opfert er die Eigenschaften und Sachzwänge jenes sterblichen Reiches und offenbart statt dessen die Vollkommenheiten des Reiches Gottes, so wie die Eigenschaften des Eisens verschwinden und die Eigenschaften des Feuers an ihre Stelle treten.
('Abdu'l-Bahá, Ansprachen in England und Nordamerika, S. 168-173)

250 Der Einfluss heiliger Wesen und die Fortdauer ihrer Gnade für die Menschheit, nachdem sie die menschliche Hülle abgelegt haben, ist für die Bahá'í eine unumstößliche Tatsache, erscheinen doch die überflutenden Gnadengaben, die strömenden Segnungen der heiligen Manifestationen erst nach ihrem Aufstieg aus dieser Welt. Die Erhöhung des Wortes, die Enthüllung der Macht Gottes, die Bekehrung gottesfürchtiger Seelen, die Verleihung ewigen Lebens - all dies wuchs verstärkt nach dem Martyrium des Messias.
('Abdu'l-Bahá, Briefe und Botschaften, S. 80)

251 Wisse, dass die ganze Schöpfung in großer Trauer weinte, als der Menschensohn Seinen Geist zu Gott aufgab. Doch indem Er sich selbst opferte, wurde allem Erschaffenen eine neue Fähigkeit eingehaucht. Die Beweise dafür sind in allen Völkern kund und heute vor dir offenbar. Die tiefste Weisheit, welche die Weisen zum Ausdruck bringen, die gründlichste Gelehrsamkeit, die Menschengeist entfaltet, die Künste, welche die fähigsten Hände gestalten, der Einfluss, den die mächtigsten Herrscher üben, sind nur Offenbarungen der belebenden Macht, die Sein überragender, Sein alldurchdringender und strahlender Geist entfesselt hat.
(Bahá'u'lláh, Ährenlese, S. 78)

252 Als der Herr Christus mit Dornen gekrönt war, wusste Er, dass Ihm alle Kronen der Erde zu Füßen lagen. Alle irdischen Kronen, wie prachtvoll, mächtig und strahlend sie auch waren, beugten sich anbetungsvoll vor der Dornenkrone. Es war diese sichere und gewisse Erkenntnis, von der Er sprach, als Er sagte: „Mir ist alle Macht gegeben im Himmel und auf Erden".
('Abdu'l-Bahá, Ansprachen in Paris, S. 134)

253 Jesus Christus wusste, dass dies geschehen würde, und Er war willens, dafür zu leiden. Seine Erniedrigung war Sein Ruhm. Seine Dornenkrone ein himmlisches Diadem. Als sie die Dornen auf Sein gesegnetes Haupt drückten und Ihm in Sein hehres Antlitz spien, da legten sie den Grundstein zu Seinem ewigen Reich. Er herrscht noch immer, doch sie und ihre Namen sind verloren und vergessen. Er ist ewig und strahlt in Herrlichkeit; sie sind nichts. Ihn suchten sie zu vernichten; doch sie vernichteten sich selbst und durch die Stürme ihrer Gegnerschaft nährten sie nur Seine Flamme. Durch Seinen Tod und durch Seine Lehren gelangten wir in Sein Reich.
('Abdu'l-Bahá, 'Abdu'l-Bahá, Christ sein heißt..., S. 42)

254 Und siehe, was dann geschah: wie ihre mächtigen Fahnen eingeholt wurden und stattdessen Sein erhabenes Banner gehisst wurde, wie all die hellen Sterne an jenem Himmel der Ehre und des Stolzes versanken, wie sie im Westen der Vergänglichkeit untergingen - und wie Sein Lichtgestirn von den Himmeln unsterblichen Ruhmes strahlt, während die Jahrhunderte und Zeitalter verrinnen.
('Abdu'l-Bahá, Briefe und Botschaften, S. 206)

255 So kommt es, dass man sogar im Reich dieser Welt, das heißt im Gebiet des Geistes und der Materie, sieht, wie die Größe und Herrlichkeit Christi auf dieser Erde nach Seiner Himmelfahrt offenbar wurden. Während Seines Daseins in der körperlichen Welt

war Er der Verachtung und dem Spott des schwächsten Volkes der Welt, der Juden, preisgegeben, die es für passend hielten, eine Dornenkrone auf Sein gesegnetes Haupt zu setzen. Aber nach Seiner Himmelfahrt wurden die juwelenbesetzten Kronen aller Könige gedemütigt und beugten sich vor der Dornenkrone.
('Abdu'l-Bahá, Beantwortete Fragen, S. 119)

256 Die Auferstehung der göttlichen Offenbarer ist keine körperliche. Ihre Stellung und ihre Erscheinungsweise, ihr Tun und ihre Einrichtungen, ihre Lehren und ihre Ausdrucksweise, ihre Gleichnisse und ihre Unterweisungen haben geistige und göttliche Bedeutung und sind nicht an die stoffliche Welt gebunden. Nimm zum Beispiel die Frage von Christi Kommen aus dem Himmel: An zahlreichen Stellen des Evangeliums heißt es ganz klar, dass der Sohn des Menschen vom Himmel kam, dass Er im Himmel ist und dass Er in den Himmel geht. So steht in Kapitel 6, Vers 38, des Johannesevangeliums: „Denn Ich bin vom Himmel gekommen" und in Vers 41 lesen wir: „Sie sprachen: Ist dies nicht Jesus, Josephs Sohn, des Vater und Mutter wir kennen? Wie spricht er denn: ‚Ich bin vom Himmel gekommen'?" Und in Kapitel 3, Vers 13, heißt es: „Und niemand fährt gen Himmel, denn Der vom Himmel hernieder gekommen ist, nämlich des Menschen Sohn, Der im Himmel ist."

₂ Beachte, dass gesagt ist: „ ... des Menschen Sohn, Der im Himmel ist", obwohl Christus zu dieser Zeit auf Erden war. Bedenke auch, dass geschrieben ist, dass Christus vom Himmel kam, obgleich Er aus Marias Schoß kam und Sein Leib von ihr geboren wurde. So ist es klar, dass es keine äußere, sondern eine innere Bedeutung hat, wenn gesagt ist, dass des Menschen Sohn vom Himmel kam; es ist eine geistige und keine körperliche Tatsache. Der Sinn ist, dass Christus, obwohl Er augenscheinlich aus Marias Schoß geboren wurde, tatsächlich vom Himmel kam, vom Mittelpunkt der Sonne der Wahrheit, von der göttlichen Welt und dem geistigen Königreich. Da nun klar erwiesen ist, dass Christus vom geistigen Himmel des göttlichen Reiches herabkam, hat auch Sein Verborgensein unter der Erde während dreier Tage eine innere Bedeutung und ist keine äußere Tatsache. Ebenso ist Seine Auferstehung aus dem Inneren der

Erde symbolisch; sie ist ein geistiges und göttliches Geschehnis, kein materielles; gleicherweise ist Seine Himmelfahrt eine geistige und keine körperliche.

₃ Von diesen Erklärungen abgesehen, hat die Wissenschaft festgestellt und bewiesen, dass der sichtbare Himmel eine unendliche Weite ist, öde und leer, wo zahllose Gestirne und Planeten ihre Bahnen ziehen.

₄ Darum erklären Wir den Sinn der Auferstehung Christi wie folgt:

₅ Die Jünger waren nach dem Kreuzestode Christi beunruhigt und verwirrt. Die Wirklichkeit Christi, Seine Lehren, Segensgaben, Seine Vollkommenheit und geistige Macht waren nach Seinem Kreuzestode zwei oder drei Tage lang verborgen und verschleiert, sie waren nicht sichtbar und leuchteten nicht. Im Gegenteil, man hielt sie für verloren, denn der Gläubigen waren wenige, und sie waren unruhig und aufgewühlt. Die Sache Christi war wie ein lebloser Körper; nach drei Tagen aber, als die Apostel fest und sicher wurden, Seiner Sache zu dienen begannen und sich entschlossen, die göttlichen Lehren zu verbreiten, indem sie nach Seinem Vermächtnis handelten und sich erhoben, Ihm zu dienen, leuchtete die Wirklichkeit Christi, und Seine Segensgaben wurden sichtbar; Seine Religion wurde lebendig, und Seine Lehren und Ermahnungen wurden klar und offenkundig. Mit anderen Worten: Die Sache Christi war wie ein lebloser Körper, bis das Leben und die Segensgaben des Heiligen Geistes sie erfüllten.

₆ Das ist die Bedeutung der Auferstehung Christi, und es war eine wahre Auferstehung. Aber da die Priester weder den Sinn des Evangeliums verstanden noch seine Symbole erkannten, wurde gesagt, Religion widerspreche der Wissenschaft, und die Wissenschaft empöre sich gegen die Religion; denn gerade diese Auffassung von der leiblichen Himmelfahrt Christi in den sichtbaren Himmel steht im Widerspruch zur exakten Wissenschaft. Wenn aber die Wahrheit über diese Frage erkannt und ihr Symbolcharakter erklärt wird, widerspricht ihr die Wissenschaft in keiner Weise; im Gegenteil werden Wissenschaft und Verstand sie bestätigen.
(*'Abdu'l-Bahá, Beantwortete Fragen, S. 108-109*)

257 Was die Auferstehung des Leibes Christi drei Tage nach Seinem Hinscheiden anbelangt: Dies verdeutlicht die göttlichen Lehren und die geistige Religion Seiner Heiligkeit Christus, die Seinen geistigen Leib formen, der lebt und fortbesteht in Ewigkeit.

² Mit den „drei Tagen" Seines Todes ist gemeint, dass nach dem großen Martyrium die Durchschlagskraft der göttlichen Lehren und die Verbreitung des geistigen Gesetzes aufgrund der Kreuzigung Christi nachließen. Denn die Jünger waren schwer erschüttert durch die Heftigkeit der göttlichen Prüfungen. Aber als sie gefestigt wurden, wurde der göttliche Geist wiederbelebt und der Körper, der das Wort Gottes symbolisiert, erstand wieder auf.
('Abdu'l-Bahá, Tablets of 'Abdu'l-Bahá Abbas I, S. 192 **)

258 Wisse, dass der Geist Christi und die Ausgießung des Heiligen Geistes immer gegenwärtig ist, aber der Grad der Aufnahmefähigkeit und überhaupt die Fähigkeit, Ihn zu empfangen, bei manchen stärker und bei manchen schwächer ausgebildet ist. Nach der Kreuzigung hatten die Apostel zu Beginn weder die nötige Aufnahmefähigkeit noch die Fähigkeit, die Wahrheit Christi zu bezeugen. Denn sie waren aufgewühlt. Aber als sie Sicherheit und Standhaftigkeit gewannen, wurde ihr inneres Auge geöffnet und sie sahen die Wahrheit des Messias deutlich vor sich. Denn der Körper Christi war gekreuzigt und verschwunden, aber der Geist Christi ergießt sich immerwährend über die geschaffene Welt und steht den vertrauensvollen Menschen deutlich vor Augen.
('Abdu'l-Bahá, Tablets of 'Abdu'l-Bahá Abbas I, S. 193-194 **)

259 Jesus Christus hatte zwölf Jünger und unter seinen Anhängern eine Frau, bekannt als Maria Magdalena. Judas Ischariot war zum Verräter und Heuchler geworden, und nach der Kreuzigung waren die elf übrigen Jünger erschüttert und verunsichert. Es ist nach dem Zeugnis des Evangeliums offenkundig, dass diejenige, die sie tröstete und ihren Glauben wiederherstellte, Maria Magdalena war.
('Abdu'l-Bahá, The Promulgation of Universal Peace, S. 185 **)

260 Als Jesus Christus am Kreuz starb, waren die Jünger, die den Kreuzestod miterlebten, verstört und erschüttert. Selbst Petrus ... verleugnete Ihn dreimal. Maria Magdalena führte sie wieder zusammen und bestärkte sie in ihrem Glauben. Sie sagte: „Warum zweifelt ihr? Warum habt ihr euch gefürchtet? O Petrus! Warum hast du Ihn verleugnet? Die Wirklichkeit Christi ist unsterblich, immerwährend, ewig. Für diese göttliche Wirklichkeit gibt es keinen Anfang und kein Ende, und deshalb kann es keinen Tod geben." Kurz, diese Frau war, ganz auf sich gestellt, das Werkzeug, das die Jünger verwandelte und sie standhaft machte.
('Abdu'l-Bahá, Ansprachen in England und Nordamerika, S. 152)

261 Nach dem Martyrium Christi ... waren die Jünger verwirrt und niedergeschlagen. Selbst Petrus hatte Christus verleugnet und versucht, Seine Gesellschaft zu meiden. Es war eine Frau, Maria Magdalena, die die wankenden Jünger in ihrem Glauben bestärkte und sprach: „War es der Körper Christi oder Seine Wirklichkeit, die ihr habt gekreuzigt werden sehen? Sicherlich war es Sein Körper. Seine Wirklichkeit ist immerwährend und ewig; Sie hat weder Anfang noch Ende. Warum seid ihr also verwirrt und mutlos? Christus sprach stets davon, dass Er gekreuzigt werden würde." Maria Magdalena war eine einfache Dorfbewohnerin; aber sie wurde zum Mittel des Zuspruchs und der Bestätigung für die Jünger Christi.
('Abdu'l-Bahá, The Promulgation of Universal Peace, S. 185 **)

262 Wir glauben nicht, dass es eine körperliche Auferstehung nach der Kreuzigung Christi gegeben hat, wohl aber, dass es eine Zeit nach Seiner Auferstehung gab, in der Seine Jünger Seine wahre Größe erkannten und begriffen, dass Sein Geist ewigwährend ist. Dies ist es, was symbolisch im Neuen Testament berichtet worden ist und missverstanden wurde. Mit dem Mahl mit Seinen Jüngern nach der Auferstehung ist es dasselbe.
(Aus einem Brief im Auftrag des Hüters an einen einzelnen Gläubigen, 09.10.1947 **)

263 Der Hüter wünscht, dass Sie ihm erklären, dass diese Abschnitte [(Lukas 24:39 und Johannes 20:24-29)] allegorisch gemeint sind und nicht wörtlich genommen werden sollten. Sie deuten die Wirklichkeit der Anwesenheit des Geistes Christi an und nicht seine körperliche Wiederauferstehung.
(Aus einem Brief im Auftrag des Hüters an einen einzelnen Gläubigen, 14.08.1937**)

264 Bezüglich der Auferstehung Christi möchte [der Hüter] Ihre Aufmerksamkeit auf die Tatsache lenken, dass wir als Bahá'í in diesem Fall – sowie bei eigentlich allen im Evangelium aufgezeichneten sogenannten Wundergeschichten – eine geistige Bedeutung zu finden versuchen und völlig die physische Deutung verwerfen sollten, die ihnen von vielen der christlichen Sekten beigemessen worden ist. Die Auferstehung Christi war tatsächlich nicht körperlich, sondern wesensmäßig geistig, und steht symbolisch für die Wahrheit, dass die Wirklichkeit des Menschen nicht in seiner körperlichen Verfassung, sondern in seiner Seele zu finden ist.
(Aus einem Brief im Auftrag des Hüters an einen einzelnen Gläubigen, 14.08.1934**)

265 [Die Christen] betrachten die Auferstehung Christi und Seine Himmelfahrt als leibliches Geschehen, das Seinen physischen Körper einschließt, während die Bahá'í-Schriften erklären, dass diese Berichte symbolisch verstanden werden sollten. Die grundsätzliche Frage der Symbolik innerhalb der Bibel wird von Bahá'u'lláh in großer Ausführlichkeit im Kitáb-i-Íqán behandelt und im ersten Teil dieses Buches, Vers 53, erklärt er den Zweck der Symbolik in allen Heiligen Büchern:

₂ „Wisse wahrlich, dass die auf die Offenbarer der heiligen Gottessache zurückgehenden symbolischen Begriffe und dunklen Andeutungen die Völker der Welt prüfen sollen, so dass so die Erde der reinen, erleuchteten Herzen geschieden werde vom vergänglichen, öden Boden. Seit unvordenklicher Zeit war dies der Weg Gottes inmitten Seiner Geschöpfe, wie dies die Berichte der heiligen Bücher bezeugen."

₃ Zu der Zeit, als das Neue Testament geschrieben wurde, und noch viele Jahrhunderte später, war es allgemein anerkannter Bestandteil des Weltbildes, dass die Welt, auf der wir leben, der Mittelpunkt des Universums sei, die Hölle ein Ort, der sich buchstäblich unter der Erde befindet, während der Himmel buchstäblich über den Wolken verortet wurde, jenseits der Atmosphäre der Planeten. Für die Menschen jenes Zeitalters war nichts Absurdes darin, die „Höllenfahrt" (Jesu Abstieg in die Hölle, um die Seelen der Gerechten der vergangenen Zeitalter hinauszuführen) oder Seine leibliche Himmelfahrt wörtlich zu verstehen.

₄ Zu Zeiten Jesu waren die Vorstellungen der Menschen über das nächste Leben sehr vage, mochten sie Juden oder Heiden sein. Auch wenn sie sich die nächste Welt als einen physischen Ort vorgestellt haben mochten, so fassten sie doch das Leben dort als einen schattenhaften, unwirklichen, fahlen Abglanz der Wirklichkeit auf. Jesus vermochte sie zu lehren, dass das nächste Leben ebenso wirklich, im Gegenteil noch viel „wirklicher" als dieses Leben ist; es ist daher nicht überraschend, dass die christliche Tradition über die Jahrhunderte versucht hat, das zu „konkretisieren", was eigentlich als geistige Wahrheit gedacht war.

₅ Heutzutage, da wir eine klarere Vorstellung der Beschaffenheit des physischen Universums haben, erscheint uns die Vorstellung, dass ein leiblicher Körper zum Kern der Erde hinabsteigen oder im Gegenteil in die Gefilde jenseits der Stratosphäre aufsteigen könne (ausgenommen vielleicht in einem Raumschiff) als ein lächerliches Hirngespinst. Die Bahá'í-Schriften machen nichtsdestotrotz klar, dass, auch wenn wir diese Berichte nicht als im wörtlichen Sinne wahr betrachten können, dies weder die Wahrheit noch die Bedeutung der geistigen Wirklichkeiten, die sie vermitteln, schmälert.

₆ Überdies kann man, wenn man die biblischen Berichte mit unvoreingenommenem Geist liest, erkennen, dass diese Ereignisse weit entfernt davon sind, charakteristisch für einen leiblichen Körper zu sein. Es ist wahr, dass Jesus den zweifelnden Thomas auffordert, seine Wunden zu berühren, um zu beweisen, dass Er es wirklich ist, aber noch kurz zuvor erschien Er plötzlich in einem Raum mit verschlossenen Türen. In ähnlicher Weise verschwindet Jesus plötzlich, nachdem Er vorher mit zwei Anhängern auf der Straße nach Emmaus gesprochen hatte. Er erscheint außerdem plötzlich in unterschiedlichen Teilen des Heiligen Landes, in Jerusalem, Galiläa und so weiter.

₇ In diesem Zusammenhang sollten wir uns an die Aussage des Paulus im 1. Korintherbrief (15:50-54) erinnern:

₈ „Das sage ich aber, liebe Brüder, dass Fleisch und Blut das Reich Gottes nicht ererben können; auch wird das Verwesliche nicht erben die Unverweslichkeit. Siehe, ich sage euch ein Geheimnis: Wir werden nicht alle entschlafen, wir werden aber alle verwandelt werden; und das plötzlich, in einem Augenblick, zur Zeit der letzten Posaune. Denn es wird die Posaune erschallen und die Toten werden auferstehen unverweslich, und wir werden verwandelt werden. Denn dies Verwesliche muss anziehen die Unverweslichkeit, und dies Sterbliche muss anziehen die Unsterblichkeit. Wenn aber dies Verwesliche anziehen wird die Unverweslichkeit und dies Sterbliche anziehen wird die Unsterblichkeit, dann wird erfüllt werden das Wort, das geschrieben steht (Jesaja 25:8; Hosea 13:14): ‚Der Tod ist verschlungen vom Sieg.'"

₉ Davon ausgehend ist es klar, dass es selbst im christlichen Denken das Geistige ist, das lebendig und ewig ist, nicht das Materielle. Die Arten, auf die christliche Theologen diese Lehren verstanden haben, unterscheiden sich, aber die wesentlichen Teile befinden sich in Übereinstimmung sowohl mit den Bahá'í-Lehren als auch mit den Berichten, die wir im Neuen Testament lesen.

₁₀ 'Abdu'l-Bahá führt in Erklärung dieser Themen in den ‚Beantworteten Fragen' auf Seite 108-109 aus, dass Jesus erklärte, Er sei „vom Himmel gekommen", obgleich bekannt ist, dass Er von einem materiellen Standpunkt aus als Kind in diese Welt geboren wurde. Daher war Sein „Herabsteigen" vom „Himmel" ein geistiges Ereignis, und „gleicherweise ist Seine Himmelfahrt eine geistige und keine körperliche".

11 Bezüglich der Lage des Bestattungsortes der geheiligten Überreste Jesu erklärt ein am 22. März 1982 im Auftrag des Universalen Hauses der Gerechtigkeit geschriebener Brief:

12 „Einige Pilger haben in ihren Notizen mündliche Aussagen von 'Abdu'l-Bahá und Shoghi Effendi überliefert, die andeuten, dass die Jünger den Leichnam Christi verbargen, indem sie ihn unter den Mauern Jerusalems bestatteten, und dass dieses Grab heutzutage unterhalb der Grabeskirche liegt. Allerdings weiß das Haus der Gerechtigkeit von keiner Aussage in den Schriften, die dies ausdrücklich bestätigen würde."
(Aus einem Brief im Auftrag des Universalen Hauses der Gerechtigkeit an einen einzelnen Gläubigen, 09.10.1989**)

266 Bevor wir das Thema der Auferstehung konkret ansprechen, ist es notwendig, sich den grundsätzlichen Bahá'í-Standpunkt bezüglich des Christentums und der Bibel klarzumachen. In seiner Botschaft ‚Der verheißene Tag ist gekommen', gerichtet an die Gläubigen im Westen, betont Shoghi Effendi auf Seite 167:

2 „Was die Stellung des Christentums betrifft, so sei ohne Zögern und unzweideutig festgestellt, dass sein göttlicher Ursprung bedingungslos bejaht, die Sohnschaft und Göttlichkeit von Jesus Christus furchtlos behauptet, die göttliche Eingebung des Evangeliums voll anerkannt, die Wirklichkeit des Mysteriums der Unbeflecktheit der Jungfrau Maria angenommen und der Vorrang Petri, des Fürsten der Apostel, hochgehalten und verteidigt werden."

3 Speziell auf die Bibel bezogen erläutert ein Brief, der im Auftrag des Universalen Hauses der Gerechtigkeit in Beantwortung der Fragen, die von einem einzelnen Gläubigen aufgeworfen worden waren, zwei Prinzipien, die beim Studium dieses Buches beachtet werden müssen:

₄ „Beim Studium der Bibel sollten die Bahá'í zwei grundlegende Prinzipien berücksichtigen. Das erste ist, dass zahlreiche Abschnitte in den Heiligen Schriften dazu gedacht sind, metaphorisch verstanden zu werden, und nicht wörtlich, und dass einige der auftauchenden Paradoxien und scheinbaren Widersprüche dazu gedacht sind, genau dies anzudeuten. Das zweite ist die Tatsache, dass der Text der frühen Schriften wie der Bibel nicht vollkommen authentisch ist."

₅ Das Haus der Gerechtigkeit erläutert in diesem Brief zudem das Bahá'í-Verständnis der Auferstehung Christi:

₆ „Bezüglich der Auferstehung Christi führen Sie das vierundzwanzigste Kapitel des Lukasevangeliums an, dessen Bericht die Wahrheit der Erscheinung Jesu vor Seinen Jüngern hervorhebt, die Ihn, wie das Evangelium erzählt, zunächst für einen Geist hielten. Vom Bahá'í-Standpunkt aus ist die Vorstellung, dass die Auferstehung die Rückkehr eines Körpers aus Fleisch und Blut gewesen sei, der später von der Erde in den Himmel auffuhr, weder annehmbar noch ist es für die Wahrheit der Erfahrung der Jünger wesentlich, die besagt, dass Jesus nicht zu existieren aufhörte, als Er gekreuzigt wurde (wie es auch viele Juden zu dieser Zeit glaubten), sondern dass im Gegenteil Sein Geist, befreit vom Leib, in die Gegenwart Gottes gelangte und fortfuhr, Seine Anhänger zu inspirieren und zu führen und über die Geschicke Seiner Sendung zu wachen." […]

₇ Bahá'u'lláh erklärt den Zweck, der der Symbolik in allen Heiligen Texten zugrunde liegt, im Kitáb-i-Íqán (1:53):

₈ „Wisse wahrlich, dass die auf die Offenbarer der heiligen Gottessache zurückgehenden symbolischen Begriffe und dunklen Andeutungen die Völker der Welt prüfen sollen, so dass so die Erde der reinen, erleuchteten Herzen geschieden werde vom vergänglichen, öden Boden. Seit unvordenklicher Zeit war dies der Weg Gottes inmitten Seiner Geschöpfe, wie dies die Berichte der heiligen Bücher bezeugen."

₉ Es liegt in der Natur solcher Begriffe wie "Auferstehung" und "Wiederkunft", dass sich unterschiedliche Ansichten über ihre Bedeutung entwickeln. In der Tat gibt es unter den christlichen Theologen selbst große Meinungsverschiedenheiten bezüglich der Auferstehung Christi, wie das ‚Abingdon Dictionary of Living Religions' auf Seite 619 betont: „Eine Vielzahl christlicher Theologen betrachten die Auferstehung heutzutage als eine Metapher, die die Überzeugung ausdrückt, dass der ganze individuelle Mensch eine Zukunft nach dem Tod habe, andere wiederum bekräftigen die Bedeutung des traditionellen Glaubens, dass Jesus leibhaftig von den Toten auferweckt worden sei."
(Aus einem Brief im Auftrag des Universalen Hauses der Gerechtigkeit an einen einzelnen Gläubigen, 14.09.1987 **)

267 Das denkwürdigste Beispiel geistiger Beratung war das Treffen der Jünger Jesu Christi auf dem Berg nach Seiner Himmelfahrt. Sie sprachen: „Jesus Christus ist gekreuzigt worden und wir können nicht länger die Gemeinschaft und den Austausch mit Ihm in Seinem physischen Körper pflegen; daher müssen wir Ihm gegenüber treu und gewissenhaft sein, wir müssen dankbar sein und Ihn hoch schätzen, denn Er hat uns von den Toten auferweckt, Er hat uns weise gemacht und uns ewiges Leben geschenkt. Was sollen wir tun, um unseren Glauben zu bezeugen?" So begannen sie ihre Beratung. Einer von ihnen sprach: „Wir müssen uns von den Ketten und Fesseln dieser Welt lösen; anders können wir unseren Glauben nicht bezeugen." Die anderen antworteten: „Das ist wahr." Ein anderer sprach: „Entweder müssen wir verheiratet sein und unseren Frauen und Kindern treu ergeben, oder unserem Herrn frei von solchen Bindungen dienen. Wir können nicht gleichzeitig für unsere Familien sorgen und in der Wildnis das Reich Gottes verkündigen. Daher lasst diejenigen, die unverheiratet sind, in diesem Stand verbleiben, und diejenigen, die geheiratet haben, den Lebensunterhalt für ihre Familien bestreiten und erst danach die Frohe Botschaft verbreiten. Es gab keine abweichenden Meinungen, alle stimmten zu und sprachen: „Das ist richtig." Ein dritter fuhr fort und sprach: „Um des Reiches Gottes würdige Taten zu vollbringen, müssen wir außerdem selbstlos sein. Von nun an sollten wir Behaglichkeit und

Bequemlichkeit aufgeben, alle Schwierigkeiten auf uns nehmen, uns selbst vergessen und die Sache Gottes lehren." Dies fand bei allen anderen Zustimmung und Anerkennung. Schließlich sprach ein vierter Jünger: „Es gibt noch einen weiteren Aspekt, der im Hinblick auf unsere Treue und unsere Einheit wichtig ist. Um Jesu willen sollen wir geschlagen, eingekerkert und vertrieben werden. Sie könnten uns töten. Lasst uns diese Lehre nun aufnehmen. Lasst uns anerkennen und beschließen, dass wir, auch wenn sie uns schlagen, vertreiben, verfluchen, bespucken und vor den Scharfrichter führen, all dies freudig annehmen und die lieben sollen, die uns hassen und verletzen." Alle Jünger antworteten: „Das werden wir gewisslich tun – es ist beschlossen; es ist recht." Dann stiegen sie vom Gipfel des Berges herab und jeder wandte sich für seinen göttlichen Auftrag in eine andere Richtung.
('Abdu'l-Bahá, *The Promulgation of Universal Peace*, S. 100-101 **)

268 Das Herabkommen des Heiligen Geistes ist nicht wie der Eintritt der Luft in den Körper; es ist ein bildlicher und kein wörtlich zu nehmender Ausdruck. Es gleicht vielmehr dem Eintritt des Bildes der Sonne in einen Spiegel; das heißt, ihr Glanz wird in ihm sichtbar.

₂ Die Jünger waren nach dem Hingang Christi in Verwirrung, ihre Meinungen und Gedanken gingen auseinander und widersprachen sich; später wurden sie gefestigt und einig, und am Pfingstfest kamen sie zusammen und lösten sich von den Dingen dieser Welt. Sie dachten nicht an sich selbst, verzichteten auf Behagen und irdisches Glück, opferten Leib und Seele ihrem geliebten Herrn, verließen ihre Familien und wurden heimatlose Wanderer, wobei sie sogar ihr eigenes Dasein vergaßen. Da wurde ihnen göttliche Hilfe zuteil, und die Kraft des Heiligen Geistes wurde offenbar; die Geistigkeit Christi siegte, und die Liebe Gottes herrschte. An diesem Tage wurde ihnen Hilfe geschenkt, und sie zerstreuten sich in alle Richtungen, lehrten die Sache Gottes und machten sie klar und offenkundig.

₃ Die Ausgießung des Heiligen Geistes auf die Jünger bedeutet also, dass sie sich dem Geiste Christi ganz ergaben, wobei sie Sicherheit und Festigkeit fanden. Durch den Geist der Liebe Gottes gewannen

sie neues Leben und sahen, dass Christus lebte, half und sie beschützte. Sie waren wie Wassertropfen und wurden zum Meer, sie waren wie schwache Mücken und wurden zu königlichen Adlern, sie waren kraftlos und wurden stark. Sie waren wie Spiegel, die der Sonne zugewendet sind; wahrlich, in ihnen wurden Strahlen der Sonne offenbar.
('Abdu'l-Bahá, Beantwortete Fragen, S. 110)

269 Die Jünger Christi lehrten Seinen Glauben mit der Sprache des Königreiches. Diese Sprache stimmt mit allen Sprachen überein, denn sie besteht aus himmlischen Bedeutungen und göttlichen Geheimnissen. Für denjenigen, der mit dieser Sprache vertraut wird, lichten sich die Schleier vor den Wahrheiten und Geheimnissen der Schöpfung. Göttliche Wahrheiten sind allen Sprachen gemein. Folglich lehrte der Heilige Geist die Jünger die Sprache des Königreiches, und hierdurch wurden sie fähig, mit den Völkern aller Nationen zu sprechen. Wann immer sie zu den Menschen anderer Nationen sprachen, schien es, als sprächen sie in deren Sprache.
('Abdu'l-Bahás, zitiert in: bahai-library.com/uhj_old_new_testaments. **)

270 Christi Jünger vergaßen sich selbst und alles Irdische, ließen alle Sorgen hinter sich und gaben allen Besitz auf, läuterten sich von Selbstsucht und Leidenschaft, und in völliger Loslösung zerstreuten sie sich nah und fern, nur darauf bedacht, die Völker der Welt unter die göttliche Führung zu rufen, bis sie schließlich, die Welt zu einer anderen Welt gemacht, das Antlitz der Erde erleuchtet und bis zu ihrer letzten Stunde ihre Selbstaufopferung auf dem Pfade jenes Geliebten Gottes bewiesen hatten. Am Ende erlitten sie in vielen Ländern ein ruhmreiches Martyrium. Lasst die, welche Menschen der Tat sind, in ihren Fußstapfen folgen!
('Abdu'l-Bahá, Dokumente des Bündnisses, S. 36)

271 Als Christus gekreuzigt wurde und von dieser Welt ging, hatte er nur elf Jünger und nur einige wenige, die ihm anhingen. Da Er aber der Sache der Wahrheit diente, so möget ihr heute das Ergebnis

seines Lebenswerkes betrachten. Er hat die Welt erleuchtet und der toten Menschheit Leben verliehen. Nach Seinem Aufstieg wuchs Seine Sache allmählich, die Seelen Seiner Anhänger strahlten stärker und stärker, und der erlesene Duft ihres heiligen Lebens verbreitete sich allenthalben.
('Abdu'l-Bahá, Ansprachen in Paris, S. 136)

272 Bedenke, was Christus erreicht hat. Er bewirkte, dass die Seelen [der Gläubigen] einen Zustand erreichten, in dem sie willig und freudig ihr Leben ließen. Was für eine Macht! Tausende von Menschenseelen waren so hingezogen zu Gott, dass sie, in äußerster Freude ob ihrer geistigen Aufnahmefähigkeit, sich selbst vergaßen und sich in Seiner Nachfolge ganz dem Willen Gottes ergaben. Wäre ihnen einfach gesagt worden, dass es erstrebens- und lobenswert sei, sich auf dem Pfad Gottes selbst zu opfern, wäre all dies nie geschehen. Sie hätten nicht so gehandelt. Christus gewann sie, entriss ihnen die Zügel der Macht und sie eilten in Verzückung voran, um sich selbst zu opfern.
('Abdu'l-Bahá, The Promulgation of Universal Peace, S. 351 **)

273 „Betrachtet die Arbeit früherer Generationen", hat 'Abdu'l-Bahá geschrieben, „während der Lebenszeit Jesu Christi waren es nur wenige und gezählte gläubige und feste Seelen, aber der himmlische Segen ergoss sich in so reichem Maße, dass in einer Reihe von Jahren unzählige Seelen unter den Schatten des Evangeliums traten. Gott hat im Qur'án gesagt: ‚Ein Korn wird sieben Garben hervorbringen, und jede Garbe wird hundert Körner enthalten.' In anderen Worten, aus einem Korn werden siebenhundert werden; und wenn es Gottes Wille ist, wird Er diese nochmals verdoppeln. Es hat sich oft ereignet, dass eine begnadete Seele zur Ursache der Führung für ein ganzes Volk wurde. Wir dürfen nun nicht unsere Fähigkeiten und unsere Leistungskraft betrachten, nein, vielmehr müssen wir unseren Blick in diesen Tagen auf die Gunst und Gnade Gottes richten, der aus dem Tropfen ein Meer und aus dem Atom eine Sonne gemacht hat."
(Shoghi Effendi, Das Kommen göttlicher Gerechtigkeit, S. 91)

274 Als Christus erschien, folgten einige gesegnete Seelen Seinem Beispiel. Sie begleiteten ihren Meister und beobachteten und verfolgten stets Sein Verhalten, Seine Schritte und Gedanken. Sie bezeugten die Verfolgungen, die sie Ihm aufbürdeten, und wurden über alle Begebenheiten unterrichtet, die einem so außergewöhnlichen Leben zugehören – sie waren Empfänger Seiner Güte und Seiner Gunst. Nach der Himmelfahrt Christi eilten sie in die verschiedenen Weltgegenden und verbreiteten die Lehren und Anweisungen, die Er ihnen gegeben hatte. Durch ihre Hingabe und ihre Mühen wurden andere Orte und entfernte Länder von den durch Ihn offenbarten Grundsätzen unterrichtet.

₂ Mit ihrer Hilfe wurde der Osten erleuchtet, und das Licht, das den Osten erfüllt hatte, erfüllte gleichermaßen auch den Westen. Dieses Licht wurde zum Mittel der Führung für die Völkermassen. Es erwies sich in vielen Fällen als fähig, Kriege zu verhindern. Dies erweist sich in der Vereinigung und Verbindung unterschiedlichster Völker, die einander zuvor feindlich gesinnt waren – wie die Griechen, Römer, Ägypter, Syrer, Chaldäer und Assyrer. Durch Christus bewahrheitete sich die Einheit der Menschheit, und sie wurde zur Ursache der geistigen Erleuchtung für die Menschheit.
('Abdu'l-Bahá, The Promulgation of Universal Peace, S. 523-524 **)

275 Erinnere dich der Worte Jesu Christi im Evangelium. An Petrus gewandt, sagte Er: „Du bist Petrus, und auf diesen Felsen will ich meine Kirche bauen." Es ist daher offenkundig, dass die Kirche Gottes das Gesetz Gottes ist und dass das eigentliche Gebäude nur ein Symbol dessen ist. Denn das Gesetz Gottes ist ein Mittelpunkt, der viele Völker, Gebiete, Sprachen und Ansichten vereinigt. Sie alle finden Schutz in seinem Schatten und werden von ihm angezogen.
('Abdu'l-Bahá, The Promulgation of Universal Peace, S. 226 **)

276 Christus sprach, an Petrus gewandt: "Du bist Petrus, und auf diesen Felsen will Ich meine Kirche bauen." Diese Äußerung sollte auf den Glauben Petri verweisen und bedeutete: Dein Glaube, O

Petrus, ist wahrlich der Grundstein und eine Botschaft der Einheit für die Völker; er soll zum einigenden Band für die Menschenherzen werden und zur Grundlage für die Einheit der Menschenwelt.
('Abdu'l-Bahá, The Promulgation of Universal Peace, S. 89 **)

277 Was den Ausspruch Jesu Christi „Du bist Petrus, und auf diesen Felsen will ich meine Kirche bauen" betrifft; dieser Spruch begründet ohne jeden Zweifel die Vorrangstellung Petri und ebenso den Grundsatz der Nachfolge, doch ist er nicht ausdrücklich genug, was die Wesensart und Funktionsweise der Kirche selbst anbetrifft. Die Katholiken haben zu viel in diesen Ausspruch hineingelesen, und leiteten von diesem gewisse Schlussfolgerungen ab, die überhaupt nicht zu rechtfertigen sind.
(Aus einem Brief im Auftrag des Hüters an einen einzelnen Gläubigen, 07.09.1938 **)

278 Christus ernannte keinen Mittelpunkt des Bündnisses. Er sagte Seinen Anhänger nicht: „Gehorcht dem, den Ich erwählt habe!" Einmal fragte Er Seine Jünger: „Wer sagen die Menschen, dass Ich sei?" Simon Petrus antwortete und sprach: „Du bist Christus, der Sohn des lebendigen Gottes." Christus sprach im Bestreben, den Glauben Petri zu festigen: „Du bist Petrus, und auf diesem Felsen will Ich meine Kirche bauen", und meinte damit, dass der Glaube Petri der wahre Glaube war. Es war eine Bestätigung der Treue Petri. Er sagte nicht, dass alle sich Petrus zuwenden sollten. Er sagte nicht: „Er ist der Ast, der dieser Urewigen Wurzel entspross." Er sagte nicht: „O Gott! Segne alle, die Petrus dienen. O Gott! Erniedrige, die ihm nicht gehorchen. Meidet die Bündnisbrecher. O Gott! Du bist es gewiss, dass Ich liebe, die standhaft sind in Deinem Bund." […]

₂ Nach der Himmelfahrt Christi erhoben sich zahllose Sekten und Gruppierungen, die alle behaupteten, der wahre Pfad des Christentums zu sein, aber keine von ihnen besaß eine schriftliche Vollmacht Christi; niemand konnte sich direkt auf Ihn berufen; dennoch erhoben sie alle den Anspruch, von Ihm bestätigt worden zu sein.
('Abdu'l-Bahá, The Promulgation of Universal Peace, S. 544 **)

279 Es liegt gewiss ein Körnchen Wahrheit in der Grundlage der Organisation der christlichen Kirche. Zum Beispiel sind die Vorrangstellung Petri und sein Recht auf die Nachfolge Jesu vom letzteren begründet worden, wenn auch ausschließlich mündlich und nicht in einer unmissverständlichen und klaren Sprache. Der wahre Grund, warum Christus keine eindeutige Erklärung bezüglich seiner Nachfolge abgab, ist unbekannt und wird auch nicht zu klären sein. Denn wie könnten wir elenden Menschen beanspruchen, die Geheimnisse von Gottes Gedanken und Absicht zu enträtseln und die unerforschlichen Fügungen Seiner Vorsehung zu verstehen? Das äußerste, was wir tun können, ist einige Erklärungen anzubieten; doch diese werden notwendigerweise darin scheitern, den wesentlichen Grund für das Problem, das wir zu lösen versuchen, zu erfassen. […]

₂ Der Beitrag, den die Reformation wirklich geleistet hat, ist, das Lehrgebäude, das die Kirchenväter sich selbst errichtet hatten, ernsthaft herausgefordert und teilweise ins Wanken gebracht und den gänzlich menschlichen Ursprung der kunstvoll ausgearbeiteten Lehren, Zeremonien und Institutionen entlarvt zu haben, die sie ersonnen hatten. Die Reformation war eine notwendige Infragestellung der menschengemachten Struktur der Kirche, und als solche ein Fortschritt.
(Aus einem Brief im Auftrag des Hüters an einen einzelnen Gläubigen, 28.12.1936 **)

280 Es ist unmöglich, andere zu vereinen, ohne selbst vereint zu sein. Christus sagte: „Ihr seid das Salz der Erde. Wenn nun das Salz nicht mehr salzt, womit soll man salzen?" Dies bezeugt, dass es Streitigkeiten und Uneinigkeit unter Seinen Anhängern gab. Daher seine Ermahnung zur Einheit im Handeln.
('Abdu'l-Bahá, The Promulgation of Universal Peace, S. 215-216 **)

281 Bezüglich der Beziehung zwischen dem heiligen Petrus und dem heiligen Paulus hat die Forschungsabteilung nichts in den Schriften Bahá'u'lláhs, 'Abdu'l-Bahás oder des Hüters gefunden, das bestätigen würde, dass Paulus sich „die Stufe Petri angemaßt" oder „die ursprüngliche Botschaft Christi völlig verändert" habe.

.2 Über den heiligen Petrus schreibt der geliebte Hüter:

.3 „[Was die Stellung des Christentums betrifft,] so sei ohne Zögern und unzweideutig festgestellt, dass ... der Vorrang Petri, des Fürsten der Apostel, hochgehalten und verteidigt [wird] ... während Petrus als einer anerkannt wird, dem Gott ‚die Geheimnisse der Weisheit und der Verkündung aus dem Munde strömen' ließ."

.4 „Nun zu Ihren Fragen. Was den Ausspruch Jesu Christi ‚Du bist Petrus, und auf diesen Felsen will ich meine Kirche bauen' betrifft; dieser Spruch begründet ohne jeden Zweifel die Vorrangstellung Petri und ebenso den Grundsatz der Nachfolge, doch ist er nicht ausdrücklich genug, was die Wesensart und Funktionsweise der Kirche selbst anbetrifft. Die Katholiken haben zu viel in diesen Ausspruch hineingelesen, und leiteten von diesem gewisse Schlussfolgerungen ab, die überhaupt nicht zu rechtfertigen sind."

.5 Bahá'u'lláh Selbst bezeugte, dass die ursprüngliche Botschaft Jesu nicht verloren gegangen ist. Sie sind ohne Zweifel mit dem Abschnitt aus dem Kitáb-i-Íqán vertraut, in dem Er erklärt:

.6 „Auch hörten Wir die Behauptung einiger Toren, der ursprüngliche Text der himmlischen Evangelien sei bei den Christen nicht mehr vorhanden und zum Himmel aufgestiegen. Wie schlimm haben sie sich geirrt! Wie wenig bedachten sie dabei, daß solch eine Behauptung einer gnädigen, liebevollen Vorsehung schwerste Ungerechtigkeit und Tyrannei unterstellt! Wie könnte Gott, nachdem die Sonne der Schönheit Jesu den Augen Seines Volkes entschwunden und zum vierten Himmel aufgestiegen war, Sein heiliges Buch, Sein größtes Zeugnis unter Seinen Geschöpfen, ebenfalls verschwinden lassen? Was wäre diesem Volke geblieben, woran es sich vom Untergang der Sonne Jesu bis zum Aufstieg der Sonne der Sendung Muḥammads hätte halten können?"

₇ Es ist dennoch unzweifelhaft, dass zahlreiche Irrlehren in das Christentum eingeflossen sind, das reine Evangelium verdunkelten und Uneinigkeit und Spaltung bewirkten. Dies wird vom Hüter auf Seite 39 der Zusammenstellung ‚Die Weltordnung Bahá'u'lláhs' erklärt:

₈ „Niemand wird, meine ich, die Tatsache anzweifeln, dass der Hauptgrund, warum die Einheit der Kirche Christi auf nicht wieder gut zu machende Weise erschüttert und ihr Einfluss im Laufe der Zeit untergraben wurde, darin liegt, dass das Bauwerk, das die Kirchenväter nach dem Hinscheiden Seines Ersten Apostels errichtet hatten, nicht auf Christi eigenen und ausdrücklichen Weisungen ruhte."

₉ Es ist ebenfalls unbestreitbar, dass Petrus bereits zu Lebzeiten zahlreichen Problem gegenüberstand. Auf Seite 208 der ‚Weltordnung Bahá'u'lláhs' schreibt der Hüter:

₁₀ „Konnte Petrus, das anerkannte Oberhaupt der Apostel, oder der Imám 'Alí, der Vetter und rechtmäßige Nachfolger des Propheten, zur Bekräftigung des Vorrangs, mit dem sie beide ausgestattet waren, schriftliche und ausdrückliche Bestätigungen von Christus und Muḥammad aufweisen, mit denen sie diejenigen zum Schweigen hätten bringen können, die unter ihren Zeitgenossen oder in einer späteren Zeit ihre Autorität zurückgewiesen und durch ihre Handlungsweise die bis auf den heutigen Tag fortbestehenden Glaubensspaltungen beschleunigt haben?"

₁₁ Dass Paulus gelegentlich mit Petrus gestritten hat lässt sich an Pauli eigenen Worten im Galaterbrief (2:11-14) erkennen. Es ist ebenfalls Paulus, der im 1. Korintherbrief (1:11-13) frühe Spaltungen unter den Christen erwähnt, die er zu heilen beabsichtigte. Die Einstellung Petri gegenüber Paulus zeigt sich im 2. Petrusbrief (3:15-18).

₁₂ Will man die Beziehung zwischen Petrus und Paulus betrachten, muss man all diese verschiedenen Gesichtspunkte im Auge behalten. Beiden wird in den Bahá'í-Schriften große Wertschätzung entgegengebracht. Eine besonders eindrückliche Aussage findet sich in der Zusammenstellung ‚Briefe und Botschaften' von 'Abdu'l-Bahá (189:5):

₁₃ „Des Menschen Verhalten muss wie das von Paulus sein, des Menschen Glaube wie der von Petrus."

₁₄ Herr ... mag den folgenden Auszug aus einem Brief im Auftrag des Universalen Hauses der Gerechtigkeit bezüglich der Frage, ob der Apostel Paulus ein „Bündnisbrecher" war, ebenfalls interessant finden:

₁₅ „Ihr Brief ... betreffend die Frage des Paulus als mutmaßlichen Bündnisbrechers ist gewiss angesichts der Äußerungen derjenigen entstanden, die versuchen, die Geschichte des frühen Christentums mit der Entstehungsgeschichte der Bahá'í Religion zu vergleichen. Sie tun gut daran, solche Auszüge aus den Schriften ... zu erwähnen, die den hohen Rang des Apostels Paulus innerhalb der Christlichen Sendung bestätigen. In der Tat ist uns, wenngleich die Bahá'í-Schriften die Vorrangstellung Petri hochhalten (vergleiche ‚Der verheißene Tag ist gekommen' S. 167), kein Text bekannt, der erklären würde, dass Paulus ein Bündnisbrecher gewesen sei. Wir haben Kenntnis von einer Pilgernotiz, die dies andeutet, doch kann ihr ohne jegliche Bestätigung kein Glauben geschenkt werden."
(Aus einem Brief im Auftrag des Universalen Hauses der Gerechtigkeit an einen einzelnen Gläubigen, 22.02.1998**)

282 Nach der Himmelfahrt Christi erschienen viele, die maßgeblich daran beteiligt waren, Gruppenbildungen, Spaltungen und theologische Streitigkeiten zu verursachen. Es wurde immer schwieriger, zu wissen, wer dem wahren Pfad folgte. Einer dieser Unruhestifter war Nestorius, ein Syrer, der erklärte, dass Christus mehr als ein Prophet Gottes gewesen sei. Dies verursachte eine Spaltung der Kirche und schuf eine Sekte, die sich Nestorianer nannte. Die Katholiken lehrten, dass Christus der Sohn Gottes sei, und

erklärten Ihn sogar selbst zur Gottheit. Die Protestanten nahmen schließlich gleichsam die Lehre an, dass Christus zwei Seinsweisen eigen sind: eine menschliche und eine göttliche. Kurzum, in der Religion Gottes entstanden Spaltungen, und es wurde unmöglich, zu wissen, wer dem wahren Pfad folgte, da es keinen berufenen Nachfolger Christi gab, auf den sich Christus bezogen hätte, keinen Nachfolger, dessen Worte den geraden Pfad gewiesen hätten. Hätte Christus mit irgendeiner Seele einen Bund geschlossen und allen befohlen, sich an dessen Wort zu halten und seine Auslegungen als wahr anzuerkennen, wäre es offensichtlich gewesen, welche Glaubensvorstellungen gültig und wahr sein sollten. Da es keinen berufenen Ausleger des Evangeliums gab, erhob jeder einzelne den Anspruch, zu sagen: „Dies ist der wahre Pfad und alle anderen gehen in die Irre."
('Abdu'l-Bahá, The Promulgation of Universal Peace, S. 538 **)

283 Bedenke, wie viele kindische Versuche zur Zeit Christi und danach von unterschiedlichen Personen unternommen wurden! Welche Ansprüche sie erhoben und welch große Mengen sie um sich versammeln konnten! Selbst Arius gewann eineinhalb Millionen Anhänger für sich und war bestrebt und mühte sich nach Kräften, die Saat der Spaltung in der Sache Christi zu säen. Doch schlussendlich wogten die Wellen des Meeres Christi hoch und spülten den sich sammelnden Schaum hinweg, sodass nichts zurückblieb als ein immerwährender Fluch.
('Abdu'l-Bahá, Star of the West X, S. 96 **)

284 Fünfzehn Jahrhunderte nach Christus wandte sich Luther, ... der Begründer des protestantischen Glaubens, gegen den Papst, und zwar wegen gewisser Lehraussagen wie des Eheverbots für Mönche, des verehrungsvollen Niederbeugens vor den Bildern von Aposteln und christlichen Führern der Vergangenheit sowie wegen verschiedener anderer religiöser Praktiken und Bräuche, die den Geboten des Evangeliums hinzugefügt worden waren. obwohl zu jener Zeit die Macht des Papstes so groß war und er mit solcher Ehrfurcht behandelt wurde, dass die Könige Europas vor ihm zitterten und bebten,

obwohl der Papst alle wichtigen Belange Europas kontrollierend im Griff hielt, haben doch in den letzten 400 Jahren die Mehrheit der Bevölkerung Amerikas, vier Fünftel von Deutschland und England und ein großer Prozentsatz von Österreichern, alles in allem etwa hundertfünfundzwanzig Millionen Menschen, andere christliche Bekenntnisse verlassen und sind in die protestantische Kirche eingetreten, weil Luthers Einstellung in der Frage der Freiheit von Religionsführern zur Heirat, in seiner Abkehr von der Anbetung und vom Niederknien vor Bildern und Heiligenfiguren, die in Kirchen hingen, und in der Abschaffung von Zeremonien, die dem Evangelium beigefügt worden waren, nachweislich richtig war, ferner weil die richtigen Mittel ergriffen wurden, seine Ansichten zu verbreiten. ... Auch wenn nicht klar wurde, welche Zielvorstellung jenen Mann vorantrieb oder wozu er neigte, seht nur den Eifer und die Mühe, mit der die protestantischen Führer seine Lehren weit und breit verkündet haben!
('Abdu'l-Bahá, Das Geheimnis göttlicher Kultur, S. 44-45)

285 Niemand wird, meine ich, die Tatsache anzweifeln, dass der Hauptgrund, warum die Einheit der Kirche Christi auf nicht wieder gut zu machende Weise erschüttert und ihr Einfluss im Laufe der Zeit untergraben wurde, darin liegt, dass das Bauwerk, das die Kirchenväter nach dem Hinscheiden Seines Ersten Apostels errichtet hatten, nicht auf Christi eigenen und ausdrücklichen Weisungen ruhte. Die Amtsgewalt und die Merkmale ihrer Verwaltung sind nur gefolgert und mittelbar, mehr oder minder berechtigt, aus einigen ungenauen, bruchstückhaften Hinweisen abgeleitet, die sie unter Seinen im Evangelium aufgezeichneten Worten verstreut fanden. Keines der kirchlichen Sakramente, keiner der Riten und keine der Zeremonien, welche die Kirchenväter kunstvoll ausgearbeitet und prunkvoll zelebriert haben, keine der Maßregeln harter Zucht, die sie den einfachen Christen unerbittlich auferlegten - nichts davon beruht unmittelbar auf der Vollmacht Christi oder ging von Seinen ausdrücklichen Worten aus. Nichts davon hat Christus geschaffen, noch hat Er eine dieser Institutionen besonders mit der hinreichenden Vollmacht belehnt, Sein Wort auszulegen oder dem, was Er nicht ausdrücklich geboten hat, etwas hinzuzufügen.

₂ Das ist der Grund, warum sich unter späteren Geschlechtern Stimmen des Protests erhoben gegen eine selbsternannte Amtsgewalt, die sich Vorrechte und Vollmachten, welche nicht aus dem klaren Text des Evangeliums Jesu Christi hervorgingen, anmaßte und damit eine schwerwiegende Abweichung vom Geist dieses Evangeliums darstellte. Mit aller Macht und vollem Recht führten diese Stimmen des Protestes aus, die kanonischen Schriften, wie sie von den Kirchenkonzilien verkündet wurden, seien keine gottgegebenen Gesetze, vielmehr nur menschliche Vorkehrungen, die nicht einmal auf tatsächlichen Äußerungen Jesu beruhten. Ihre Beweisführung kreiste um die Tatsache, dass die ungenauen, kaum beweiskräftigen Worte Christi an Petrus: „Du bist Petrus, und auf diesen Felsen will Ich Meine Kirche bauen", niemals die extremen Zwangsmittel, das kunstvolle Zeremoniell, die einengenden Dogmen und Glaubenssätze rechtfertigen könnten, mit denen Seine Nachfolger Schritt für Schritt Seinen Glauben überbürdet und verfinstert haben. Wäre es den Kirchenvätern, deren ungerechtfertigte Autorität so von allen Seiten heftig angegangen wurde, möglich gewesen, die auf ihr Haupt gehäuften Anklagen dadurch zu widerlegen, dass sie bestimmte Äußerungen Christi zur künftigen Verwaltung Seiner Kirche oder zum Wesen der Amtsmacht Seiner Nachfolger hätten anführen können, dann wären sie sicherlich in der Lage gewesen, die Flammen des Streites zu löschen und die Einheit der Christenheit zu erhalten. Das Evangelium aber, die einzige Schatzkammer der Äußerungen Christi, bot den gequälten Kirchenführern keinen derartigen Schutz. Hilflos standen sie dem unbarmherzigen Angriff ihrer Feinde gegenüber, und schließlich mussten sie sich den Kräften der Spaltung, die in ihre Reihen eindrangen, beugen.
(Shoghi Effendi, Die Weltordnung Bahá'u'lláhs, S. 39)

286 Für meine Zwecke genügt es, die Aufmerksamkeit auf die große Zahl jener zu lenken, die in den ersten beiden Jahrhunderten des christlichen Zeitalters „sich ein schmähliches Leben erkauften, indem sie die heiligen Schriften den Ungläubigen in die Hand lieferten", ferner auf das anstößige Verhalten jener Bischöfe, die dadurch als Verräter gebrandmarkt wurden, auf die Zwietracht in der afrikanischen Kirche, das allmähliche Einsickern von Grundzügen des Mithraskultes, der alexandrinischen Denkschule, von Lehren des Zoroastriertums und der griechischen Philosophie in die christliche Lehre, und schließlich darauf, wie die Kirchen Griechenlands und Asiens mit der Institution der Provinzialsynoden den repräsentativen Beratungsgremien ihrer Länder ein Verwaltungsmodell entlehnten.

₂ Wie groß war doch die Hartnäckigkeit, mit der die bekehrten Juden unter den frühen Christen an den Zeremonien ihrer Vorfahren festhielten, und wie brennend war ihr Verlangen, jene Bräuche auch den Heidenchristen aufzuerlegen! Waren nicht die ersten fünfzehn Bischöfe von Jerusalem alle beschnittene Juden, und hatten nicht die Kongregationen, denen sie vorsaßen, die Gesetze Mose mit den Lehren Christi vereinigt? Ist es nicht Tatsache, dass nur der zwanzigste Teil der Untertanen im Römischen Reich unter dem Banner Christi versammelt war, ehe Konstantin bekehrt wurde? Bekamen die sogenannten Nazarener nicht die Zerstörung des Tempels in der Stadt Jerusalem und der jüdischen Staatsreligion hart zu spüren, nachdem sie mehr als ein Jahrhundert lang in der Ausübung des mosaischen Gesetzes verharrt waren?
(Shoghi Effendi, Die Weltordnung Bahá'u'lláhs, S. 89-90)

287 Waren nicht die asiatischen Kirchen von Jerusalem, Antiochia und Alexandrien, die hauptsächlich aus bekehrten Juden bestanden und nach deren Charakter und Temperament dazu neigten, sich auf das überlieferte Zeremoniell der mosaischen Sendung einzustimmen – waren nicht diese Kirchen gezwungen, das wachsende Übergewicht ihrer griechischen und römischen Brüder zur Kenntnis zu nehmen? Mussten sie nicht die Überlegenheit und die geschulte Tüchtigkeit anerkennen, die jene Bannerträger der Sache Jesu Christi befähigte, die Zeichen Seiner Weltherrschaft auf den Ruinen eines zusammenbrechenden Imperiums aufzupflanzen?
(Shoghi Effendi, Die Weltordnung Bahá'u'lláhs, S. 114)

288 Das Vermächtnis Christi waren nicht die Kirchen, sondern die erleuchteten Seelen derjenigen, die an Ihn glaubten. Denn diese waren es, die später Seine Lehren verkündeten.
(*'Abdu'l-Bahá, The Promulgation of Universal Peace, S. 616* **)

289 Wahrlich, Wir haben Ihn gesandt, dem Wir mit dem Heiligen Geiste beistanden, damit Er euch dieses Licht ankünde, das ausstrahlt vom Horizont des Willens eures Herrn, des Erhabensten, des Allherrlichen, Ihn, dessen Zeichen im Westen offenbar sind. Richtet nun euer Angesicht auf Ihn an diesem Tag, den Gott über alle anderen Tage erhöht und an dem der Allbarmherzige den Glanz Seiner strahlenden Herrlichkeit auf alle ergossen hat, die im Himmel und auf Erden sind.
(*Bahá'u'lláh, Anspruch und Verkündigung, S. 87*)

290 Später fragten die Gefährten und Jünger Jesu nach den Zeichen, welche die Wiederkunft Seiner Manifestation ankündigen würden. Wann, so forschten sie, werden diese Dinge geschehen? Mehrmals fragten sie diese unvergleichliche Schönheit, und jedes Mal, wenn Er antwortete, wies Er auf ein besonderes Zeichen hin, welches den Anbruch der verheißenen Sendung ankündigen sollte. Dies bezeugen die Berichte der vier Evangelien.
(*Bahá'u'lláh, Das Buch der Gewissheit (Kitáb-i-Íqán), S. 19*)

291 Durch die Kraft Gottes und Seine Macht werde Ich dir nun einiges aus den früheren heiligen Büchern darlegen und auf die Zeichen eingehen, die vom Kommen der Manifestationen Seiner Einzigkeit künden. So kannst du den Ort der Dämmerung an diesem Morgen der Urewigkeit erkennen und dieses Feuer erblicken, das im Baume, der „weder des Ostens noch des Westens ist", entfacht ward – vielleicht, dass du deine Augen öffnest, wenn du zu deinem Herrn gelangst, und dein Herz von der verborgenen Gnade koste, die in diesen Gefäßen verwahrt ist. Danke Gott, deinem Herrn, dass Er dich auserwählte und zu einem jener machte, die der Begegnung mit ihrem Herrn gewiss sind.

₂ Dies wurde zuvor im ersten Evangelium, dem des Matthäus, offenbart. Darin nennt Er die Zeichen der Offenbarung dessen, der nach Ihm kommt. Er spricht: „Wehe aber den Schwangeren und Stillenden in jenen Tagen!...", bis die Taube am Pol der Ewigkeit gurrt und der himmlische Hahn fern auf dem Sidratu'l-Muntahá verkündet: „Sogleich aber nach der Bedrängnis jener Zeit wird die Sonne sich verfinstern und der Mond seinen Schein verlieren, und die Sterne werden vom Himmel fallen, und die Kräfte der Himmel werden ins Wanken kommen. Und dann wird erscheinen das Zeichen des Menschensohns am Himmel. Und dann werden wehklagen alle Geschlechter auf Erden und werden sehen den Menschensohn kommen auf den Wolken des Himmels mit großer Kraft und Herrlichkeit. Und er wird seine Engel senden mit hellen Posaunen."

₃ Im zweiten Evangelium, dem des Markus, spricht die Taube der Heiligkeit: „Denn in diesen Tagen wird eine solche Bedrängnis sein, wie sie nie gewesen ist vom Anfang der Schöpfung, die Gott geschaffen hat, bis jetzt und auch nicht wieder werden wird." Und sie fährt hierauf fort zu gurren wie zuvor. Gott bezeugt wahrlich Meine Worte.

₄ Und im dritten Evangelium, dem des Lukas, heißt es: „Und es werden Zeichen geschehen an Sonne und Mond und Sternen, und auf Erden wird den Völkern bange sein, und sie werden verzagen vor dem Brausen und Wogen des Meeres, und die Menschen werden vergehen vor Furcht und in Erwartung der Dinge, die kommen sollen über die ganze Erde; denn die Kräfte der Himmel werden ins Wanken kommen. Und alsdann werden sie sehen den Menschensohn kommen in einer Wolke mit großer Kraft und Herrlichkeit. Wenn aber dieses anfängt zu geschehen, dann seht auf und erhebt eure Häupter, denn das Reich Gottes ist nahe."

₅ Und im vierten Evangelium, dem des Johannes, steht geschrieben: „Wenn aber der Tröster kommen wird, den ich euch senden werde vom Vater, der Geist der Wahrheit, der vom Vater ausgeht, der wird Zeugnis geben von mir. Und auch ihr seid meine Zeugen, ..." Und an anderer Stelle sagt Er: „Aber der Tröster, der heilige Geist, den mein Vater senden wird in meinem Namen, der wird euch alles lehren und euch an alles erinnern, was ich euch gesagt habe." Und: „Jetzt aber gehe ich hin zu dem, der mich gesandt hat; und niemand von euch fragt mich: Wo gehst du hin? Denn ich habe es euch gesagt." Und wiederum: „Aber ich sage euch die Wahrheit: Es ist gut für euch, dass ich weggehe. Denn wenn ich nicht weggehe, kommt der Tröster nicht zu euch. Wenn ich aber gehe, will ich ihn zu euch senden." Und: „Wenn aber jener, der Geist der Wahrheit, kommen wird, wird er euch in alle Wahrheit leiten. Denn er wird nicht aus sich selber reden; sondern was er hören wird, das wird er reden, und was zukünftig ist, wird er euch verkündigen."

₆ Dies ist, was früher herabgesandt wurde. Bei Ihm, außer dem kein Gott ist, Ich habe Mich kurz gefasst. Denn wollte Ich die Worte anführen, die auf die Propheten Gottes vom Reich der Erhabenheit und vom Himmel Seiner Souveränität herabgesandt wurden, die Blätter und Tafeln wären gefüllt, bevor Ich damit zu Ende käme. Ähnliche Aussagen, ja noch erhabenere, sind in allen überlieferten Schriften zu finden. Wollte Ich alles darlegen, was in der Vergangenheit offenbart wurde, so wäre Ich fürwahr dazu imstande durch das, was Gott Mir von den Wundern Seines Wissens und Seiner Macht gewährt hat. Ich habe Mich jedoch mit dem dir Dargelegten begnügt, damit du auf deiner Reise nicht erschöpft werdest oder kehrt machst und du nicht traurig wirst oder betrübt, müde oder niedergeschlagen.
(Bahá'u'lláh, Edelsteine göttlicher Geheimnisse, S. 21-24)

292 Dies sind die Weisen, die Jesus, der Sohn Marias, in majestätisch kraftvollen Klängen im Ridván des Evangeliums anstimmte, die Zeichen enthüllend, welche die Manifestation nach Ihm ankündigen. Im Evangelium des Matthäus steht geschrieben: Als sie Jesus nach den Zeichen seiner Wiederkunft fragten, sprach Er zu ihnen: „Bald aber nach der Trübsal derselben Zeit werden Sonne und Mond den Schein verlieren, und die Sterne werden vom Himmel fallen, und die Kräfte der Himmel werden sich bewegen. Und alsdann wird erscheinen das Zeichen des Menschensohnes am Himmel. Und alsdann werden heulen alle Geschlechter auf Erden und werden sehen kommen des Menschen Sohn in den Wolken des Himmels mit großer Kraft und Herrlichkeit. Und Er wird senden Seine Engel mit hellen Posaunen." ... Und Er spricht: Alsdann werden alle Völker und Geschlechter, die auf Erden wohnen, wehklagen und jammern, und sie werden die göttliche Schönheit vom Himmel kommen sehen, auf den Wolken schwebend mit Macht, Größe und Herrlichkeit, und Er wird Seine Engel senden mit starkem Posaunenschall. Ähnliche Hinweise finden sich in den Evangelien von Lukas, Markus und Johannes. Da Wir ausführlich darauf in Unseren arabisch offenbarten Schriften eingegangen sind, haben Wir sie auf diesen Seiten nicht besonders erwähnt und Uns auf ein Zitat beschränkt.

$_2$ Weil die christlichen Geistlichen die Bedeutung dieser Worte nicht erfassten und ihren Zweck nicht erkannten, sich vielmehr an eine buchstäbliche Auslegung der Worte Jesu hielten, wurden sie des Gnadenstromes der Offenbarung Muḥammads und der Regenschauer ihrer Gnade beraubt. [...]

$_3$ Neben dieser Stelle gibt es im Evangelium noch einen Vers, wo Er sagt: „Himmel und Erde werden vergehen, aber Meine Worte werden nicht vergehen." Darum verfechten die Christen die Auffassung, das Gesetz des Evangeliums werde niemals aufgehoben, und wenn die verheißene Schönheit mit allen Zeichen offenbar werde, müsse Er auch das im Evangelium verkündete Gesetz bestätigen, so dass es in der Welt keinen Glauben mehr gebe als den Seinen. Dies ist ihre unumstößliche Meinung. Sie sind zutiefst davon überzeugt, dass, wenn ein Mensch erschiene mit allen verheißenen Zeichen und verkündete, was dem Buchstaben des Gesetzes im Evangelium entgegenstünde, sie ihn sicherlich abwiesen, sich seinem Gesetz nicht unterwürfen, ihn für ungläubig erklärten und verspotteten. Dies bestätigen die Geschehnisse der Zeit, da die Sonne der Offenbarung Muḥammads sich enthüllte. Hätten sie in den vergangenen Sendungen bei den Manifestationen Gottes demütigen Sinnes nach dem wahren Sinn der in den heiligen Büchern offenbarten Verse gesucht – Worte, deren Missverständnis den

Menschen das Erkennen des Sidratu'l-Muntahá, des letzten Zieles, verschloss – so wären sie sicherlich zum Lichte der Sonne der Wahrheit geleitet worden und hätten die Mysterien göttlicher Erkenntnis und Weisheit entdeckt.

₄ Dieser Diener will dir nun einen Tropfen aus dem unermesslichen Meer der Wahrheiten vermitteln, die in diesen heiligen Worten verwahrt sind. Vielleicht, dass einsichtsvolle Herzen alle Andeutungen und den tieferen Sinn der Verse der Manifestationen der Heiligkeit erfassen, so dass die überwältigende Majestät des Wortes Gottes sie nicht abhalte, das Meer Seiner Namen und Zeichen zu erreichen, noch sie der Erkenntnis der Leuchte Gottes beraube, die der Sitz der Offenbarung Seines verherrlichten Wesens ist.

₅ Was nun die Worte betrifft: „Bald nach der Trübsal derselben Zeit" – so beziehen sie sich auf die Zeit, da die Menschen bedrängt und gepeinigt werden, die Zeit, da die letzten Spuren der Sonne der Wahrheit und die Früchte des Baumes der Erkenntnis und Weisheit aus der Mitte der Menschen entschwunden und die Zügel der Menschheit in die Hände von Narren und Unwissenden geraten sein werden, da die Tore zur göttlichen Einheit und Erkenntnis – der Schöpfung wesentlichstes und höchstes Ziel – verschlossen sind, das klare Wissen von eitlem Wahn verdrängt ist und Verderbtheit sich den Platz der Rechtschaffenheit angemaßt hat. Ein solcher Zustand ist heute zu erkennen, da in allen Gemeinden die Zügel in die Hände törichter Führer geraten sind, die nach ihren Launen und Wünschen führen. Auf ihrer Zunge ist das Gedenken Gottes ein leerer Name geworden, in ihrer Mitte Sein heiliges Wort ein toter Buchstabe. So heftig rast der Sturm ihrer Begierden, dass die Lampe des Gewissens und der Vernunft in ihren Herzen verlöscht ist ... Mit aller Macht sind sie bestrebt, sich durch ihre kleinlichen Schliche abzusichern, ängstlich darauf bedacht, dass nicht das geringste Misstrauen ihre Autorität untergrabe oder ihr großartiges Gehabe störe. Wäre das Auge mit dem Balsam der Gotteserkenntnis gesalbt und erleuchtet, so würde es sicherlich entdecken, dass sich ein Rudel gefräßiger Bestien zusammengeschart hat, um sich am Aas der Menschenseelen zu laben.

₆ Welche „Trübsal" ist größer als die geschilderte? Welche „Trübsal" ist schmerzlicher als die, dass eine nach Wahrheit suchende, sich nach Gotteserkenntnis sehnende Seele nicht weiß, wohin sie sich wenden und wo sie suchen soll? Denn die Meinungen sind weit auseinandergegangen und die Wege zu Gott hin haben sich vervielfacht. Diese „Trübsal" ist der eigentliche Wesenszug jeder Offenbarung; denn ohne sie würde die Sonne der Wahrheit nicht offenbar werden. Die Morgendämmerung göttlicher Führung muss der finsteren Nacht des Irrtums folgen. Darum finden sich in allen Chroniken und Überlieferungen Hinweise darauf, dass Unrecht das Antlitz der Erde bedecken und Finsternis die Menschheit umfangen werde. Diese Überlieferungen sind wohlbekannt. Da dieser Diener sich kurz fassen will, sieht Er davon ab, aus dem Text dieser Traditionen zu zitieren.

₇ Wollte man diese „Trübsal" so auslegen, dass die Erde sich zusammenziehen wird, oder wollten eitle Hirngespinste ähnliches Unheil für die Menschheit ausmalen, so ist demgegenüber offenkundig, dass solche Dinge sich niemals ereignen können. Sicherlich wird man entgegenhalten, dass diese Vorbedingung göttlicher Offenbarung noch nicht eingetreten ist. Das waren und sind heute noch ihre Argumente. Doch ist mit „Trübsal" die Unfähigkeit gemeint, geistige Erkenntnis zu erlangen und das Wort Gottes zu begreifen. Dies bedeutet: Wenn die Sonne der Wahrheit untergegangen ist und die Spiegel, die Sein Licht widerstrahlen, verschwunden sind, werden Trübsal und Ungemach über die Menschen kommen, weil sie nicht mehr wissen werden, wohin sie sich um Führung wenden sollen. Also lehren Wir dich die Auslegung der Überlieferungen und vermitteln dir die Geheimnisse göttlicher Weisheit, auf dass du ihre Bedeutung erfassest und zu denen gehörst, die vom Kelche göttlichen Wissens und Verstehens getrunken haben.

₈ Und nun, was Seine Worte betrifft „...werden Sonne und Mond ihren Schein verlieren, und die Sterne werden vom Himmel fallen". Die Worte „Sonne" und „Mond" aus dem Munde der Propheten bedeuten nicht nur Sonne und Mond der sichtbaren Welt. Nein, vielerlei Sinn haben sie diesen Begriffen zugrunde gelegt; jedem haben sie eine besondere Bedeutung zugewiesen. So sind mit „Sonne" in einer Hinsicht jene Sonnen der Wahrheit gemeint, die vom

Morgen altehrwürdiger Herrlichkeit aufsteigen und die ganze Welt mit weithin strömender Gnade aus der Höhe erfüllen. Diese Sonnen der Wahrheit sind die alles umfassenden Manifestationen Gottes in den Welten Seiner Zeichen und Namen. [...]

₉ In einem anderen Sinne sind mit diesen Worten die Geistlichen früherer Sendungen gemeint, die in den Tagen der neuen Offenbarung leben und die Zügel der Religion des Volkes in Händen halten. Wenn diese Geistlichen durch das Licht der neuen Offenbarung erleuchtet sind, werden sie bei Gott gnädige Annahme finden und in ewigem Lichte leuchten. Andernfalls aber werden sie zu den Verfinsterten gerechnet, auch wenn sie äußerlich als Führer der Menschen erscheinen, da Glaube und Unglaube, Führung und Irrtum, Glück und Elend, Licht und Finsternis allesamt von der Billigung Dessen abhängen, der die Sonne der Wahrheit ist. [...]

₁₀ Dass der Begriff „Sonne" auf die Geistlichkeit angewandt wird, ist ihrem erhabenen Rang zuzuschreiben, ihrem Ruhm und Ansehen. Es sind überall und zu allen Zeiten die anerkannten Geistlichen, die, mit der Würde ihres Amtes bekleidet, mit Autorität sprechen und sich eines fest begründeten Rufes erfreuen. So sie Ebenbilder der Sonne der Wahrheit sind, werden sie wahrlich zu den erhabensten aller Leuchten gezählt [...]

₁₁ In anderem Sinne sind mit den Begriffen „Sonne", „Mond" und „Sterne" Gesetze und Lehren gemeint, wie sie in allen Sendungen eingeführt und verkündet wurden: so die Gesetze über Gebet und Fasten. [...]

₁₂ Dies ist der den symbolischen Worten der Manifestationen Gottes zugrundeliegende Sinn. Die Anwendung der Begriffe „Sonne" und „Mond" auf die schon erwähnten Gegenstände wird somit durch den Text der heiligen Verse und aufgezeichneten Überlieferungen bewiesen. Es leuchtet deshalb ein, dass durch die Worte: „...werden Sonne und Mond den Schein verlieren, und die Sterne werden vom Himmel fallen" die Verstocktheit der Geistlichen und die Aufhebung der durch die Offenbarung fest begründeten Gesetze bezeichnet werden soll. Dies alles ist in symbolischer Sprache von der Manifestation Gottes vorausgesagt. [...]

₁₃ Und nun Seine Worte: „Und dann wird erscheinen das Zeichen des Menschensohnes am Himmel." Damit ist gemeint: Wenn sich die Sonne der himmlischen Lehren verfinstert, die Sterne der gottbegründeten Gesetze herabfallen und der Mond wahren Wissens, der Erzieher der Menschheit, sich verdunkelt, wenn die Banner der Führung und der Glückseligkeit stürzen und der Morgen der Wahrheit und Gerechtigkeit in Nacht versinkt, dann wird das Zeichen des Menschensohnes am Himmel erscheinen. „Himmel" bedeutet hier den sichtbaren Himmel; denn sobald die Stunde naht, da die Sonne am Himmel der Gerechtigkeit offenbart wird und die Arche göttlicher Führung das Meer der Herrlichkeit befährt, erscheint ein Stern am Himmel, der seinem Volk jenes größte Licht ankündigt. Ebenso wird am unsichtbaren Himmel ein Stern offenbar werden, der den Völkern der Erde den Anbruch jenes wahren, erhabenen Morgens vermelden wird. Diese zwiefachen Zeichen, am sichtbaren und am unsichtbaren Himmel, haben die Offenbarung eines jeden Propheten Gottes angekündigt, wie allgemein geglaubt wird. [...]

₁₄ Nun kommen Wir zu Seinen Worten: „Und alsdann werden heulen alle Geschlechter auf Erden, und sie werden den Menschensohn kommen sehen auf den Wolken des Himmels mit Macht und großer Herrlichkeit." Diese Worte bedeuten, dass in diesen Tagen die Menschen über den Verlust der Sonne göttlicher Schönheit, des Mondes der Erkenntnis und der Sterne göttlicher Weisheit wehklagen werden. Alsdann aber werden sie das Antlitz des Verheißenen, die angebetete Schönheit, vom Himmel auf den Wolken herabfahren sehen. Das heißt, dass sich die göttliche Schönheit vom Himmel des Willens Gottes offenbaren und in der des menschlichen Tempels erscheinen wird. Der Begriff „Himmel" bezeichnet hier Hehrheit und Erhabenheit, da er der Sitz der Offenbarung dieser Manifestationen der Heiligkeit, der Morgenröten altehrwürdiger Herrlichkeit ist. Diese altehrwürdigen Wesen sind, wenn auch aus dem Mutterleib geboren, in Wirklichkeit vom Himmel des Willens Gottes herabgekommen. Auch wenn sie auf Erden wohnen, sind ihre wahren Wohnstätten die Ruhesitze der Herrlichkeit in den Reichen der Höhe. Während sie unter Sterblichen wandeln, sind sie doch in den Himmel der göttlichen Gegenwart erhoben. Ohne Füße schreiten sie auf dem Pfade des Geistes, ohne Schwingen fliegen sie empor zu den erhabenen Höhen göttlicher

Einheit. Mit jedem Atemzug durcheilen sie die Unendlichkeit des Raumes, in jedem Augenblick durchwandern sie die Reiche des Sichtbaren und des Unsichtbaren. Auf ihren Thronen steht geschrieben: „Nichts kann Ihn hindern, sich mit etwas anderem zu befassen", und ihre Sitze tragen die Inschrift: „Wahrlich, Seine Wege sind alle Tage andere." Sie sind entsandt durch die alles überragende Macht des Urewigen der Tage, und sind erhöht durch den erhabenen Willen Gottes, des mächtigsten Königs. Dies ist mit den Worten gemeint: „...kommend auf den Wolken des Himmels". [...]

$_{15}$ Es ist offenbar, dass der Umbruch, zu dem es in jeder Sendung kommt, die finsteren Wolken bildet, welche sich zwischen das Auge menschlichen Begreifens und die göttliche Leuchte schieben, die aus dem Aufgangsort des göttlichen Wesens hervorstrahlt. Sieh, wie die Menschen über Generationen blindlings dem Beispiel ihrer Väter folgten und nach den Vorschriften ihres Glaubens erzogen wurden. Müssten diese Menschen plötzlich sehen, dass einer aus ihrer Mitte, der alle menschlichen Begrenzungen mit ihnen teilt, sich erhebt, um alle festgefügten Grundsätze, die ihnen ihr Glaube auferlegte, abzuschaffen, Grundsätze, durch die sie über Jahrhunderte in Zucht gehalten wurden und deren Gegner und Leugner sie als ungläubig, ruchlos und gottlos anzusehen pflegten, so wären sie sicherlich in Schleier gehüllt und unfähig, Seine Wahrheit anzuerkennen. Solche Geschehnisse sind wie „Wolken", welche die Augen derer verschleiern, deren Wesen weder vom Salsabíl der Loslösung gekostet noch vom Kawthar der Erkenntnis Gottes getrunken hat. Solche Menschen werden, wenn sie in diese Lage kommen, so verschleiert, dass sie, ohne im Geringsten zu fragen, die Manifestation Gottes einen Ungläubigen nennen und über sie das Todesurteil fällen. [...]

$_{16}$ Und nun, was Seine Worte betrifft: „Und Er wird senden Seine Engel..." „Engel" sind jene, die, durch die Kraft des Geistes gestärkt, mit dem Feuer der Liebe Gottes alle menschlichen Züge und Begrenzungen getilgt und sich mit den Zeichen der erhabensten Wesen und der Cherubim bekleidet haben. [...]

$_{17}$ So wurden diese heiligen Wesen, die über alle menschlichen Begrenzungen erhaben, mit den Zeichen des Geistes versehen und den edlen Zügen des Heiligen geschmückt sind, „Engel" genannt. Das ist die Bedeutung dieser Verse, von denen jedes Wort mit Hilfe der lichtvollsten Texte, der überzeugendsten Gründe und der bestgeführten Beweise gedeutet wurde.

₁₈ Da die Christen den verborgenen Sinn dieser Worte nie erfassten, da die von ihnen und ihren Führern erwarteten Zeichen nicht erschienen, lehnen sie es bis heute ab, die Wahrheit der Manifestationen der Heiligkeit anzuerkennen, die seit den Tagen Jesu erschienen sind. So haben sie sich selbst der Ausgießung von Gottes heiliger Gnade und der Wunder Seiner göttlichen Rede beraubt. So tief sind sie gesunken, heute, am Tage der Auferstehung! Sie haben nicht begriffen, dass niemand die Zeichen der Manifestationen Gottes - wenn sie jeweils dem Text anerkannter Überlieferungen entsprächen und im sichtbaren Reich erschienen – ablehnen oder sich von ihnen abwenden könnte, dass sich der Gesegnete dann nicht von dem Elenden unterschiede, der Übertreter nicht von dem Gottesfürchtigen. Urteile gerecht: Sollten sich die Prophezeiungen der Evangelien buchstäblich erfüllen, sollte Jesus, der Sohn der Maria, von Engeln begleitet aus dem sichtbaren Himmel auf Wolken herabkommen - wer wagte es da, nicht zu glauben? Wer wagte es, die Wahrheit hochmütig zu verwerfen? Nein, solche Bestürzung ergriffe alle Bewohner der Erde, dass sich keine Seele fähig fühlte, auch nur ein Wort zu äußern, wie viel weniger denn die Wahrheit zu verwerfen oder anzunehmen.
(Bahá'u'lláh, Das Buch der Gewissheit (Kitáb-i-Íqán), S. 21-69)

293 Der Abschnitt im Matthäusevangelium (19:30) bezieht sich auf die Zeit der Trübsal, die das Erscheinen einer neuen Manifestation begleitet, in der die Bescheidenen und Demütigen, die die neue Offenbarung anerkennen, erhöht werden, und die äußerlich Begünstigten, aber innerlich Verdorbenen und Niederen, gedemütigt und erniedrigt werden.
(Aus einem Brief im Auftrag des Hüters an einen einzelnen Gläubigen, 14.01.1938 **)

294 In den heiligen Büchern heißt es, dass Christus wiederkommen werde und dass dies von der Erfüllung gewisser Zeichen abhänge: Wenn Er kommt, wird es unter diesen Zeichen sein. Zum Beispiel „werden Sonne und Mond den Schein verlieren, und die Sterne werden vom Himmel fallen ... Und alsdann wird erscheinen das Zeichen des Menschensohns am Himmel. Und alsdann werden heulen alle Geschlechter auf Erden und werden kommen sehen des Menschen Sohn in den Wolken des Himmels mit großer Kraft und Herrlichkeit." Bahá'u'lláh hat diese Verse im „Buch der Gewissheit" ausführlich erklärt. Eine Wiederholung ist nicht nötig; halte dich daran und du wirst die Bedeutung dieser Worte verstehen.

₂ Aber ich habe einige weitere Worte zu diesem Thema zu sagen. Auch bei Seinem ersten Erscheinen kam Christus vom Himmel, wie es ausdrücklich im Evangelium heißt. Christus Selbst sagt: „Und niemand fährt gen Himmel, denn Der vom Himmel hernieder gekommen ist, nämlich des Menschen Sohn, Der im Himmel ist."

₃ Es ist für alle klar, dass Christus vom Himmel kam, obwohl Er augenscheinlich aus Marias Schoß geboren wurde. Wie Er zum ersten Mal aus dem Himmel kam, wenn auch augenfällig aus dem Mutterleib, so wird Er auch bei Seiner Wiederkunft aus dem Himmel kommen, obwohl sichtbar aus dem Mutterschoß. Die Umstände, die im Evangelium für die Wiederkunft Christi genannt sind, sind die gleichen, die für Sein erstes Kommen aufgeführt waren, wie Wir schon früher erklärt haben.

₄ Das Buch Jesaja verkündet, dass der Messias den Osten und Westen erobern werde, dass alle Völker der Welt sich Seinem Schutze anvertrauen werden, dass Sein Königreich errichtet werde, dass Er von einem unbekannten Ort kommen werde, dass Gericht gehalten werde über die Sünder und dass solche Gerechtigkeit herrschen werde, dass der Wolf und das Lamm, der Leopard und das Ziegenböcklein, die Schlange und der Säugling an einer Quelle, auf einer Wiese und in einem Nest beieinander sein werden. Auch für das erste Kommen galten diese Begleitumstände, obwohl sich keiner von ihnen tatsächlich ereignete. Deshalb lehnten die Juden Christus ab und nannten Ihn - möge Gott ihnen verzeihen! -‚masikh', sahen in Ihm den Zerstörer des Hauses Gottes, betrachteten Ihn als Brecher des Sabbats und des Gesetzes und verurteilten Ihn zum Tod. Dennoch hatte jeder einzelne der obengenannten Begleitumstände eine Bedeutung, die aber die Juden nicht verstanden. Darum waren sie davon ausgeschlossen, die Wahrheit Christi zu erkennen.

5 Auch die Wiederkunft Christi geschieht in ähnlicher Weise: Die erwähnten Zeichen und Umstände haben alle einen inneren Sinn und dürfen nicht wörtlich genommen werden. Unter anderem heißt es, dass die Sterne auf die Erde fallen werden. Es gibt unendlich viele Sterne, und heutige Gelehrte haben festgestellt und wissenschaftlich bewiesen, dass die Sonne schätzungsweise ein und eine halbe Million mal größer als unsere Erde und jeder der Fixsterne tausendmal größer als die Sonne ist. Wenn diese Sterne auf die Erde fielen, wie sollten sie auf ihr Platz finden? Es wäre so, wie wenn tausend Millionen Berge wie der Himalaja auf ein Senfkorn fallen sollten. Nach den Maßstäben der Vernunft und der Wissenschaft ist das ganz unmöglich. Noch merkwürdiger ist, dass Christus sagte: „Vielleicht werde ich kommen, wenn ihr noch schlaft. Denn das Kommen des Menschensohnes gleicht dem Kommen des Diebes." Vielleicht ist der Dieb im Hause und der Hausherr weiß nichts davon.

6 Es ist klar und eindeutig, dass diese Hinweise symbolische und nicht wörtliche Bedeutung haben. Sie sind im „Buch der Gewissheit" ausführlich erklärt. Halte dich daran!
('Abdu'l-Bahá, Beantwortete Fragen, S. 113-114)

295 Was nun die Zeichen betrifft, die das Kommen der neuen Manifestation ankündigen. Der Hüter wünscht, dass Sie sehr sorgfältig die Erklärungen Bahá'u'lláhs lesen, wie sie im ‚Íqán' niedergelegt sind. Dort wird klargestellt, dass, was mit dem Erscheinen des Sohnes Gottes nach den unheilvollen Ereignissen, die Seinem Kommen vorausgehen, gemeint ist, die Enthüllung Seiner ganzen Herrlichkeit und deren Anerkennung durch die Völker der Welt sind, nicht Sein leibliches Erscheinen. Denn Bahá'u'lláh, Dessen Kommen die Wiederkunft des Sohnes in der Herrlichkeit des Vaters markiert, ist bereits erschienen, und die im Evangelium prophezeiten

Vorzeichen sind noch nicht vollständig eingetreten. Jedoch würde ihre vollständige Erfüllung den Beginn der Anerkennung seiner umfassenden Stufe durch die Völker der Welt markieren. Dann, und nur dann, wird Sein Erscheinen völlig offenkundig gemacht sein.
(Aus einem Brief im Auftrag des Hüters an einen einzelnen Gläubigen, 29.11.1937**)

296 Vernahmt ihr nicht das Wort Jesu, des Geistes Gottes: „Ich gehe hin und komme wieder zu euch"? Warum versäumtet ihr dann, als Er wiederkam zu euch in den Wolken des Himmels, Ihm zu nahen, auf Sein Antlitz zu schauen und in Seine Gegenwart zu gelangen? An anderer Stelle sagt Er: „Wenn aber jener, der Geist der Wahrheit, kommt, wird Er euch in alle Wahrheit leiten." Doch seht, als Er die Wahrheit brachte, da weigertet ihr euch, Ihm euer Angesicht zuzuwenden, und ergötztet euch weiter mit Spiel und Tand. Ihr hießet Ihn nicht willkommen, noch suchtet ihr Seine Gegenwart, um die Verse Gottes aus Seinem Munde zu hören und der vielfältigen Weisheit des Allmächtigen, des Allherrlichen, des Allweisen, teilhaftig zu werden. Ihr habt versagt und so den Odem Gottes daran gehindert, über euch zu wehen. Eurer Seele habt ihr die Süße seines Duftes vorenthalten, und weiter streift ihr voll Ergötzen durch das Tal verderbter Lüste. Bei Gott! Ihr werdet vergehen mit allem, was ihr besitzet. Fürwahr, zu Gott werdet ihr zurückkehren und in der Gegenwart dessen, der die ganze Schöpfung zusammenrufen wird, zur Rechenschaft gezogen für das, was ihr getan.
(Bahá'u'lláh, Anspruch und Verkündigung, S. 211)

297 Jede göttliche Manifestation ist das Leben der Welt, der erfahrene Arzt jeder leidenden Seele. Die Menschenwelt ist krank, der tüchtige Arzt kennt das Heilmittel. Er erscheint mit Ratschlägen, Lehren und Ermahnungen - Arznei für jedes Leiden, heilender Balsam für jede Wunde. [...]

₂ Die weisen Ärzte der Vergangenheit und diejenigen, die ihnen folgten, haben nicht ein und dieselbe Behandlung verordnet. Die Behandlung hängt vielmehr davon ab, was dem Patienten fehlt. Mag

auch das Heilmittel anders sein, ist doch das Ziel immer, den Patienten wieder gesunden zu lassen. In den vorangegangenen Sendungen konnte der schwache Körper der Welt keine strenge, gewaltige Kur ertragen. Aus diesem Grund sagte Christus: „Ich habe euch noch viel zu sagen, was gesagt werden muss; aber ihr könnt es jetzt noch nicht tragen. Wenn aber jener Geist der Wahrheit kommt, den der Vater senden wird, der wird euch in alle Wahrheit leiten."
('Abdu'l-Bahá, Briefe und Botschaften, S. 73-74)

298 Die Anhängerscharen des Evangeliums sind verlorengegangen in der Wildnis des Irrtums und der Kurzsichtigkeit und haben jene Aussagen des Evangeliums als nichtig betrachtet, die klar und deutlich und ohne jede verborgene Anspielung sind. Diese Anhängerschar der Christen klammerte sich an Deutungen, die ihrer eigenen Einbildung entsprungen waren. Daher sagen sie, dass die oben erwähnten Verse das Herabkommen des Heiligen Geistes beschreiben, das Herabkommen auf die Jünger, das nach der Himmelfahrt Seiner Heiligkeit Christus stattfand. Dies ist in Wahrheit die herkömmliche Weise, auf die alle Völker und Glaubensgemeinschaften reagiert haben: Sie haben ihre Augen vor den klaren und offenkundigen Bedeutungen der Heiligen Verse verschlossen und sich stattdessen an weit hergeholten und fragwürdigen Deutungen festgehalten. Nun solltet ihr erkennen, wie oberflächlich und unzulässig ihre Annahmen waren:

[2] Erstens. Er sagte: "Wenn ich nicht weggehe, kommt der Tröster nicht zu euch." Diese Aussage weist darauf hin, dass der Tröster zur Zeit Christi nicht auf Erden war und dass Er danach kommen würde. Aber der Heilige Geist war untrennbar mit Christus verbunden und immer gleich-ewig mit Ihm. So würde sein Ausspruch "Wenn ich nicht weggehe, kommt der Tröster nicht zu euch" keinerlei Aussage haben.

[3] Zweitens. Er sagte: „Ich habe euch noch viel zu sagen; aber ihr könnt es jetzt nicht ertragen. Wenn aber jener, der Geist der Wahrheit, kommen wird, wird er euch in alle Wahrheit leiten."

⁴ Nun bedenket weiterhin: In Übereinstimmung mit der Christlichen Lehre ist der Heilige Geist die dritte Hypostase und der Geist Jesus Christus ist die zweite Hypostase. Ist es vorstellbar, dass nach all den Belehrungen dieser beiden Hypostasen die Schleier der Unwissenheit und Unkenntnis nicht zerrissen und die Jünger nicht „in alle Wahrheit geleitet" worden wären? Hatten sie dann nach dem Aufstieg dieser Höchsten Leuchte die verborgenen Geheimnisse und die zurückgehaltenen und verwahrten Weisheiten des Herrn von dieser dritten Hypostase empfangen? Waren sie nur dann fähig, diese Wahrheiten zu vernehmen? Es ist vielmehr offenkundig, dass, wenn ihre Seelen selbst unter dem Schatten der Führung dieser Wirklichkeit der Wirklichkeiten und dieses Geistes der Geister nicht erzogen und unterrichtet und ihrer Seelen Schleier nicht verbrannt werden konnten, der Hauch des Heiligen Geistes allein selbst in einhunderttausend Jahren keine Wirkung zeigen könnte. Hierin liegt offenkundige und erkennbare Wahrheit.

⁵ Es ist demnach aus den gesegneten Versen des Johannes klar geworden und Wir haben bewiesen, dass nach der Schönheit Jesu eine andere Geheiligte Seele und eine Große Schönheit erscheinen wird, deren Belehrungen noch umfassender sein werden als die Erziehung, die Christus brachte, der Geist Gottes.

⁶ Drittens sagte Er: „Er wird nicht aus sich selber reden." Das heißt, dass Er mit den Heerscharen der göttlichen Offenbarung gestärkt werden soll. Er soll alles verkünden und erklären, was Sein Gesegnetes Gehör vom Königreich der Herrlichkeit herab vernimmt.

⁷ Bedenket erneut, wie klar dies doch ist! Dies meint, dass dieser tröstende Geist eine Person ist, die mit himmlischen Eingebungen gesegnet und der Verwahrungsort der Offenbarungen des Herrn sein wird. Des Weiteren hat der Heilige Geist keine Ohren, mit denen Er hören könnte. Die Beweise, die die Jünger aus der Thora bezüglich der Geburt Jesu erbrachten, waren niemals von einer solchen Klarheit.
(*'Abdu'l-Bahá, zitiert in: bahai-library.com/uhj_old_new_testaments.* **)

299 Der Abschnitt im Johannesevangelium (14:14-26) bezieht sich auf die Offenbarung Bahá'u'lláhs, durch Dessen Kommen diese Prophezeiung erfüllt worden ist.
(Aus einem Brief im Auftrag des Hüters an einen einzelnen Gläubigen, 21.04.1939 **)

300 Du fragst hinsichtlich des 14. Kapitels, Vers 30, des Johannesevangeliums, wo Christus, der Herr, sagt: „Ich werde nicht mehr viel mit euch reden, denn es kommt der Fürst dieser Welt, und hat nichts an Mir." Der Fürst dieser Welt ist die Gesegnete Schönheit; und „hat nichts an Mir" bedeutet: Nach Mir werden alle Gnade von Mir empfangen, aber Er ist von Mir unabhängig und wird keine Gnade von Mir empfangen. Das bedeutet, dass Er reich ist über Meine Gnade hinaus.
('Abdu'l-Bahá, Briefe und Botschaften, S. 203)

301 So zeigten wir ihnen erst das Alphabet, denn sie besitzen jetzt noch nicht die Fähigkeit, das Wort Gottes so zu erfassen, wie ich es ihnen gerne mitteilen möchte. Zu solch weltlich gesinnten Leuten über so hohe göttliche Dinge zu reden, ist genau so, wie wenn man mit Kindern über schwierige Probleme sprechen wollte.

₂ In dieser Weise unterrichtete auch Jesus Christus Seine Jünger, und dies wollte Jesus Christus betonen, als Er sagte: „Ich habe euch noch vieles zu sagen, aber ihr könnt es jetzt noch nicht tragen. Wenn aber der Geist der Wahrheit kommen wird, wird Er euch in alle Wahrheit leiten, denn Er wird nicht von sich selbst reden, sondern Er wird das sprechen, was Er hört", das heißt, dass Er sprechen wird mit der Macht der Offenbarung. Deshalb müssen wir beim Überbringen der Botschaft immer daran denken, wie weit die Betreffenden sie fassen können, und müssen sie so weitergeben, dass sie mit der Fassungskraft der Zuhörer aufgenommen werden kann, damit diese nicht vor den Kopf gestoßen werden. […]

₃ Christus sagte wiederholt zu Seinen Aposteln: „Teilt nicht jedermann die Geheimnisse des Königreichs mit. Werfet die Perlen nicht vor die Säue!" Dies sagte Er, weil eben die Apostel dir Erleuchteten waren, aber jene, welche die Worte Christi noch nicht gehört hatten, zählten zu den Toten. [...]

₄ Die Israeliten konnten nicht fassen, dass Christus vom Himmel gekommen war. Sie sagten: „Warum sollte unser Messias nicht vom sichtbaren Himmel kommen? Christus aber kam tatsächlich vom Himmel. Seine Wirklichkeit, Sein Geist, kam vom Himmel, nicht aber Sein Leib. Als sie sahen, dass Sein Leib wie der eines anderen Menschen geboren war, verleugneten sie Ihn und gingen deshalb der Erkenntnis Christi verlustig. Damit waren sie nicht zufrieden, Er musste auch noch gekreuzigt werden. Genau so machen es abergläubische und an Dogmen gebundene Menschen. Sie erwarten, dass Christus vom Himmel herabkommt, während wir aus der Astronomie wissen, dass es keinen solchen Himmel gibt. Dies ist durch die Astronomie klar bewiesen. Von den Sternen, die wir am Himmel sehen, ist jeder eine Welt für sich. Was ist der ‚Himmel'? Er ist ein weiter Raum, in dem die Erde ihre Bahnen zieht. Ebenso haben alle Fixsterne ihre Bahn, ein jeder bildet eine Welt für sich, auch die Sonne mit all ihren Trabanten ist ein ‚Himmel' ... Weil die Juden den Messias von einem derartigen ‚Himmel' erwarteten, konnten sie nicht an Ihn glauben. Dieselbe Auffassung wiederholt sich heute. Die Christen erwarten Christus von einem solchen ‚Himmel'.
('Abdu'l-Bahá, zitiert in: W. Gollmer, Mein Herz ist bei euch, S. 69-73)

302 Nehmen wir die Christen als Beispiel. Auch sie erwarten heute wieder Jesus Christus vom Himmel herabkommend, so wie einst die Juden erwarteten, dass der Messias vom Himmel auf die Erde herabkäme. Jesus Christus ist bei Seinem ersten Kommen vom Himmel herabgekommen, das heißt Seine Wirklichkeit, Sein Geist, Sein inneres Wesen kamen vom Himmel; aber äußerlich, körperlich, wurde Er wie jeder Mensch geboren. Im Evangelium steht des Öfteren geschrieben, dass des Menschen Sohn vom Himmel herabkommt, und in der Bibel heißt es: „Es kann niemand gen

Himmel aufsteigen, der nicht vom Himmel herniederkam." Dies zeigt uns klar, dass das Herabkommen vom Himmel ein Gleichnis ist. Bei Seinem ersten Kommen haben wir das erfahren.
('Abdu'l-Bahá, zitiert in: W. Gollmer, Mein Herz ist bei euch, S. 25)

303 Denke nach über die Worte eines der Propheten, als Er den Menschen durch verdeckte Hinweise und rätselhafte Gleichnisse die frohe Botschaft über den verkündete, der nach Ihm kommen werde, auf dass du mit Gewissheit erkennst, dass ihre Worte nur von jenen begriffen werden, die Einsicht besitzen. Er sagt: „Seine Augen waren wie eine Feuerflamme", und „wie glänzendes Erz waren seine Füße", und „aus seinem Munde kommt ein scharfes Schwert." Wie könnte man diese Worte wörtlich interpretieren? Würde jemand mit diesen Merkmalen erscheinen, so wäre er sicher kein Mensch. Und wer sollte seine Gegenwart suchen? Nein, käme er in eine Stadt, so würden sogar die Bewohner der Nachbarstadt vor ihm fliehen, und niemand wagte es, sich ihm zu nähern! Doch wenn du über diese Worte nachdenkst, so erkennst du, dass sie von unübertrefflicher Eloquenz und Klarheit sind, die erhabensten Höhen der Rede und der Inbegriff der Weisheit. Mich dünkt, aus ihnen strahlen die Sonnen der Beredsamkeit und die Sterne der Klarheit.

₂ Sieh die Toren vergangener Zeiten und jene, die heute das Kommen eines solchen Menschen erwarten! Erscheint Er nicht in der eben beschriebenen Gestalt, so glauben sie nicht an Ihn. Da ein solches Wesen aber niemals kommen wird, werden sie auch nie zum Glauben finden. So ist es um dieses ungläubige, gottlose Volk bestellt! Wie sollten diejenigen, die nicht einmal verstehen, was offenkundig ist, je die Rätsel der göttlichen Prinzipien und die Edelsteine der Geheimnisse Seiner immerwährenden Weisheit erfassen?

₃ Ich werde dir nun kurz die wahre Bedeutung dieser Verse erklären, damit du ihre verborgenen Geheimnisse verstehst. So prüfe alsdann und urteile gerecht über das, was Wir dir enthüllen, damit du vor Gott zu denen zählst, die in diesen Dingen gerecht urteilen.

₄ Wisse, dass derjenige, der diese Worte in den Reichen der Majestät sprach, die Eigenschaften dessen, der kommen wird, in solch verschleierten, rätselhaften Worten beschrieb, damit das Volk des Irrtums sie nicht verstehe. Mit den Worten „seine Augen waren wie Feuer" spielte Er auf den alles durchdringenden Blick des Verheißenen an, der mit Seinen Augen alle Schleier und Hüllen verbrennt, die ewigen Geheimnisse in der bedingten Welt erkennt und die Angesichter derer, die vom Höllenstaub verdunkelt werden, von denen unterscheidet, die das Licht des Paradieses widerstrahlen. Wären Seine Augen nicht aus „Gottes loderndem Feuer", wie könnte Er dann die Schleier und alle menschlichen Vorstellungen verbrennen? Wie könnte Er sonst die Zeichen Gottes im Reich Seiner Namen und im Himmel der Schöpfung erkennen? Wie könnte Er alle Dinge mit Gottes sehendem Auge schauen? So schärften Wir an diesem Tag Seinen Blick. Wolltet ihr doch Gottes Versen glauben! Und welches Feuer brennt heißer als das, welches im Sinai Seiner Augen lodert und alles verzehrt, was die Menschen verhüllt? Unermesslich erhaben bleibt Gott über alles, was auf den vortrefflichen Tafeln erschien über die Geheimnisse des Anfangs und des Endes – bis zu dem Tag, an dem „der Rufer rufen wird". Dann werden wir alle zu Ihm zurückkehren.

₅ Die Worte „wie glänzendes Erz waren Seine Füße" zeugen für Seine Standhaftigkeit, denn Er hört auf Gottes Ruf: „Sei standhaft, wie dir befohlen ward!" Er wird so standhaft sein in der Sache Gottes und so sicher auf dem Pfad Seiner Macht schreiten, dass Er bei der Verkündung Seiner Sache nicht wankt noch Seinen Befehl flieht, Sein Gesetz zu verkünden, sollten Ihn auch alle auf Erden und in den Himmeln zurückweisen. Fest werden Seine Füße stehen wie die höchsten Berge und die erhabensten Gipfel. Unerschütterlich wird Er sein in Seinem Gehorsam vor Gott und standhaft Seine Sache offenbaren und Sein Wort verkünden. Keiner wird Ihn aufhalten; der Widerstand der Eigensinnigen wird Ihn nicht hindern und die Zurückweisung durch die Gottlosen Ihn nicht zaudern lassen. Alle Ablehnung, aller Hass, aller Unglaube und Frevel, die Ihm begegnen, mehren nur Seine Liebe zu Gott, die Sehnsucht Seines Herzens, die Verzückung Seiner Seele, und erfüllen Seine Brust mit brennender Liebe. Hast du je auf Erden ein Erz gesehen, das mächtiger, ein Schwert, das schärfer oder einen Berg, der fester wäre? Er trotzt allen Bewohnern der Erde und fürchtet keinen, ungeachtet der Gräuel, zu denen – wie du weißt – Menschen imstande sind. Verherrlicht sei Gott, der Ihn zurückhält und Ihn aussendet. Mächtig ist Er zu tun, was Ihm beliebt. Er ist wahrlich der Helfer in Gefahr, der Selbstbestehende.

₆ Weiter sagt Er: „Aus seinem Munde kommt ein scharfes Schwert". Wisse, dass das Schwert ein Werkzeug ist, das zerteilt und zertrennt. Und aus dem Munde der Propheten und Auserwählten Gottes entspringt, was die Gläubigen von den Ungläubigen, den Liebenden vom Geliebten scheidet. Mit alledem ist nichts anderes gemeint als dieses „Zertrennen" und „Zerteilen". So wird der Erste Punkt, die ewige Sonne, wenn Er mit Gottes Erlaubnis alle Geschöpfe vorlädt und sie aus den Gräbern ihres Selbstes erweckt, sie – mit einem einzigen Wort von Gott – voneinander trennen: Dieses Wort scheidet Wahrheit von Irrtum, von jenem Tag bis zum Tage der Auferstehung. Welches Schwert ist schärfer als dieses himmlische Schwert, welche Klinge härter als dieser unzerstörbare Stahl, der jedes Band zerschneidet und so den Gläubigen vom Ungläubigen, den Vater vom Sohn, den Bruder von der Schwester und den Liebenden von der Geliebten trennt? Denn wer glaubt, was Ihm offenbart wurde, ist ein wahrhaft Gläubiger, und wer sich davon abkehrt, ein Ungläubiger. So sehr sind sie voneinander geschieden, dass sie in dieser Welt nicht länger miteinander verkehren. Dies gilt selbst für Vater und Sohn; denn wenn der Sohn glaubt und der Vater ungläubig bleibt, so sind sie auf ewig voneinander getrennt. Ja, du siehst, wie der Sohn den Vater und der Vater den Sohn tötet. Bedenke in diesem Lichte alles, was Wir dir berichtet und erklärt haben.

₇ Wenn du alles mit dem „Auge der Gewissheit" siehst, erkennst du, wie dieses göttliche Schwert die Generationen spaltet. O dass ihr es doch verstündet! All dies geschieht durch das trennende Wort, das am Tage des Gerichts und der Trennung offenbar wird – ach, wären doch die Menschen achtsam am Tage ihres Herrn! Wolltest du deinen Blick schärfen und dein Herz empfindsamer machen, so würdest du bezeugen, dass alle irdischen Schwerter, die seit ehedem die Ungläubigen getötet und Krieg gegen die Frevler geführt haben, letztlich auf dieses göttliche, unsichtbare Schwert zurückzuführen sind. So öffne deine Augen, auf dass du alles siehst, was Wir dir offenbart haben, und erlangst, was kein anderer erlangt hat. So sprechen Wir: „Preis sei Ihm, denn Er ist der König am Tage des Gerichts."

₈ Da diese Menschen versäumt haben, wahres Wissen aus seiner Quelle zu schöpfen, aus dem Meer der frischen, sanft fließenden Wasser, die mit Gottes Erlaubnis durch makellos reine Herzen strömen, bleibt ihnen verborgen, was Gott mit diesen Worten und Hinweisen beabsichtigte. So bleiben sie gefangen im Gefängnis ihres Selbstes.
(Bahá'u'lláh, Edelsteine göttlicher Geheimnisse, S. 65-71)

304 Wie das Kommen Christi festgelegt ist durch Daniels Prophezeiungen, so sind es auch die Offenbarungen Bahá'u'lláhs und des Báb. Zuvor hatten wir nur logische Beweise angeführt, jetzt werden wir Beweise nach Überlieferungen aufstellen.

₂ Im 13. Verse des 8. Kapitels im Buche Daniel heißt es: „Ich hörte aber einen Heiligen reden; und ein Heiliger sprach zu dem, der da redete: Wie lange soll doch währen solch Gesicht vom täglichen Opfer und von der Sünde, um welcher willen diese Verwüstung geschieht, dass beide, das Heiligtum und das Heer, zertreten werden? (V. 14:) Und er antwortete mir: Bis 2300 Abende und Morgen um sind; dann wird das Heiligtum wieder geweiht werden. (V. 17:) Er aber sprach zu mir: ... dies Gesicht gehört in die Zeit des Endes." Also wie lange soll diese Heimsuchung, dieser Verfall, diese Erniedrigung und Demütigung dauern? Das heißt, wann wird der Morgen der Offenbarung anbrechen? Darauf sprach er: „2300 Tage; dann wird das Heiligtum wieder geweiht werden." Kurz, der Sinn dieser Stelle ist, dass er 2300 Jahre anberaumt, denn im Wortlaut der Bibel ist jeder Tag ein Jahr. Folglich sind vom Zeitpunkt des Ediktes durch Artaxerxes, der den zweiten Aufbau Jerusalems befahl, bis zum Tage der Geburt Christi 456 Jahre und von der Geburt Christi bis zum Tage der Offenbarung des Báb 1844 Jahre verstrichen. Wenn man zu dieser Zahl 456 Jahre zählt, ergeben sich 2300 Jahre. Das heißt, das Jahr 1844 n. Chr., brachte die Erfüllung der Vision Daniels, und dies ist das Jahr der

Offenbarung des Báb. Sieh nun, wie klar Daniel das Jahr der Offenbarung ansetzt; klarer als hier kann eine Offenbarung nicht vorausgesagt werden.

₃ Christus Selbst erklärt im 24. Kapitel, Vers 3, des Matthäusevangeliums, dass die Prophezeiung Daniels sich auf die Wiederkunft bezieht. Die Stelle lautet: „Und als er auf dem Ölberge saß, traten zu ihm seine Jünger besonders und sprachen: Sage uns, wann wird das geschehen? Und welches wird das Zeichen sein deiner Zukunft und des Endes der Welt?" Eine der Antworten Christi heißt (V. 15): „Wenn ihr nun sehen werdet den Gräuel der Verwüstung, davon gesagt ist durch den Propheten Daniel, dass er steht an der heiligen Stätte (wer das liest, der merke darauf)." Damit verwies Er sie auf das 8. Kapitel Daniel, mit dem Hinweis, dass jeder, der es liest, verstehen wird, dass es diese fragliche Zeit ist. Sieh nun, wie klar die Offenbarung des Báb im Alten und Neuen Testament angekündigt ist.
('Abdu'l-Bahá, Beantwortete Fragen, S. 52-53)

305 Christus sagte: „Die Söhne des Gelobten Landes werden das Reich Gottes verlassen, aber andere Menschen aus weit entfernten Ländern werden ins Königreich eintreten." Seht die Perser heute, obgleich sie vom gleichen Land wie Bahá'u'lláh sind, wissen sie dennoch nichts von Ihm. Ihr aber lebt weit entfernt von Persien und habt trotzdem großen Anteil an ihm. Ihr habt Seine Stimme auf Tausende von Meilen hin gehört; die aber, welche Ihm nahe waren, haben nichts vernommen.
('Abdu'l-Bahá, zitiert in: W. Gollmer, Mein Herz ist bei euch, S. 125)

306 Die Evangelien wurden nach [der Lebenszeit Christi] geschrieben. Johannes, Lukas, Markus und Matthäus schrieben nachträglich auf, woran sie sich von Seinen Äußerungen erinnerten.
(Bahá'u'lláh, zitiert in: bahai-library.com/uhj_old_new_testaments **)

307 Wisse, dass die Thora dasjenige ist, was Moses, Frieden sei auf Ihm, offenbart und was ihm befohlen worden ist. Die Geschichten aber sind historische Erzählungen und wurden nach der Zeit Mose niedergeschrieben. Das ruhmreiche Buch, der Mächtige Ratschluss, ist was in den Tafeln geschrieben stand, die Moses, Frieden sei auf Ihm, vom Berg Sinai herunter brachte und das, was er in Übereinstimmung mit dem ausdrücklichen Text dieser Tafeln den Kindern Israels verkündete.
('Abdu'l-Bahá, zitiert in: bahai-library.com/uhj_old_new_testaments **)

308 Wir können nicht sicher sein, wie viel oder wie wenig von den vier Evangelien authentisch ist und die Worte Christi und Seine unverwässerten Lehren enthält. Alles, dessen wir uns als Bahá'í sicher sein können, ist dass das, was von Bahá'u'lláh oder dem Meister zitiert worden ist, absolut authentisch sein muss. Da sehr häufig Abschnitte aus dem Johannesevangelium zitiert werden, können wir annehmen, dass es tatsächlich das Evangelium des Johannes und das meiste davon authentisch ist.
(Aus einem Brief im Auftrag des Hüters an einen einzelnen Gläubigen, 23.01.1944 **)

309 Wir können uns nicht über die Authentizität irgendeines Ausspruches aus dem Alten oder dem Neuen Testament sicher sein. Sicher sein können wir uns aber, wann immer solche Quellen oder Worte entweder im Qur'án oder in den Bahá'í-Schriften wiedergegeben oder direkt zitiert werden.
(Aus einem Brief im Auftrag des Hüters an einen einzelnen Gläubigen, 04.07.1947 **)

310 Abgesehen von dem, was Bahá'u'lláh und 'Abdu'l-Bahá erklärt haben, haben wir keine Möglichkeit festzustellen, was die zahllosen symbolischen Hinweise in der Bibel bedeuten.
(Aus einem Brief im Auftrag des Hüters an einen einzelnen Gläubigen, 31.01.1955 **)

311 Beim Studium der Bibel sollten die Bahá'í zwei grundlegende Prinzipien berücksichtigen. Das erste ist, dass zahlreiche Abschnitte in den Heiligen Schriften dazu gedacht sind, metaphorisch verstanden zu werden, und nicht wörtlich, und dass einige der auftauchenden Paradoxien und scheinbaren Widersprüche dazu gedacht sind, genau dies anzudeuten. Das zweite ist die Tatsache, dass der Text der frühen Schriften wie der Bibel nicht vollkommen authentisch ist.
(Aus einem Brief im Auftrag des Universalen Hauses der Gerechtigkeit an einen einzelnen Gläubigen, 28.05.1984 **)

312 Wenn 'Abdu'l-Bahá sagt, dass wir glauben, was in der Bibel steht, dann meint Er dies dem Gehalt nach. Das bedeutet nicht, dass wir glauben, dass jedes Wort darin wörtlich genommen werden muss oder dass jedes Wort ein authentischer Ausspruch eines Propheten ist.
(Aus einem Brief im Auftrag des Hüters an einen einzelnen Gläubigen, 11.02.1944 **)

313 Sie bitten um eine Erklärung der Aussage in einem Brief im Auftrag des Hüters vom 11. Februar 1944: „Wenn 'Abdu'l-Bahá sagt, dass wir glauben, was in der Bibel steht, dann meint Er dies dem Gehalt nach. Das bedeutet nicht, dass wir glauben, dass jedes Wort darin wörtlich genommen werden muss oder dass jedes Wort ein authentischer Ausspruch eines Propheten ist." Ist es nicht eindeutig, dass, was Shoghi Effendi an dieser Stelle meint, ist, dass wir nicht kategorisch behaupten können, anders als wir dies im Falle der Schriften Bahá'u'lláhs können, dass die Worte und Aussagen, die Moses und Christus im Alten und Neuen Testament zugeschrieben werden, Ihre genauen Worte waren, aber dass wir, im Bewusstsein des grundlegenden Prinzips, das Bahá'u'lláh im Kitáb-i-Íqán aufgestellt hat, dass nämlich Gottes Offenbarung unter seiner Fürsorge und seinem Schutz steht, versichert sein können, dass die Essenz,

oder die wesentlichen Bestandteile dessen, was diese beiden Manifestationen Gottes zu übermitteln beabsichtigten, in diesen beiden Büchern aufgeschrieben und bewahrt worden ist?
(Aus einem Brief im Auftrag des Universalen Hauses der Gerechtigkeit an einen einzelnen Gläubigen, 19.07.1981 **)

314 Die Bahá'í glauben, dass das, was in der Bibel steht, in seinem Wesenskern wahr ist. Das bedeutet nicht, dass jeder einzelne Vers in dieser Schrift wörtlich genommen werden und wie die authentische Wiedergabe der Worte eines Propheten behandelt werden sollte ... Daher ist das Zeugnis der Thora [und des Evangeliums] im Kern wahr, mag es auch in Einzelheiten ungenau sein.

₂ Die Bahá'í glauben, dass die Offenbarung unter der Fürsorge und dem Schutz Gottes steht und dass der Wesenskern, oder die wesentlichen Teile, dessen, was Seine Manifestationen festzuhalten beabsichtigten, in diesen Heiligen Texten aufgezeichnet und bewahrt worden ist. Da die Worte der alten Propheten erst einige Zeit später niedergeschrieben worden sind, können wir nicht mit Bestimmtheit sagen, dass die Worte und Aussagen, die Ihnen zugeschrieben werden, ihre genauen Worte waren, anders als wir dies im Fall der Schriften Bahá'u'lláhs können.
(Aus einem Brief im Auftrag des Universalen Hauses der Gerechtigkeit an einen einzelnen Gläubigen, 09.08.1984 **)

315 Die Interpretation biblischer Prophezeiungen war lange Gegenstand des Streits und der Spekulationen unter den Schriftgelehrten. Als Bahá'í müssen wir uns für verbindliche Führung in diesen Dingen den Schriften Bahá'u'lláhs, 'Abdu'l-Bahás und Shoghi Effendis zuwenden. Wenn ein Thema in den Heiligen Schriften nicht erwähnt oder erklärt worden ist, steht es uns frei, andere Bücher heranzuziehen und die Ansichten von Gelehrten zu berücksichtigen, wenn wir dies wünschen. Dieses Prinzip wird durch [den] folgenden Abschnitt aus [einem] Brief im Auftrag des Hüters an [einen] einzelne[n] Gläubige[n] bestätigt:

₂ „Bezüglich dessen, was Mírzá Abu'l-Fadl über die sieben Religionen der Vergangenheit geschrieben hat, möchte Shoghi Effendi darauf hinweisen, dass nur die Worte des Meisters wirklich autoritativ sind. In allen solchen Fällen sollten wir versuchen, herauszufinden, was Er zu diesen Themen gesagt hat, und uns an Seine Worte halten; selbst dann, wenn sie den Erkenntnissen heutiger Gelehrter zu widersprechen scheinen. Hat Er zu einem Thema nichts gesagt, steht es dem Einzelnen frei, das, was Gelehrte wie Abu'l-Fadl schreiben, zu akzeptieren oder abzulehnen. Durch ihre Diskurse wird die Wahrheit schließlich ans Licht kommen. Aber zu keiner Zeit sollten ihre Schlüsse als endgültig angesehen werden." […]

₃ Das Universale Haus der Gerechtigkeit hat uns angewiesen, Ihnen für die weitere Lektüre die ‚Beantworteten Fragen' zu empfehlen, da dieses Werk unter anderem 'Abdu'l-Bahás Auslegungen einiger derjenigen Stellen enthält, die Sie aus dem Buch Daniel anführen, ebenso wie weitere Themen aus dem Alten und dem Neuen Testament. Sie werden bemerken, dass 'Abdu'l-Bahá, zusätzlich zu Seinen eigenen Auslegungen, zur persönlichen Initiative bei der Enthüllung der göttlichen Geheimnisse ermutigt. Zum Beispiel schreibt Er am Ende des zwanzigsten Kapitels über die Taufe: „Diese Frage erfordert tiefes Nachdenken. Dann wird die Ursache für diese Änderungen klar und offenbar." Und am Ende des dreißigsten Kapitels über Adam und Eva fährt Er, nachdem er zunächst Seine eigene Interpretation dargelegt hat, fort: „Dies ist eine der Bedeutungen der biblischen Geschichte von Adam. Denke nach, bis du die anderen findest."
(Aus einem Brief im Auftrag des Universalen Hauses der Gerechtigkeit an einen einzelnen Gläubigen, 17.01.1978 **)

2.2. Nachweis der zitierten Verse aus Bibel und Koran

1. Mose 1:26
Und Gott sprach: Lasset uns Menschen machen, ein Bild, das uns gleich sei, die da herrschen über die Fische im Meer und über die Vögel unter dem Himmel und über das Vieh und über alle Tiere des Feldes und über alles Gewürm, das auf Erden kriecht. Und Gott schuf den Menschen zu seinem Bilde, zum Bilde Gottes schuf er ihn; und schuf sie als Mann und Frau.

33:1; 216

1. Mose 2:8-24
Und Gott der HERR pflanzte einen Garten in Eden gegen Osten hin und setzte den Menschen hinein, den er gemacht hatte. Und Gott der HERR ließ aufwachsen aus der Erde allerlei Bäume, verlockend anzusehen und gut zu essen, und den Baum des Lebens mitten im Garten und den Baum der Erkenntnis des Guten und Bösen. [...]

Und Gott der HERR nahm den Menschen und setzte ihn in den Garten Eden, dass er ihn bebaute und bewahrte. Und Gott der HERR gebot dem Menschen und sprach: Du darfst essen von allen Bäumen im Garten, aber von dem Baum der Erkenntnis des Guten und Bösen sollst du nicht essen; denn an dem Tage, da du von ihm isst, musst du des Todes sterben. [...]

Aber die Schlange war listiger als alle Tiere auf dem Felde, die Gott der HERR gemacht hatte, und sprach zu der Frau: Ja, sollte Gott gesagt haben: Ihr sollt nicht essen von allen Bäumen im Garten? Da sprach die Frau zu der Schlange: Wir essen von den Früchten der Bäume im Garten; aber von den Früchten des Baumes mitten im Garten hat Gott gesagt: Esset nicht davon, rühret sie auch nicht an, dass ihr nicht sterbet! Da sprach die Schlange zur Frau: Ihr werdet keineswegs des Todes sterben, sondern Gott weiß: an dem Tage, da ihr davon esst, werden eure Augen aufgetan, und ihr werdet sein wie Gott und wissen, was gut und böse ist. Und die Frau sah, dass von dem Baum gut zu essen wäre und dass er eine Lust für die Augen wäre und verlockend, weil er klug machte. Und sie nahm von der Frucht und aß und gab ihrem Mann, der bei ihr war, auch davon und er aß. Da wurden ihnen beiden die Augen aufgetan und sie wurden gewahr, dass sie nackt waren, und flochten Feigenblätter zusammen und machten sich Schurze. Und sie hörten Gott den HERRN, wie er im Garten ging, als der Tag kühl geworden war. Und Adam versteckte sich mit seiner Frau vor dem Angesicht Gottes des HERRN unter den Bäumen im Garten. Und Gott der HERR rief Adam und sprach zu ihm: Wo bist du? Und er sprach: Ich hörte dich im Garten und fürchtete mich; denn ich bin nackt, darum versteckte ich mich. Und er sprach: Wer hat dir gesagt, dass du nackt bist? Hast du nicht gegessen von dem Baum, von dem ich dir gebot, du solltest nicht davon essen? Da sprach Adam: Die Frau, die du mir zugesellt hast, gab mir von dem Baum und ich aß. Da sprach Gott der HERR zur Frau: Warum hast du das getan? Die Frau sprach: Die Schlange betrog mich, sodass ich aß. Da sprach Gott der HERR zu der Schlange: Weil du das getan hast, seist du verflucht, verstoßen aus allem Vieh und allen Tieren auf dem Felde. Auf deinem Bauche sollst du kriechen und Erde fressen dein Leben lang. Und ich will Feindschaft setzen zwischen dir und der Frau und zwischen deinem Nachkommen und ihrem Nachkommen; der soll dir den Kopf zertreten, und du wirst ihn in die Ferse stechen. […]

Und Gott der HERR sprach: Siehe, der Mensch ist geworden wie unsereiner und weiß, was gut und böse ist. Nun aber, dass er nur nicht ausstrecke seine Hand und breche auch von dem Baum des Lebens und esse und lebe ewiglich! Da wies ihn Gott der HERR aus dem Garten Eden, dass er die Erde bebaute, von der er genommen war. Und er trieb den Menschen hinaus und ließ lagern vor dem Garten Eden die Cherubim mit dem flammenden, blitzenden Schwert, zu bewachen den Weg zu dem Baum des Lebens.

194

2. Mose 13:21-22

Und der HERR zog vor ihnen her, am Tage in einer Wolkensäule, um sie den rechten Weg zu führen, und bei Nacht in einer Feuersäule, um ihnen zu leuchten, damit sie Tag und Nacht wandern konnten. Niemals wich die Wolkensäule von dem Volk bei Tage noch die Feuersäule bei Nacht.

91:2

2. Mose 20:4
Du sollst dir kein Bildnis noch irgendein Gleichnis machen, weder von dem, was oben im Himmel, noch von dem, was unten auf Erden, noch von dem, was im Wasser unter der Erde ist.

158

2. Mose 20:13
Du sollst nicht töten.

169

3. Mose 24:20
Schaden um Schaden, Auge um Auge, Zahn um Zahn; wie er einen Menschen verletzt hat, so soll man ihm auch tun.

146:2; 148:6; 150

Jesaja 11:1-9
Und es wird eine Rute aufgehen von dem Stamm Isais und ein Zweig aus seiner Wurzel Frucht bringen, auf welchem wird ruhen der Geist des Herrn, der Geist der Weisheit und des Verstandes, der Geist des Rates und der Stärke, der Geist der Erkenntnis und der Furcht des Herrn. Und Wohlgeruch wird ihm sein die Furcht des Herrn. Er wird nicht richten, nach dem seine Augen sehen, noch Urteil sprechen, nach dem seine Ohren hören, sondern wird mit Gerechtigkeit richten die Armen und rechtes Urteil sprechen den Elenden im Lande und wird mit dem Stabe seines Mundes die Erde schlagen und mit dem Odem seiner Lippen den Gottlosen töten. Gerechtigkeit wird der Gurt seiner Lenden sein und der Glaube der Gurt seiner Hüften. Die Wölfe werden bei den Lämmern wohnen und die Leoparden bei den Böcken liegen. Ein kleiner Knabe wird Kälber und junge Löwen und Mastvieh miteinander treiben. Kühe und Bären werden auf der Weide gehen, dass ihre Jungen beieinander liegen; und Löwen werden Stroh essen wie die Ochsen. Und ein Säugling wird seine Lust haben am Loch der Otter, und ein Entwöhnter wird seine Hand stecken in die Höhle des Basilisken. Man wird nirgends Schaden tun noch verderben auf meinem ganzen heiligen Berge; denn das Land ist voll Erkenntnis des Herrn, wie Wasser das Meer bedeckt.

6; 9:5; 10:2; 11:7; 12:1; 13:3; 14:1

Matthäus 2:1-18

Als Jesus geboren war in Bethlehem in Judäa zur Zeit des Königs Herodes, siehe, da kamen Weise aus dem Morgenland nach Jerusalem und sprachen: Wo ist der neugeborene König der Juden? Wir haben seinen Stern gesehen im Morgenland und sind gekommen, ihn anzubeten. Als das der König Herodes hörte, erschrak er und mit ihm ganz Jerusalem, und er ließ zusammenkommen alle Hohenpriester und Schriftgelehrten des Volkes und erforschte von ihnen, wo der Christus geboren werden sollte. Und sie sagten ihm: In Bethlehem in Judäa; denn so steht geschrieben durch den Propheten (Micha 5,1): „Und du, Bethlehem im jüdischen Lande, bist keineswegs die kleinste unter den Städten in Juda; denn aus dir wird kommen der Fürst, der mein Volk Israel weiden soll." Da rief Herodes die Weisen heimlich zu sich und erkundete genau von ihnen, wann der Stern erschienen wäre, und schickte sie nach Bethlehem und sprach: Zieht hin und forscht fleißig nach dem Kindlein; und wenn ihr's findet, so sagt mir's wieder, dass auch ich komme und es anbete. Als sie nun den König gehört hatten, zogen sie hin. Und siehe, der Stern, den sie im Morgenland gesehen hatten, ging vor ihnen her, bis er über dem Ort stand, wo das Kindlein war. Als sie den Stern sahen, wurden sie hocherfreut und gingen in das Haus und fanden das Kindlein mit Maria, seiner Mutter, und fielen nieder und beteten es an und taten ihre Schätze auf und schenkten ihm Gold, Weihrauch und Myrrhe. Und Gott befahl ihnen im Traum, nicht wieder zu Herodes zurückzukehren; und sie zogen auf einem andern Weg wieder in ihr Land.

Als sie aber hinweggezogen waren, siehe, da erschien der Engel des Herrn dem Joseph im Traum und sprach: Steh auf, nimm das Kindlein und seine Mutter mit dir und flieh nach Ägypten und bleib dort, bis ich dir's sage; denn Herodes hat vor, das Kindlein zu suchen, um es umzubringen. Da stand er auf und nahm das Kindlein und seine Mutter mit sich bei Nacht und entwich nach Ägypten und blieb dort bis nach dem Tod des Herodes, damit erfüllt würde, was der Herr durch den Propheten gesagt hat, der da spricht (Hosea 11,1): „Aus Ägypten habe ich meinen Sohn gerufen."

Als Herodes nun sah, dass er von den Weisen betrogen war, wurde er sehr zornig und schickte aus und ließ alle Kinder in Bethlehem töten und in der ganzen Gegend, die zweijährig und darunter waren, nach der Zeit, die er von den Weisen genau erkundet hatte. Da wurde erfüllt, was gesagt ist durch den Propheten Jeremia, der da spricht (Jeremia 31,15): „In Rama hat man ein Geschrei gehört, viel Weinen und Wehklagen; Rahel beweinte ihre Kinder und wollte sich nicht trösten lassen, denn es war aus mit ihnen."

17; 18

Matthäus 3:1-12

Zu der Zeit kam Johannes der Täufer und predigte in der Wüste von Judäa und sprach: Tut Buße, denn das Himmelreich ist nahe herbeigekommen! Denn dieser ist's, von dem der Prophet Jesaja gesprochen und gesagt hat (Jesaja 40,3): „Es ist eine Stimme eines Predigers in der Wüste: Bereitet dem Herrn den Weg und macht eben seine Steige!" Er aber, Johannes, hatte ein Gewand aus Kamelhaaren an und einen ledernen Gürtel um seine Lenden; seine Speise aber waren Heuschrecken und wilder Honig. Da ging zu ihm hinaus die Stadt Jerusalem und ganz Judäa und alle Länder am Jordan und ließen sich taufen von ihm im Jordan und bekannten ihre Sünden. Als er nun viele Pharisäer und Sadduzäer sah zu seiner Taufe kommen, sprach er zu ihnen: Ihr Schlangenbrut, wer hat denn euch gewiss gemacht, dass ihr dem künftigen Zorn entrinnen werdet? Seht zu, bringt rechtschaffene Frucht der Buße! Denkt nur nicht, dass ihr bei euch sagen könntet: Wir haben Abraham zum Vater. Denn ich sage euch: Gott vermag dem Abraham aus diesen Steinen Kinder zu erwecken. Es ist schon die Axt den Bäumen an die Wurzel gelegt. Darum: jeder Baum, der nicht gute Frucht bringt, wird abgehauen und ins Feuer geworfen. Ich taufe euch mit Wasser zur Buße; der aber nach mir kommt, ist stärker als ich, und ich bin nicht wert, ihm die Schuhe zu tragen; der wird euch mit dem Heiligen Geist und mit Feuer taufen. Er hat seine Worfschaufel in der Hand; er wird seine Tenne fegen und seinen Weizen in die Scheune sammeln; aber die Spreu wird er verbrennen mit unauslöschlichem Feuer.

88; 89; 199; 210; 211; 212

Matthäus 5:3
Selig sind, die da geistlich arm sind; denn ihrer ist das Himmelreich.

181

Matthäus 5:13
Ihr seid das Salz der Erde. Wenn nun das Salz nicht mehr salzt, womit soll man salzen? Es ist zu nichts mehr nütze, als dass man es wegschüttet und lässt es von den Leuten zertreten.

280

Matthäus 5:38-48
Ihr habt gehört, dass gesagt ist (2.Mose 21,24): „Auge um Auge, Zahn um Zahn." Ich aber sage euch, dass ihr nicht widerstreben sollt dem Übel, sondern: wenn dich jemand auf deine rechte Backe schlägt, dem biete die andere auch dar. [...]

Ihr habt gehört, dass gesagt ist: „Du sollst deinen Nächsten lieben" (3.Mose 19,18) und deinen Feind hassen. Ich aber sage euch: Liebt eure Feinde und bittet für die, die euch verfolgen, damit ihr Kinder seid eures Vaters im Himmel. Denn er lässt seine Sonne aufgehen über Böse und Gute und lässt regnen über Gerechte und Ungerechte. Denn wenn ihr liebt, die euch lieben, was werdet ihr für Lohn haben? Tun nicht dasselbe auch die Zöllner? Und wenn ihr nur zu euren Brüdern freundlich seid, was tut ihr Besonderes? Tun nicht dasselbe auch die Heiden? Darum sollt ihr vollkommen sein, wie euer Vater im Himmel vollkommen ist.

170; 171; 174; 175:4-5; 176; 177; 216; 217; 218; 219

Matthäus 6:10
Dein Reich komme. Dein Wille geschehe wie im Himmel so auf Erden.

168:2

Matthäus 7:6
Ihr sollt das Heilige nicht den Hunden geben und eure Perlen sollt ihr nicht vor die Säue werfen, damit die sie nicht zertreten mit ihren Füßen und sich umwenden und euch zerreißen.

301:3

Matthäus 7:16-20
An ihren Früchten sollt ihr sie erkennen. Kann man denn Trauben lesen von den Dornen oder Feigen von den Disteln? So bringt jeder gute Baum gute Früchte; aber ein fauler Baum bringt schlechte Früchte. Ein guter Baum kann nicht schlechte Früchte bringen und ein fauler Baum kann nicht gute Früchte bringen. Jeder Baum, der nicht gute Früchte bringt, wird abgehauen und ins Feuer geworfen. Darum: an ihren Früchten sollt ihr sie erkennen.

162; 163

Matthäus 8 :21-22
Ein anderer unter den Jüngern sprach zu ihm: Herr, erlaube mir, dass ich zuvor hingehe und meinen Vater begrabe. Aber Jesus spricht zu ihm: Folge du mir und lass die Toten ihre Toten begraben!

86:5; 99; 194:10; 196; 202; 203:1; 204; 208; 209; 213:6

Matthäus 10:14
Und wenn euch jemand nicht aufnehmen und eure Rede nicht hören wird, so geht heraus aus diesem Hause oder dieser Stadt und schüttelt den Staub von euren Füßen.

187

Matthäus 13:3-8
Und er redete vieles zu ihnen in Gleichnissen und sprach: Siehe, es ging ein Sämann aus zu säen. Und indem er säte, fiel einiges auf den Weg; da kamen die Vögel und fraßen's auf. Einiges fiel auf felsigen Boden, wo es nicht viel Erde hatte, und ging bald auf, weil es keine tiefe Erde hatte. Als aber die Sonne aufging, verwelkte es, und weil es keine Wurzel hatte, verdorrte es. Einiges fiel unter die Dornen; und die Dornen wuchsen empor und erstickten's. Einiges fiel auf gutes

Land und trug Frucht, einiges hundertfach, einiges sechzigfach, einiges dreißigfach.

164

Matthäus 13:14-15
Und an ihnen wird die Weissagung Jesajas erfüllt, die da sagt (Jesaja 6,9-10): „Mit den Ohren werdet ihr hören und werdet es nicht verstehen; und mit sehenden Augen werdet ihr sehen und werdet es nicht erkennen. Denn das Herz dieses Volkes ist verstockt: Ihre Ohren hören schwer und ihre Augen sind geschlossen, damit sie nicht etwa mit den Augen sehen und mit den Ohren hören und mit dem Herzen verstehen und sich bekehren, und ich ihnen helfe."

 # 10:8; 86:6; 143; 203:2; 206

Matthäus 16:13-20
Da kam Jesus in die Gegend von Cäsarea Philippi und fragte seine Jünger und sprach: Wer sagen die Leute, dass der Menschensohn sei? Sie sprachen: Einige sagen, du seist Johannes der Täufer, andere, du seist Elia, wieder andere, du seist Jeremia oder einer der Propheten. Er fragte sie: Wer sagt denn ihr, dass ich sei? Da antwortete Simon Petrus und sprach: Du bist Christus, des lebendigen Gottes Sohn! Und Jesus antwortete und sprach zu ihm: Selig bist du, Simon, Jonas Sohn; denn Fleisch und Blut haben dir das nicht offenbart, sondern mein Vater im Himmel. Und ich sage dir auch: Du bist Petrus, und auf diesen Felsen will ich meine Gemeinde bauen, und die Pforten der Hölle sollen sie nicht überwältigen.

Ich will dir die Schlüssel des Himmelreichs geben: Alles, was du auf Erden binden wirst, soll auch im Himmel gebunden sein, und alles, was du auf Erden lösen wirst, soll auch im Himmel gelöst sein. Da gebot er seinen Jüngern, niemandem zu sagen, dass er der Christus sei.

 # 126:2; 275; 276; 277; 278; 285:2

Matthäus 17:1-13
Und nach sechs Tagen nahm Jesus mit sich Petrus und Jakobus und Johannes, dessen Bruder, und führte sie allein auf einen hohen Berg.

Und er wurde verklärt vor ihnen, und sein Angesicht leuchtete wie die Sonne, und seine Kleider wurden weiß wie das Licht. Und siehe, da erschienen ihnen Mose und Elia; die redeten mit ihm. Petrus aber fing an und sprach zu Jesus: Herr, hier ist gut sein! Willst du, so will ich hier drei Hütten bauen, dir eine, Mose eine und Elia eine. Als er noch so redete, siehe, da überschattete sie eine lichte Wolke. Und siehe, eine Stimme aus der Wolke sprach: Dies ist mein lieber Sohn, an dem ich Wohlgefallen habe; den sollt ihr hören! Als das die Jünger hörten, fielen sie auf ihr Angesicht und erschraken sehr. Jesus aber trat zu ihnen, rührte sie an und sprach: Steht auf und fürchtet euch nicht! Als sie aber ihre Augen aufhoben, sahen sie niemand als Jesus allein. Und als sie vom Berge hinabgingen, gebot ihnen Jesus und sprach: Ihr sollt von dieser Erscheinung niemandem sagen, bis der Menschensohn von den Toten auferstanden ist. Und seine Jünger fragten ihn und sprachen: Warum sagen denn die Schriftgelehrten, zuerst müsse Elia kommen? Jesus antwortete und sprach zu ihnen: Elia soll freilich kommen und alles zurechtbringen. Doch ich sage euch: Elia ist schon gekommen, aber sie haben ihn nicht erkannt, sondern haben mit ihm getan, was sie wollten. So wird auch der Menschensohn durch sie leiden müssen. Da verstanden die Jünger, dass er von Johannes dem Täufer zu ihnen geredet hatte.

93:2; 95; 96

Matthäus 18:1-4
Zu derselben Stunde traten die Jünger zu Jesus und fragten: Wer ist doch der Größte im Himmelreich? Jesus rief ein Kind zu sich und stellte es mitten unter sie und sprach: Wahrlich, ich sage euch: Wenn ihr nicht umkehrt und werdet wie die Kinder, so werdet ihr nicht ins Himmelreich kommen. Wer nun sich selbst erniedrigt und wird wie dies Kind, der ist der Größte im Himmelreich.

180

Matthäus 19:1-12
Und es begab sich, als Jesus diese Reden vollendet hatte, dass er sich aufmachte aus Galiläa und kam in das Gebiet von Judäa jenseits des Jordans; und eine große Menge folgte ihm nach und er heilte sie dort. Da traten Pharisäer zu ihm und versuchten ihn und sprachen: Ist's erlaubt, dass sich ein Mann aus irgendeinem Grund von seiner Frau

scheidet? Er aber antwortete und sprach: Habt ihr nicht gelesen: Der im Anfang den Menschen geschaffen hat, schuf sie als Mann und Frau und sprach (1.Mose 2,24): „Darum wird ein Mann Vater und Mutter verlassen und an seiner Frau hängen, und die zwei werden ‚ein' Fleisch sein"? So sind sie nun nicht mehr zwei, sondern ‚ein' Fleisch. Was nun Gott zusammengefügt hat, das soll der Mensch nicht scheiden! Da fragten sie: Warum hat dann Mose geboten, ihr einen Scheidebrief zu geben und sich von ihr zu scheiden? Er sprach zu ihnen: Mose hat euch erlaubt, euch zu scheiden von euren Frauen, eures Herzens Härte wegen; von Anfang an aber ist's nicht so gewesen. Ich aber sage euch: Wer sich von seiner Frau scheidet, es sei denn wegen Ehebruchs, und heiratet eine andere, der bricht die Ehe. Da sprachen seine Jünger zu ihm: Steht die Sache eines Mannes mit seiner Frau so, dann ist's nicht gut zu heiraten. Er sprach aber zu ihnen: Dies Wort fassen nicht alle, sondern nur die, denen es gegeben ist. Denn einige sind von Geburt an zur Ehe unfähig; andere sind von Menschen zur Ehe unfähig gemacht; und wieder andere haben sich selbst zur Ehe unfähig gemacht um des Himmelreichs willen. Wer es fassen kann, der fasse es!

153

Matthäus 19:16-26

Und siehe, einer trat zu ihm und fragte: Meister, was soll ich Gutes tun, damit ich das ewige Leben habe? Er aber sprach zu ihm: Was fragst du mich nach dem, was gut ist? Gut ist nur Einer. Willst du aber zum Leben eingehen, so halte die Gebote. Da fragte er ihn: Welche? Jesus aber sprach: „Du sollst nicht töten; du sollst nicht ehebrechen; du sollst nicht stehlen; du sollst nicht falsch Zeugnis geben; ehre Vater und Mutter" (2.Mose 20,12-16); und: „Du sollst deinen Nächsten lieben wie dich selbst" (3.Mose 19,18). Da sprach der Jüngling zu ihm: Das habe ich alles gehalten; was fehlt mir noch? Jesus antwortete ihm: Willst du vollkommen sein, so geh hin, verkaufe, was du hast, und gib's den Armen, so wirst du einen Schatz im Himmel haben; und komm und folge mir nach! Als der Jüngling das Wort hörte, ging er betrübt davon; denn er hatte viele Güter. Jesus aber sprach zu seinen Jüngern: Wahrlich, ich sage euch: Ein Reicher wird schwer ins Himmelreich kommen. Und weiter sage ich euch: Es ist leichter, dass ein Kamel durch ein Nadelöhr gehe, als dass ein Reicher ins Reich Gottes komme. Als das seine Jünger hörten, entsetzten sie sich sehr und sprachen: Ja, wer kann dann selig werden? Jesus aber sah sie an und sprach zu ihnen: Bei den Menschen ist's unmöglich; aber bei Gott sind alle Dinge möglich.

98; 184; 185

Matthäus 19:30
Aber viele, die die Ersten sind, werden die Letzten und die Letzten werden die Ersten sein.

293

Matthäus 22:15-22
Da gingen die Pharisäer hin und hielten Rat, wie sie ihn in seinen Worten fangen könnten; und sandten zu ihm ihre Jünger samt den Anhängern des Herodes. Die sprachen: Meister, wir wissen, dass du wahrhaftig bist und lehrst den Weg Gottes recht und fragst nach niemand; denn du achtest nicht das Ansehen der Menschen. Darum sage uns, was meinst du: Ist's recht, dass man dem Kaiser Steuern zahlt, oder nicht? Als nun Jesus ihre Bosheit merkte, sprach er: Ihr Heuchler, was versucht ihr mich? Zeigt mir die Steuermünze! Und sie reichten ihm einen Silbergroschen. Und er sprach zu ihnen: Wessen Bild und Aufschrift ist das? Sie sprachen zu ihm: Des Kaisers. Da sprach er zu ihnen: So gebt dem Kaiser, was des Kaisers ist, und Gott, was Gottes ist! Als sie das hörten, wunderten sie sich, ließen von ihm ab und gingen davon.

161

Matthäus 24:3-31
Und als er auf dem Ölberg saß, traten seine Jünger zu ihm und sprachen, als sie allein waren: Sage uns, wann wird das geschehen? Und was wird das Zeichen sein für dein Kommen und für das Ende der Welt? Jesus aber antwortete und sprach zu ihnen: Seht zu, dass euch nicht jemand verführe. Denn es werden viele kommen unter meinem Namen und sagen: Ich bin der Christus, und sie werden viele verführen. Ihr werdet hören von Kriegen und Kriegsgeschrei; seht zu und erschreckt nicht. Denn das muss so geschehen; aber es ist noch nicht das Ende da. Denn es wird sich ein Volk gegen das andere

erheben und ein Königreich gegen das andere; und es werden Hungersnöte sein und Erdbeben hier und dort. Das alles aber ist der Anfang der Wehen. Dann werden sie euch der Bedrängnis preisgeben und euch töten. Und ihr werdet gehasst werden um meines Namens willen von allen Völkern. Dann werden viele abfallen und werden sich untereinander verraten und werden sich untereinander hassen. Und es werden sich viele falsche Propheten erheben und werden viele verführen. Und weil die Ungerechtigkeit überhand nehmen wird, wird die Liebe in vielen erkalten. Wer aber beharrt bis ans Ende, der wird selig werden. Und es wird gepredigt werden dies Evangelium vom Reich in der ganzen Welt zum Zeugnis für alle Völker, und dann wird das Ende kommen.

Wenn ihr nun sehen werdet das Gräuelbild der Verwüstung stehen an der heiligen Stätte, wovon gesagt ist durch den Propheten Daniel (Daniel 9,27; 11,31) – wer das liest, der merke auf! –, alsdann fliehe auf die Berge, wer in Judäa ist; und wer auf dem Dach ist, der steige nicht hinunter, etwas aus seinem Hause zu holen; und wer auf dem Feld ist, der kehre nicht zurück, seinen Mantel zu holen. Weh aber den Schwangeren und den Stillenden zu jener Zeit! Bittet aber, dass eure Flucht nicht geschehe im Winter oder am Sabbat. Denn es wird dann eine große Bedrängnis sein, wie sie nicht gewesen ist vom Anfang der Welt bis jetzt und auch nicht wieder werden wird. Und wenn diese Tage nicht verkürzt würden, so würde kein Mensch selig werden; aber um der Auserwählten willen werden diese Tage verkürzt. Wenn dann jemand zu euch sagen wird: Siehe, hier ist der Christus!, oder: Da!, so sollt ihr's nicht glauben. Denn es werden falsche Christusse und falsche Propheten aufstehen und große Zeichen und Wunder tun, sodass sie, wenn es möglich wäre, auch die Auserwählten verführten. Siehe, ich habe es euch vorausgesagt. Wenn sie also zu euch sagen werden: Siehe, er ist in der Wüste!, so geht nicht hinaus; siehe, er ist drinnen im Haus!, so glaubt es nicht. Denn wie der Blitz ausgeht vom Osten und leuchtet bis zum Westen, so wird auch das Kommen des Menschensohns sein. Wo das Aas ist, da sammeln sich die Geier.

Sogleich aber nach der Bedrängnis jener Zeit wird die Sonne sich verfinstern und der Mond seinen Schein verlieren, und die Sterne werden vom Himmel fallen und die Kräfte der Himmel werden ins

Wanken kommen. Und dann wird erscheinen das Zeichen des Menschensohns am Himmel. Und dann werden wehklagen alle Geschlechter auf Erden und werden sehen den Menschensohn kommen auf den Wolken des Himmels mit großer Kraft und Herrlichkeit. Und er wird seine Engel senden mit hellen Posaunen, und sie werden seine Auserwählten sammeln von den vier Winden, von einem Ende des Himmels bis zum andern.

291:2; 292; 294:1; 295

Matthäus 26:57-66
Die aber Jesus ergriffen hatten, führten ihn zu dem Hohenpriester Kaiphas, wo die Schriftgelehrten und Ältesten sich versammelt hatten. Petrus aber folgte ihm von ferne bis zum Palast des Hohenpriesters und ging hinein und setzte sich zu den Knechten, um zu sehen, worauf es hinauswollte. Die Hohenpriester aber und der ganze Hohe Rat suchten falsches Zeugnis gegen Jesus, dass sie ihn töteten. Und obwohl viele falsche Zeugen herzutraten, fanden sie doch nichts. Zuletzt traten zwei herzu und sprachen: Er hat gesagt: Ich kann den Tempel Gottes abbrechen und in drei Tagen aufbauen. Und der Hohepriester stand auf und sprach zu ihm: Antwortest du nichts auf das, was diese gegen dich bezeugen? Aber Jesus schwieg still. Und der Hohepriester sprach zu ihm: Ich beschwöre dich bei dem lebendigen Gott, dass du uns sagst, ob du der Christus bist, der Sohn Gottes. Jesus sprach zu ihm: Du sagst es. Doch sage ich euch: Von nun an werdet ihr sehen den Menschensohn sitzen zur Rechten der Kraft und kommen auf den Wolken des Himmels. Da zerriss der Hohepriester seine Kleider und sprach: Er hat Gott gelästert! Was bedürfen wir weiterer Zeugen? Siehe, jetzt habt ihr die Gotteslästerung gehört. Was ist euer Urteil? Sie antworteten und sprachen: Er ist des Todes schuldig.

233

Matthäus 26:69-75
Petrus aber saß draußen im Hof; da trat eine Magd zu ihm und sprach: Und du warst auch mit dem Jesus aus Galiläa. Er leugnete aber vor ihnen allen und sprach: Ich weiß nicht, was du sagst. Als er aber hinausging in die Torhalle, sah ihn eine andere und sprach zu denen, die da waren: Dieser war auch mit dem Jesus von Nazareth.

Und er leugnete abermals und schwor dazu: Ich kenne den Menschen nicht. Und nach einer kleinen Weile traten hinzu, die da standen, und sprachen zu Petrus: Wahrhaftig, du bist auch einer von denen, denn deine Sprache verrät dich. Da fing er an, sich zu verfluchen und zu schwören: Ich kenne den Menschen nicht. Und alsbald krähte der Hahn. Da dachte Petrus an das Wort, das Jesus zu ihm gesagt hatte: Ehe der Hahn kräht, wirst du mich dreimal verleugnen. Und er ging hinaus und weinte bitterlich.

260; 261

Matthäus 27:27-29
Da nahmen die Soldaten des Statthalters Jesus mit sich in das Prätorium und sammelten die ganze Abteilung um ihn. Und zogen ihn aus und legten ihm einen Purpurmantel an und flochten eine Dornenkrone und setzten sie ihm aufs Haupt und gaben ihm ein Rohr in seine rechte Hand und beugten die Knie vor ihm und verspotteten ihn und sprachen: Gegrüßet seist du, der Juden König!, und spien ihn an und nahmen das Rohr und schlugen damit sein Haupt.

9:1; 46:4; 78; 118; 234; 235; 252; 253; 255

Matthäus 27:51-53
Und siehe, der Vorhang im Tempel zerriss in zwei Stücke von oben an bis unten aus. Und die Erde erbebte und die Felsen zerrissen, und die Gräber taten sich auf und viele Leiber der entschlafenen Heiligen standen auf und gingen aus den Gräbern nach seiner Auferstehung und kamen in die heilige Stadt und erschienen vielen.

240

Matthäus 28:18
Und Jesus trat herzu und sprach zu ihnen: Mir ist gegeben alle Gewalt im Himmel und auf Erden.

252

Markus 13:3-27
Und als er auf dem Ölberg saß gegenüber dem Tempel, fragten ihn Petrus und Jakobus und Johannes und Andreas, als sie allein waren: Sage uns, wann wird das geschehen? Und was wird das Zeichen sein,

wenn das alles vollendet werden soll? Jesus fing an und sagte zu ihnen: Seht zu, dass euch nicht jemand verführe! Es werden viele kommen unter meinem Namen und sagen: Ich bin's, und werden viele verführen. Wenn ihr aber hören werdet von Kriegen und Kriegsgeschrei, so fürchtet euch nicht. Es muss so geschehen. Aber das Ende ist noch nicht da. Denn es wird sich ein Volk gegen das andere erheben und ein Königreich gegen das andere. Es werden Erdbeben geschehen hier und dort, es werden Hungersnöte sein. Das ist der Anfang der Wehen. Ihr aber seht euch vor! Denn sie werden euch den Gerichten überantworten, und in den Synagogen werdet ihr gegeißelt werden, und vor Statthalter und Könige werdet ihr geführt werden um meinetwillen, ihnen zum Zeugnis. Und das Evangelium muss zuvor gepredigt werden unter allen Völkern. Und wenn sie euch hinführen und überantworten werden, so sorgt euch nicht vorher, was ihr reden sollt; sondern was euch in jener Stunde gegeben wird, das redet. Denn ihr seid's nicht, die da reden, sondern der Heilige Geist. Und es wird ein Bruder den andern dem Tod preisgeben und der Vater den Sohn, und die Kinder werden sich empören gegen die Eltern und werden sie töten helfen. Und ihr werdet gehasst sein von jedermann um meines Namens willen. Wer aber beharrt bis an das Ende, der wird selig.

Wenn ihr aber sehen werdet das Gräuelbild der Verwüstung stehen, wo es nicht soll - wer es liest, der merke auf! -, alsdann, wer in Judäa ist, der fliehe auf die Berge. Wer auf dem Dach ist, der steige nicht hinunter und gehe nicht hinein, etwas aus seinem Hause zu holen. Und wer auf dem Feld ist, der wende sich nicht um, seinen Mantel zu holen. Weh aber den Schwangeren und den Stillenden zu jener Zeit! Bittet aber, dass es nicht im Winter geschehe. Denn in diesen Tagen wird eine solche Bedrängnis sein, wie sie nie gewesen ist bis jetzt vom Anfang der Schöpfung, die Gott geschaffen hat, und auch nicht wieder werden wird. Und wenn der Herr diese Tage nicht verkürzt hätte, würde kein Mensch selig; aber um der Auserwählten willen, die er auserwählt hat, hat er diese Tage verkürzt. Wenn dann jemand zu euch sagen wird: Siehe, hier ist der Christus; siehe, da ist er!, so glaubt es nicht. Denn es werden sich erheben falsche Christusse und falsche Propheten, die Zeichen und Wunder tun, sodass sie die Auserwählten verführen würden, wenn es möglich wäre. Ihr aber seht euch vor! Ich habe euch alles zuvor gesagt!

Aber zu jener Zeit, nach dieser Bedrängnis, wird die Sonne sich verfinstern und der Mond seinen Schein verlieren, und die Sterne werden vom Himmel fallen, und die Kräfte der Himmel werden ins Wanken kommen. Und dann werden sie sehen den Menschensohn kommen in den Wolken mit großer Kraft und Herrlichkeit. Und dann wird er die Engel senden und wird seine Auserwählten versammeln von den vier Winden, vom Ende der Erde bis zum Ende des Himmels.

291:3

Lukas 5:17-25
Und siehe, einige Männer brachten einen Menschen auf einem Bett; der war gelähmt. Und sie versuchten, ihn hineinzubringen und vor ihn zu legen. Und weil sie wegen der Menge keinen Zugang fanden, ihn hineinzubringen, stiegen sie auf das Dach und ließen ihn durch die Ziegel hinunter mit dem Bett mitten unter sie vor Jesus. Und als er ihren Glauben sah, sprach er: Mensch, deine Sünden sind dir vergeben. Und die Schriftgelehrten und Pharisäer fingen an zu überlegen und sprachen: Wer ist der, dass er Gotteslästerungen redet? Wer kann Sünden vergeben als allein Gott? Als aber Jesus ihre Gedanken merkte, antwortete er und sprach zu ihnen: Was denkt ihr in euren Herzen? Was ist leichter, zu sagen: Dir sind deine Sünden vergeben, oder zu sagen: Steh auf und geh umher? Damit ihr aber wisst, dass der Menschensohn Vollmacht hat, auf Erden Sünden zu vergeben - sprach er zu dem Gelähmten: Ich sage dir, steh auf, nimm dein Bett und geh heim! Und sogleich stand er vor ihren Augen auf und nahm das Bett, auf dem er gelegen hatte, und ging heim und pries Gott.

82; 83

Lukas 6:20
Und er hob seine Augen auf über seine Jünger und sprach: Selig seid ihr Armen; denn das Reich Gottes ist euer.

182; 183; 185; 186

Lukas 13:34

Jerusalem, Jerusalem, die du tötest die Propheten und steinigst, die zu dir gesandt sind! Wie oft habe ich deine Kinder versammeln wollen, wie eine Henne ihre Küken versammelt unter ihre Flügel; und ihr habt nicht gewollt!

119

Lukas 19:42-44

Wenn doch auch du erkenntest zu dieser Zeit, was zum Frieden dient! Aber nun ist's vor deinen Augen verborgen. Denn es wird eine Zeit über dich kommen, da werden deine Feinde um dich einen Wall aufwerfen, dich belagern und von allen Seiten bedrängen und werden dich dem Erdboden gleichmachen samt deinen Kindern in dir und keinen Stein auf dem andern lassen in dir, weil du die Zeit nicht erkannt hast, in der du heimgesucht worden bist.

119

Lukas 21:8-28

Sie fragten ihn aber: Meister, wann wird das geschehen? Und was wird das Zeichen sein, wenn das geschehen wird? Er aber sprach: Seht zu, lasst euch nicht verführen. Denn viele werden kommen unter meinem Namen und sagen: Ich bin's, und: Die Zeit ist herbeigekommen. - Folgt ihnen nicht nach! Wenn ihr aber hören werdet von Kriegen und Aufruhr, so entsetzt euch nicht. Denn das muss zuvor geschehen; aber das Ende ist noch nicht so bald da. Dann sprach er zu ihnen: Ein Volk wird sich erheben gegen das andere und ein Reich gegen das andere, und es werden geschehen große Erdbeben und hier und dort Hungersnöte und Seuchen; auch werden Schrecknisse und vom Himmel her große Zeichen geschehen.

Aber vor diesem allen werden sie Hand an euch legen und euch verfolgen und werden euch überantworten den Synagogen und Gefängnissen und euch vor Könige und Statthalter führen um meines Namens willen. Das wird euch widerfahren zu einem Zeugnis. So nehmt nun zu Herzen, dass ihr euch nicht vorher sorgt, wie ihr euch verantworten sollt. Denn ich will euch Mund und Weisheit geben, der alle eure Gegner nicht widerstehen noch widersprechen können. Ihr werdet aber verraten werden von Eltern,

Brüdern, Verwandten und Freunden; und man wird einige von euch töten. Und ihr werdet gehasst sein von jedermann um meines Namens willen. Und kein Haar von eurem Haupt soll verloren gehen. Seid standhaft und ihr werdet euer Leben gewinnen.

Wenn ihr aber sehen werdet, dass Jerusalem von einem Heer belagert wird, dann erkennt, dass seine Verwüstung nahe herbeigekommen ist. Alsdann, wer in Judäa ist, der fliehe ins Gebirge, und wer in der Stadt ist, gehe hinaus, und wer auf dem Lande ist, komme nicht herein. Denn das sind die Tage der Vergeltung, dass erfüllt werde alles, was geschrieben ist. Weh aber den Schwangeren und den Stillenden in jenen Tagen! Denn es wird große Not auf Erden sein und Zorn über dies Volk kommen, und sie werden fallen durch die Schärfe des Schwertes und gefangen weggeführt unter alle Völker, und Jerusalem wird zertreten werden von den Heiden, bis die Zeiten der Heiden erfüllt sind.

Und es werden Zeichen geschehen an Sonne und Mond und Sternen, und auf Erden wird den Völkern bange sein, und sie werden verzagen vor dem Brausen und Wogen des Meeres, und die Menschen werden vergehen vor Furcht und in Erwartung der Dinge, die kommen sollen über die ganze Erde; denn die Kräfte der Himmel werden ins Wanken kommen. Und alsdann werden sie sehen den Menschensohn kommen in einer Wolke mit großer Kraft und Herrlichkeit. Wenn aber dieses anfängt zu geschehen, dann seht auf und erhebt eure Häupter, weil sich eure Erlösung naht.

291:4

Lukas 21:33
Himmel und Erde werden vergehen, aber meine Worte vergehen nicht.

156:1

Lukas 22:39-44
Und er ging nach seiner Gewohnheit hinaus an den Ölberg. Es folgten ihm aber auch die Jünger. Und als er dahin kam, sprach er zu ihnen: Betet, damit ihr nicht in Anfechtung fallt! Und er riss sich von ihnen los, etwa einen Steinwurf weit, und kniete nieder, betete und sprach:

Vater, willst du, so nimm diesen Kelch von mir; doch nicht mein, sondern dein Wille geschehe! Es erschien ihm aber ein Engel vom Himmel und stärkte ihn. Und er rang mit dem Tode und betete heftiger. Und sein Schweiß wurde wie Blutstropfen, die auf die Erde fielen.

232

Lukas 23:34
Jesus aber sprach: Vater, vergib ihnen; denn sie wissen nicht, was sie tun!

238; 239

Lukas 24:13-40
Und siehe, zwei von ihnen gingen an demselben Tage in ein Dorf, das war von Jerusalem etwa zwei Wegstunden entfernt; dessen Name ist Emmaus. Und sie redeten miteinander von allen diesen Geschichten. Und es geschah, als sie so redeten und sich miteinander besprachen, da nahte sich Jesus selbst und ging mit ihnen. Aber ihre Augen wurden gehalten, dass sie ihn nicht erkannten. Er sprach aber zu ihnen: Was sind das für Dinge, die ihr miteinander verhandelt unterwegs? Da blieben sie traurig stehen. Und der eine, mit Namen Kleopas, antwortete und sprach zu ihm: Bist du der Einzige unter den Fremden in Jerusalem, der nicht weiß, was in diesen Tagen dort geschehen ist? Und er sprach zu ihnen: Was denn? Sie aber sprachen zu ihm: Das mit Jesus von Nazareth, der ein Prophet war, mächtig in Taten und Worten vor Gott und allem Volk; wie ihn unsre Hohenpriester und Oberen zur Todesstrafe überantwortet und gekreuzigt haben. Wir aber hofften, er sei es, der Israel erlösen werde. Und über das alles ist heute der dritte Tag, dass dies geschehen ist. Auch haben uns erschreckt einige Frauen aus unserer Mitte, die sind früh bei dem Grab gewesen, haben seinen Leib nicht gefunden, kommen und sagen, sie haben eine Erscheinung von Engeln gesehen, die sagen, er lebe. Und einige von uns gingen hin zum Grab und fanden's so, wie die Frauen sagten; aber ihn sahen sie nicht. Und er sprach zu ihnen: O ihr Toren, zu trägen Herzens, all dem zu glauben, was die Propheten geredet haben! Musste nicht Christus dies erleiden und in seine Herrlichkeit eingehen? Und er fing an bei Mose und allen Propheten und legte ihnen aus, was in der

ganzen Schrift von ihm gesagt war. Und sie kamen nahe an das Dorf, wo sie hingingen. Und er stellte sich, als wollte er weitergehen. Und sie nötigten ihn und sprachen: Bleibe bei uns; denn es will Abend werden und der Tag hat sich geneigt. Und er ging hinein, bei ihnen zu bleiben. Und es geschah, als er mit ihnen zu Tisch saß, nahm er das Brot, dankte, brach's und gab's ihnen. Da wurden ihre Augen geöffnet und sie erkannten ihn. Und er verschwand vor ihnen. Und sie sprachen untereinander: Brannte nicht unser Herz in uns, als er mit uns redete auf dem Wege und uns die Schrift öffnete?

Und sie standen auf zu derselben Stunde, kehrten zurück nach Jerusalem und fanden die Elf versammelt und die bei ihnen waren; die sprachen: Der Herr ist wahrhaftig auferstanden und Simon erschienen. Und sie erzählten ihnen, was auf dem Wege geschehen war und wie er von ihnen erkannt wurde, als er das Brot brach. Als sie aber davon redeten, trat er selbst, Jesus, mitten unter sie und sprach zu ihnen: Friede sei mit euch! Sie erschraken aber und fürchteten sich und meinten, sie sähen einen Geist. Und er sprach zu ihnen: Was seid ihr so erschrocken, und warum kommen solche Gedanken in euer Herz? Seht meine Hände und meine Füße, ich bin's selber. Fasst mich an und seht; denn ein Geist hat nicht Fleisch und Knochen, wie ihr seht, dass ich sie habe. Und als er das gesagt hatte, zeigte er ihnen die Hände und Füße.

262; 263; 265

Johannes 1:1-14
Im Anfang war das Wort, und das Wort war bei Gott, und Gott war das Wort. Dasselbe war im Anfang bei Gott. Alle Dinge sind durch dasselbe gemacht, und ohne dasselbe ist nichts gemacht, was gemacht ist. In ihm war das Leben, und das Leben war das Licht der Menschen. Und das Licht scheint in der Finsternis, und die Finsternis hat's nicht ergriffen. [...] Er kam in sein Eigentum; und die Seinen nahmen ihn nicht auf. Wie viele ihn aber aufnahmen, denen gab er Macht, Gottes Kinder zu werden, denen, die an seinen Namen glauben, die nicht aus dem Blut noch aus dem Willen des Fleisches noch aus dem Willen eines Mannes, sondern von Gott geboren sind.

Und das Wort ward Fleisch und wohnte unter uns, und wir sahen seine Herrlichkeit, eine Herrlichkeit als des eingeborenen Sohnes vom Vater, voller Gnade und Wahrheit.

35:3; 36:1; 38:7; 222:1

Johannes 1:19-23
Dies ist das Zeugnis des Johannes, als die Juden zu ihm sandten Priester und Leviten von Jerusalem, dass sie ihn fragten: Wer bist du? Und er bekannte und leugnete nicht, und er bekannte: Ich bin nicht der Christus. Und sie fragten ihn: Was dann? Bist du Elia? Er sprach: Ich bin's nicht. Bist du der Prophet? Und er antwortete: Nein. Da sprachen sie zu ihm: Wer bist du dann, dass wir Antwort geben denen, die uns gesandt haben? Was sagst du von dir selbst? Er sprach: „Ich bin eine Stimme eines Predigers in der Wüste: Ebnet den Weg des Herrn!", wie der Prophet Jesaja gesagt hat (Jesaja 40,3).

93:3; 94

Johannes 3:1-13
Es war aber ein Mensch unter den Pharisäern mit Namen Nikodemus, einer von den Oberen der Juden. Der kam zu Jesus bei Nacht und sprach zu ihm: Meister, wir wissen, du bist ein Lehrer, von Gott gekommen; denn niemand kann die Zeichen tun, die du tust, es sei denn Gott mit ihm. Jesus antwortete und sprach zu ihm: Wahrlich, wahrlich, ich sage dir: Es sei denn, dass jemand von neuem geboren werde, so kann er das Reich Gottes nicht sehen. Nikodemus spricht zu ihm: Wie kann ein Mensch geboren werden, wenn er alt ist? Kann er denn wieder in seiner Mutter Leib gehen und geboren werden? Jesus antwortete: Wahrlich, wahrlich, ich sage dir: Es sei denn, dass jemand geboren werde aus Wasser und Geist, so kann er nicht in das Reich Gottes kommen. Was vom Fleisch geboren ist, das ist Fleisch; und was vom Geist geboren ist, das ist Geist. Wundere dich nicht, dass ich dir gesagt habe: Ihr müsst von neuem geboren werden. Der Wind bläst, wo er will, und du hörst sein Sausen wohl; aber du weißt nicht, woher er kommt und wohin er fährt. So ist es bei jedem, der aus dem Geist geboren ist. Nikodemus antwortete und sprach zu ihm: Wie kann dies geschehen? Jesus antwortete und sprach zu ihm: Bist du Israels Lehrer und weißt das nicht? Wahrlich, wahrlich, ich sage dir: Wir reden, was wir wissen, und bezeugen, was

wir gesehen haben; ihr aber nehmt unser Zeugnis nicht an. Glaubt ihr nicht, wenn ich euch von irdischen Dingen sage, wie werdet ihr glauben, wenn ich euch von himmlischen Dingen sage? Und niemand ist gen Himmel aufgefahren außer dem, der vom Himmel herabgekommen ist, nämlich der Menschensohn.

86:5; 192; 196; 197; 198; 203:1; 206; 207; 208; 209; 212:1; 213:6; 220

Johannes 6:24-58
Als nun das Volk sah, dass Jesus nicht da war und seine Jünger auch nicht, stiegen sie in die Boote und fuhren nach Kapernaum und suchten Jesus. Und als sie ihn fanden am andern Ufer des Sees, fragten sie ihn: Rabbi, wann bist du hergekommen? Jesus antwortete ihnen und sprach: Wahrlich, wahrlich, ich sage euch: Ihr sucht mich nicht, weil ihr Zeichen gesehen habt, sondern weil ihr von dem Brot gegessen habt und satt geworden seid. Schafft euch Speise, die nicht vergänglich ist, sondern die bleibt zum ewigen Leben. Die wird euch der Menschensohn geben; denn auf dem ist das Siegel Gottes des Vaters.

Da fragten sie ihn: Was sollen wir tun, dass wir Gottes Werke wirken? Jesus antwortete und sprach zu ihnen: Das ist Gottes Werk, dass ihr an den glaubt, den er gesandt hat. Da sprachen sie zu ihm: Was tust du für ein Zeichen, damit wir sehen und dir glauben? Was für ein Werk tust du? Unsre Väter haben in der Wüste das Manna gegessen, wie geschrieben steht (Psalm 78,24): „Er gab ihnen Brot vom Himmel zu essen." Da sprach Jesus zu ihnen: Wahrlich, wahrlich, ich sage euch: Nicht Mose hat euch das Brot vom Himmel gegeben, sondern mein Vater gibt euch das wahre Brot vom Himmel. Denn Gottes Brot ist das, das vom Himmel kommt und gibt der Welt das Leben. Da sprachen sie zu ihm: Herr, gib uns allezeit solches Brot. Jesus aber sprach zu ihnen: Ich bin das Brot des Lebens. Wer zu mir kommt, den wird nicht hungern; und wer an mich glaubt, den wird nimmermehr dürsten.

Aber ich habe euch gesagt: Ihr habt mich gesehen und glaubt doch nicht. Alles, was mir mein Vater gibt, das kommt zu mir; und wer zu mir kommt, den werde ich nicht hinausstoßen. Denn ich bin vom

Himmel gekommen, nicht damit ich meinen Willen tue, sondern den Willen dessen, der mich gesandt hat. Das ist aber der Wille dessen, der mich gesandt hat, dass ich nichts verliere von allem, was er mir gegeben hat, sondern dass ich's auferwecke am Jüngsten Tage. Denn das ist der Wille meines Vaters, dass, wer den Sohn sieht und glaubt an ihn, das ewige Leben habe; und ich werde ihn auferwecken am Jüngsten Tage.

Da murrten die Juden über ihn, weil er sagte: Ich bin das Brot, das vom Himmel gekommen ist, und sprachen: Ist dieser nicht Jesus, Josephs Sohn, dessen Vater und Mutter wir kennen? Wieso spricht er dann: Ich bin vom Himmel gekommen? Jesus antwortete und sprach zu ihnen: Murrt nicht untereinander. Es kann niemand zu mir kommen, es sei denn, ihn ziehe der Vater, der mich gesandt hat, und ich werde ihn auferwecken am Jüngsten Tage. Es steht geschrieben in den Propheten (Jesaja 54,13): „Sie werden alle von Gott gelehrt sein." Wer es vom Vater hört und lernt, der kommt zu mir. Nicht als ob jemand den Vater gesehen hätte außer dem, der von Gott gekommen ist; der hat den Vater gesehen. Wahrlich, wahrlich, ich sage euch: Wer glaubt, der hat das ewige Leben.

Ich bin das Brot des Lebens. Eure Väter haben in der Wüste das Manna gegessen und sind gestorben. Dies ist das Brot, das vom Himmel kommt, damit, wer davon isst, nicht sterbe. Ich bin das lebendige Brot, das vom Himmel gekommen ist. Wer von diesem Brot isst, der wird leben in Ewigkeit. Und dieses Brot ist mein Fleisch, das ich geben werde für das Leben der Welt.

Da stritten die Juden untereinander und sagten: Wie kann der uns sein Fleisch zu essen geben? Jesus sprach zu ihnen: Wahrlich, wahrlich, ich sage euch: Wenn ihr nicht das Fleisch des Menschensohns esst und sein Blut trinkt, so habt ihr kein Leben in euch. Wer mein Fleisch isst und mein Blut trinkt, der hat das ewige Leben, und ich werde ihn am Jüngsten Tage auferwecken. Denn mein Fleisch ist die wahre Speise, und mein Blut ist der wahre Trank. Wer mein Fleisch isst und mein Blut trinkt, der bleibt in mir und ich in ihm. Wie mich der lebendige Vater gesandt hat und ich lebe um des Vaters willen, so wird auch, wer mich isst, leben um meinetwillen. Dies ist das Brot, das vom Himmel gekommen ist. Es ist nicht wie bei den Vätern, die gegessen haben und gestorben sind. Wer dies Brot isst, der wird leben in Ewigkeit.

27; 28; 29; 30; 46:1; 221:3; 224; 225; 226; 227

Johannes 6:63
Der Geist ist's, der lebendig macht, das Fleisch ist nichts nütze.

227:4

Johannes 10:31-39
Da hoben die Juden abermals Steine auf, um ihn zu steinigen. Jesus sprach zu ihnen: Viele gute Werke habe ich euch erzeigt vom Vater; um welches dieser Werke willen wollt ihr mich steinigen? Die Juden antworteten ihm und sprachen: Um eines guten Werkes willen steinigen wir dich nicht, sondern um der Gotteslästerung willen, denn du bist ein Mensch und machst dich selbst zu Gott. Jesus antwortete ihnen: Steht nicht geschrieben in eurem Gesetz (Psalm 82,6): „Ich habe gesagt: Ihr seid Götter"? Wenn er ‚die' Götter nennt, zu denen das Wort Gottes geschah - und die Schrift kann doch nicht gebrochen werden -, wie sagt ihr dann zu dem, den der Vater geheiligt und in die Welt gesandt hat: Du lästerst Gott -, weil ich sage: Ich bin Gottes Sohn? Tue ich nicht die Werke meines Vaters, so glaubt mir nicht; tue ich sie aber, so glaubt doch den Werken, wenn ihr mir nicht glauben wollt, damit ihr erkennt und wisst, dass der Vater in mir ist und ich in ihm. Da suchten sie abermals, ihn zu ergreifen. Aber er entging ihren Händen.

31:3; 32; 33; 34:5; 35:5; 38:6

Johannes 11:17-44
Als Jesus kam, fand er Lazarus schon vier Tage im Grabe liegen ... Als Marta nun hörte, dass Jesus kommt, geht sie ihm entgegen; Maria aber blieb daheim sitzen. Da sprach Marta zu Jesus: Herr, wärst du hier gewesen, mein Bruder wäre nicht gestorben. Aber auch jetzt weiß ich: Was du bittest von Gott, das wird dir Gott geben. Jesus spricht zu ihr: Dein Bruder wird auferstehen. Marta spricht zu ihm: Ich weiß wohl, dass er auferstehen wird - bei der Auferstehung am Jüngsten Tage.

Jesus spricht zu ihr: Ich bin die Auferstehung und das Leben. Wer an mich glaubt, der wird leben, auch wenn er stirbt; und wer da lebt und glaubt an mich, der wird nimmermehr sterben. Glaubst du das? Sie spricht zu ihm: Ja, Herr, ich glaube, dass du der Christus bist, der Sohn Gottes, der in die Welt gekommen ist. Und als sie das gesagt hatte, ging sie hin und rief ihre Schwester Maria heimlich und sprach zu ihr: Der Meister ist da und ruft dich. Als Maria das hörte, stand sie eilend auf und kam zu ihm. Jesus aber war noch nicht in das Dorf gekommen, sondern war noch dort, wo ihm Marta begegnet war. Als die Juden, die bei ihr im Hause waren und sie trösteten, sahen, dass Maria eilend aufstand und hinausging, folgten sie ihr, weil sie dachten: Sie geht zum Grab, um dort zu weinen. Als nun Maria dahin kam, wo Jesus war, und sah ihn, fiel sie ihm zu Füßen und sprach zu ihm: Herr, wärst du hier gewesen, mein Bruder wäre nicht gestorben.

Als Jesus sah, wie sie weinte und wie auch die Juden weinten, die mit ihr gekommen waren, ergrimmte er im Geist und wurde sehr betrübt und sprach: Wo habt ihr ihn hingelegt? Sie antworteten ihm: Herr, komm und sieh es! Und Jesus gingen die Augen über. Da sprachen die Juden: Siehe, wie hat er ihn lieb gehabt! Einige aber unter ihnen sprachen: Er hat dem Blinden die Augen aufgetan; konnte er nicht auch machen, dass dieser nicht sterben musste? Da ergrimmte Jesus abermals und kam zum Grab. Es war aber eine Höhle und ein Stein lag davor. Jesus sprach: Hebt den Stein weg! Spricht zu ihm Marta, die Schwester des Verstorbenen: Herr, er stinkt schon; denn er liegt seit vier Tagen. Jesus spricht zu ihr: Habe ich dir nicht gesagt: Wenn du glaubst, wirst du die Herrlichkeit Gottes sehen? Da hoben sie den Stein weg. Jesus aber hob seine Augen auf und sprach: Vater, ich danke dir, dass du mich erhört hast. Ich weiß, dass du mich allezeit hörst; aber um des Volkes willen, das umhersteht, sage ich's, damit sie glauben, dass du mich gesandt hast. Als er das gesagt hatte, rief er mit lauter Stimme: Lazarus, komm heraus! Und der Verstorbene kam heraus, gebunden mit Grabtüchern an Füßen und Händen, und sein Gesicht war verhüllt mit einem Schweißtuch. Jesus spricht zu ihnen: Löst die Binden und lasst ihn gehen!

84

Johannes 13:34-35
Ein neues Gebot gebe ich euch, dass ihr euch untereinander liebt, wie ich euch geliebt habe, damit auch ihr einander lieb habt. Daran wird jedermann erkennen, dass ihr meine Jünger seid, wenn ihr Liebe untereinander habt.

169

Johannes 14:1-14
Euer Herz erschrecke nicht! Glaubt an Gott und glaubt an mich! In meines Vaters Hause sind viele Wohnungen. Wenn's nicht so wäre, hätte ich dann zu euch gesagt: Ich gehe hin, euch die Stätte zu bereiten? Und wenn ich hingehe, euch die Stätte zu bereiten, will ich wiederkommen und euch zu mir nehmen, damit ihr seid, wo ich bin. Und wo ich hingehe, den Weg wisst ihr. Spricht zu ihm Thomas: Herr, wir wissen nicht, wo du hingehst; wie können wir den Weg wissen? Jesus spricht zu ihm: Ich bin der Weg und die Wahrheit und das Leben; niemand kommt zum Vater denn durch mich. Wenn ihr mich erkannt habt, so werdet ihr auch meinen Vater erkennen. Und von nun an kennt ihr ihn und habt ihn gesehen. Spricht zu ihm Philippus: Herr, zeige uns den Vater und es genügt uns. Jesus spricht zu ihm: So lange bin ich bei euch und du kennst mich nicht, Philippus? Wer mich sieht, der sieht den Vater! Wie sprichst du dann: Zeige uns den Vater? Glaubst du nicht, dass ich im Vater bin und der Vater in mir? Die Worte, die ich zu euch rede, die rede ich nicht von mir selbst aus. Und der Vater, der in mir wohnt, der tut seine Werke. Glaubt mir, dass ich im Vater bin und der Vater in mir; wenn nicht, so glaubt doch um der Werke willen. Wahrlich, wahrlich, ich sage euch: Wer an mich glaubt, der wird die Werke auch tun, die ich tue, und er wird noch größere als diese tun; denn ich gehe zum Vater. Und was ihr bitten werdet in meinem Namen, das will ich tun, damit der Vater verherrlicht werde im Sohn. Was ihr mich bitten werdet in meinem Namen, das will ich tun.

31:3; 32; 33; 34:5; 35:5; 38:6

Johannes 14:27-31
Den Frieden lasse ich euch, meinen Frieden gebe ich euch. Nicht gebe ich euch, wie die Welt gibt. Euer Herz erschrecke nicht und fürchte sich nicht. Ihr habt gehört, dass ich euch gesagt habe: Ich gehe hin

und komme wieder zu euch. Hättet ihr mich lieb, so würdet ihr euch freuen, dass ich zum Vater gehe; denn der Vater ist größer als ich. Und jetzt habe ich's euch gesagt, ehe es geschieht, damit ihr glaubt, wenn es nun geschehen wird. Ich werde nicht mehr viel mit euch reden, denn es kommt der Fürst dieser Welt. Er hat keine Macht über mich; aber die Welt soll erkennen, dass ich den Vater liebe und tue, wie mir der Vater geboten hat.

296; 300

Johannes 16:5-15

Jetzt aber gehe ich hin zu dem, der mich gesandt hat ... Doch weil ich das zu euch geredet habe, ist euer Herz voll Trauer. Aber ich sage euch die Wahrheit: Es ist gut für euch, dass ich weggehe. Denn wenn ich nicht weggehe, kommt der Tröster nicht zu euch. Wenn ich aber gehe, will ich ihn zu euch senden. Und wenn er kommt, wird er der Welt die Augen auftun über die Sünde und über die Gerechtigkeit und über das Gericht; über die Sünde: dass sie nicht an mich glauben; über die Gerechtigkeit: dass ich zum Vater gehe und ihr mich hinfort nicht seht; über das Gericht: dass der Fürst dieser Welt gerichtet ist. Ich habe euch noch viel zu sagen; aber ihr könnt es jetzt nicht ertragen. Wenn aber jener, der Geist der Wahrheit, kommen wird, wird er euch in alle Wahrheit leiten. Denn er wird nicht aus sich selber reden; sondern was er hören wird, das wird er reden, und was zukünftig ist, wird er euch verkündigen. Er wird mich verherrlichen; denn von dem Meinen wird er's nehmen und euch verkündigen. Alles, was der Vater hat, das ist mein. Darum habe ich gesagt: Er wird's von dem Meinen nehmen und euch verkündigen.

291:5; 296; 297; 298; 301:2

Johannes 18:10-11

Simon Petrus aber hatte ein Schwert und zog es und schlug nach dem Knecht des Hohenpriesters und hieb ihm sein rechtes Ohr ab. Und der Knecht hieß Malchus. Da sprach Jesus zu Petrus: Steck dein Schwert in die Scheide!

146:4; 171; 172; 173

Johannes 20:24-29
Thomas aber, der Zwilling genannt wird, einer der Zwölf, war nicht bei ihnen, als Jesus kam. Da sagten die andern Jünger zu ihm: Wir haben den Herrn gesehen. Er aber sprach zu ihnen: Wenn ich nicht in seinen Händen die Nägelmale sehe und meinen Finger in die Nägelmale lege und meine Hand in seine Seite lege, kann ich's nicht glauben. Und nach acht Tagen waren seine Jünger abermals drinnen versammelt und Thomas war bei ihnen. Kommt Jesus, als die Türen verschlossen waren, und tritt mitten unter sie und spricht: Friede sei mit euch! Danach spricht er zu Thomas: Reiche deinen Finger her und sieh meine Hände, und reiche deine Hand her und lege sie in meine Seite, und sei nicht ungläubig, sondern gläubig! Thomas antwortete und sprach zu ihm: Mein Herr und mein Gott! Spricht Jesus zu ihm: Weil du mich gesehen hast, Thomas, darum glaubst du. Selig sind, die nicht sehen und doch glauben!

263; 265

Apostelgeschichte 1:6-14
Die nun zusammengekommen waren, fragten ihn und sprachen: Herr, wirst du in dieser Zeit wieder aufrichten das Reich für Israel? Er sprach aber zu ihnen: Es gebührt euch nicht, Zeit oder Stunde zu wissen, die der Vater in seiner Macht bestimmt hat; aber ihr werdet die Kraft des Heiligen Geistes empfangen, der auf euch kommen wird, und werdet meine Zeugen sein in Jerusalem und in ganz Judäa und Samarien und bis an das Ende der Erde. Und als er das gesagt hatte, wurde er zusehends aufgehoben, und eine Wolke nahm ihn auf vor ihren Augen weg. Und als sie ihm nachsahen, wie er gen Himmel fuhr, siehe, da standen bei ihnen zwei Männer in weißen Gewändern. Die sagten: Ihr Männer von Galiläa, was steht ihr da und seht zum Himmel? Dieser Jesus, der von euch weg gen Himmel aufgenommen wurde, wird so wiederkommen, wie ihr ihn habt gen Himmel fahren sehen. Da kehrten sie nach Jerusalem zurück von dem Berg, der heißt Ölberg und liegt nahe bei Jerusalem, einen Sabbatweg entfernt. Und als sie hineinkamen, stiegen sie hinauf in das Obergemach des Hauses, wo sie sich aufzuhalten pflegten: Petrus, Johannes, Jakobus und Andreas, Philippus und Thomas, Bartholomäus und Matthäus, Jakobus, der Sohn des Alphäus, und

Simon der Zelot und Judas, der Sohn des Jakobus. Diese alle waren stets beieinander einmütig im Gebet...

267

Apostelgeschichte 2:1-11
Und als der Pfingsttag gekommen war, waren sie alle an „einem" Ort beieinander. Und es geschah plötzlich ein Brausen vom Himmel wie von einem gewaltigen Wind und erfüllte das ganze Haus, in dem sie saßen. Und es erschienen ihnen Zungen, zerteilt wie von Feuer; und er setzte sich auf einen jeden von ihnen, und sie wurden alle erfüllt von dem Heiligen Geist und fingen an zu predigen in andern Sprachen, wie der Geist ihnen gab auszusprechen. Es wohnten aber in Jerusalem Juden, die waren gottesfürchtige Männer aus allen Völkern unter dem Himmel. Als nun dieses Brausen geschah, kam die Menge zusammen und wurde bestürzt; denn ein jeder hörte sie in seiner eigenen Sprache reden. Sie entsetzten sich aber, verwunderten sich und sprachen: Siehe, sind nicht diese alle, die da reden, aus Galiläa? Wie hören wir denn jeder seine eigene Muttersprache? Parther und Meder und Elamiter und die wir wohnen in Mesopotamien und Judäa, Kappadozien, Pontus und der Provinz Asien, Phrygien und Pamphylien, Ägypten und der Gegend von Kyrene in Libyen und Einwanderer aus Rom, Juden und Judengenossen, Kreter und Araber: wir hören sie in unsern Sprachen von den großen Taten Gottes reden.

268; 269

Römer 13:1-7
Jedermann sei untertan der Obrigkeit, die Gewalt über ihn hat. Denn es ist keine Obrigkeit außer von Gott; wo aber Obrigkeit ist, die ist von Gott angeordnet. Wer sich nun der Obrigkeit widersetzt, der widerstrebt der Anordnung Gottes; die ihr aber widerstreben, ziehen sich selbst das Urteil zu. Denn vor denen, die Gewalt haben, muss man sich nicht fürchten wegen guter, sondern wegen böser Werke. Willst du dich aber nicht fürchten vor der Obrigkeit, so tue Gutes; so wirst du Lob von ihr erhalten. Denn sie ist Gottes Dienerin, dir zugut. Tust du aber Böses, so fürchte dich; denn sie trägt das Schwert nicht umsonst: Sie ist Gottes Dienerin und vollzieht das Strafgericht an dem, der Böses tut. Darum ist es notwendig, sich unterzuordnen,

nicht allein um der Strafe, sondern auch um des Gewissens willen. Deshalb zahlt ihr ja auch Steuer; denn sie sind Gottes Diener, auf diesen Dienst beständig bedacht. So gebt nun jedem, was ihr schuldig seid: Steuer, dem die Steuer gebührt; Zoll, dem der Zoll gebührt; Furcht, dem die Furcht gebührt; Ehre, dem die Ehre gebührt.

161

Römer 14:14
Ich weiß und bin gewiss in dem Herrn Jesus, dass nichts unrein ist an sich selbst; nur für den, der es für unrein hält, ist es unrein.

147

1. Korinther 1:10-17
Ich ermahne euch aber, liebe Brüder, im Namen unseres Herrn Jesus Christus, dass ihr alle mit einer Stimme redet und lasst keine Spaltungen unter euch sein, sondern haltet aneinander fest in ‚einem' Sinn und in ‚einer' Meinung. Denn es ist mir bekannt geworden über euch, liebe Brüder, durch die Leute der Chloë, dass Streit unter euch ist. Ich meine aber dies, dass unter euch der eine sagt: Ich gehöre zu Paulus, der andere: Ich zu Apollos, der Dritte: Ich zu Kephas, der Vierte: Ich zu Christus. Wie? Ist Christus etwa zerteilt? Ist denn Paulus für euch gekreuzigt? Oder seid ihr auf den Namen des Paulus getauft? Ich danke Gott, dass ich niemanden unter euch getauft habe außer Krispus und Gajus, damit nicht jemand sagen kann, ihr wäret auf meinen Namen getauft. Ich habe aber auch Stephanas und sein Haus getauft; sonst weiß ich nicht, ob ich noch jemanden getauft habe. Denn Christus hat mich nicht gesandt zu taufen, sondern das Evangelium zu predigen - nicht mit klugen Worten, damit nicht das Kreuz Christi zunichte werde.

281

1. Korinther 15:20-24
Nun aber ist Christus auferstanden von den Toten als Erstling unter denen, die entschlafen sind. Denn da durch ‚einen' Menschen der Tod gekommen ist, so kommt auch durch ‚einen' Menschen die Auferstehung der Toten. Denn wie sie in Adam alle sterben, so werden sie in Christus alle lebendig gemacht werden. Ein jeder aber

in seiner Ordnung: als Erstling Christus; danach, wenn er kommen wird, die, die Christus angehören; danach das Ende, wenn er das Reich Gott, dem Vater, übergeben wird, nachdem er alle Herrschaft und alle Macht und Gewalt vernichtet hat.

195

1. Korinther 15:50-54
Das sage ich aber, liebe Brüder, dass Fleisch und Blut das Reich Gottes nicht ererben können; auch wird das Verwesliche nicht erben die Unverweslichkeit. Siehe, ich sage euch ein Geheimnis: Wir werden nicht alle entschlafen, wir werden aber alle verwandelt werden; und das plötzlich, in einem Augenblick, zur Zeit der letzten Posaune. Denn es wird die Posaune erschallen und die Toten werden auferstehen unverweslich, und wir werden verwandelt werden. Denn dies Verwesliche muss anziehen die Unverweslichkeit, und dies Sterbliche muss anziehen die Unsterblichkeit. Wenn aber dies Verwesliche anziehen wird die Unverweslichkeit und dies Sterbliche anziehen wird die Unsterblichkeit, dann wird erfüllt werden das Wort, das geschrieben steht (Jesaja 25,8; Hosea 13,14): „Der Tod ist verschlungen vom Sieg."

265

Galater 2:11-14
Als aber Kephas nach Antiochia kam, widerstand ich ihm ins Angesicht, denn es war Grund zur Klage gegen ihn. Denn bevor einige von Jakobus kamen, aß er mit den Heiden; als sie aber kamen, zog er sich zurück und sonderte sich ab, weil er die aus dem Judentum fürchtete. Und mit ihm heuchelten auch die andern Juden, sodass selbst Barnabas verführt wurde, mit ihnen zu heucheln. Als ich aber sah, dass sie nicht richtig handelten nach der Wahrheit des Evangeliums, sprach ich zu Kephas öffentlich vor allen: Wenn du, der du ein Jude bist, heidnisch lebst und nicht jüdisch, warum zwingst du dann die Heiden, jüdisch zu leben?

281

Titus 1:15
Den Reinen ist alles rein; den Unreinen aber und Ungläubigen ist nichts rein, sondern unrein ist beides, ihr Sinn und ihr Gewissen.

147

2. Petrus 3:14-18
Darum, meine Lieben, während ihr darauf wartet, seid bemüht, dass ihr vor ihm unbefleckt und untadelig im Frieden befunden werdet, und die Geduld unseres Herrn erachtet für eure Rettung, wie auch unser lieber Bruder Paulus nach der Weisheit, die ihm gegeben ist, euch geschrieben hat. Davon redet er in allen Briefen, in denen einige Dinge schwer zu verstehen sind, welche die Unwissenden und Leichtfertigen verdrehen, wie auch die andern Schriften, zu ihrer eigenen Verdammnis. Ihr aber, meine Lieben, weil ihr das im Voraus wisst, so hütet euch, dass ihr nicht durch den Irrtum dieser ruchlosen Leute samt ihnen verführt werdet und fallt aus eurem festen Stand. Wachset aber in der Gnade und Erkenntnis unseres Herrn und Heilands Jesus Christus. Ihm sei Ehre jetzt und für ewige Zeiten!

281

Offenbarung 1:12-17
Und als ich mich umwandte, sah ich sieben goldene Leuchter und mitten unter den Leuchtern einen, der war einem Menschensohn gleich, angetan mit einem langen Gewand und gegürtet um die Brust mit einem goldenen Gürtel. Sein Haupt aber und sein Haar war weiß wie weiße Wolle, wie der Schnee, und seine Augen wie eine Feuerflamme und seine Füße wie Golderz, das im Ofen glüht, und seine Stimme wie großes Wasserrauschen; und er hatte sieben Sterne in seiner rechten Hand, und aus seinem Munde ging ein scharfes, zweischneidiges Schwert, und sein Angesicht leuchtete, wie die Sonne scheint in ihrer Macht. Und als ich ihn sah, fiel ich zu seinen Füßen wie tot; und er legte seine rechte Hand auf mich und sprach zu mir: Fürchte dich nicht!

303

Offenbarung 22:13
Ich bin das A und das O, der Erste und der Letzte, der Anfang und das Ende.

122

Koran 3:38
So nahm ihr Herr sie gnädig an und ließ sie wachsen zu holdem Wuchs und berief den Zacharias zu ihrem Pfleger. Sooft Zacharias zu ihr in die Kammer trat, fand er Speise bei ihr. Er sprach: „O Maria, woher hast du dies?" Sie antwortete: „Es ist von Allah." Allah gibt, wem Er will, ohne zu rechnen.

25

Koran 3:39-40
Daselbst betete Zacharias zu seinem Herrn und sprach: „Mein Herr, gewähre mir Du einen reinen Sprössling; wahrlich, Du bist der Erhörer des Gebets." Da riefen ihm die Engel zu, während er betend in der Kammer stand: „Allah gibt dir frohe Kunde von Yaḥyá (Johannes dem Täufer), der bestätigen soll ein Wort von Allah – edel und rein und ein Prophet, der Rechtschaffenen einer."

17:2

Koran 4:156-159
Weil sie dann ihren Bund brachen und die Zeichen Allahs verleugneten und die Propheten widerrechtlich zu töten suchten und sagten: „Unsere Herzen sind in Hüllen gewickelt" – nein, aber Allah hat sie versiegelt ihres Unglaubens willen, so dass sie nur wenig glauben –, und ihres Unglaubens willen und wegen ihrer Rede – einer schweren Verleumdung gegen Maria; und wegen ihrer Rede: „Wir haben den Messias, Jesus, den Sohn der Maria, den ‚Gesandten' Allahs, getötet", während sie ihn doch weder erschlugen noch den Kreuzestod erleiden ließen, sondern er erschien ihnen nur gleich (einem Gekreuzigten); und jene, die in dieser Sache uneins sind, sind wahrlich im Zweifel darüber; sie haben keine (bestimmte) Kunde davon, sondern folgen bloß einer Vermutung; und sie haben darüber keine Gewissheit. Vielmehr hat ihm Allah einen Ehrenplatz bei Sich eingeräumt, und Allah ist allmächtig, allweise.

242

Koran 5:112-116
Als Ich die Jünger bewog, an Mich und an Meinen Gesandten zu glauben, da sprachen sie: „Wir glauben, und sei Zeuge, dass wir gottergeben sind." Als die Jünger sprachen: „O Jesus, Sohn der Maria, ist dein Herr imstande, uns einen Tisch mit Speise vom Himmel herabzusenden?", sprach er: „Fürchtet Allah, wenn ihr Gläubige seid." Sie sprachen: „Wir begehren davon zu essen, und unsere Herzen sollen in Frieden sein, und wir wollen wissen, dass du Wahrheit zu uns gesprochen hast, und wollen selbst davon Zeugen sein." Da sprach Jesus, Sohn der Maria: „O Allah, unser Herr, sende uns einen Tisch vom Himmel herab mit Speise, dass er ein Fest für uns sei, für den Ersten von uns und für den Letzten von uns, und ein Zeichen von Dir; und gib uns Versorgung, denn Du bist der beste Versorger." Allah sprach: „Siehe, Ich will ihn niedersenden zu euch; wer von euch aber danach undankbar wird, den werde Ich strafen mit einer Strafe, womit Ich keinen anderen auf der Welt strafen werde."

223:1

Koran 19:18-29
Erzähle, was in diesem Buch über Maria steht. Da sie sich zurückzog von den Ihren nach einem gen Osten gewandten Ort, und sich vor ihnen barg im Schleier, da sandten Wir Unseren Geist zu ihr, und er erschien ihr in Gestalt eines vollkommenen Menschen. Sie sprach: „Ich nehme meine Zuflucht vor dir bei dem Allerbarmer; (lass ab von mir) wenn du Gottesfurcht hast." Er antwortete: „Ich bin nur ein Gesandter deines Herrn, auf dass ich dir einen reinen Sohn beschere." Sie sprach: „Wie soll mir ein Sohn werden, wo mich kein Mann berührt hat und ich auch nicht unkeusch gewesen bin?" Er antwortete: „So ist's; dein Herr aber spricht: ‚Es ist Mir ein leichtes und (Wir tun dies) auf dass Wir ihn zu einem Zeichen machen für die Menschen und zu einer Barmherzigkeit von Uns, und es ist eine beschlossene Sache.'" Und sie empfing ihn und zog sich mit ihm an einen entlegenen Ort zurück. ... Sie sprach: „O wäre ich doch zuvor gestorben und wäre ganz und gar vergessen!" ... Dann brachte sie ihn zu ihrem Volke, indem sie ihn tragen ließ. Sie sprachen: „O Maria, du hast etwas Seltsames getan. O Schwester Aarons, dein Vater war kein Bösewicht, noch war deine Mutter ein unkeusches Weib!"

19:2; 20:1

Dritter Teil

Kommentar zum Jesusbild

Grundaussagen
-
Deutungszusammenhänge
-
Besonderheiten

3.1. Verheißung und Verkündigung

„Die Bibel enthält Prophezeiungen über das Kommen Christi", konstatiert 'Abdu'l-Bahá in einer Ansprache, „Die Juden warten noch immer auf das Kommen des Messias und beten Tag und Nacht zu Gott, dass Er Sein Kommen beschleunige."[38]

Um die Verheißung Christi kreisen viele der Gedanken sowohl Bahá'u'lláhs als auch 'Abdu'l-Bahás, ist es doch im Sinne der ‚Einheit der Religionen' notwendig, die inhaltliche Nähe und den Zusammenhang der einzelnen Offenbarungen herauszustellen. Insofern bietet sich ein Blick auf die biblischen Prophezeiungen nicht nur zu dem Zweck an, die Sendung Bahá'u'lláhs durch sie zu bestätigen, sondern auch, um die Offenbarungskette von Abraham über Moses, Jesus und Mohammed bis zu Bahá'u'lláh selbst glaubhaft nachzeichnen und ihren Wahrheitsgehalt herausstellen zu können. Insofern wird der Ankündigung Jesu im „Buche Jesajas wie auch in den Büchern der Propheten und Gottesboten"[39] ein nicht unerheblicher Wert beigemessen.

Die Prophezeiungen über das Kommen des Messias

Bei der Auslegung der Prophezeiungen, dabei insbesondere denen Daniels und Jesajas, musste auch immer ex post facto mit einbezogen werden, dass die Juden in ihrer weit überwiegenden Mehrheit Jesus ablehnten. Es wird verschiedentlich darauf hingewiesen, dass die Juden „ihre Trennung von Ihm"[40] beklagten und „sehnlichst Sein Kommen erwarteten"[41]. Eine schlüssige Erklärung insbesondere für die Diskrepanz zwischen dem Vorhandensein einer konkreten Ankündigung einerseits und der gleichzeitigen Verwerfung durch das Judentum des ersten Jahrhunderts andererseits steht also bei der Interpretation der biblischen Bilder ganz bewusst im Vordergrund. „Die Juden", so führt 'Abdu'l-Bahá aus, „begriffen weder die

---

[38] 'Abdu'l-Bahá, Ansprachen in Paris, S. 39.
[39] Bahá'u'lláh, Botschaften aus 'Akká, S. 26.
[40] Bahá'u'lláh, Botschaften aus 'Akká, S. 26.
[41] 'Abdu'l-Bahá, Briefe und Botschaften, S. 56.

Schriften noch die in ihnen enthaltene herrliche Wahrheit. Sie hatten die Buchstaben auswendig gelernt, verstanden aber kein einziges Wort vom lebenspendenden Geiste."[42] Diese Stelle verdeutlicht exemplarisch den Vorwurf an das damalige Judentum, in blinde Buchstabengläubigkeit verfallen zu sein und blind den Glaubensvorstellungen und Interpretationen der eigenen Vorfahren gefolgt zu sein, ohne eigene denkerische Leistungen zu erbringen[43]. In anderen Worten wartete das Judentum darauf, dass „das Idol, das es selbst geschaffen, mit Zeichen erscheine, die es selbst ersonnen"[44]. Bahá'u'lláh wie auch 'Abdu'l-Bahá weisen auch an zahlreichen anderen Stellen, seien sie nun auf die Bibel, den Koran oder ihre eigenen Schriften bezogen, auf die Gefahr hin, die nach ihrer Überzeugung in einem wortwörtlichen Verständnis von Heiligen Texten liegt. „Wir sprechen ein Wort und meinen damit einundsiebzig Bedeutungen"[45], schreibt Bahá'u'lláh im ‚Buch der Gewissheit' hierzu, den sechsten Imam der Schiiten zitierend.

Ausschlaggebend für ein ‚richtiges' Verständnis der biblischen Prophezeiungen ist also demnach, den hinter dem geschriebenen Wort verborgenen Symbolgehalt zu erkennen und richtig zu deuten. 'Abdu'l-Bahá geht hierbei wesentlich ausführlicher auf die einzelnen Aspekte dieser Voraussagen ein, als dies Bahá'u'lláh tut. Dennoch gibt dieser bereits deutlich den Kontext vor, in dem sich die späteren Auslegungen abspielen: „Sie schrien, dass der, den die Bibel verheißt, das Gesetz Mose verbreiten und erfüllen müsse, während dieser junge Nazarener, der sich die Stufe des göttlichen Messias anmaße, die Gesetze der Ehescheidung und des Sabbats, die wichtigsten Gesetze Mose, abgeschafft habe."[46] Es geht ihm in diesem Zusammenhang also insbesondere um die Unterschiede zwischen Jesu Lehre und den Gesetzen Mose, die den Juden Stein des Anstoßes gewesen seien. Ebenfalls erwähnt Bahá'u'lláh die Erwartung eines Königs „aus dem Hause David", der „das Gesetz der Thora verkünden

---

[42] 'Abdu'l-Bahá, Ansprachen in Paris, S. 40.
[43] 'Abdu'l-Bahá, The Promulgation of Universal Peace, S. 280.
[44] Bahá'u'lláh, Das Buch der Gewissheit (Kitáb-i-Íqán), S. 16.
[45] Bahá'u'lláh, Das Buch der Gewissheit (Kitáb-i-Íqán), S. 215.
[46] Bahá'u'lláh, Das Buch der Gewissheit (Kitáb-i-Íqán), S. 15.

und ihre Gesetze im Osten und im Westen durchsetzen"[47] würde. Dass ihr Messias ein neues Gesetz bringen würde, ist für die jüdischen Schriftgelehrten hingegen völlig unvorstellbar. 'Abdu'l-Bahá erläuterte hierzu später, dass mit dem Gesetz Mose, das Jesus verbreiten und erfüllen sollte, der innere Wesenskern der Offenbarung gemeint sei, das Gottesbild, das Menschenbild und die Ethik[48], nicht die soziale Gesetzgebung für das Zusammenleben der hebräischen Hirtengesellschaft des zweiten Jahrtausends vor Christi Geburt. Diese Gesetze seien zeitbedingt und daher nicht wesentlicher Teil der von Moses verkündeten Lehre[49]. Auch die „Rute aus dem Stamm Isais"[50], die traditionell als der verheißene Davidsohn gedeutet wird, da es sich bei Isai um den Vater Davids handelte, wird auf Christus bezogen, wenngleich diese Abstammungslinie nicht direkt über Joseph nachvollzogen werden könne, da Jesus vom Heiligen Geist geboren wurde. In diesem Fall müsste man sich entweder mit einer symbolischen Interpretation oder aber dem Verweis auf Josephs Adoptivvaterschaft behelfen. Jedenfalls solle dieser Davidsohn den Königsthron besteigen[51], das Land regieren, die Juden aus Gefangenschaft und Unterdrückung befreien[52] und mit militärischer Gewalt seine Feinde unterwerfen[53]. Jesu Herrschaft wird von 'Abdu'l-Bahá als ‚geistige Wirklichkeit' gedeutet, als Herrschaft über die Menschenherzen[54] und Eroberung mit dem scharfgeschliffenen Schwert seiner Zunge und seiner Lehren, die „das Wahre vom Falschen" schieden[55]. Eng verknüpft ist diese Einschätzung mit Bahá'u'lláhs Versicherung an die Könige seiner Zeit: „Wir haben nicht den Wunsch, Hand an eure Reiche zu legen. Unser Auftrag ist, von den Herzen der Menschen Besitz zu ergreifen."[56]

---

[47] Bahá'u'lláh, Anspruch und Verkündigung, S. 145.
[48] 'Abdu'l-Bahá, The Promulgation of Universal Peace, S. 626-627.
[49] 'Abdu'l-Bahá, The Promulgation of Universal Peace, S. 279.
[50] 'Abdu'l-Bahá, Beantwortete Fragen, S. 71.
[51] 'Abdu'l-Bahá, Ansprachen in Paris, S. 39.
[52] 'Abdu'l-Bahá, The Promulgation of Universal Peace, S. 278.
[53] 'Abdu'l-Bahá, Ansprachen in Paris, S. 40.
[54] 'Abdu'l-Bahá, The Promulgation of Universal Peace, S. 279.
[55] 'Abdu'l-Bahá, The Promulgation of Universal Peace, S. 279.
[56] Bahá'u'lláh, Das Heiligste Buch (Kitáb-i-Aqdas), S. 59.

Er begründet hiermit eine deutliche Trennung zwischen weltlicher und geistlich-spiritueller Herrschaft, im weiteren Sinne eine Trennung zwischen weltimmanent-körperlicher und transzendent-geistiger Wirklichkeit als solcher, die wiederholt in anderen Zusammenhängen Erwähnung findet – so auch hier in dem Halbsatz „...denn das Irdische vergeht, Himmlisches aber wird nicht vergehen."[57], den 'Abdu'l-Bahá direkt an die Erwähnung von Jesu Königtum anschließt. Er erläutert und interpretiert diese und andere Erwartungen der Juden in mehreren Ansprachen, die speziell diesen Themen gewidmet sind.

Ein weiteres der von den Juden erwarteten Zeichen war, dass der Messias vom Himmel kommen sollte, wie Bahá'u'lláh gemäß der Wiedergabe seiner Aussagen durch 'Abdu'l-Bahá erklärt[58]. Da sie diese Ankündigung wörtlich nahmen, erwarteten die Juden seine Ankunft vom physischen Himmel, auf einer Wolke reitend. Dementsprechend störten sie sich an der gänzlich menschlichen Gestalt und der leiblichen Geburt Jesu, die sie im Widerspruch zu diesen Prophezeiungen sahen[59]. 'Abdu'l-Bahá führt hingegen aus, dass „eine Wolke nur Dampf ist, der von der Erde aufsteigt."[60] Ebenso sei der Himmel leerer Weltraum und daher im Gegenteil ein Herabsteigen von diesem physischen Himmel völlig undenkbar.[61] Man müsse diese Prophezeiung daher eindeutig symbolisch deuten. Er führt aus, dass es Jesu göttliche Wirklichkeit gewesen sei, sein Wesen und sein Geist, die vom Himmel gekommen sind, nicht sein physischer Körper[62]. Alles andere würde einen klaren und irrationalen Bruch der Naturgesetze bedeuten.

Des Weiteren geht 'Abdu'l-Bahá auf die Prophezeiung ein, dass der verheißene Messias ein Reich des Friedens errichten müsse, das sich nicht nur auf die Menschenwelt, sondern sogar auf das Tierreich

---

[57] 'Abdu'l-Bahá, Ansprachen in Paris, S. 41.
[58] 'Abdu'l-Bahá, Ansprachen in Paris, S. 30.
[59] 'Abdu'l-Bahá, The Promulgation of Universal Peace, S. 343.
[60] 'Abdu'l-Bahá, Briefe und Botschaften, S. 200.
[61] 'Abdu'l-Bahá, Briefe und Botschaften, S. 200.
[62] 'Abdu'l-Bahá, zitiert in: W. Gollmer, Mein Herz ist bei euch, S. 24.

erstrecken würde[63]. So sollten, gemäß der Prophezeiungen Jesajas, die Wölfe „bei den Lämmern wohnen und die Leoparden bei den Böcken liegen. Ein kleiner Knabe wird Kälber und junge Löwen und Mastvieh miteinander treiben. Kühe und Bären werden auf der Weide gehen, dass ihre Jungen beieinander liegen; und Löwen werden Stroh essen wie die Ochsen. Und ein Säugling wird seine Lust haben am Loch der Otter, und ein Entwöhnter wird seine Hand stecken in die Höhle des Basilisken. Man wird nirgends Schaden tun noch verderben auf meinem ganzen heiligen Berge; denn das Land ist voll Erkenntnis des Herrn, wie Wasser das Meer bedeckt."[64] Mit Recht verwiesen die Juden darauf, dass zu Jesu Lebzeiten weder in der Menschenwelt noch im Tierreich Anzeichen dieses göttlichen Friedens erkennbar waren[65]. Gedeutet wird diese Prophezeiung nun derart, dass die verschiedenen Tiere unterschiedliche Völker, Stämme und Religionen symbolisieren sollten und tatsächlich unter den Völkern, zu denen Jesu Botschaft gelangte, selbst jahrtausendealte Feindschaften vergessen wurden, nachdem sie aus „der Quelle der Lehren Jesu"[66] getrunken hatten. 'Abdu'l-Bahá erwähnt in diesem Zusammenhang in unterschiedlicher Zusammensetzung[67] die Juden, Phönizier, Syrer, Assyrer, Chaldäer, Ägypter, Griechen und Römer. Durch die Lehren Jesu, sein Vorbild und seine bezwingende Kraft seien sie so verwandelt worden, dass sie sich „in Liebe und Freundschaft"[68] vereinigten und sogar zu einem neuen, gemeinsamen Volk verschmolzen, zu dem sie alle ihre Eigenheiten beisteuerten[69].

„So wurden alle auf das Kommen Christi bezüglichen geistigen Prophezeiungen erfüllt"[70], erklärt 'Abdu'l-Bahá, doch seien die Juden

---

[63] 'Abdu'l-Bahá, The Promulgation of Universal Peace, S. 278.
[64] 'Abdu'l-Bahá, Beantwortete Fragen, S. 70; vgl. Jesaja 11:1-9.
[65] 'Abdu'l-Bahá, The Promulgation of Universal Peace, S. 408.
[66] 'Abdu'l-Bahá, zitiert in: W. Gollmer, Mein Herz ist bei euch, S. 25.
[67] 'Abdu'l-Bahá, Ansprachen in England und Nordamerika, S. 138; 'Abdu'l-Bahá, Briefe und Botschaften, S. 79; 'Abdu'l-Bahá, Christ sein heißt..., S. 18; 'Abdu'l-Bahá, The Promulgation of Universal Peace, S. 25, 57, 136, 219, 225, 468, 482, 489, 523, 564.
[68] 'Abdu'l-Bahá, The Promulgation of Universal Peace, S. 136.
[69] 'Abdu'l-Bahá, Ansprachen in England und Nordamerika, S. 138.
[70] 'Abdu'l-Bahá, Ansprachen in Paris, S. 41.

der Erkenntnis Jesu beraubt geblieben, da sie sich an einer wörtlichen Erfüllung der Prophezeiungen festhielten und eine andere Deutung der biblischen Zeichen ablehnten. „Die göttliche Wirklichkeit Christi ging mitten unter ihnen hindurch, ohne gehört, geliebt und erkannt zu werden."[71] Die Bahá'í-Autoritäten behandeln die biblischen Voraussagen anders und versuchen, einen verborgenen Sinn hinter dem geschriebenen Wort zu finden, auch in dem Bewusstsein, dass einige dieser Voraussagen im wörtlichen Sinne niemals eintreffen könnten.

Daniel und die Berechnung der Offenbarung Jesu

Das Buch Daniel aus dem Alten Testament dient 'Abdu'l-Bahá zusätzlich zu den Worten Jesajas, auf die sich die Juden beriefen, als Mittel, um die Wirklichkeit Jesu zu belegen, in diesem Fall auf der Grundlage von Zahlen und Daten, die in Daniels Prophezeiungen eingebettet und somit ‚berechenbar' waren. Demnach sollten von der Wiedererrichtung des Jerusalemer Tempels nach dem babylonischen Exil bis zum Ende des Opferkultes, was mit dem Kreuzestod Jesu gleichgesetzt wird, 70 Wochen vergehen. Da aber laut 'Abdu'l-Bahá jeder himmlische Tag einem irdischen Jahr entspricht, ergeben sich 490 Tage beziehungsweise 490 Jahre. Ausgehend von einem Edikt über den Tempelaufbau des persischen Großkönigs Artaxerxes aus dem Jahr 457 v. Chr. und einem irdischen Lebensalter Jesu von 33 Jahren zum Zeitpunkt seines Todes ergeben sich genau die geforderten 490 Jahre. Eine andere Stelle im Buch Daniel zählt nur 62 Wochen, sodass sich zunächst ein Widerspruch ergibt. Aufgelöst wird dieser, indem die sieben Wochen (49 Jahre) des Tempelaufbaus hinzugerechnet werden, sodass sich 69 Wochen ergeben. In der letzten noch ausstehenden Woche habe sich schließlich die Kreuzigung selbst vollzogen, sodass man sie als noch nicht vollendet behandeln müsse. Tatsächlich sei aber durch die Prophezeiungen Daniels und die Edikte der persischen Großkönige die Offenbarung Christi genau berechenbar gewesen und daher wahr[72].

---

[71] 'Abdu'l-Bahá, Ansprachen in Paris, S. 41.
[72] 'Abdu'l-Bahá, Beantwortete Fragen, S. 51-52.

Die Zeichen am sichtbaren und am unsichtbaren Himmel

Die Ankündigung Jesu erfolgt jedoch nicht allein über die Prophezeiungen des Alten Testaments, sondern ebenso über Zeichen am „sichtbaren" wie am „unsichtbaren Himmel"[73]. Insbesondere ist hierbei die Predigt Johannes des Täufers im Jordantal zu nennen, die Bahá'u'lláh an mehreren Stellen aufgreift, während 'Abdu'l-Bahá sie nicht explizit erwähnt. Die Ankündigung der Geburt Johannis, „welcher zeugen wird vom Worte Gottes"[74] wird aus dem Koran zitiert. Weitere Hinweise auf das Leben des Johannes werden in den Bahá'í-Schriften nicht gegeben, aber seine Mission klar und deutlich benannt. „O Völker der Erde!", schreibt Bahá'u'lláh, „Wir sandten Johannes zu euch herab, der euch mit Wasser taufte, damit euer Leib für das Kommen des Messias gereinigt werde."[75] Er zitiert Johannes weiters mit den bekannten Aussprüchen „Kehret um, denn das Himmelreich ist nahe herbeigekommen!"[76] und „Wahrlich, ich taufe euch mit Wasser zur Buße, aber Er, der nach mir kommt, ist mächtiger als ich; ich bin nicht wert, Seine Schuhe zu tragen"[77]. Johannes ist für Bahá'u'lláh das Zeichen am „unsichtbaren Himmel"[78], das eine allegorische Bedeutung hat. Diesem ist ein durchaus wörtlich zu nehmendes Zeichen am „sichtbaren Himmel"[79] gegenübergestellt. Bei diesem handelt es sich um den Stern von Bethlehem, der den Weisen aus dem Morgenland den Weg zum ‚König der Juden' weist[80].

---

[73] Bahá'u'lláh, Das Buch der Gewissheit (Kitáb-i-Íqán), S. 54.
[74] Bahá'u'lláh, Das Buch der Gewissheit (Kitáb-i-Íqán), S. 54; vgl. Koran 3:39.
[75] Bahá'u'lláh, Anspruch und Verkündigung, S. 81.
[76] Bahá'u'lláh, Das Buch der Gewissheit (Kitáb-i-Íqán), S. 54-55; vgl. Bahá'u'lláh, Brief an den Sohn des Wolfes, S. 137; Matthäus 3:1-2.
[77] Bahá'u'lláh, Brief an den Sohn des Wolfes, S. 137; vgl. Matthäus 3:11.
[78] Bahá'u'lláh, Das Buch der Gewissheit (Kitáb-i-Íqán), S. 54; vgl. Matthäus 2:2.
[79] Bahá'u'lláh, Das Buch der Gewissheit (Kitáb-i-Íqán), S. 54; vgl. Matthäus 2:2.
[80] Bahá'u'lláh, Das Buch der Gewissheit (Kitáb-i-Íqán), S. 54; vgl. Matthäus 2:2.

3.2. Geburt und Stufe Jesu

Mit dem Verweis auf den Stern von Bethlehem sei nunmehr zu den Aussagen der Bahá'í-Schriften zur Geburt Jesu übergeleitet. Im Allgemeinen lassen sich zwei Hauptstränge erkennen, die sich mit der Geburtsgeschichte befassen. Dies ist zum einen die Geburtsgeschichte des Matthäusevangeliums (Kapitel 1 und 2), die von Bahá'u'lláh rezipiert, teilweise wörtlich zitiert und in den Kontext der Verkündigung Jesu übertragen wird. Zum anderen sind dies die beiden koranischen Zeugungsberichte, die sich in den Suren 3 (Al-Imrán) und 19 (Maryam) finden und ebenfalls in Teilen zitiert werden. Diese Berichte von Jesu Geburt stehen bei Bahá'u'lláh gleichberechtigt nebeneinander. Dabei ist auffällig, dass Bahá'u'lláh mit dem Matthäusevangelium denjenigen der biblischen Berichte gewählt hat, der sich am wenigsten mit der koranischen Darstellung überschneidet, sodass es in seiner Synthese zu keinen erkennbaren Brüchen kommt. Darüber hinaus deutet er viele Teile der biblischen und koranischen Erzählungen nur an, ohne aber die Geschichten vollständig wiederzugeben. Es soll nun versucht werden, die zitierten Aussagen aus den beiden Textvorlagen in weitestgehend chronologischer Reihenfolge darzustellen und dabei auch auf die Stellen einzugehen, die sich mit der lukanischen Version[81] überschneiden.

Maria, die Mutter Jesu

Im Zentrum der Geburtsgeschichte steht, wie dies auch in den biblischen und koranischen Berichten der Fall ist, zunächst Maria. Maria selbst kommt in den Bahá'í-Schriften eine auffallende Hochachtung als sittliches Vorbild und Inbegriff der Reinheit zu. Maria ist, gemäß den Aussagen der Schriften, „tugendsam verhüllt"[82], „eine Heilige des Himmels"[83] und „über alle Frauen erhoben"[84]. Des Weiteren verbrachte sie laut 'Abdu'l-Bahá „ihre Tage

---

[81] Lukas 1:26-38 sowie 2:1-21.
[82] Bahá'u'lláh, Das Buch der Gewissheit (Kitáb-i-Íqán), S. 48.
[83] 'Abdu'l-Bahá, Ansprachen in Paris, S. 33.
[84] 'Abdu'l-Bahá, Ansprachen in Paris, S. 33.

betend im Tempel"[85]. Dies ist als Hinweis auf die Erzählungen über Maria aus dem Koran zu verstehen, in denen Maria nach ihrer Geburt bei dem Priester Zacharias in Pflege gegeben wird[86] und bei ihm aufwächst. Dies deckt sich mit ihrer Ansprache als „Tochter des Zacharias"[87] im direkt folgenden Satz, der auch auf die Geschichte ihrer wundersamen Speisung[88] rekurriert. Es ist mit Sicherheit davon auszugehen, dass 'Abdu'l-Bahá nicht etwa einer Verwechslung unterlegen ist – seine Kenntnis der Koranverse schließt dies ziemlich sicher aus –, sondern die Pflege-Elternschaft des Zacharias meinte, als er von Maria als seiner Tochter sprach. Die Namen der Eltern Mariens werden in den Bahá'í-Schriften nicht explizit erwähnt, doch kann man erwarten, dass die Bahá'í der Darstellung des Koran seines höheren Authentizitätsgrades wegen den Vorzug geben[89] und Maria als Tochter Imráns statt Joachims ansehen werden, zumal letzterer ohnehin nur aus dem apokryphen ‚Protoevangelium des Jakobus' erschlossen werden kann.

Die Verkündigung an Maria

Auf dieser Grundlage eines ausgeprägten Marienbildes erschließt sich nun die Geburtsgeschichte. Sie beginnt mit der Verkündigung an Maria. Die entsprechenden Koranverse[90] werden sowohl von Bahá'u'lláh[91] als auch von 'Abdu'l-Bahá[92] zitiert, wobei eine Einbeziehung der biblischen Erzählung von der Verkündigung[93] unterbleibt. Diese Version der Verkündigung wird nicht weiter wörtlich ausgeführt, stattdessen nur auf den Umstand verwiesen, „dass der Heilige Geist menschliche Gestalt annahm ... und zu Maria

---

[85] 'Abdu'l-Bahá, Ansprachen in Paris, S. 33.
[86] Koran 3:38.
[87] 'Abdu'l-Bahá, Ansprachen in Paris, S. 33.
[88] 'Abdu'l-Bahá, Ansprachen in Paris, S. 33; vgl. Koran 3:38.
[89] Für einen Analogieschluss bietet sich hier das Abrahamsopfer an; vgl. einen Brief im Auftrag des Hüters an einen Nationalen Rat, 28.07.1936.
[90] Koran 3:43-48 sowie 19:17-22.
[91] Bahá'u'lláh, Das Buch der Gewissheit (Kitáb-i-Íqán), S. 47-48.
[92] 'Abdu'l-Bahá, Beantwortete Fragen, S. 92.
[93] Lukas 1:26-38.

sprach"[94]. Die koranischen Berichte sind hier deutlich umfangreicher und berichten – in leicht im Wortlaut differierenden Versionen – von einem Zwiegespräch zwischen Maria und dem Geist Gottes[95] bzw. einer unbestimmten Mehrzahl von Engeln[96]. Dieser Dialog deckt sich im Wesentlichen mit der Verkündigungsszene aus dem Lukasevangelium, in der Maria die Verkündigung zunächst mit einer erstaunten Nachfrage erwidert: „Wie soll das zugehen, da ich doch von keinem Mann weiß?"[97] Augenfälligerweise ist der Wortlaut dieser lukanischen Version nahezu identisch mit demjenigen der beiden koranischen Szenen. Die Verkündigung findet laut Koran statt, als sich Maria „nach einem gen Osten gerichteten Ort"[98] zurückgezogen hatte. Die Bahá'í-Texte selbst schweigen hierzu ebenso wie zur eigentlichen Geburt im gleichen Abschnitt, die später noch aufgegriffen werden soll.

Die Zeugung Jesu

Mit der Verkündigung direkt verbunden ist die Zeugung Jesu. Diese wird vielfach aufgegriffen und nachdrücklich seine „wundersame"[99] Herkunft betont. Jesus wird als „der Mittelpunkt des Heiligen Geistes"[100] bezeichnet, geht „aus dem Hauch des Heiligen Geistes"[101] hervor, wird „vom Heiligen Geist geboren"[102] und ist von ihm ganz und gar „erfüllt"[103]. Die Vaterlosigkeit Jesu wird an mehreren Stellen ausdrücklich betont[104], auch wenn 'Abdu'l-Bahá darauf hinweist,

---

[94] 'Abdu'l-Bahá, Beantwortete Fragen, S. 92.
[95] Koran 19:18.
[96] Koran 3:46.
[97] Lukas 1:34; vgl. Koran 3:48 und 19:21.
[98] Koran 19:17.
[99] Aus einem Brief im Auftrag des Hüters an einen einzelnen Gläubigen, 31.12.1937.
[100] 'Abdu'l-Bahá, Beantwortete Fragen, S. 120.
[101] Bahá'u'lláh, Das Buch der Gewissheit (Kitáb-i-Íqán), S. 49; auch 'Abdu'l-Bahá, Beantwortete Fragen, S. 57.
[102] 'Abdu'l-Bahá, Ansprachen in Paris, S. 33 und 34 sowie 'Abdu'l-Bahá, Beantwortete Fragen, S. 29, 70, 95 und 120.
[103] 'Abdu'l-Bahá, Ansprachen in Paris, S. 33.
[104] Bahá'u'lláh, Das Buch der Gewissheit (Kitáb-i-Íqán), S. 47-49; 'Abdu'l-Bahá, Beantwortete Fragen, S. 29, 70, 94 und 95; Shoghi Effendi, Der verheißene Tag ist

dass die Vaterlosigkeit Jesu nicht sein wesentliches Charakteristikum sei und einer besonderen theologischen Aufwertung nicht bedürfe[105]. Shoghi Effendi verwirft dennoch ausdrücklich und in scharfen Worten die „falsche Anschuldigung", Jesus sei Josephs unehelicher Sohn[106]. Joseph selbst taucht in den Schriften 'Abdu'l-Bahás und Shoghi Effendis nur am Rande auf, bei Bahá'u'lláh wird er nicht einmal erwähnt. Die beiden erstgenannten erkennen seine Adoptivvaterschaft Jesu an, bestreiten aber wie oben erwähnt eine direkte Abstammungslinie[107]. Die Abstammung Josephs von David wird jedoch anerkannt, womit sich 'Abdu'l-Bahás Aussagen mit denjenigen im Matthäus-[108] und im Lukasevangelium[109] decken. Explizit geht Shoghi Effendi auch auf die Geschwister Jesu ein, die im Matthäusevangelium[110], aber auch bei 'Abdu'l-Bahá[111] erwähnt werden. Sie werden als leibliche Kinder Josephs mit Maria bestätigt, die demnach nicht immerwährend jungfräulich blieb, sondern ihre weiteren Kinder nach Jesus auf natürlichem Wege empfing.[112]

Die Geburt Jesu

In den Bahá'í-Schriften finden sich keinerlei direkte Hinweise auf die Geburt Jesu, jedoch erwähnt Bahá'u'lláh aus dem koranischen Bericht Marias Klageschrei, den er ausdrücklich „nach der Geburt Jesu"[113] ansetzt. Dieser ist für ihn ein Beleg für die Verzweiflung, die sie angesichts der außergewöhnlichen Situation der jungfräulichen Empfängnis und der zu erwartenden gesellschaftlichen Reaktionen hierauf überkam: „Nur der Tadel der Feinde und der spitzfindige Spott der Ungläubigen und Verderbten konnte zu solcher Bestür-

---

gekommen, S. 113-114 sowie mehrere Briefe im Auftrag des Hüters an einzelne Gläubige, 01.10.1935, 31.12.1937, 27.02.1938, 14.10.1945, 19.11.1945.
[105] 'Abdu'l-Bahá, Beantwortete Fragen, S. 94-95.
[106] Aus einem Brief im Auftrag des Hüters an einen einzelnen Gläubigen, 01.10.1935.
[107] 'Abdu'l-Bahá, Beantwortete Fragen, S. 70.
[108] Matthäus 1:1.
[109] Lukas 2:4.
[110] Matthäus 13:55.
[111] 'Abdu'l-Bahá, Beantwortete Fragen, S. 103.
[112] Aus einem Brief im Auftrag des Hüters an einen einzelnen Gläubigen, 19.11.1945.
[113] Bahá'u'lláh, Das Buch der Gewissheit (Kitáb-i-Íqán), S. 47.

zung und Verzweiflung führen. Bedenke, was konnte Maria den Leuten zur Antwort geben? Wie konnte sie behaupten, dass ein Kind, dessen Vater unbekannt war, vom Heiligen Geist empfangen sei?"[114] Die Mitmenschen beschuldigen Maria offen der Unzucht und verweisen auf ihre Eltern: „O Schwester Aarons, dein Vater war doch kein schlechter Kerl und deine Mutter keine Dirne!"[115] Diese von Bahá'u'lláh angeführten Koranverse stehen im krassen Widerspruch zu den Berichten des Lukasevangeliums, in denen Marias Verwandte Elisabeth, die Mutter Johannis gemäß biblischem Zeugnis, sofort ein Loblied auf den Herrn und seine Segungen[116] anstimmt, als Maria ihr von ihrer Empfängnis berichtet. Ein weiteres Loblied Mariens[117] schließt sich unmittelbar an. Im Matthäusevangelium klingt hingegen die grundsätzliche Skepsis der Umwelt gegenüber der jungfräulichen Empfängnis noch an, wenn dort Joseph darüber nachdenkt, Maria „heimlich zu verlassen"[118] oder die Menschen in Jesu „Vaterstadt" glauben, seinen leiblichen Vater zu kennen[119].

Die Weisen aus dem Morgenland

Nach der Geburt Jesu schließt sich ein weiteres Mal ein biblischer Bericht an einen koranischen an. Denn nun tauchen die „Magier" aus dem „Morgenland"[120] auf, die in der christlichen Tradition später als ‚die drei Weisen aus dem Morgenland' oder ‚die Heiligen Drei Könige' bekannt geworden sind und in der Geburtsgeschichte Matthäi eine zentrale Rolle spielen. Sie folgen einem Stern, der sie nach Judäa führt, wo König Herodes herrscht, „dessen Herrschaftsgebiet sich in jenen Tagen über das ganze Land erstreckte"[121]. Sie erfragen, im Wortlaut des Matthäusevangeliums: „Wo ist der neugeborene König der Juden? Wir haben Seinen Stern gesehen im

---

[114] Bahá'u'lláh, Das Buch der Gewissheit (Kitáb-i-Íqán), S. 47-48.
[115] Bahá'u'lláh, Das Buch der Gewissheit (Kitáb-i-Íqán), S. 48; vgl. Kor. 19:29.
[116] Lukas 1:41-45.
[117] Lukas 1:46-55.
[118] Matthäus 1:19.
[119] Matthäus 13:54-55.
[120] Bahá'u'lláh, Das Buch der Gewissheit (Kitáb-i-Íqán), S. 54.
[121] Bahá'u'lláh, Das Buch der Gewissheit (Kitáb-i-Íqán), S. 54.

Morgenland und sind gekommen, Ihn anzubeten."[122] Gemäß dem weiteren biblischen Bericht ist Herodes durch die Geburt eines neuen ‚Königs der Juden' zutiefst beunruhigt und fürchtet um seine Macht. Die Weisen werden von den Engeln davor gewarnt, zu Herodes zurückzukehren[123]. Zugleich erhält Joseph im Traum den Befehl, das Land zu verlassen[124], während Herodes in Jerusalem „das Urteil über [Jesus] sprach"[125], ihn gemäß Bahá'u'lláhs Terminologie also tot sehen wollte. Der bethlehemitische Kindermord wird von Bahá'u'lláh an zwei Stellen indirekt erwähnt, wenn er davon spricht, dass der „Herr behütet, wen Er will, sei er auch … unter dem Schwert des Tyrannen."[126] Weiter sagt er, dass Gott Jesus „mit den unsichtbaren Heerscharen" half, ihn „mit der Wahrheit" beschützte und ihn „in ein anderes Land"[127] schickte, was sich mit der biblischen Warnung an Joseph in Übereinstimmung bringen ließe.

Bethlehem und Nazareth

Der Geburtsort Jesu steht für die Bahá'í-Schriften eindeutig fest: Bethlehem[128]. Im ‚Sendschreiben an die Christen' spricht das personifizierte Bethlehem Bahá'u'lláh in seiner Rolle als Wiederkunft Christi direkt an und beklagt seine „Trennung"[129] von ihm. Auch im Matthäusevangelium lässt nichts darauf schließen, dass Joseph und Maria nicht aus Bethlehem stammen sollten. Hier zieht Joseph ausdrücklich deswegen nach Nazareth, um dem Zugriff des Archelaus, Herodes Sohn, zu entgehen[130]. 'Abdu'l-Bahás Aussagen erwäh-

---

[122] Bahá'u'lláh, Das Buch der Gewissheit (Kitáb-i-Íqán), S. 54; Matthäus 2:2.
[123] Matthäus 2:12.
[124] Matthäus 2:13.
[125] Bahá'u'lláh, Brief an den Sohn des Wolfes, S. 62; vgl. Bahá'u'lláh, Anspruch und Verkündigung, S. 103.
[126] Bahá'u'lláh, Anspruch und Verkündigung, S. 103; vgl. Bahá'u'lláh, Brief an den Sohn des Wolfes, S. 62.
[127] Bahá'u'lláh, Brief an den Sohn des Wolfes, S. 62; vgl. Bahá'u'lláh, Anspruch und Verkündigung, S. 103.
[128] Bahá'u'lláh, Das Buch der Gewissheit (Kitáb-i-Íqán), S. 54.
[129] Bahá'u'lláh, Botschaften aus 'Akká, S. 30-31.
[130] Matthäus 2:22-23.

nen Nazareth zwar als Herkunftsort Jesu[131], doch wird an keiner Stelle explizit Bezug darauf genommen, dass es sich um seinen Geburtsort handeln soll. Das Lukasevangelium stellt die Begebenheit anders dar. Im Zusammenhang der Volkszählung wird Bethlehem zwar als „seine"[132] Stadt bezeichnet, da Joseph dort geboren sei, doch lebt er zu diesem Zeitpunkt bereits in Nazareth[133]. Da die lukanische Darstellung nicht rezipiert wird und es auch sonst keine ausreichenden Anhaltspunkte in den Schriften gibt, die für eine Herkunft Josephs und Mariens aus Nazareth sprechen, wird man mit einigem Recht behaupten können, dass in dieser Frage grundsätzlich – also auch über den ausdrücklichen Bahá'í-Text hinaus – dem Matthäusevangelium der Vorzug gegeben worden ist.

Hiermit enden schließlich auch die Verweise auf Jesu Geburt. Jesus tritt in den Bahá'í-Schriften erst wieder mit seiner „Offenbarung"[134] im Erwachsenenalter in Erscheinung. Explizite Kindheitsszenen und -erzählungen kennen die Bahá'í nicht, doch ist auch hier davon auszugehen, dass die entsprechenden Koranverse, die von der Wiegenrede des Jesuskindes[135] und der Erschaffung der Taube aus Lehm[136] berichten, in ihrer Authentizität anerkannt werden – auch wenn man sie letztendlich wie die meisten Wunder Jesu symbolisch zu deuten hätte.

Die Charakterisierung Jesu als Offenbarer

Es erscheint angebracht, im Zusammenhang mit Jesu „wundersamer"[137] Zeugung und Geburt auch seine Stufe gemäß dem Bahá'í-Verständnis darzustellen. Denn obwohl Jesus in erster Linie in einer Reihe großer Gottesoffenbarer gleichberechtigt neben Moses und Mohammed gesehen wird, so ist doch das Vokabular, mit dem

---

[131] 'Abdu'l-Bahá, Ansprachen in Paris, S. 31 und 40.
[132] Lukas 2:3.
[133] Lukas 2:4.
[134] 'Abdu'l-Bahá, Ansprachen in Paris, S. 91.
[135] Koran 3:47, 5:111, 19:31-34.
[136] Koran 5:111.
[137] Aus einem Brief im Auftrag des Hüters an einen einzelnen Gläubigen, 31.12.1937.

insbesondere 'Abdu'l-Bahá Jesus als Manifestation Gottes beschreibt und charakterisiert, in diesem Zusammenhang in großen Teilen einzigartig.

Die Ehrentitel Jesu

Insbesondere und vor allem trifft dies auf die Namen oder Titel zu, mit denen die Bahá'í-Autoritäten Jesus bezeichnen. Aus dem Neuen Testament sind als Titel Jesu hauptsächlich die Begriffe ‚Sohn Gottes', ‚Menschensohn' und ‚Messias' überliefert, in den Briefen schließlich wird er auch als ‚Christus' bezeichnet, was im Ursprung die griechische Entsprechung des hebräischen Messiastitels ist. Der Koran lehnt die Bezeichnung Jesu als ‚Sohn' ab und verweist an dieser Stelle auf das Monotheismusgebot, das mit einer solchen Vorstellung von Sohnschaft nicht vereinbar sei: „Die Juden sagen, Esra sei Allahs Sohn, und die Christen sagen, der Messias sei Allahs Sohn. Das ist das Wort ihres Mundes. Sie ahmen die Rede derer nach, die vordem ungläubig waren. Allahs Fluch über sie! Wie sind sie irregeleitet!"[138] „Und doch halten sie die Jinn für Allahs Teilhaber, obwohl Er sie geschaffen hat; und sie dichten Ihm fälschlich Söhne und Töchter an ohne alles Wissen. Heilig ist Er und erhaben über das, was sie Ihm zuschreiben."[139] Der Koran bezeichnet Jesus hingegen als ‚Gesandten', ‚Jesus, Sohn der Maria' (arab. Isa ibn Maryam) oder als ‚Geist Gottes' (arab. Rúh'u'lláh). In seltenen Fällen wird er aber auch konkret als ‚Messias' der Juden angesprochen.

Bahá'u'lláh übernimmt diese koranische Terminologie in seinen frühen Werken, die an Adressaten mit islamischem Hintergrund gerichtet sind, wie dem ‚Buch der Gewissheit'. In seinen Botschaften an christliche Herrscher oder Geistliche wählt er hingegen in der Regel die Bezeichnung ‚Der Sohn', so zum Beispiel in seinem ‚Sendschreiben an die Christen'. Dies bedeutet allerdings nicht, dass Bahá'u'lláh an dieser Stelle auch die christliche Interpretation des Begriffes übernehmen würde, denn im Gegenteil lehnt sich diese

---

[138] Koran 9:30.
[139] Koran 6:101.

Wortwahl dezidiert an das jüdisch-alttestamentarische Vokabular an, wie Shoghi Effendi bestätigt:

> Was Ihre Fragen bezüglich der Stufe Jesu Christi betrifft, ... wie in den Evangelien dargelegt. Es ist wahr, dass Jesus sich selbst als Sohn Gottes bezeichnet hat, doch dies, wie von Bahá'u'lláh im Íqán erklärt, keine physische Beziehung gleich welcher Art andeutet. Ihre Bedeutung ist völlig geistig und weist auf die enge Verbindung hin, die zwischen Ihm und dem Allmächtigen Gott besteht. Ebenso wenig deutet sie notwendigerweise irgendeine wesensmäßige Überlegenheit der Stufe Jesu über diejenige anderer Propheten und Sendboten an. Soweit ihre geistige Natur beschrieben wird, können alle Propheten als Söhne Gottes angesehen werden, da sie alle Sein Licht widerstrahlen, wenn auch nicht im gleichen Maße, und dieser Unterschied in der Widerspiegelung hängt wiederum von den Bedingungen und Umständen ab, unter denen sie erscheinen.[140]

> Bezüglich des Abschnittes über den Qur'án, den Sie anfügten: In Wahrheit gibt es überhaupt keinen Widerspruch; wenn der Qur'án leugnet, dass Jesus der Sohn Gottes ist, dann widerlegt er nicht Seine Worte, sondern ihre falsche Interpretation durch die Christen, die in diese eine Beziehung von beinahe körperlicher Art hineindeuten, obwohl doch der Allmächtige Gott weder Eltern noch Kinder hat. Was Christus meinte, ist die Verbindung Seines Geistes zur Unbegrenzten Wirklichkeit, und dies streitet der Qur'án nicht ab. Diese Art der Sohnschaft ist in gewisser Hinsicht auf alle Propheten übertragbar.[141]

Darüber hinaus verwendet Bahá'u'lláh in seltenen Fällen auch den biblischen Begriff des ‚Menschensohns', insbesondere in einem Brief an einen orthodoxen Bischof: „Wisse, dass die ganze Schöpfung in großer Trauer weinte, als der Menschensohn Seinen Geist zu Gott aufgab."[142]

'Abdu'l-Bahá verwendet in seinen frühen Schriften wie dem ‚Geheimnis göttlicher Kultur' ebenfalls zunächst dezidiert eine koranische Sprache und bezeichnet Jesus ebenfalls als ‚Geist Gottes'. Allerdings taucht bei ihm schon früh der Christustitel auf, den er

---

[140] Aus einem Brief im Auftrag des Hüters an einen einzelnen Gläubigen, 29.11.1937.
[141] Aus einem Brief im Auftrag des Hüters an einen einzelnen Gläubigen, 19.05.1945.
[142] Bahá'u'lláh, Ährenlese, S. 78.

maßgeblich in die Bahá'í-Terminologie einführt und der sich schließlich auch allgemein im Bahá'í-Sprachgebrauch durchsetzt. Neben dem Christustitel wird Jesus jedoch auch bei 'Abdu'l-Bahá noch mit vermehrter Häufigkeit als ‚Messias' tituliert, dies insbesondere auch in Bezug auf die Prophezeiungen des Alten Testaments. Shoghi Effendi und das Universale Haus der Gerechtigkeit gehen schließlich vollständig dazu über, Jesus entweder in der zusammengesetzten Form ‚Jesus Christus' oder aber einfach als ‚Christus' anzusprechen. In den letzten Jahrzehnten lässt sich zudem in den Briefen im Auftrag des Universalen Hauses der Gerechtigkeit die Tendenz erkennen, ihn schlicht ‚Jesus' zu nennen.

Jesus, ein Spiegel Gottes?

Die Stufe Jesu wäre nicht angemessen beschrieben, ohne die Stellung Jesu als ‚Manifestation Gottes' genauer zu beschreiben. In seinem ‚Buch der Gewissheit' verwendet Bahá'u'lláh eine besondere Art der Sonnensymbolik und Spiegelmetaphorik, um die Stufe der Propheten in seinem Sinne deutlich zu machen. Diese Symbolik trifft natürlich im Kern alle Manifestationen, Jesus ist davon nicht ausgenommen. Insofern überrascht es nicht, dass die bereits durch Bahá'u'lláh verwendete Spiegelmetaphorik bei 'Abdu'l-Bahá auch in Bezug auf Jesus wieder auftaucht. Demnach ist Jesus die „Wiederspiegelung"[143] „göttlicher Tugenden und der Eigenschaften Gottes"[144]. „Seine Offenbarung, Sein Erscheinen, Sein Aufgang gleichen dem Sichtbarwerden der Sonne in einem reinen, makellosen und feingeschliffenen Spiegel"[145]. „So war die Wirklichkeit Christi ein klarer, feingeschliffener Spiegel von größter Schönheit und Reinheit. Die Sonne der Wahrheit, das Wesen Gottes, offenbarte sich in diesem Spiegel, und durch ihn wurden ihr Licht und ihre Wärme wahrnehmbar; aber von der Höhe ihrer Heiligkeit und dem Himmel ihrer Reinheit ist die Sonne nicht selbst herabgestiegen, um im Spiegel zu wohnen und zu verweilen. Nein, sie verharrt ewig in ihrer Erhabenheit und Höhe, während sie im Spiegel nur sichtbar wird

---

[143] 'Abdu'l-Bahá, Beantwortete Fragen, S. 115 und 204.
[144] 'Abdu'l-Bahá, Beantwortete Fragen, S. 41.
[145] 'Abdu'l-Bahá, Beantwortete Fragen, S. 115.

und sich in Schönheit und Vollendung offenbart."[146] In diesem Sinne kann man festhalten, dass es sich bei Jesus einerseits um einen Menschen aus Fleisch und Blut handelt, der mit einem gläsernen Spiegel verglichen wird, andererseits aber das Göttliche in ihm erfahrbar wird und somit in gewisser Weise die Erkenntnisbarriere des menschlichen Verstandes umgeht und für die Menschen spür- und sichtbar wird.

Die Dreifaltigkeit

Im Zusammenhang mit dieser Deutung der Stufe Jesu setzt sich 'Abdu'l-Bahá auch dezidiert mit der Trinitätslehre auseinander. Dabei verwirft er nicht etwa, wie man vor einem islamischen Hintergrund vermuten könnte, das christliche Konzept der Dreifaltigkeit, sondern deutet es in seinem Sinne aus. Was er ausdrücklich ablehnt, ist jede Form von ‚Teilung', ‚Vervielfachung' oder ‚Aufspaltung' Gottes, entsprechend dem strikten Monotheismusgebot der „Einheit und Einzigkeit Gottes"[147]. 'Abdu'l-Bahá veranschaulicht sein Verständnis, wieder in Bezugnahme auf die Spiegelmetaphorik, derart, dass das „Wort" und der „Heilige Geist", bei denen es sich um „Erscheinungen Gottes" handele, ein „Hervorgehen durch Manifestation"[148], eine Emanation Gottes ausdrückten, ohne dass hierfür als Erklärung notwendigerweise eine Teilung oder Trennung dieser Wirkkräfte von ihrer Quelle herangezogen werden müsse. Dabei werden Wort und Geist Gottes als Ausdrucksmedien der „Vollkommenheiten Gottes"[149] betrachtet. Das Wort Gottes wird dabei als präexistent und ewig begriffen[150], ähnlich dem Verständnis des Lógos-Begriffs in der trinitarischen Christologie des vierten Jahrhunderts. Der Johannesprolog[151], den 'Abdu'l-Bahá hier zitiert, war seit jeher Dreh- und Angelpunkt der christologischen Diskussionen,

---

[146] 'Abdu'l-Bahá, Beantwortete Fragen, S. 116; vgl. 'Abdu'l-Bahá, Beantwortete Fragen, S. 41 und 205 sowie 'Abdu'l-Bahá, Briefe und Botschaften, S. 54.
[147] Bahá'u'lláh, Ährenlese, S. 166 sowie 'Abdu'l-Bahá, Dokumente des Bündnisses, S. 52.
[148] 'Abdu'l-Bahá, Beantwortete Fragen, S. 204.
[149] 'Abdu'l-Bahá, Beantwortete Fragen, S. 204.
[150] 'Abdu'l-Bahá, Beantwortete Fragen, S. 152.
[151] Johannes 1:1.

insbesondere in der Spätantike. Im prophetologischen Verständnis der Bahá'í lässt sich diese Deutung auch auf alle anderen von ihnen als Manifestationen Gottes anerkannten Propheten übertragen.

Die Begrifflichkeit des ‚Wortes Gottes' wird von 'Abdu'l-Bahá ähnlich ausgedeutet wie die des Heiligen Geistes, als Wirkkraft Gottes, die einem Spiegel gleich die göttlichen Vollkommenheiten widerspiegelt[152]. Dabei sind „die Göttlichen Vollkommenheiten ... nicht vom Wesen der Einheit verschieden."[153] Neben der Verbindung von Wort und Geist als in ihrem Wesen unveränderliche und unantastbare komplementäre Manifestationsformen Gottes im dezidiert auf die Dreifaltigkeit Bezug nehmenden Kontext wird das Sichtbarwerden des Wortes in der physischen Welt als Begrenzung verstanden, denn als „es nach dem Ratschluss des allmächtigen Gottes von den Höhen der Herrlichkeit in die körperliche Welt leuchtete, wurde das Wort infolge der Körperlichkeit unterdrückt."[154] Darunter ist jedoch nicht zu verstehen, dass das Wort selbst begrenzt worden oder aus dem Himmel herabgestiegen wäre[155]. Die Einschränkung betrifft ausschließlich seine Wirkkraft, wie 'Abdu'l-Bahá erklärt. Diese Wirkkraft sei symbolisch zu verstehen, denn das Wort Gottes gebe der menschlichen Existenz ihren Sinn. Der einzelne Mensch gleiche also einem Buchstaben, während Christus sie zu einem Wort verbunden und den Einzelteilen damit ihren Sinn gegeben habe: „Die Vollkommenheiten Christi werden das Wort genannt, weil alle Geschöpfe im Zustand von Buchstaben sind und ein einzelner Buchstabe keine volle Bedeutung hat, während die Vollkommenheiten Christi die Macht des Wortes haben, weil aus einem Wort eine vollständige Bedeutung gefolgert werden kann."[156]

'Abdu'l-Bahá kann also in seiner spezifischen Deutung durchaus der Dreifaltigkeit zustimmen, wenn er erklärt: „Wenn wir nun sagen, dass wir die Sonne in zwei Spiegeln – einer Christus und einer der

---

[152] 'Abdu'l-Bahá, Beantwortete Fragen, S. 204.
[153] 'Abdu'l-Bahá, Beantwortete Fragen, S. 204.
[154] 'Abdu'l-Bahá, Beantwortete Fragen, S. 118.
[155] 'Abdu'l-Bahá, Briefe und Botschaften, S. 200.
[156] 'Abdu'l-Bahá, Beantwortete Fragen, S. 204.

Heilige Geist – gesehen haben, so dass wir also drei Sonnen, eine im Himmel und zwei andere auf Erden, wahrgenommen haben, haben wir recht. Und wenn wir sagen, dass es nur EINE unteilbare Sonne gibt, die einzig und ohnegleichen ist, sprechen wir wiederum die Wahrheit. ... Durch diese Erklärung dürfte ersichtlich geworden sein, was der Sinn der drei Personen der Dreieinigkeit ist. Auch die Einheit Gottes ist bewiesen."[157]

Himmlischer Geist und menschlicher Körper?

Neben die Erklärung der Wirklichkeit Christi als Spiegel treten bei 'Abdu'l-Bahá zwei weitere Ansätze, die sich in den Begrifflichkeiten und Grundmustern deutlich vom erstgenannten unterscheiden. Zum einen ist hier ein deutlich dualistisch ausgerichtetes Deutungsangebot zu nennen, das verschiedentlich auftaucht, aber dabei niemals in Konkurrenz zum vorherigen gesetzt wird. Demnach sei Christi Körper rein menschlich, während sein Geist rein göttlich sei[158]. „Der Körper Christi wurde durch Maria von Nazareth geboren, der Geist aber war von Gott. Die Möglichkeiten Seines menschlichen Körpers waren begrenzt, die Macht Seines Geistes aber groß, unendlich und unermeßlich."[159] Zur Verdeutlichung wird hier auch auf Adam verwiesen, der als Ursache des körperlichen Lebens der Menschheit betrachtet wird, während dem Geist Christi, in dem alle Vollkommenheiten Gottes offenbar sind, die Urheberschaft am geistigen Leben der Menschen zugesprochen wird. Die in der Bahá'í-Anthropologie angelegte scharfe Trennung zwischen Körper und Geist wird hier aufgegriffen und unter Heranziehung des paulinischen Ausspruchs „Denn gleichwie sie in Adam alle sterben, so werden sie in Christus alle lebendig gemacht werden"[160] mit explizitem Rekurs auf das neutestamentliche Vokabular entsprechend ausgedeutet[161]. Vergleichbar wäre eine derart scharfe Trennung von Körper und Geist in Christus wohl mit einigen frühen christo-

---

[157] 'Abdu'l-Bahá, Beantwortete Fragen, S. 116.
[158] 'Abdu'l-Bahá, The Promulgation of Universal Peace, S. 279.
[159] 'Abdu'l-Bahá, Ansprachen in Paris, S. 31.
[160] 1. Korinther 15:22.
[161] 'Abdu'l-Bahá, Beantwortete Fragen, S. 120.

logischen Ansätzen der Lógos-Sarx-Christologie, die sich auf den Johannesprolog stützt und grob gesprochen die Ersetzung des menschlichen Geistes in Jesu Körper durch einen göttlichen postulierte: „Und das Wort ward Fleisch und wohnte unter uns"[162]. Der hier beschriebene Deutungsansatz geht zum einen in Teilen fließend in den zuvor genannten über, wenn die ‚in Christus offenbaren Vollkommenheiten' aufgegriffen werden, gleichermaßen überschneidet er sich jedoch auch mit einem dritten, der nochmals eine schärfere Trennung zwischen physischen und metaphysischen Ebenen nahelegt.

Denn in einigen Passagen wird Jesu Leib als „Wolke"[163] beschrieben, die den Blick auf sein wahres göttliches Wesen verstellt habe, so wie die Wolken den Blick auf die Sonne versperrten[164]. 'Abdu'l-Bahá verweist hier auf eine Aussage Bahá'u'lláhs, die allerdings in dessen eigenem veröffentlichten Schrifttum nicht auftaucht. Es muss vorläufig offen bleiben, ob hier ein Analogieschluss von Seiten 'Abdu'l-Bahás vorliegt oder ob es sich hierbei um eine mündliche oder eine bisher unübersetzte und unveröffentlichte schriftliche Aussage Bahá'u'lláhs handelt. Gemäß der Auslegung Bahá'u'lláhs sei auch die lukanische Rede von „den Wolken"[165], auf denen Christus bei seiner Wiederkunft vom Himmel herabsteigen werde, als Metapher für den menschlichen Körper zu verstehen, die sich nicht nur auf die Wiederkunft, sondern ebenso auf das erste Erscheinen Christi beziehe[166].

Die Bahá'í-Christologie

Die vorgenannten Aussagen 'Abdu'l-Bahás scheinen sich zunächst zu widersprechen. Er versichert jedoch selbst, dass keine dieser von ihm angeführten Erklärungen wörtlich genommen und somit auch

---

[162] Johannes 1:14.
[163] 'Abdu'l-Bahá, Ansprachen in Paris, S. 30-32 sowie 'Abdu'l-Bahá, Briefe und Botschaften, S. 200.
[164] 'Abdu'l-Bahá, Ansprachen in Paris, S. 31; vgl. 'Abdu'l-Bahá, Ansprachen in Paris, S. 30.
[165] Markus 13:26; Matthäus 24:30; Lukas 21:27.
[166] 'Abdu'l-Bahá, Ansprachen in Paris, S. 30.

nicht verabsolutiert werden dürfe: „Dies ist vielmehr ein intelligibler Zustand, der durch eine den Sinnen verständliche Umschreibung erklärt wurde."[167] Insofern kann man davon sprechen, dass verschiedene Erklärungen derselben Glaubensaussage gleichberechtigt nebeneinander stehen, sich im Verständnis der Bahá'í nicht widersprechen, sich auch nicht gegenseitig ausschließen und von daher auch keiner Konkretisierung bedürfen, anders als dies im Kontext der christologischen Debatten des 5. Jahrhunderts gesehen worden ist. Im Gegenteil kann man vielmehr davon sprechen, dass diese unterschiedlichen Herangehensweisen in der Erklärung sich gegenseitig ergänzen, da sie, wenn man sie nebeneinander stehen lässt, verschiedene Facetten hervorheben und sich daher tatsächlich nicht gegenseitig ausschließen. Dass also das präexistente, sinnstiftende und schöpferische Wort Gottes, das als Emanation Gottes ‚Gnadengabe Gottes' ist, in Christus offenbar wird, seine Wirkkraft jedoch durch die ‚Wolke' des menschlichen Körpers sowohl vor den Augen der Menschen verborgen als auch in seiner schöpferischen Kraft gemäß den Bedingungen der physischen Existenz eingeschränkt ist, bedeutet weder, dass man eine radikale Andersartigkeit der individuellen Seele Jesu gegenüber derjenigen normaler Menschen annehmen noch ihn gänzlich entmenschlichen, den Körper weder zum Scheinleib reduzieren noch die Verbindung aus Seele und Körper zu einer eigenständigen göttlichen Person erklären müsste. Insofern mag die ‚Christologie' der Bahá'í, wie sie sich in diesen Ausführungen 'Abdu'l-Bahás darstellt, ein größeres Maß an Flexibilität und Spielraum bewahrt haben, als dies die Konzilsentscheidungen der frühen Kirche vermochten. Denn mit der richtigen Begründung ist, wie Bahá'u'lláh versichert, jede Aussage zwischen ‚Jesus ist Mensch' und ‚Jesus ist Gott' im Grundsatz wahr und weder irreführend noch eine Verfälschung der offenbarten Lehren.

Diese Offenheit der Bahá'í-Christologie zeigt sich gerade darin, dass einige Zusammenhänge entweder in mehreren verschiedenen Umschreibungen wiedergegeben werden oder aber so interpretationsoffen formuliert sind, dass Raum bleibt für das persönliche

---

[167] 'Abdu'l-Bahá, Beantwortete Fragen, S. 90.

Verständnis und persönliche Schwerpunktbildung. So war es beispielsweise für die Kirche wichtig, das Verhältnis von Gott und Mensch in Christus adäquat beschreiben zu können, während 'Abdu'l-Bahá und vor ihm Bahá'u'lláh das Wesen Christi ausreichend beschrieben sahen, wenn sie Raum ließen für sämtliche Deutungsangebote zwischen ‚Jesus ist Gott' und ‚Jesus ist Mensch'. Dass Gott durch Christus in der Welt präsent ist, ist für beide eine Selbstverständlichkeit, die nicht weiter kommentiert werden musste. Wie genau Göttliches in Christus wirkt, ist in diesem Zusammenhang nicht wesentlich, eine ausufernde Debatte darüber ‚Haarspalterei'. Das Wort ist dabei dennoch weder Geschöpf in dem Sinne', wie es Arius verstanden wissen wollte, noch eine (be)greifbare Entität in der sinnlich erfahrbaren Welt. Es ist keine von Gott getrennte, einzeln fassbare Größe, sondern Ausdruck Gottes, Wirkkraft Gottes, die aber von Gott selbst weder getrennt ist noch unterschieden werden kann. Das Wort ist insofern, wenn man so wollte, wesenseins (‘ομοούσιος) mit Gott. In diesem Sinne schrieb auch Bahá'u'lláh: „Sollte eine der allumfassenden Manifestationen Gottes erklären: ‚Ich bin Gott', so spräche Sie gewisslich die Wahrheit, und es gäbe keinen Zweifel daran."[168] Ebenso ist der Heilige Geist als Wirkkraft Gottes nicht von ihm unterscheidbar. Da das Wort und der Geist wesenseins mit Gott sind, sind beide gleichermaßen ewig und präexistent, denn die Wirkkräfte entstehen nicht erst mit ihrem Einsatz, sondern sind davon unabhängig Attribute und Ausdrucksmedien. Im Sinne eines klassischen Neoplatonismus, wie er im Ursprung auch der kirchlichen Christologie zugrunde lag, kann man diese Wirkkräfte als Seinsweisen oder Hypostasen (‘υπόστασις) bezeichnen. Damit soll insbesondere ausgesagt sein, dass es sich bei Wort und Geist Gottes um verschiedene Weisen handelt, auf die Gott in die Welt der Schöpfung hineinwirkt, nicht um unabhängige Entitäten, die gar eine eigene Persönlichkeit oder einen je eigenen, unabhängigen Willen besäßen. Insofern erübrigt sich in dieser Vorstellung eine Trinität als notwendige Größe, da hierbei nichts aus Gott heraustritt und auch

---

[168] Bahá'u'lláh, Das Buch der Gewissheit (Kitáb-i-Íqán), S. 149.

beide Erscheinungsformen wie bereits angerissen lediglich das zu fassen vermögen, was das begrenzte menschliche Begriffsvermögen von Gott überhaupt wahrzunehmen imstande ist.

Wahrgenommen wird zunächst das „Mensch gewordene Offenbarungswort Gottes"[169], denn Christus ist Mensch und verkörpert in seiner Person die Offenbarung selbst. Er ist in diesem Sinne nicht Inkarnation des Wortes, aber der Weg, über den das Wort Gottes den Menschen erfahrbar wird. Christus ist (zusammen mit allen anderen Manifestationen Gottes) derjenige, der als einziges geschaffenes Wesen in der Lage ist, den Willen Gottes zu erkennen und diesen in eine den Menschen verständliche Form zu übersetzen. Christus spricht für Gott, und Gott durch ihn. Insofern ist es für die Bahá'í-Theologie auch überhaupt nicht wesentlich, in welcher Weise das Wort Gottes in Christus tatsächlich präsent ist, denn das erfahrbare Ergebnis ist das einzig Entscheidende. Der Mensch wird niemals in der Lage sein, die Wirklichkeit hinter den eigenen Versuchen zu verstehen, selbige irgendwie begreiflich zu machen. Dabei liegt es in der Natur der Sache, dass unterschiedliche Menschen die gleiche Frage aus unterschiedlichen Blickwinkeln heraus betrachten. Die ‚Enthüllung göttlicher Geheimnisse' ist letztlich also immer unvollständig und selektiv.

---

[169] U. Baumann, Gemeinsame Wege zum Gespräch zwischen Christen und Bahá'í, in: NGR Deutschland (Hrsg.), 100 Jahre Deutsche Bahá'í-Gemeinde. 1905-2005, Hofheim 2005, S. 197.

3.3. Leben und Wirken Jesu

Um sich nun dem Leben und Wirken Jesu zu nähern, ist es notwendig, zunächst seine grundsätzlichen Lebensdaten gemäß der Bahá'í-Schriften herauszudestillieren. Bahá'u'lláh äußert sich zu solchen Rahmendaten grundsätzlich nicht. 'Abdu'l-Bahá hingegen liefert eine grobe Einordnung des Lebens Jesu, wenn er in einem seiner Briefe anmerkt, dass „nahezu zwanzig Jahrhunderte verflossen"[170] seien, seit Jesus auf der Erde lebte. Ähnlich grob bleiben die Eingrenzungen seines Alters und der Zeitspanne seines öffentlichen Wirkens. Demnach soll sich Jesus „als junger Mensch"[171] „in Jerusalem"[172] offenbart und danach „drei Jahre lang"[173] gelehrt und gewirkt haben. Der aus Nazareth stammende[174] Jesus war demnach „arm"[175] und „aus niedrigem Stande"[176], durchwanderte in den Jahren seines Wirkens Palästina und Galiläa, das Jordantal und die nähere Umgebung Jerusalems[177] und erklärte sich dazu berufen, „die verlorenen Schafe Mose zu sammeln"[178]. 'Abdu'l-Bahá führt jedoch auch aus, dass Jesus sich nicht auf diese Aufgabe beschränkte, sondern auch unter den Nachbarvölkern der Juden wirkte und predigte, sie durch seine Lehren ihre alten Feindschaften begruben, ihre Vorurteile ablegten und sich in Frieden und Freundschaft vereinigten[179]. Aus den Sekten und Völkern der alten Welt entstand

---

[170] 'Abdu'l-Bahá, Briefe und Botschaften, S. 58.
[171] 'Abdu'l-Bahá, Beantwortete Fragen, S. 30.
[172] 'Abdu'l-Bahá, Ansprachen in Paris, S. 91; vgl. 'Abdu'l-Bahá, Das Geheimnis göttlicher Kultur, S. 47.
[173] 'Abdu'l-Bahá, Das Geheimnis göttlicher Kultur, S. 47.
[174] 'Abdu'l-Bahá, Ansprachen in Paris, S. 31, 40; 'Abdu'l-Bahá, Beantwortete Fragen, S. 29; 'Abdu'l-Bahá, Briefe und Botschaften, S. 57.
[175] 'Abdu'l-Bahá, Ansprachen in England und Nordamerika, S. 21; 'Abdu'l-Bahá, Ansprachen in Paris, S. 40.
[176] 'Abdu'l-Bahá, Beantwortete Fragen, S. 24.
[177] 'Abdu'l-Bahá, Das Geheimnis göttlicher Kultur, S. 47.
[178] 'Abdu'l-Bahá, Christ sein heißt..., S. 18.
[179] 'Abdu'l-Bahá, Ansprachen in England und Nordamerika, S. 138; 'Abdu'l-Bahá, Briefe und Botschaften, S. 79; 'Abdu'l-Bahá, Christ sein heißt..., S. 18; 'Abdu'l-Bahá, The Promulgation of Universal Peace, S. 25, 57, 136, 219, 225, 468, 482, 489, 523, 564.

so eine neue Welt, geprägt von einer christlichen Kultur, deren Grundwerte allen Völkern gemeinsam waren. Dies sind die grundsätzlichen Rahmendaten des Lebens und Wirkens Jesu, wie 'Abdu'l-Bahá sie für die Bahá'í verbindlich bestätigt.

Die in den Schriften niedergelegten Geschehnisse, so erklärt er, seien außerdem nicht daran zu messen, welche Aufmerksamkeit sie bei den antiken Chronisten, namentlich dem jüdischen Historiker Flavius Josephus, gefunden haben mochten. Er räumt ein, dass „nicht alle Ereignisse aus dem Leben Christi in der Chronik des Juden Josephus dargestellt"[180] worden seien. Man könne es jedoch trotzdem „nicht ablehnen, die Ereignisse in den Tagen Christi für wahr zu halten, mit der Begründung, dass sie in der Darstellung des Josephus nicht erwähnt werden."[181] Für das Bahá'í-Verständnis bedeutet dies, dass unabhängig von der historischen Überlieferung all das als wahr zu gelten hat, was durch eine der nachfolgenden ,Manifestationen Gottes' bestätigt worden ist.

Jesu Lebensführung

Weiters wird Jesus auch in seinem Auftreten und Handeln charakterisiert. Dabei steht bei Bahá'u'lláh das leidvolle Leben Jesu, das von Ablehnung, Verspottung und Verfolgung geprägt gewesen sei, eindeutig im Vordergrund[182]. Die „Untaten der Verräter"[183] machten es Jesus demnach unmöglich, normalen zwischenmenschlichen Umgang zu pflegen und des Nachts unterzukommen, sodass er nicht mehr in der Lage gewesen sei, „Sein Haupt zur Ruhe legen"[184] zu können. 'Abdu'l-Bahá schließt sich dieser Darstellung an[185], doch legt er den Schwerpunkt nicht auf das Leiden, sondern

---

[180] 'Abdu'l-Bahá, Briefe und Botschaften, S. 69.
[181] 'Abdu'l-Bahá, Briefe und Botschaften, S. 69.
[182] Bahá'u'lláh, Anspruch und Verkündigung, S. 88, 144; Bahá'u'lláh, Botschaften aus 'Akká, S. 242; Bahá'u'lláh, Brief an den Sohn des Wolfes, S. 54, 88.
[183] Bahá'u'lláh, Brief an den Sohn des Wolfes, S. 54.
[184] Bahá'u'lláh, Brief an den Sohn des Wolfes, S. 54.
[185] 'Abdu'l-Bahá, Ansprachen in Paris, S. 91, 95; 'Abdu'l-Bahá, Beantwortete Fragen, S. 106, 119, 136; 'Abdu'l-Bahá, Briefe und Botschaften, S. 80, 206; 'Abdu'l-Bahá, Christ sein heißt..., S. 51; 'Abdu'l-Bahá, Das Geheimnis göttlicher Kultur, S. 76.

auf die Unbeugsamkeit Jesu, der trotz „jeder nur erdenklichen Pein"[186], die man ihm zufügte, „das Banner des Heils"[187] hochgehalten und damit „ein vollkommenes Beispiel der Liebe in die Welt"[188] gebracht habe. Der Beispielcharakter von Jesu Lebensführung wird von 'Abdu'l-Bahá noch an zahlreichen anderen Stellen betont. So sei Jesus ein „anfeuerndes Beispiel des vollkommenen Lebens der Selbstaufopferung und Ergebenheit"[189] gewesen, eine „Verkörperung des Mitleids, höchster Güte und Liebe"[190] oder eine „Leuchte der Vollkommenheiten"[191]. Bahá'u'lláh weist zudem gegenüber den christlichen Mönchen darauf hin, dass Jesus nie verheiratet gewesen sei[192], und verwirft gleichzeitig die Annahme, dass dieser Umstand in irgendeiner Weise eine zölibatäre Lebensweise für ganze Gruppen von Menschen rechtfertigen würde. Als hervorstechende Charaktereigenschaften Jesu werden in den Bahá'í-Schriften deutlich seine Loslösung, Selbstverleugnung, Unbeugsamkeit, Opferbereitschaft und Hingabe an seine Sache, seine Festigkeit im Glauben, seine Sanftmut, Herzensgüte und Vorurteilsfreiheit, des Weiteren seine Liebe zur Menschheit und zu seinen Jüngern genannt und ausgeführt. Die Intention 'Abdu'l-Bahás ist hierbei, Jesus als charakterliches Vorbild auch für die Leser seiner Briefe ins Gedächtnis zu rufen und sie dazu aufzufordern, Jesu Spuren zu folgen: „Christ sein heißt, in allem Ihm zu gleichen und erfüllt zu sein vom Geiste Seiner Liebe."[193]

Erzählungen aus dem Leben Jesu

In den Rahmen der allgemeinen Lebensdaten und der Charakterisierung Jesu betten nun sowohl Bahá'u'lláh als auch 'Abdu'l-Bahá mehrere spezielle Episoden aus dem Leben Jesu ein. Darunter sind neben der Geburtsgeschichte gemäß Koran und

---

[186] 'Abdu'l-Bahá, Das Geheimnis göttlicher Kultur, S. 76.
[187] 'Abdu'l-Bahá, Das Geheimnis göttlicher Kultur, S. 76.
[188] 'Abdu'l-Bahá, Ansprachen in Paris, S. 95.
[189] 'Abdu'l-Bahá, Ansprachen in Paris, S. 63.
[190] 'Abdu'l-Bahá, Ansprachen in Paris, S. 91.
[191] 'Abdu'l-Bahá, Das Geheimnis göttlicher Kultur, S. 75.
[192] Bahá'u'lláh, Brief an den Sohn des Wolfes, S. 54.
[193] 'Abdu'l-Bahá, Christ sein heißt..., S. 1.

Matthäusevangelium, die bereits im vorhergehenden Kapitel ausführlich beschrieben worden ist, und der Passionsgeschichte, die noch ausführlich erörtert werden wird, insbesondere einige biblische Szenen wie die Taufe Jesu und seine Verklärung sowie des Weiteren mehrere islamische Überlieferungen zu fassen, die meist weniger ausführlich in den Schriften dargestellt werden. Manchmal werden diese Erzählungen nur kurz angerissen, um sich in einem anderen Kontext auf deren Aussage beziehen zu können.

Die Taufe im Jordan

In chronologischer Hinsicht dürfte die Taufe im Jordan nach der Geburtsgeschichte die nächste Erwähnung Jesu darstellen. Ob dieses Ereignis noch vor seiner öffentlichen Erklärung[194] stattfindet, oder bereits als Teil seines Wirkens anzusehen ist, erläutert 'Abdu'l-Bahá nicht. Bahá'u'lláh beschreibt die Taufe Johannis im Jordan als Taufe „zur Buße"[195], die selbst nur eine Vorbedingung zur Taufe mit „dem Feuer der Liebe und dem Wasser des Geistes"[196] durch den kommenden Messias sei. 'Abdu'l-Bahá widmet der Bedeutung der Taufe ein ganzes Kapitel seiner ‚Beantworteten Fragen', sodass hier eine zusammenhängende und umfassende Gesamtdeutung der Taufe vorliegt. Demnach sei die Taufe eine „Kultwaschung zum Zeichen der Reue", die mit „Ermahnungen und gutem Rat"[197] verbunden gewesen sei. Folglich sei der Taufakt der symbolische Abschluss eines Prozesses, der die Menschen zur Reue und zur Buße führen sollte, und auch ohne diese Vorbedingung nicht denkbar. Die Waschung mit physischem Wasser, als Symbol für die Reinwaschung der Seele von ihren bekannten Sünden, sei also selbst nicht heilswirksam („O Gott, wie mein Körper von äußerlichem Schmutz rein und geheiligt wurde, ebenso reinige und heilige meinen Geist vom Schmutz der irdischen Welt"[198]). „Jene Taufe mit Wasser war ein Sinnbild für die Reue und das Streben nach

---

[194] 'Abdu'l-Bahá, Das Geheimnis göttlicher Kultur, S. 47.
[195] Bahá'u'lláh, Brief an den Sohn des Wolfes, S. 137.
[196] Bahá'u'lláh, Anspruch und Verkündigung, S. 81.
[197] 'Abdu'l-Bahá, Beantwortete Fragen, S. 96.
[198] 'Abdu'l-Bahá, Beantwortete Fragen, S. 96.

Vergebung der Sünden."[199] Johannes selbst tritt im Zusammenhang der Taufe als Vorläufer Jesu und Verkündiger des nahenden Gottesreiches in Erscheinung, wie bereits im Kapitel ‚Verheißung und Verkündigung' erläutert. Die Taufe selbst wird nicht ausführlich beschrieben, allerdings weist 'Abdu'l-Bahá darauf hin, dass Jesu Absicht keinesfalls gewesen sei, sich von seinen eigenen Sünden reinzuwaschen – denn Jesus sei als Prophet von Sünde frei –, sondern ein positives Beispiel zu geben: „Da Christus wünschte, dass dieser Brauch des Johannes von allen Menschen geübt werde, befolgte Er ihn selbst, um dadurch die Menschen zur Besinnung zu rufen und die Vorschrift des alten religiösen Gesetzes zu erfüllen. ... Christus brauchte die Taufe nicht; da sie aber zu jener Zeit ein allgemeiner und vorbildlicher Brauch war und auf die frohe Botschaft vom Königreich hinwies, unterzog Er sich ihr."[200] An mehreren Stellen äußert sich 'Abdu'l-Bahá zum Heiligen Geist, der nach der Taufe „in Gestalt einer Taube"[201] auf Jesus herabgekommen sein soll. Diese sei als „geistiger Zustand" zu verstehen, der „um verstanden zu werden, durch ein anschauliches Bild dargestellt wurde."[202] Verglichen wird dieses Ereignis mit dem Erscheinen der Feuersäule, die beim Auszug aus Ägypten vor den Hebräern herzog und sie beim Zug durch das Schilfmeer vor den Soldaten des Pharao schützte[203]. Auch diese sei nicht als physisches Ereignis, sondern als „intelligible Wirklichkeit" zu denken, „die durch ein fassbares Gleichnis ausgedrückt wurde."[204] Die Taube sei in diesem Zusammenhang folglich als Allegorie gemeint gewesen und habe in einer physischen Form nicht existiert[205]. Es lässt sich also festhalten, dass zwar die Bedeutung der Taufe als solche reflektiert wird, doch der eigentliche Ablauf der Taufe Jesu sich nur schwer aus den Versatzstücken rekonstruieren lässt.

---

[199] 'Abdu'l-Bahá, Beantwortete Fragen, S. 97.
[200] 'Abdu'l-Bahá, Beantwortete Fragen, S. 96.
[201] 'Abdu'l-Bahá, Beantwortete Fragen, S. 90.
[202] 'Abdu'l-Bahá, Beantwortete Fragen, S. 90.
[203] 2. Mose 13:17-30.
[204] 'Abdu'l-Bahá, Beantwortete Fragen, S. 90.
[205] 'Abdu'l-Bahá, zitiert in: H. Hornby, Lights of Guidance, S. 490.

Jesu Verklärung auf dem Berg Tabor

Ebenfalls eng mit Johannes dem Täufer verbunden und für die Bestätigung der Sendung Jesu bedeutsam ist die Verklärung auf dem Berg Tabor[206], die die drei synoptischen Evangelien analog mit leichten Abweichungen überliefern[207] und die 'Abdu'l-Bahá nachweislich mehrfach aufgegriffen hat. Er ist wohl auch verschiedentlich zu diesem Ereignis befragt worden. Er geht hierbei auf zwei Aspekte des Geschehens gesondert ein und betont sowohl den symbolischen Gehalt des Geschehens als auch seine Bedeutung für die Ankündigung Jesu. Er zitiert die Jünger mit Verweis auf den genauen Bibelvers: „Die Schriftgelehrten sagen doch, dass zuvor Elias kommen muss."[208] Und lässt Jesu Antwort direkt folgen: „Ja, zuvor kommt Elias und bringt alles wieder zurecht. ... Aber ich sage euch: Elias ist schon gekommen, und sie haben an ihm getan, was sie wollten, wie von ihm geschrieben steht."[209] 'Abdu'l-Bahá bestätigt hier noch zusätzlich seine grundsätzliche Aussage, dass es sich bei Johannes dem Täufer um die Wiederkunft Elias' gehandelt und Jesus dies mehr als deutlich gesagt habe[210], wenn er der Erzählung noch den letzten Satz aus der Matthäus-Version anfügt: „Da verstanden die Jünger, dass er von Johannes dem Täufer zu ihnen geredet hatte."[211] 'Abdu'l-Bahá geht in einer anderen Ansprache noch deutlicher auf Johannes selbst und den Umstand ein, dass er von sich selbst behauptete, nicht der wiedergekommene Elias zu sein, während Jesus eindeutig das Gegenteil behauptete[212]. Er löst diesen Gegensatz auf, indem er erklärt, dass Johannes nicht von der persönlichen Identität her mit Elias identisch sei, sondern eine Auferstehung des Prophetentums des Elias in der Person Johannes

---

[206] Die Evangelien sprechen lediglich von ‚einem Berg'; die Identifikation mit dem Tabor ist außerbiblischen Traditionen der Alten Kirche entsprungen und wird hier von 'Abdu'l-Bahá für die Bahá'í als wahrheitsgemäß bestätigt.
[207] Matthäus 17:1-13; Markus 9:2-13; Lukas 9:28-36.
[208] 'Abdu'l-Bahá, Beantwortete Fragen, S. 133; Markus 9:11.
[209] 'Abdu'l-Bahá, Beantwortete Fragen, S. 133; Markus 9:12-13.
[210] 'Abdu'l-Bahá, Beantwortete Fragen, S. 133.
[211] 'Abdu'l-Bahá, Beantwortete Fragen, S. 133; Matthäus 17:13.
[212] Johannes 1:19-23.

des Täufers stattgefunden habe[213]. Ähnlich äußert sich auch Bahá'u'lláh im ‚Buch der Gewissheit' und zitiert in diesem Zusammenhang Mohammed mit dem Ausspruch „Ich bin Jesus"[214], um die Einheit des Prophetentums über die Zeitalter hinweg zu illustrieren.

Zwei andere Äußerungen 'Abdu'l-Bahás gehen mehr auf das Geschehen selbst ein und deuten die Erscheinung Mose und Elias vor den Jüngern. Ähnlich wie bei der Taube, die bei der Taufe auf Jesus herabkam, sei auch die Erscheinung Elias und Mose ein „geistiges Geschehen, das als leibliche Zusammenkunft dargestellt wird."[215] Die Unmöglichkeit einer realen physischen Präsenz der beiden Propheten verdeutlicht er, wenn er rhetorisch fragt: „...warum sahen es dann nicht die vielen anderen, die auf dem Berg und in der Ebene zugegen waren?"[216] Es sei zwar, so 'Abdu'l-Bahá, eine Verbindung mit den Seelen Mose und Elias auf einer metaphysischen Ebene zustande gekommen, doch sei dies „ein geistiges Verstehen und Entdecken, eine Verbindung, die von Einbildung und Wahn geläutert ist, und eine Vereinigung, die über Raum und Zeit geheiligt ist."[217] Im Vordergrund steht für ihn dabei also nicht die Verklärung Jesu als solche, sondern die Art und Weise, in der diese stattfand.

Die Wunder Jesu

Ebenfalls symbolisch verstanden werden die zahlreichen Wunder, die Jesus in den Evangelien zugeschrieben wurden. Bahá'u'lláh führt lediglich ein Beispiel für eine solche Heilungsgeschichte an, nämlich die Heilung des Gichtbrüchigen[218]. Er gibt den Text, nach eigener Aussage dem Lukasevangelium entnommen, wortgetreu wieder und schließt daran den Kommentar an, dass den Manifestationen Gottes die Vollmacht übertragen sei, Sünden zu vergeben. Auf die eigentliche Heilung geht er nicht weiter ein.[219] Auch die Aufer-

---

[213] 'Abdu'l-Bahá, The Promulgation of Universal Peace, S. 232.
[214] Bahá'u'lláh, Das Buch der Gewissheit (Kitáb-i-Íqán), S. 18.
[215] 'Abdu'l-Bahá, Beantwortete Fragen, S. 245.
[216] 'Abdu'l-Bahá, Briefe und Botschaften, S. 193-194.
[217] 'Abdu'l-Bahá, Beantwortete Fragen, S. 245.
[218] Matthäus 9:1-7; Markus 2:1-12; Lukas 5:17-26.
[219] Bahá'u'lláh, Das Buch der Gewissheit (Kitáb-i-Íqán), S. 112.

weckung des Lazarus[220] wird lediglich angerissen und als Beispiel für die symbolische Bedeutung der biblischen Erzählungen herangezogen[221], aber nicht weiter ausgeführt. Tatsächlich werden die Wunder Jesu weder bei Bahá'u'lláh noch bei 'Abdu'l-Bahá in größerem Umfang rezipiert. Der Letztere versichert: „Für die Offenbarer selbst haben diese Wunder und aufsehenerregenden Zeichen kein großes Gewicht, Sie wollen sie nicht einmal erwähnt haben."[222] Er bezieht sich dabei auf seinen Vater, der selbst ausdrücklich darauf bestanden hatte, eventuelle Wunder seinerseits nicht zu verbreiten oder in Büchern zu sammeln, konstatiert aber dennoch: „Von allen Offenbarern sind außergewöhnliche Dinge vollbracht worden."[223] „Die heiligen Offenbarer", so schreibt 'Abdu'l-Bahá weiter, „sind die Quellen von Wundern und die Urheber wunderbarer Zeichen" und griffen mit ihren Kräften in die Gesetzmäßigkeiten der Natur ein[224]. Am Beispiel des Gichtbrüchigen, der schon bei Bahá'u'lláh Erwähnung fand, erläutert 'Abdu'l-Bahá die Art der Heilkräfte Jesu. Demnach sei der Heilige Geist in ihm wirksam und sein Wort schöpferisch, sodass der Befehl „Steh' auf, nimm dein Bett und wandle!"[225] tatsächlich in der Lage gewesen sei, in die Grundgesetze der geschaffenen Welt einzugreifen[226]. Dennoch seien diese Wunder „für Menschen, die Sinn für die Wirklichkeit haben, ohne Gewicht. Wenn zum Beispiel ein Blinder sehend wird, so wird er schließlich doch wieder blind, das heißt, er wird sterben und alle seine Sinneskräfte verlieren. Einen Blinden sehend zu machen, ist darum weniger wichtig, weil seine körperliche Sehkraft letzten Endes doch verschwindet."[227]

---

[220] Johannes 11:1-45.
[221] 'Abdu'l-Bahá, The Promulgation of Universal Peace, S. 344.
[222] 'Abdu'l-Bahá, Beantwortete Fragen, S. 105.
[223] 'Abdu'l-Bahá, Beantwortete Fragen, S. 105.
[224] 'Abdu'l-Bahá, Beantwortete Fragen, S. 105.
[225] Matthäus 9:6; Markus 2:11; Lukas 5:24.
[226] 'Abdu'l-Bahá, zitiert in: P. Schwartz-Klapp, Gesundheit, Ernährung, Medizin und Heilen, S. 152.
[227] 'Abdu'l-Bahá, Beantwortete Fragen, S. 106.

Tatsächlich seien es innere Veränderungen des Menschen, denen Bedeutung zukäme, denn für die Offenbarer selbst seien „inneres Sehen, geistiges Heilen und ewiges Leben die wertvollen und wichtigen Dinge."[228] Demnach seien auch die Heiligen Schriften, die „ihre besondere Ausdrucksweise"[229] zur Umschreibung der Wirklichkeit nutzen würden, nicht wörtlich auszulegen: „Folglich besagen jene Stellen der heiligen Bücher, die von einem Blinden berichten, der sehend wurde, dass er innerlich blind war und dass er geistige Sicht erlangte, oder dass er unwissend war und weise wurde, oder dass er gleichgültig war und wach wurde, oder dass er weltlich war und fromm wurde."[230] In diesem Sinne spricht Bahá'u'lláh in der einzigen allgemeinen Beschreibung der Wunder Jesu auch vom „Aussatz der Verderbtheit und Unwissenheit", der Heilung von „Unkeuschen" und „Widersetzlichen" und der Heiligung der „Seele des Sünders"[231]. „Aussatz mag als ein Schleier gedeutet werden", führt er aus, „der zwischen den Menschen und die Erkenntnis des Herrn, seines Gottes fällt. Wer sich von Ihm trennen lässt, ist in der Tat ein Aussätziger..."[232] 'Abdu'l-Bahá hingegen erwähnt, außer in den ‚Beantworteten Fragen', Jesu Wunder nur äußerst selten, da sie ohnehin nur für Augenzeugen überhaupt eine Beweiskraft gehabt hätten.[233]

Arabische Jesusüberlieferungen

Zwei weitere Erzählungen aus dem Leben Jesu werden von Bahá'u'lláh und 'Abdu'l-Bahá noch erwähnt, allerdings ohne dass bei diesen beiden ein Bezug zu den Evangelien erkennbar wäre. Es handelt sich hierbei um zwei kurze Episoden, die der arabischen Überlieferungstradition entlehnt sind und sich in ähnlicher Form in Zusammenstellungen von Aussprüchen Jesu[234] finden lassen. Zum einen ist dies ein Ausruf, den Jesus ausstieß. Bei Bahá'u'lláh und

---

[228] 'Abdu'l-Bahá, Beantwortete Fragen, S. 107.
[229] 'Abdu'l-Bahá, Beantwortete Fragen, S. 106.
[230] 'Abdu'l-Bahá, Beantwortete Fragen, S. 107.
[231] Bahá'u'lláh, Ährenlese, S. 78.
[232] Bahá'u'lláh, Ährenlese, S. 78.
[233] 'Abdu'l-Bahá, Beantwortete Fragen, S. 105.
[234] T. Khalidi, Der muslimische Jesus.

'Abdu'l-Bahá finden sich sehr ähnliche Versionen dieses Ausspruches, die wohl auf eine gemeinsame Quelle[235] in der Überlieferung zurückgehen. Beide heben die Genügsamkeit und Loslösung Jesu hervor, wenn er an eine Klage über seine ärmlichen Lebensverhältnisse die rhetorische Frage anschließt: „Doch, wer auf Erden ist reicher als Ich?"[236] Ähnlich wie dieser Ausspruch ist auch eine andere Erzählung 'Abdu'l-Bahás älteren Ursprungs[237]: „Es geschah eines Tages zur Zeit Christi ... dass Er an einem toten Hund vorbeikam, einem übelriechenden Kadaver, widerlich anzusehen, mit faulenden Gliedern. Einer Seiner Begleiter sagte: ‚Wie faul ist sein Gestank!' Ein anderer meinte: ‚Wie ekelerregend, wie abscheulich!' Kurzum, jeder hatte etwas hinzuzufügen. Aber dann sprach Christus, und Er sagte ihnen: ‚Sehet die Zähne des Hundes! Wie strahlend weiß sie sind!'"[238] 'Abdu'l-Bahá erläutert diese Geschichte in der Folge derart, dass ein reines und von Sünde unbeeinflusstes Auge nicht auf das Schlechte, sondern lediglich das Gute sehen würde, so gering es auch sein möge. Dadurch, dass diese beiden Erzählungen im Bahá'í-Schrifttum Erwähnung finden, werden sie zugleich automatisch für die Bahá'í als authentische Jesusworte bestätigt und selbst in den Rang authentischen Bahá'í-Schrifttums erhoben.

Weitere biblische Erzählungen

In gleicher Weise, wie diese beiden außerbiblischen Erzählungen in die Argumentation Bahá'u'lláhs bzw. 'Abdu'l-Bahás mit aufgenommen wurden, nutzten beide auch weitere biblische Stoffe, um ihre Botschaft zu stützen. So tauchen die Lehrrede ‚Vom Ernst der Nachfolge'[239] sowie die Rede ‚Von der Feindesliebe'[240] aus der Bergpredigt bei Bahá'u'lláh und 'Abdu'l-Bahá in anderem Zusammenhang auf, wobei dort meist nicht narrativ auf die Erzählung

---

[235] T. Khalidi, Der muslimische Jesus, S. 162.
[236] Bahá'u'lláh, Das Buch der Gewissheit (Kitáb-i-Íqán), S. 109 sowie 'Abdu'l-Bahá, Ansprachen in England und Nordamerika, S. 22.
[237] T. Khalidi, Der muslimische Jesus, S. 127.
[238] 'Abdu'l-Bahá, Briefe und Botschaften, S. 201.
[239] Bahá'u'lláh, Das Buch der Gewissheit (Kitáb-i-Íqán), S. 100; vgl. Lukas 9:57-63.
[240] 'Abdu'l-Bahá, Das Geheimnis göttlicher Kultur, S. 76; vgl. Matthäus 5:39.

selbst, sondern mehr auf ihre Bedeutung eingegangen wird. Eine Ausnahme macht hier in gewisser Weise die Erzählung ‚Der Reiche Jüngling', die 'Abdu'l-Bahá erzählt, um mit ihr einen anderen Gedanken zu unterstreichen: „Im Evangelium wird berichtet, dass ein Mann zu Christus kam und Ihn ‚Guter Meister' nannte. Christus antwortete: ‚Was heißest du Mich gut? Niemand ist gut als Gott allein.' Damit ist nicht gemeint, dass Christus - Gott behüte! - ein Sünder gewesen wäre, sondern die Absicht war, den Sprecher Ergebenheit, Demut, Sanftmut und Bescheidenheit zu lehren."[241] Häufig wird aber auch nur ein einzelner, besonders ausgewählter Satz aus dem Zusammenhang herausgelöst. So bleibt die Beschreibung des Lebensweges Jesu lückenhaft, was auch Shoghi Effendi bestätigt[242], da ein Großteil der biblischen Erzählungen ohnehin relativiert werden muss (Wunder). Die Bahá'í werden diesbezüglich in ihrer Gesamtheit dazu aufgerufen, die symbolische Bedeutung der Erzählungen aus den Evangelien zu ergründen[243]. Einzelne Begebenheiten aus dem Leben Jesu spielen weder bei Bahá'u'lláh noch bei 'Abdu'l-Bahá eine zentrale Rolle. Sein Vorbildcharakter und seine zivilisatorischen Leistungen unter den Völkern der Antike genießen in der Darstellung eindeutig Vorrang.

Die Gegner Jesu

Abschließend sei noch auf die Wirkung eingegangen, die Jesus auf seine Feinde wie seine Freunde hatte. Mit beidem setzen sich sowohl Bahá'u'lláh als auch 'Abdu'l-Bahá intensiv auseinander. Jesu Gegner werden hierbei sehr negativ geschildert. Im Zusammenhang mit einem „Leben der Sorgen, Qualen und Schmerzen"[244] werden nicht nur „die Juden"[245] und „die Menschheit"[246] in ihrer Gesamtheit als

---

[241] 'Abdu'l-Bahá, Beantwortete Fragen, S. 168; vgl. Markus 10:17 und Lukas 18:18.
[242] Aus einem Brief im Auftrag des Hüters an einen einzelnen Gläubigen, 12.11.1933.
[243] Aus einem Brief im Auftrag des Hüters an einen einzelnen Gläubigen, 14.08.1934.
[244] 'Abdu'l-Bahá, Ansprachen in Paris, S. 95.
[245] Bahá'u'lláh, Botschaften aus 'Akká, S. 242; Bahá'u'lláh, Das Buch der Gewissheit (Kitáb-i-Íqán), S. 111-112; 'Abdu'l-Bahá, Ansprachen in Paris, S. 79; 'Abdu'l-Bahá, Beantwortete Fragen, S. 119; 'Abdu'l-Bahá, Briefe und Botschaften, S. 56-57, 250; 'Abdu'l-Bahá, Das Geheimnis göttlicher Kultur, S. 76.
[246] 'Abdu'l-Bahá, Ansprachen in Paris, S. 91.

diejenigen bezeichnet, die Jesus und seine göttliche Sendung ablehnen, sondern sie werden vielmehr durch die Schriftgelehrten[247] und die Pharisäer[248], angeführt von Hannas, dem „gelehrtesten Menschen seiner Zeit"[249], und Kaiphas, dem Hohepriester[250], aktiv dazu aufgewiegelt[251], Jesus zu schaden. Ebenfalls abgelehnt wird Jesus von den Jüngern Johannes des Täufers, die, wie Bahá'u'lláh schreibt, Jesus vorhielten, dass „die Sendung Johannis ... noch nicht beendet"[252] sei. Die Gleichzeitigkeit zweier Propheten ist eines der Kernelemente der Bahá'í-Offenbarung, wie Shoghi Effendi sie darstellt[253], sodass hier Johannes und Christus mit dem Báb und Bahá'u'lláh gleichgesetzt werden. Bahá'u'lláh will damit verdeutlichen, dass der göttliche Geist nicht zwingend auf einen Propheten beschränkt sein müsse, sondern vielmehr über solche Vorstellungen erhaben sei.

All diese Gegner bedrängen Jesus nun gemeinsam so lange, bis sie ihm schließlich den gesellschaftlichen Umgang unmöglich machen: „Sie erhoben sich nur, um Ihn zu quälen, Ihn, der die Quelle göttlicher Erkenntnis, der Dämmerort der Offenbarung war. Alle machten es so... Jede nur denkbare Pein fügte man jenem Brunnquell der Gnade zu, bis es Ihm unmöglich wurde, in den Städten zu weilen..."[254] „Sie verleugneten Ihn, verhöhnten Ihn, misshandelten und verfluchten Ihn. Er wurde nicht wie ein Mensch behandelt."[255]

---

[247] Bahá'u'lláh, Anspruch und Verkündigung, S. 74, 88, 144; Bahá'u'lláh, Botschaften aus 'Akká, S. 234; 'Abdu'l-Bahá, Ansprachen in Paris, S. 79.
[248] Bahá'u'lláh, Anspruch und Verkündigung, S. 75; Bahá'u'lláh, Botschaften aus 'Akká, S. 25-26; 'Abdu'l-Bahá, Ansprachen in Paris, S. 79, 81-82; 'Abdu'l-Bahá, Beantwortete Fragen, S. 29; 'Abdu'l-Bahá, Briefe und Botschaften, S. 51, 207.
[249] Bahá'u'lláh, Anspruch und Verkündigung, S. 144.
[250] Bahá'u'lláh, Anspruch und Verkündigung, S. 144; Bahá'u'lláh, Das Buch der Gewissheit (Kitáb-i-Íqán), S. 111-112.
[251] 'Abdu'l-Bahá, Ansprachen in Paris, S. 79.
[252] Bahá'u'lláh, Brief an den Sohn des Wolfes, S. 54
[253] Aus einem Brief im Auftrag des Hüters an einen Nationalen Rat, 27.12.1941; in den Schriften des Universalen Hauses der Gerechtigkeit wird zudem häufig von ‚den Zwillingsoffenbarern' gesprochen.
[254] 'Abdu'l-Bahá, Das Geheimnis göttlicher Kultur, S. 76.
[255] 'Abdu'l-Bahá, Ansprachen in Paris, S. 91.

Besonders die Gelehrten sind es, die ohne stichhaltige Beweise gegen Jesus vorgehen[256] und mit ihm streiten[257]. Bahá'u'lláh schreibt: „Sie schrien, dass der, den die Bibel verheißt, das Gesetz Mose verbreiten und erfüllen müsse, während dieser junge Nazarener, der sich die Stufe des göttlichen Messias anmaße, die Gesetze der Ehescheidung und des Sabbats, die wichtigsten Gesetze Mose, abgeschafft habe."[258] 'Abdu'l-Bahá greift diese Anschuldigungen erneut auf und erweitert die Liste der gegen Jesus vorgebrachten Klagen, indem er seine Gegner behaupten lässt, „Er habe den Sabbat gebrochen, das Gesetz Mose herausgefordert und gedroht, den Tempel und die heilige Stadt Jerusalem zu zerstören"[259]. 'Abdu'l-Bahá bezieht sich hier vermutlich auf Jesu Ankündigung, den Tempel in drei Tagen wieder aufzurichten, die bereits im Neuen Testament als Anklagepunkt gegen ihn auftaucht.[260] Darüber hinaus beschuldigen die Gelehrten Jesus „der Gottlosigkeit und des Aufruhrs"[261] und begründen sein Todesurteil mit „offener Gotteslästerung"[262]. Laut Bahá'u'lláh löschte Gott „den Geist des Glaubens" in den Juden aus, „weil sie den Sinn der Verse nicht verstehen wollten."[263] Jesu Klage über Jerusalem wird von Shoghi Effendi zitiert, „die Worte, die der verfolgte Christus nach dem Zeugnis des Evangeliums an Jerusalem richtete"[264]: „O Jerusalem, Jerusalem, die du die Propheten tötest und sie steinigest, die zu dir gesandt sind, wie oft wollte Ich deine Kinder versammeln, wie eine Henne ihre Küchlein unter ihre Flügel nimmt!'[265] Und wieder, als Er über diese Stadt weinte: ‚Hättest du doch, gerade du, wenigstens an diesem deinem Tage die Dinge erkannt, die deinem Frieden dienen! Aber nun sind sie vor deinen Augen verborgen. Denn die Tage werden über dich kommen, da deine Feinde einen Graben um dich legen und dich umzingeln und von jeder Seite

---

[256] Bahá'u'lláh, Botschaften aus 'Akká, S. 234.
[257] Bahá'u'lláh, Anspruch und Verkündigung, S. 75, 88.
[258] Bahá'u'lláh, Das Buch der Gewissheit (Kitáb-i-Íqán), S. 15.
[259] 'Abdu'l-Bahá, Ansprachen in Paris, S. 81-82.
[260] Matthäus 26:61; Markus 14:58.
[261] Bahá'u'lláh, Anspruch und Verkündigung, S. 144.
[262] 'Abdu'l-Bahá, Briefe und Botschaften, S. 52.
[263] Bahá'u'lláh, Das Buch der Gewissheit (Kitáb-i-Íqán), S. 15.
[264] Shoghi Effendi, Die Weltordnung Bahá'u'lláhs, S. 253.
[265] vgl. Matthäus 23:37 und Lukas 13:34.

bezwingen und dem Erdboden gleichmachen werden, und deine Kinder mit dir. Und sie werden keinen Stein in dir auf dem andern lassen, weil du die Zeit deiner Heimsuchung nicht kanntest.'[266]"[267] Jesus erscheint hier einmal mehr als derjenige, der Leid erduldet und dessen Ruf ungehört verhallt, aber im Vergleich zu 'Abdu'l-Bahás Darstellung kommt hier auch zum Ausdruck, dass die Ablehnung Jesu nicht folgenlos bleiben wird, sondern die Juden und ihre Gelehrten wie auch die Stadt Jerusalem als Symbol für das jüdische Volk ein schlimmes Schicksal erwartet, das man, wiederum 'Abdu'l-Bahá folgend, symbolisch als Zustand der Gottferne deuten kann. Diese Ablehnung der Propheten und der Jesu im Besonderen wird direkt mit einem wörtlichen Verständnis der biblischen Prophezeiungen und dem Hochmut der Gelehrten begründet: „Den Kindern hast Du gewährt, was den Gelehrten und Weisen versagt ist"[268], schreibt Bahá'u'lláh in anderem Zusammenhang in Bezugnahme auf eben diese Ablehnung der Propheten. 'Abdu'l-Bahá erwähnt in diesem Zusammenhang Paulus, der als einziger Schriftgelehrter „bestätigt" worden sei, da er dem Ruf Jesu gefolgt ist. Daher sei er zum „Oberhaupt aller geistigen Priester"[269] avanciert.

Die Anhänger Jesu

Als die Kinder, denen Gott, Bahá'u'lláhs Wortlaut folgend, gewährte, was den Gelehrten und Weisen versagt geblieben ist, kann man im bewussten Gegensatz zu Jesu Gegnern seine Jünger und Anhänger ansehen: „Wie viele ihn aber aufnahmen, denen gab er Macht, Gottes Kinder zu werden, die an seinen Namen glauben; welche nicht von dem Gelübde noch von dem Willen des Fleisches noch von dem Willen eines Mannes, sondern von Gott geboren sind."[270] Diese machtlosen Menschen, die Jesus nachfolgen[271], werden als „un-

---

[266] Lukas 19:42-44.
[267] Shoghi Effendi, Die Weltordnung Bahá'u'lláhs, S. 253.
[268] Bahá'u'lláh, Botschaften aus 'Akká, S. 79-80; als Vergleich wird hier Matthäus 11:25 angeboten, allerdings ist Bahá'u'lláhs Formulierung eine sehr freie, sinngemäße Wiedergabe des biblischen Textes.
[269] 'Abdu'l-Bahá, zitiert in: W. Gollmer, Mein Herz ist bei euch, S. 120.
[270] 'Abdu'l-Bahá, Beantwortete Fragen, S. 94; Johannes 1:12-13.
[271] Bahá'u'lláh, Anspruch und Verkündigung, S. 75.

wissend und ungelehrt"[272], „gemeines Volk"[273], „schlichte Werkner"[274], „von schlichter Herkunft"[275], „Menschen von geringem Ansehen und Einfluß"[276] oder „armselige Ausgestoßene"[277] charakterisiert und damit am Rand der Gesellschaft verortet. Bahá'u'lláh bringt in diesem Zusammenhang häufig die spitze Bemerkung an, dass sich ‚heutzutage' gerade die Reichen, Mächtigen und Angesehenen mit der Zugehörigkeit zum christlichen Glauben brüsten würden, während sie damals doch die wahren Nachfolger Christi verfolgt hätten. Vielfach betont wird zudem, dass es sich bei Jesu Anhängern selbst über den engeren Kreis der Jünger hinaus nur um „ein kleines Häuflein"[278] gehandelt habe, nicht um eine Massenbewegung. Die Ausgangsbedingungen für die kleine Schar von Jesu Anhängern sei also alles andere als einfach gewesen, die Mehrheitsgesellschaft habe ihnen feindlich gegenübergestanden und sie „verlacht"[279].

Aus diesem Kreis des Umfeldes Jesu werden mehrere Einzelpersonen namentlich erwähnt. Dies ist zum einen der Apostel und Evangelist Johannes, der in einer Ansprache[280] gemeinsam mit Petrus genannt wird. Weitere Details zu ihm liefert 'Abdu'l-Bahá nicht. Die Gleichsetzung des Apostels Johannes mit dem Evangelisten Johannes ist aus historisch-kritischer Sicht mehr als fraglich, doch entspricht 'Abdu'l-Bahás Aussage dem exegetischen Kenntnisstand seiner Zeit und fügt sich in dessen Kontext auch als Rezeption kirchlicher Interpretationen ein. Zusätzlich kommt in einem der ‚Sendschreiben zum Göttlichen Plan' eine Maria vor, die

---

[272] 'Abdu'l-Bahá, Christ sein heißt..., S. 50.
[273] 'Abdu'l-Bahá, Briefe und Botschaften, S. 206.
[274] 'Abdu'l-Bahá, Ansprachen in Paris, S. 43.
[275] 'Abdu'l-Bahá, Ansprachen in Paris, S. 41.
[276] 'Abdu'l-Bahá, Christ sein heißt..., S. 50.
[277] 'Abdu'l-Bahá, Das Geheimnis göttlicher Kultur, S. 77.
[278] 'Abdu'l-Bahá, Briefe und Botschaften, S. 100; vgl. 'Abdu'l-Bahá, Ansprachen in England und Nordamerika, S. 54; 'Abdu'l-Bahá, Ansprachen in Paris, S. 136; 'Abdu'l-Bahá, Briefe und Botschaften, S. 78; 'Abdu'l-Bahá, Das Geheimnis göttlicher Kultur, S. 47, 75, 77.
[279] 'Abdu'l-Bahá, Sendschreiben zum Göttlichen Plan, S. 41.
[280] 'Abdu'l-Bahá, Ansprachen in Paris, S. 43.

als „Mutter des Johannes"[281] bezeichnet wird. Ob und inwiefern diese Maria mit einer der bekannten biblischen Figuren in Verbindung gebracht werden kann, ist nicht nachvollziehbar. Es wäre jedenfalls ein erkennbarer Widerspruch zur kirchlichen Tradition, falls hiermit die Mutter des Apostels gemeint gewesen sein sollte. Ein Name der Mutter des Apostels Johannes lässt sich lediglich aus einer Verbindung zweier verschiedener Evangelientexte erschließen. Demgegenüber wäre es ebenfalls möglich, zumal Johannes ausdrücklich als ‚Apostel und Evangelist' angesprochen wird, dass 'Abdu'l-Bahá sich bei dieser Zuschreibung auf Jesu Worte am Kreuz gemäß Johannesevangelium und somit auf Jesu eigene Mutter, Maria von Nazareth, bezieht: „Frau, siehe, das ist dein Sohn!"[282] „Siehe, das ist deine Mutter!"[283] Gemäß der kirchlichen Tradition sollen der Apostel Johannes und Maria, die Mutter Jesu, jedenfalls gemeinsam nach Kleinasien gezogen sein und dort gelehrt und ‚wie Mutter und Sohn'[284] zusammengelebt haben. Eine weitere Maria, nämlich Maria Magdalena, wird in unterschiedlichen Zusammenhängen erwähnt und verschieden charakterisiert. Ist sie bei Bahá'u'lláh noch die Namenlose, „die Unzucht getrieben hatte"[285], wird sie bei 'Abdu'l-Bahá zur gewöhnlichen „Bäuerin"[286] oder „Dorfbewohnerin"[287]. Die katholisch-traditionelle Identifikation Marias mit der fußwaschenden Sünderin des Lukasevangeliums[288], deren Sünde später als Prostitution ausgedeutet wurde, vermeidet 'Abdu'l-Bahá hier merklich. Im Gegenteil wird Maria als charakterliches Vorbild herausgestellt[289] und kommt ihr später sogar eine Schlüsselrolle bei der Auferstehung zu, da sie den Jüngern an Vertrauen und Glauben

---

[281] 'Abdu'l-Bahá, Sendschreiben zum Göttlichen Plan, S. 41.
[282] Johannes 19:26.
[283] Johannes 19:27.
[284] Vergleichbar wäre die Zuschreibung in diesem Fall mit der Beziehung zwischen Maria und ihrem Ziehvater Zacharias.
[285] Bahá'u'lláh, Anspruch und Verkündigung, S. 88.
[286] 'Abdu'l-Bahá, Briefe und Botschaften, S. 127.
[287] 'Abdu'l-Bahá, Ansprachen in England und Nordamerika, S. 157.
[288] Lukas 7:36-50.
[289] 'Abdu'l-Bahá, zitiert in: P. Schwartz-Klapp, Gesundheit, Ernährung, Medizin und Heilen, S. 143.

überlegen ist.²⁹⁰ Darauf wird im entsprechenden Kapitel noch einmal besonders einzugehen sein. Judas Ischariot kommt im Anhängerkreis Jesu ebenfalls eine besondere Rolle zu, dies nicht nur, weil er ihn später verriet. Er wird als „der bedeutendste der Apostel"²⁹¹ und „Führer der Apostel"²⁹² vorgestellt. Auch auf ihn wird im Zusammenhang mit Jesu Tod noch einmal zu sprechen zu kommen sein. Zuletzt nimmt Simon Petrus in den Erwähnungen Bahá'u'lláhs und 'Abdu'l-Bahás einen zentralen Platz ein, da er in der Regel als das vollkommene Beispiel für die verändernden Kräfte von Jesu Vorbild und Mahnung herangezogen wird²⁹³. Ebenso taucht er in Zusammenhängen auf, in denen darauf verwiesen wird, dass es sich bei denen, die Jesus annahmen, um ganz gewöhnliche und einfache Menschen handelte, die teils sehr ungebildet waren²⁹⁴. Zu Petrus erzählt 'Abdu'l-Bahá beispielsweise, dass er sich die Wochentage nicht habe merken können²⁹⁵. Auch Shoghi Effendi greift dies später noch einmal auf und erweitert die erzählte Legende noch um weitere Details²⁹⁶.

Alle diese Persönlichkeiten ebenso wie der weitere Kreis der Anhänger Jesu profitieren nun direkt und unmittelbar von dem Erscheinen einer göttlichen Offenbarung. An ihnen lässt sich eine Verwandlung feststellen, die ihr Denken, Reden und Handeln grundlegend neu ausrichtet. „Als der Herr Christus kam, goss Er das Licht des Heiligen Geistes über alle aus, die um Ihn waren, und Seine Jünger und alle, die Sein Licht empfingen, wurden erleuchtete, geistige Wesen."²⁹⁷ „Die Apostel, die Jünger Christi, waren genau wie andere Menschen. Gleich den übrigen wurden sie durch die weltlichen Dinge angezogen, und jeder dachte nur an seinen eigenen

---

[290] 'Abdu'l-Bahá, Ansprachen in England und Nordamerika, S. 152.
[291] 'Abdu'l-Bahá, Briefe und Botschaften, S. 194-195.
[292] 'Abdu'l-Bahá, Briefe und Botschaften, S. 250.
[293] 'Abdu'l-Bahá, Ansprachen in England und Nordamerika, S. 104; 'Abdu'l-Bahá, Ansprachen in Paris, S. 43; 'Abdu'l-Bahá, Briefe und Botschaften, S. 127, 263.
[294] Bahá'u'lláh, Anspruch und Verkündigung, S. 74 (als „Fischer"); 'Abdu'l-Bahá, Christ sein heißt..., S. 51.
[295] 'Abdu'l-Bahá, Christ sein heißt..., S. 51.
[296] Shoghi Effendi, Das Kommen göttlicher Gerechtigkeit, S. 74.
[297] 'Abdu'l-Bahá, Ansprachen in Paris, S. 47.

Vorteil. Als sie nun aber Christus anhingen und an Ihn glaubten, wich ihre Unwissenheit der Einsicht, die Härte wurde in Gerechtigkeit, die Unwahrheit in Wahrheit und die Dunkelheit in Licht verwandelt. Waren sie zuvor weltlich, wurden sie jetzt geistig und göttlich. Sie waren Kinder der Finsternis gewesen und wurden Gottessöhne, Heilige!"[298] „Bedenket, wie jene Seelen, die die lebenspendenden Wasser der Erlösung aus den huldvollen Händen Jesu, des Geistes Gottes, entgegennahmen und unter den schützenden Schatten des Evangeliums traten, eine solch hohe Ebene sittlicher Lebensführung erreichten, dass Galen, der berühmte Arzt, in seinem Abriss über Platos Republik ihre Taten pries, obwohl er selbst kein Christ war."[299] Diese und ähnliche Stellen[300] durchziehen 'Abdu'l-Bahás Werk zu Christus wie ein roter Faden, wobei das verwandelnde Wort Jesu immer im Fokus steht.

---

[298] 'Abdu'l-Bahá, Ansprachen in Paris, S. 44-45.
[299] 'Abdu'l-Bahá, Das Geheimnis göttlicher Kultur, S. 77f.
[300] vgl. auch 'Abdu'l-Bahá, Ansprachen in England und Nordamerika, S. 54, 104, 157; 'Abdu'l-Bahá, Ansprachen in Paris, S. 41, 43-44, 47, 136; 'Abdu'l-Bahá, Beantwortete Fragen, S. 94; 'Abdu'l-Bahá, Briefe und Botschaften, S. 78, 127, 194; 'Abdu'l-Bahá, Sendschreiben zum Göttlichen Plan, S. 41.

3.4. Lehre und Ethik Jesu

„Die mit dem Glauben Jesu Christi verbundene Offenbarung richtete ihr Augenmerk in erster Linie auf die Erlösung des einzelnen Menschen und auf die Formung seines Betragens und betonte als ihre Hauptaufgabe die Notwendigkeit, dem Menschen, als der Grundeinheit der menschlichen Gesellschaft, ein hohes Maß von Sittlichkeit und Disziplin einzuprägen"[301], erklärt Shoghi Effendi und fasst hiermit die grundsätzliche Charakteristik der Lehren Jesu, ihrer Inhalte und ihres Kontextes zusammen. Gemäß 'Abdu'l-Bahá seien „die Lehren [von Bahá'u'lláh und Jesus] ... gleich."[302] Gegenüber der Lehre Bahá'u'lláhs seien die Lehren Jesu aber „in keimhaftem Zustand", vergleichbar einer „Knospe"[303]. Shoghi Effendi führt des Weiteren aus, dass Jesus diejenigen, „die um Ihn waren", „in erster Hinsicht als Einzelmenschen" anredete und „weniger als Bestandteil einer umfassenden, unteilbaren Einheit"[304]. Man kann also den Eindruck gewinnen, dass die wesentlichen Elemente der Lehre Jesu sich in gleicher Weise in der Offenbarung Bahá'u'lláhs zeigen sollten, wenn auch der Fokus der Betrachtungen sich von einer eher individuellen, „den Einzelmenschen betreffenden"[305] Ausformung in Richtung eines universalistischen, die Gesellschaft in den Mittelpunkt stellenden Konzeptes verschoben habe. 'Abdu'l-Bahá vergleicht die Lehren Jesu mit „einer in der Knospe verborgenen Blüte"[306]. „Heute", so schreibt er weiter, „entfaltet sich diese Knospe zur Blüte!"[307] Die nachfolgende Offenbarung habe die Lehren Jesu „erfüllt, sie erweitert und Punkt für Punkt auf die ganze Welt angewandt."[308]

---

[301] Shoghi Effendi, Der verheißene Tag ist gekommen, S. 180.
[302] 'Abdu'l-Bahá, zitiert in: S. Blomfield, 'Abdu'l-Bahá in London, S. 99.
[303] 'Abdu'l-Bahá, zitiert in: S. Blomfield, 'Abdu'l-Bahá in London, S. 99.
[304] Shoghi Effendi, Der verheißene Tag ist gekommen, S. 180.
[305] Shoghi Effendi, Der verheißene Tag ist gekommen, S. 180.
[306] 'Abdu'l-Bahá, zitiert in: S. Blomfield, 'Abdu'l-Bahá in London, S. 99.
[307] 'Abdu'l-Bahá, zitiert in: S. Blomfield, 'Abdu'l-Bahá in London, S. 99.
[308] 'Abdu'l-Bahá, zitiert in: S. Blomfield, 'Abdu'l-Bahá in London, S. 99.

Jesu Sprache und Ausdrucksweise

Des Weiteren wird die Botschaft Jesu als „sehr konzentriert"[309] beschrieben. Gemäß Shoghi Effendi habe zur Zeit Jesu „die Organisation aller ... Völker und Nationen ... noch nicht ins Auge gefasst, geschweige denn verkündet oder errichtet werden"[310] können. Dem entsprechen die Aussagen Bahá'u'lláhs, dass „in den Aussprüchen Dessen, Der der Geist ist, ... ungezählte Bedeutungen verborgen"[311] lägen, denn „was die Zunge des Sohnes sprach, wurde in Gleichnissen offenbart"[312]. „Auf viele Dinge kam Er zu sprechen, aber als Er niemanden fand, der ein hörendes Ohr oder ein sehendes Auge besaß, zog Er es vor, die meisten dieser Dinge zu verhüllen, wie Er ja einmal sagte: ‚Ihr könnt es jetzt noch nicht tragen.'"[313] Die Menschen „sind in der Tat so achtlos", erklärt er weiter, „dass ihre völlige Unwissenheit offenbar würde, wollte man sie nach dem Wasser und dessen Eigenschaften fragen"[314]. Bahá'u'lláh erläutert mit diesem und anderen Sätzen die Notwendigkeit von Gleichnissen, damit die Menschen die ‚ungezählten Bedeutungen' und ‚sehr konzentrierten' Aussagen Jesu zu begreifen imstande sind. Auch Jesus selbst erklärt die Notwendigkeit von Gleichnissen in den Evangelien ähnlich und, ebenso wie Bahá'u'lláh, im Rückgriff auf die Worte Jesajas: „Euch ist's gegeben, die Geheimnisse des Himmelreichs zu verstehen, diesen aber ist's nicht gegeben. Denn wer da hat, dem wird gegeben, dass er die Fülle habe; wer aber nicht hat, dem wird auch das genommen, was er hat. Darum rede ich zu ihnen in Gleichnissen. Denn mit sehenden Augen sehen sie nicht und mit hörenden Ohren hören sie nicht; und sie verstehen es nicht. Und an ihnen wird die Weissagung Jesajas erfüllt, die da sagt (Jesaja 6,9-10): ‚Mit den Ohren werdet ihr hören und werdet es nicht verstehen; und mit sehenden Augen werdet ihr sehen und werdet es nicht erkennen. Denn das Herz dieses Volkes ist verstockt: Ihre

---

[309] 'Abdu'l-Bahá, zitiert in: S. Blomfield, 'Abdu'l-Bahá in London, S. 99.
[310] Shoghi Effendi, Der verheißene Tag ist gekommen, S. 180.
[311] Bahá'u'lláh, Brief an den Sohn des Wolfes, S. 129.
[312] Bahá'u'lláh, Anspruch und Verkündigung, S. 80.
[313] Bahá'u'lláh, Brief an den Sohn des Wolfes, S. 129.
[314] Bahá'u'lláh, Anspruch und Verkündigung, S. 58.

Ohren hören schwer und ihre Augen sind geschlossen, damit sie nicht etwa mit den Augen sehen und mit den Ohren hören und mit dem Herzen verstehen und sich bekehren, und ich ihnen helfe.'"[315] Unsicher muss bleiben, ob Bahá'u'lláhs Äußerungen zu Jesu Gleichnissen eine generelle Aussage zu diesen biblischen Erzählungen implizieren und sie somit sämtlich für die Bahá'í als authentische Jesusworte zu gelten haben, oder ob sie sich nur auf diejenigen Stellen beziehen, die direkt von Bahá'u'lláh zitiert werden. Da es umgekehrt aber nur sehr wenige Beispiele ausgedeuteter Gleichnisse bei Bahá'u'lláh selbst gibt, während einige mehr von seinem Sohn 'Abdu'l-Bahá aufgegriffen worden sind, scheint die erstgenannte Vermutung einige Plausibilität zu gewinnen. Ihr lehrreicher Charakter, ihre verborgenen Bedeutungen und ihre Notwendigkeit zum Verständnis der Lehren Jesu sind jedenfalls tragende Säulen ihrer Bewertung in den Bahá'í-Schriften und in der Auslegung Bahá'u'lláhs und 'Abdu'l-Bahás.

Kernelemente von Jesu Lehre

Das offenbarte, verwandelnde Wort Jesu, diese als „Botschaft ewigen Lebens"[316], zu dem Jesus die Menschen „einlud"[317], oder „lodernde Fackel der Wahrheit"[318] bezeichnete Lehre, ist der elementare Kern, um den alle anderen Gedanken der Bahá'í-Autoritäten kreisen. Nichts anderes im Zusammenhang mit Jesus Stehendes wird so häufig zitiert, nichts so häufig als Stütze der eigenen Aussagen herangezogen, wie die ethischen und theologischen Lehren Jesu. Die Offenbarung Jesu, „Sein Wort", wird als „scharfgeschliffenes Schwert" bezeichnet, „mit dem Er den Guten vom Bösen, das Echte vom Falschen, den Gläubigen vom Ungläubigen und das Licht von der Finsternis schied."[319] Vergleichbar ist dieser Gedanke mit Bahá'u'lláhs Aussage, dass sein eigenes ‚Wort', der Kitáb-i-Aqdas, „die untrügliche Waage" sei, „die unter den Menschen aufgestellt

---

[315] Matthäus 13:11-15.
[316] 'Abdu'l-Bahá, Ansprachen in Paris, S. 68.
[317] 'Abdu'l-Bahá, Ansprachen in Paris, S. 91.
[318] 'Abdu'l-Bahá, Ansprachen in Paris, S. 93.
[319] 'Abdu'l-Bahá, Ansprachen in Paris, S. 40.

ist."[320] „Auf dieser vollkommenen Waage", so erklärt er weiter, „muss alles gewogen werden, was die Völker und Geschlechter der Erde besitzen, während ihre Gewichte nach ihrem eigenen Richtmaß geprüft werden sollten."[321] Es handelt sich bei Jesu Lehre dem Anspruch nach also um ein geschlossenes System von Geboten und Ermahnungen, die absolut selbstbezüglich wirken und einander ergänzen, ohne einer Bestätigung von außen zu bedürfen.

'Abdu'l-Bahá erklärt, dass „die christliche Lehre … durchdrungen [war] vom Lichte der göttlichen Sonne der Wahrheit, weshalb ihre Anhänger gelehrt wurden, alle Menschen als Brüder zu lieben, nichts, auch nicht den Tod, zu fürchten, den Nächsten wie sich selbst zu lieben und die eigenen selbstischen Belange im Bemühen um das höchste Wohlergehen der Menschheit zu vergessen."[322] Ausgehend von dieser und anderen Zusammenfassungen der Lehren Jesu lassen sich die Erwähnungen von Jesu Lehre in mehrere große Themenkomplexe zusammenfassen. Elementar ist hierbei das Verständnis der Gotteslehre, die sich insbesondere darin ausdrückt, dass Jesus einen Weg der ‚Hinwendung zu Gott' offenlegt. Darüber hinaus sind zentrale Elemente seiner Lehre ein eigener Gebotekatalog, der die Bestimmungen der Thora ändert oder ergänzt, sowie als große ethische Komplexe die allumfassende Liebe, die sich abgestuft in Nächstenliebe, Liebe zur Menschheit und Feindesliebe äußert, und der allgemeine Friede, der insbesondere in einem Verbot des Krieges zum Ausdruck kommt; oder, wie 'Abdu'l-Bahá es selbst ausdrückte: „Unter den Leitgedanken dieser göttlichen Kultur, die Er zu errichten gekommen war, findet sich der Größte Friede. Unter den Leitgedanken dieser geistigen Kultur findet sich die Einheit der Menschheit. Unter den Leitgedanken dieser himmlischen Kultur, die Er brachte, waren die menschlichen Tugenden. Unter den Leitgedanken dieser Kultur, die Er ankündigte, fand sich die Weiterentwicklung und Besserung des menschlichen Betragens."[323]

---

[320] Bahá'u'lláh, Das Heiligste Buch (Kitáb-i-Aqdas), S. 66.
[321] Bahá'u'lláh, Das Heiligste Buch (Kitáb-i-Aqdas), S. 66.
[322] 'Abdu'l-Bahá, Ansprachen in Paris, S. 20.
[323] 'Abdu'l-Bahá, The Promulgation of Universal Peace, S. 15.

Die Lehren Jesu werden in diesem Zusammenhang auch mit einer Medizin verglichen, die der kranken Menschheit von einem weisen und erfahrenen Mediziner verschrieben worden ist, wobei die „Krankheiten und Leiden"[324] der Menschenwelt in diesem Fall geistige Bedürftigkeit beschreiben sollen und daher mit fehlendem Gottvertrauen, mangelnder geistiger Erziehung und Mängeln in den zwischenmenschlichen Beziehungen (den oben genannten ‚menschlichen Tugenden' und dem ‚menschlichen Betragen'), gleichzusetzen sind. „Jesus Christus war der wahre Arzt. Er erschien, erkannte die Ursachen [des Unwohlseins] und verschrieb das wahre Heilmittel. Was für ein Heilmittel war das? Es waren Seine offenbarten Lehren, jenem Zeitalter angepasst."[325] 'Abdu'l-Bahá erzählt und erläutert hierzu eine außerbiblische Szene, die in dieser Form sicherlich eine literarische Neuschöpfung durch ihn selbst darstellt. Demnach kamen die Juden zu Jesus und sagten: „Wir sind ganz unabhängig von ihm, wir können ohne ihn auskommen und Moses nachfolgen. Wir besitzen ein Buch, in dem die Lehren Gottes enthalten sind. Wozu brauchen wir also diesen Menschen?"[326] Gemäß der weiteren Interpretation sei das Buch selbst, das hier mit einem medizinischen Fachbuch verglichen wird, nicht ausreichend, um Medizin zu praktizieren und den Patienten (die kranke Menschheit) angemessen zu behandeln. Da zwar die gängigsten Krankheitsbilder, ihre Diagnose und die zu verwendenden Heilmittel in ihm verzeichnet seien, die Anwendung auf den speziellen Einzelfall aber dennoch eine individuelle Diagnose und eine individuelle Therapie erfordere, sei ein „Arzt zum Verschreiben"[327] zwingend erforderlich. „Ein menschliches Wesen verharrt nicht immer in ein und demselben Zustand; es kann von verschiedenen Krankheiten befallen werden, und jede Krankheit verlangt ein besonderes Heilmittel. Der geschickte Arzt wird nicht bei jeder Gesundheitsstörung und Krankheit das gleiche Mittel anwenden, sondern den verschiedenen Erfordernissen der Krankheiten und dem Befinden entsprechend

---

[324] 'Abdu'l-Bahá, The Promulgation of Universal Peace, S. 285.
[325] 'Abdu'l-Bahá, The Promulgation of Universal Peace, S. 285.
[326] 'Abdu'l-Bahá, zitiert in: P. Schwartz-Klapp, Gesundheit, Ernährung, Medizin und Heilen, S. 137.
[327] 'Abdu'l-Bahá, zitiert in: P. Schwartz-Klapp, Gesundheit, Ernährung, Medizin und Heilen, S. 137.

wechselt er die Heilmittel und Arzneien. Der kluge Arzt wird also einem Menschen, der fieberkrank ist, zweifellos kühlende Mittel geben; und wenn zu einer anderen Zeit sich der Zustand dieser Person geändert hat und sie nicht mehr fiebert, sondern fröstelt, lässt der Arzt zweifellos die kühlenden Mittel weg und wendet erwärmende an; diese Änderung und dieser Wechsel sind durch den Zustand des Patienten bedingt und sind ein offensichtlicher Beweis für die Geschicklichkeit des Arztes."[328] Darum ist die geschilderte Reaktion Jesu nur allzu folgerichtig, wenn er sagt: „Das Buch genügt euch nicht!"[329] Denn die Grundsätze der Heilkunde, die Kernbestände jeder göttlichen Religion, müssen „jenem Zeitalter angepasst"[330] in eine Form gebracht werden, die „den menschlichen Bedürfnissen entspricht."[331]

Jesu Gesetzgebung

Ausgehend von ihrem Verständnis einer fortschreitenden Gottesoffenbarung betrachten Bahá'u'lláh und 'Abdu'l-Bahá Jesus als gesetzgebenden Propheten, der gekommen sei, das mosaische Gesetz durch ein den Lebensverhältnissen seiner Zeit angemessenes zu ersetzen. Darunter ist jedoch nicht zu verstehen, dass das Judentum als solches mit seiner gesamten Tradition, seinen Geboten, seiner Ethik und seiner Auslegungstradition aufgehört hätte, zu existieren oder göttlich gestiftete Religion zu sein. Die Göttlichkeit der Offenbarung Mose wird von dieser Veränderung nicht berührt. Denn tatsächlich wird nur die ‚Behandlung', ‚den Bedürfnissen' angepasst, um im Bilde zu bleiben, und nicht eine völlig neue Art der Medizin entwickelt. Die Grundlagen der Religion bleiben die gleichen, lediglich ihre konkrete äußere Form und Umsetzung wandelt sich in diesem Zusammenhang. In einer Ansprache erklärt 'Abdu'l-Bahá diese Unterscheidung folgendermaßen: „Jede Offenbarung der Religion Gottes teilt sich in zwei Teile: der erste Teil, die

---

[328] 'Abdu'l-Bahá, Beantwortete Fragen, S. 100.
[329] 'Abdu'l-Bahá, zitiert in: P. Schwartz-Klapp, Gesundheit, Ernährung, Medizin und Heilen, S. 137.
[330] 'Abdu'l-Bahá, The Promulgation of Universal Peace, S. 285.
[331] 'Abdu'l-Bahá, The Promulgation of Universal Peace, S. 285.

Grundlage der Religion Gottes, handelt von der Moral, er lehrt Vergeistigung, und diese Lehre ist das Wissen von Gott, die Liebe Gottes, das Mitleid für alle Menschen der Welt; es ist die Einigkeit der Menschheit, es ist universaler Friede. Dieser erste Teil der Religion Gottes handelt von der göttlichen Tugend, er ist Geistigkeit, kurz, er gehört dem Reiche der Ethik an. Das ist gleichbleibend durch alle Religionen hindurch seit Adam bis zur Gegenwart, dieser Teil der Religion unterlag keiner Veränderung und keiner Umgestaltung. Er ist das Fundament der Religion Gottes. Der zweite Teil ist nicht so wesentlich, er gehört den äußeren Zeremonien an, er unterliegt der Veränderung des Zeitalters und ist der Entwicklungsstufe der Menschheit angepasst, zum Beispiel der des mosaischen Zeitalters. Der zweite Teil der Religion gehört zu den veränderlichen, äußerlichen Verrichtungen. Er unterlag der Veränderung in der Zeit Christi."[332]

So klärt sich in diesem Deutungsmuster für 'Abdu'l-Bahá auch die grundsätzliche Frage nach Jesu Stellung zum Mosaischen Gesetz. Er hebt an anderen Stellen mehrfach hervor, dass Jesus die „Gültigkeit der Offenbarung Mose"[333] bestätigte. Ebenso habe er erklärt, dass „die Thora, das Alte Testament, das Buch Gottes sei und dass alle Propheten Israels gültig und wahr seien"[334]. Damit verbunden ist die Anerkennung der wesentlichen Bestandteile der Offenbarung und der Thora wie des Eingottglaubens und der Ethik, die sich in den Gesetzen der Thora manifestiert. Dieser Wesenskern, die „wesentlichen Lehren Mose", wurde von Jesus „ohne Veränderung erneut verkündet"[335], wie 'Abdu'l-Bahá berichtet. Insofern habe Jesus das Gesetz in Bezug auf seine „Grundlage" nicht gebrochen oder verändert, sondern es „bestätigt"[336]. Zu diesen unveränderlichen Bestandteilen, die Jesus immer wieder hervor

---

[332] 'Abdu'l-Bahá, zitiert in: W. Gollmer, Mein Herz ist bei euch, S. 32.
[333] 'Abdu'l-Bahá, Ansprachen in England und Nordamerika, S. 137.
[334] 'Abdu'l-Bahá, Ansprachen in England und Nordamerika, S. 137.
[335] 'Abdu'l-Bahá, Ansprachen in England und Nordamerika, S. 138.
[336] 'Abdu'l-Bahá, Ansprachen in England und Nordamerika, S. 136.

gehoben habe, gehören zum Beispiel die Zehn Gebote[337], die 'Abdu'l-Bahá bei anderer Gelegenheit als „Gesetz des Sinai"[338] sogar als solche selbst zum Grundstein des christlichen Glaubens erklärte.

In direktem Gegensatz zu diesem überzeitlichen Aspekt des mosaischen Gesetzes setzt 'Abdu'l-Bahá nun einen „Teil der mosaischen Vorschriften, der das soziale Leben und vorübergehende Bedingungen betraf"[339]. Dieses „starre, alte Gesetz"[340] habe Jesus aufgehoben[341]. An anderen Stellen beschreibt er dies als Umgestaltung[342], Änderung[343], Erfüllung[344], Vollendung[345] oder Überwindung[346] des mosaischen Gesetzes, beziehungsweise seines gesellschaftsbezogenen Teils. Auch von einer „erneuerten Deutung"[347] ist die Rede. Auch hier gibt es ein übergreifendes Konzept, das die gesellschaftsbezogenen Bestimmungen der einzelnen göttlichen Offenbarungen miteinander verbindet, sodass nicht nur von einer Abschaffung des Alten und der Einführung von etwas Neuem die Rede sein kann, sondern ebenso von einem evolutionären Entwicklungsprozess, den das göttliche Gesetz im Laufe der Menschheitsgeschichte durchmacht. Dieser Ablösungsprozess ist also vielmehr als Weiterentwicklung denn als Bruch zu betrachten.

Dennoch haben sowohl Bahá'u'lláh als auch 'Abdu'l-Bahá sehr konkrete Vorstellungen davon, was Jesus am Gesetz Mose verändert habe. Bahá'u'lláh erwähnt im Buch der Gewissheit sowohl Beispiele von geänderten Gesetzen als auch ein Beispiel eines veränderbaren Gesetzes, das unverändert bestehen gelassen wurde, nämlich die

---

[337] 'Abdu'l-Bahá, Beantwortete Fragen, S. 164.
[338] 'Abdu'l-Bahá, The Promulgation of Universal Peace, S. 279.
[339] 'Abdu'l-Bahá, Ansprachen in England und Nordamerika, S. 138.
[340] 'Abdu'l-Bahá, Ansprachen in Paris, S. 113.
[341] 'Abdu'l-Bahá, The Promulgation of Universal Peace, S. 480.
[342] 'Abdu'l-Bahá, Ansprachen in Paris, S. 40.
[343] 'Abdu'l-Bahá, zitiert in: W. Gollmer, Mein Herz ist bei euch, S. 32.
[344] 'Abdu'l-Bahá, zitiert in: W. Gollmer, Mein Herz ist bei euch, S. 40.
[345] 'Abdu'l-Bahá, Ansprachen in Paris, S. 41.
[346] 'Abdu'l-Bahá, The Promulgation of Universal Peace, S. 147.
[347] 'Abdu'l-Bahá, Ansprachen in Paris, S. 41.

Gebetsrichtung nach Jerusalem[348]. Außerdem bestätigt Jesus die kaiserlichen Steuern als geltendes Recht[349] und ordnet sich den staatlichen Gesetzen unter[350].

Zu den veränderten Gesetzen auf der anderen Seite gehören die Abschaffung der Ehescheidung[351], wobei sich Bahá'u'lláh implizit auf eine Szene aus dem Markusevangelium[352] bezieht, sowie die in der Thora unter gewissen Umständen noch erlaubte Mehrehe[353]. Im Gegensatz zu 'Abdu'l-Bahá, der in mehreren Ansprachen darauf hinweist, dass Jesus die Mehrehe abgeschafft habe, erklärt das Universale Haus der Gerechtigkeit: „Die Polygamie ist beim größten Teil der Menschheit ein sehr altes Institut. Nur Schritt für Schritt konnten die Manifestationen Gottes die Einehe einführen. Jesus zum Beispiel hat die Polygamie nicht verboten, aber die Scheidung abgeschafft, ausgenommen bei Unzucht."[354] Eine mögliche Erklärung für diese Diskrepanz ist, dass sich 'Abdu'l-Bahá in seinen Ansprachen auf die faktische Nichtanwendung der Polygamie in der christlichen Gemeinde bezog, das Haus hingegen auf den Bibeltext, der tatsächlich keine eindeutigen Aussagen zu diesem Thema enthält. Der Hinweis auf den Unzuchtsvorbehalt, der sich sonst weder bei Bahá'u'lláh noch bei 'Abdu'l-Bahá, stattdessen aber im Matthäusevangelium[355] findet, macht dies ebenfalls wahrscheinlich. Anderenfalls läge an dieser Stelle der einzige nachverfolgbare Fall eines Widerspruches zwischen einer (nicht autoritativen) Ansprache und einem autoritativen Text vor. In einem solchen Fall wäre dem geschriebenen Text der Vorzug vor der Wiedergabe einer Anprache zu geben.

---

[348] Bahá'u'lláh, Das Buch der Gewissheit (Kitáb-i-Íqán), S. 43.
[349] Bahá'u'lláh, Brief an den Sohn des Wolfes, S. 86.
[350] 'Abdu'l-Bahá, Ansprachen in Paris, S. 40.
[351] Bahá'u'lláh, Das Buch der Gewissheit (Kitáb-i-Íqán), S. 15; 'Abdu'l-Bahá, Beantwortete Fragen, S. 99; 'Abdu'l-Bahá, zitiert in: W. Gollmer, Mein Herz ist bei euch, S. 32; 'Abdu'l-Bahá, The Promulgation of Universal Peace, S. 408, 480, 554, 627.
[352] Markus 10:1-12.
[353] 'Abdu'l-Bahá, The Promulgation of Universal Peace, S. 408, 480, 554.
[354] Das Universale Haus der Gerechtigkeit, zitiert in: Bahá'u'lláh, Das Heiligste Buch (Kitáb-i Aqdas), S. 273.
[355] Matthäus 19:9.

Darüber hinaus erwähnen beide häufig den Sabbatbruch[356], der sich an verschiedenen Stellen in allen Evangelien nachverfolgen lässt und seinen deutlichsten Ausdruck in der synoptischen Rede vom „Herrn über den Sabbat"[357] findet. Bahá'u'lláh deutet dies grundsätzlich als Abschaffung der strengen Gesetze zum Sabbatbruch. Auch 'Abdu'l-Bahá erwähnt den Sabbatbruch in mehreren seiner Ansprachen und geht zudem allgemeiner auf die Anwendung der Todesstrafe im Alten Testament ein. Demnach wurden „zu Zeiten Mose ... zehn Verbrechen mit dem Tod bestraft."[358] Der Sabbatbruch ist eines davon. 'Abdu'l-Bahá hebt darüber hinaus die drastische Reduzierung der Strafgesetze hervor, die verstümmelnde Körperstrafen wie das Handabhacken bei Diebstahl vorsahen[359]. Des Weiteren habe es insgesamt „zehn Gebote" gegeben, „die sich mit den Strafen für Mord befassten"[360]. In Abdu'l-Bahás Augen veränderte die Aufhebung dieser Vorschriften der Thora den alten „Grundsatz ‚Auge um Auge, Zahn um Zahn' ... zu ‚Liebet eure Feinde, tut Gutes denen, die euch hassen'" und gestaltete das „starre, alte Gesetz zu einem solchen der Liebe, des Erbarmens und der Duldsamkeit"[361] um.

In der Nachfolge Christi befassten sich die Apostel weiterführend mit den Speisegesetzen und hoben diese der Reihe nach auf: „Nach Christus haben vier Jünger, darunter Petrus und Paulus, den Genuss der von der Bibel verbotenen tierischen Nahrung erlaubt, mit Ausnahme des Fleisches der erwürgten und an Götzenaltären geopferten Tiere und des Blutes. Auch das Verbot des Ehebruchs blieb bestehen. Diese vier Gebote blieben in Kraft. Später hat Paulus auch den Genuss des Fleisches erstickter Tiere, der Schlachtopfer an

---

[356] Bahá'u'lláh, Das Buch der Gewissheit (Kitáb-i-Íqán), S. 15; 'Abdu'l-Bahá, Ansprachen in Paris, S. 40; 'Abdu'l-Bahá, Beantwortete Fragen, S. 99; 'Abdu'l-Bahá, Briefe und Botschaften, S. 57; 'Abdu'l-Bahá, zitiert in: W. Gollmer, Mein Herz ist bei euch, S. 25; 'Abdu'l-Bahá, The Promulgation of Universal Peace, S. 278, 408.
[357] Matthäus 12:8.
[358] 'Abdu'l-Bahá, Ansprachen in Paris, S. 113.
[359] 'Abdu'l-Bahá, Ansprachen in Paris, S. 114; 'Abdu'l-Bahá, The Promulgation of Universal Peace, S. 146, 480, 554.
[360] 'Abdu'l-Bahá, The Promulgation of Universal Peace, S. 146, 480, 627.
[361] 'Abdu'l-Bahá, Ansprachen in Paris, S. 113.

Götzenaltären und des Blutes erlaubt, und es blieb allein das Verbot des Ehebruchs bestehen."[362] Dennoch hebt 'Abdu'l-Bahá immer wieder nachdrücklich hervor, dass „die wesentlichen Lehren der Sendung Mose"[363] unverändert geblieben seien. Die Juden warfen Jesus verschiedentlich vor, Moses feindlich gesonnen zu sein und seine Gebote nicht zu respektieren, wohingegen 'Abdu'l-Bahá entschieden und nachdrücklich betont, dass Jesus „ein Freund Mose war, dass Er Moses liebte und an Ihn glaubte", denn „Jesus von Nazareth war Jude"[364]. „Er bestätigte, dass die Thora das Buch Gottes ist und rief jedermann auf, ihre Regeln zu beachten und ihren Lehren zu folgen."[365] Dies bezieht sich in 'Abdu'l-Bahás Sprache wiederum auf den inneren Wesenskern der Offenbarung, die Essenz der göttlichen Lehren, nicht auf alle 613 Einzelgebote der Thora.

Ein weiterer Aspekt, der in der Betrachtung des Gesetzeswerkes Jesu Berücksichtigung finden muss, ist die Frage nach den kirchlichen Sakramenten und deren Zahl. Shoghi Effendi beschränkt sich auf die Feststellung, dass es lediglich zwei von Jesus selbst gestiftete Sakramente gegeben habe, die sich zweifelsfrei im Evangelientext nachweisen ließen, ohne diese jedoch konkret zu benennen. Die Zweizahl der Sakramente deckt sich mit der Interpretation der Reformatoren, die ebenfalls fünf der Katholischen Sakramente verworfen hatten, da sie deren biblische Grundlage anzweifelten. Lediglich Taufe[366] und Abendmahl[367] ließen sich demnach mit einem ausdrücklichen Auftrag Jesu aus dem Evangelium heraus begründen. Shoghi Effendi folgt erkennbar dieser Einschätzung, zumal 'Abdu'l-Bahá über die Taufe schreibt, dass Jesus „wünschte, dass dieser Brauch des Johannes von allen Menschen geübt werde"[368]. Im Gegenzug weist Shoghi Effendi jedoch

---

[362] 'Abdu'l-Bahá, Beantwortete Fragen, S. 99.
[363] 'Abdu'l-Bahá, The Promulgation of Universal Peace, S. 480.
[364] 'Abdu'l-Bahá, The Promulgation of Universal Peace, S. 574-575.
[365] 'Abdu'l-Bahá, The Promulgation of Universal Peace, S. 574-575.
[366] „Taufet sie auf den Namen des Vaters und des Sohnes und des Heiligen Geistes" (Matthäus 28:19).
[367] „Dieser Kelch ist der neue Bund in meinem Blut; das tut, sooft ihr daraus trinkt, zu meinem Gedächtnis" (1. Korinther 11:25).
[368] 'Abdu'l-Bahá, Beantwortete Fragen, S. 96.

auch darauf hin, dass die Möglichkeit bestünde, dass Teile der Lehren Jesu nicht aufgeschrieben worden und daher nicht mehr nachvollziehbar sein könnten[369]. Es ist demnach aus Bahá'í-Sicht nicht eindeutig auszuschließen, dass Jesus etwa auch den sakramentalen Charakter der Ehe begründet haben mag.

Lasst Taten, nicht Worte, eure Zier sein

Die Erfüllung der Gebote Gottes, insbesondere die Verinnerlichung der ewig gültigen und unwandelbaren ethischen Wertmaßstäbe des Gesetzes, erfordert von den Gläubigen ein hohes Maß an Eigenverantwortung und Selbstdisziplin. Denn wer den Offenbarer und seine Offenbarung anerkennt, wer „diese höchst erhabene Stufe, diesen Gipfel überragender Herrlichkeit erreicht, muss jedem Gebot Dessen folgen, Der der Ersehnte der Welt ist. Beide Pflichten sind untrennbar, und nur die Erfüllung beider wird angenommen."[370] Bahá'u'lláh findet deutliche Worte für diejenigen, die nur dem Namen nach zu den Gläubigen zählen, tatsächlich aber die von den Manifestationen Gottes verkündeten Gebote missachten. „Wenn das Herz [des Menschen] verdirbt, verderben auch seine Glieder, und wenn die Wurzel eines Baumes verfault, verdorren seine Äste und Triebe, seine Blätter und Früchte."[371] „Der Mensch muss Frucht tragen. Wer keine Frucht bringt, gleicht nach den Worten des Geistes einem unfruchtbaren Baum, und ein unfruchtbarer Baum taugt nur für das Feuer."[372] Der Glaube des Menschen muss sich in konkreten Taten äußern, insbesondere in Taten gegenüber seinem Nächsten, sonst ist er wertlos. 'Abdu'l-Bahá erklärt ergänzend: „Wenn im Garten der menschlichen Seele keine Früchte des Königreiches wachsen, ist der Mensch nicht das Ebenbild Gottes. ... Deswegen hat Christus gesagt: ‚An ihren Früchten sollt ihr sie erkennen.'"[373] In diesem Zusammenhang zitiert er auch das

---

[369] Aus einem Brief im Auftrag des Hüters an einen einzelnen Gläubigen, 12.11.1933.
[370] Bahá'u'lláh, Das Heiligste Buch (Kitáb-i-Aqdas), S. 27.
[371] Bahá'u'lláh, Anspruch und Verkündigung, S. 66.
[372] Bahá'u'lláh, Botschaften aus 'Akká, S. 78.
[373] 'Abdu'l-Bahá, The Promulgation of Universal Peace, S. 475.

Gleichnis vom Sämann[374] beziehungsweise vom ‚vierfachen Ackerfeld' aus den synoptischen Evangelien nach Matthäus, Markus und Lukas und deutet es in dem Sinne aus, dass diejenigen, die für die göttliche Offenbarung empfänglich sind und sie von ganzem Herzen annehmen, ein Vielfaches an ‚Frucht' bringen[375].

Nächstenliebe, Liebe zur Menschheit und Feindesliebe

Eng verbunden mit diesem grundsätzlichen Gedanken, der sich im christlichen Sinne wohl mit ‚Tätige Nächstenliebe' umschreiben ließe, ist auch das Liebesgebot, das in unterschiedlicher Abstufung bei 'Abdu'l-Bahá aufgegriffen wird. Hierbei werden differenziert die einzelnen Aspekte des Liebesgebots herausgestellt, wobei die Pflicht, „den Nächsten wie sich selbst zu lieben"[376], hier im impliziten Rückgriff auf Matthäus[377], tatsächlich nur einen Teilaspekt darstellt, der in Anlehnung an Bahá'u'lláhs Lehre noch zur „Einheit der Menschheit"[378] erweitert wird. Der sprichwörtliche ‚Nächste' ist also nicht nur derjenige, mit dem sich der Angesprochene direkt verbunden fühlt, sondern im Prinzip jeder Mensch. Die Jünger Jesu wurden gelehrt, „alle Menschen als Brüder zu lieben"[379], und „die ganze Menschheit zu Freundschaft und Frieden"[380] aufgerufen. All dies sollte nach den Worten 'Abdu'l-Bahás „ein Band der Einheit in der Menschenwelt ... erschaffen und die Grundlage für Liebe und Brüderlichkeit unter den Menschen errichten."[381] Shoghi Effendi schränkt jedoch an anderer Stelle ein, dass sich diese Gedanken im Zusammenhang mit der Einheit der Menschheit nicht auf ein politisches Konzept für die „Organisation aller ... Völker und Nationen zu einer Einheit" beziehen ließen, da „fast die gesamte Erdoberfläche ... noch unerforscht" gewesen sei und daher diese

---

[374] Matthäus 13:18-23; Markus 4:13-20; Lukas 8:11-15.
[375] 'Abdu'l-Bahá, The Promulgation of Universal Peace, S. 205-206.
[376] 'Abdu'l-Bahá, Ansprachen in Paris, S. 20.
[377] Matthäus 22:34-40.
[378] 'Abdu'l-Bahá, Christ sein heißt..., S. 51; 'Abdu'l-Bahá, The Promulgation of Universal Peace, S. 15.
[379] 'Abdu'l-Bahá, Ansprachen in Paris, S. 20.
[380] 'Abdu'l-Bahá, Briefe und Botschaften, S. 291.
[381] 'Abdu'l-Bahá, Christ sein heißt..., S. 18.

Gedanken noch nicht „ins Auge gefasst" werden, „geschweige denn verkündet und errichtet werden"[382] konnten. Über die Nächstenliebe beziehungsweise die Liebe zur Menschheit hinaus legt 'Abdu'l-Bahá einen Fokus auf das Gebot der Feindesliebe, wenn er schreibt, dass Jesus „Gewalt und Rache" verboten habe und „Unrecht und Böses mit Güte und Verzeihung zu erwidern"[383] seien. Er zitiert einmal nur das direkte Gebot zur Feindesliebe und an anderer Stelle wiederum größere Abschnitte aus der Bergpredigt: „Im fünften Kapitel Matthäi, Vers 39, rät Er: ‚Ihr sollt dem Bösen und dem Unrecht nicht mit gleichen Mitteln entgegentreten; sondern wenn dich jemand auf die rechte Wange schlägt, so halte ihm auch die andere hin.' Und weiterhin, im 43. Vers.: ‚Ihr habt gehört, dass gesagt ist: Lieben sollst du deinen Nächsten, und deinen Feind sollst du nicht mit Feindschaft quälen. Ich aber sage euch: Liebet eure Feinde, tut wohl denen, die euch hassen, und betet für jene, die euch beleidigen und verfolgen, auf dass ihr die Kinder eures Vaters im Himmel seid; denn Er lässt seine Sonne aufgehen über Böse und Gute und sendet den Regen seiner Gnade hernieder auf Gerechte und Ungerechte. Denn wenn ihr die liebt, die euch lieben, welchen Lohn habt ihr da? Tun das nicht auch die Zöllner?'"[384] Auf diesen letzten Abschnitt der zitierten Teile der Bergpredigt wird mit Bezug auf die Feindesliebe noch gesondert eingegangen, denn wie 'Abdu'l-Bahá bestätigt, lässt „Gott ‚über Gerechte und Ungerechte regnen ...' – das will heißen, die Barmherzigkeit Gottes ist allumfassend. Die ganze Menschheit befindet sich unter dem Schutz Seiner Liebe und Gunst"[385]. Dies unterstreicht noch zusätzlich, dass es keine Rechtfertigung gibt, um einem anderen Menschen Böses zu wünschen, nicht einmal erklärten Feinden, da es sich auch bei ihnen um Kinder und Schützlinge Gottes handelt.

Eingeschränkt wird dieses zunächst unbedingte Gebot der Feindesliebe im Nachhinein durch 'Abdu'l-Bahás Auslegung, die postuliert, dass hierdurch insbesondere persönliche Racheakte

---

[382] Shoghi Effendi, Der verheißene Tag ist gekommen, S. 180.
[383] 'Abdu'l-Bahá, Beantwortete Fragen, S. 165.
[384] 'Abdu'l-Bahá, Das Geheimnis göttlicher Kultur, S. 76; vgl. Matthäus 5:43-48.
[385] 'Abdu'l-Bahá, The Promulgation of Universal Peace, S. 194.

verhindert und die Verantwortung der Gesellschaft für die Wahrung der Rechte ihrer Mitglieder in den Vordergrund gerückt werden sollte: „Wenn also Christus sagte: ‚Wenn dir jemand einen Streich gibt auf deine rechte Backe, dem biete die andere auch dar', so wollte Er damit die Menschen belehren, dass sie keine persönliche Rache nehmen sollen. Er meinte nicht, dass man den Wolf, der in eine Herde Schafe einfällt und sie zerreißen will, noch dazu ermuntern sollte. Nein, wenn Christus gesehen hätte, dass ein Wolf in eine Herde eingebrochen sei und die Schafe zerreißen wolle, so hätte Er es zweifellos verhindert. ... Nein, Christi Worte beziehen sich auf das Verhältnis zweier Menschen zueinander: wenn einer den anderen angreift, sollte der Geschädigte ihm verzeihen. Die Gemeinschaft aber muss die Rechte des Menschen wahren."[386] Am Beispiel der Verfolgung Mohammeds durch die Bürger von Mekka versucht 'Abdu'l-Bahá deutlich zu machen, dass auch Jesu Feindesliebe nicht grenzenlos gewesen sei, sondern sich vielmehr nur auf seine eigene Person bezogen habe: „Betrachte es in Gerechtigkeit. Wenn Christus ... dreizehn Jahre lang in Geduld mit Seinen Jüngern alle diese Prüfungen ertragen hätte, die in der Flucht aus Seiner Heimat gipfelten - wenn diese gesetzlosen Stämme Ihn weiterhin verfolgt hätten, um die Männer zu töten, Hab und Gut zu plündern und Frauen und Kinder gefangen zu nehmen, wie hätte Sich Christus ihnen gegenüber verhalten? Hätte diese Unterdrückung Ihm allein gegolten, hätte Er ihnen verziehen, was im höchsten Maß anerkennenswert gewesen wäre. Aber wenn Er gesehen hätte, dass diese grausamen und blutdürstigen Mörder die Unterdrückten quälen, überfallen und töten und die Frauen und Kinder gefangen nehmen, so würde Er sie zweifellos beschützt und Sich der Bedrücker erwehrt haben. ... Wenn Christus in dieser Lage gewesen wäre, hätte Er bestimmt mit siegreicher Macht die Männer, Frauen und Kinder aus den Krallen dieser blutdürstigen Wölfe befreit."[387] Durch dieses Beispiel wird zum einen 'Abdu'l-Bahás Verständnis der Feindesliebe noch einmal beleuchtet, zum anderen lässt sich hieraus ebenfalls ein allgemeingültiger, wenn auch sehr hoch angesetzter, Verhaltensmaßstab ableiten; denn das Wesentliche ist, dass Jesus

---

[386] 'Abdu'l-Bahá, Beantwortete Fragen, S. 262.
[387] 'Abdu'l-Bahá, Beantwortete Fragen, S. 34.

nicht etwa zum Schutze seines eigenen Lebens tätig wird, sondern nur und ausschließlich dann, wenn seine Anhänger oder andere Menschen direkt bedroht werden, die unter seinem persönlichen Schutz stehen. Vergleichbar ist diese Haltung mit dem Gleichnis vom Guten Hirten aus dem Johannesevangelium, wo Jesus sagt: „Der gute Hirte lässt sein Leben für die Schafe"[388]. Relevant wird dieser Gedanke, dass eine übergeordnete Instanz, in diesem Fall Jesus als Führer einer Gemeinde, zum Schutze anderer einzugreifen habe, schließlich im Zusammenhang mit den – im Gegensatz zu Jesu Worten ausformulierten – Lehren Bahá'u'lláhs zur politischen Welteinheit, in der eine Weltregierung und ein Weltgerichtshof dazu ausersehen wären, den Frieden unter den Gliedstaaten zu wahren und die Rechte eines einzelnen Staates gegen Anfechtungen zu verteidigen[389]. Selbstverständlich gilt dieser Gedanke aber auch in jedem anderen sozialen Gefüge, in dem Fürsorgepflichten bestehen, wie zum Beispiel in der Familie.

Allgemeiner Friede, Verbot des Krieges

Ebenso politisch deutet 'Abdu'l-Bahá auch Jesu Aufforderung „Stecke dein Schwert ein"[390] an seinen Jünger Petrus im Garten Gethsemane. Er betrachtet diese nicht ausschließlich als eine Aufforderung, Jesus nicht gewaltsam zu beschützen, sondern im übergreifenden Sinne als Verbot jeglicher Gewalt, dabei insbesondere aber des Krieges unter Staaten[391]: „So sprach Christus: ‚Stecke dein Schwert in die Scheide.' Dies besagt, dass der Krieg verboten und abgeschafft ist."[392] 'Abdu'l-Bahá geht hierbei von dem Gebot „Du sollst nicht töten!"[393] des Dekalogs aus und versteht Gewalt und Krieg als Missbrauch der „von Gott verliehenen

---

[388] Johannes 10:11.
[389] vgl. Shoghi Effendi, Die Weltordnung Bahá'u'lláhs, S. 277-282.
[390] 'Abdu'l-Bahá, Ansprachen in Paris, S. 34; 'Abdu'l-Bahá, Briefe und Botschaften, S. 291; 'Abdu'l-Bahá, Christ sein heißt..., S. 10; 'Abdu'l-Bahá, zitiert in: W. Gollmer, Mein Herz ist bei euch, S. 33.
[391] 'Abdu'l-Bahá, Ansprachen in Paris, S. 34.
[392] 'Abdu'l-Bahá, Christ sein heißt..., S. 10.
[393] 2. Mose 20:13 sowie 5. Mose 5:17.

Gaben"[394]. Die Kriege der christlichen Völker untereinander und insbesondere die „Kriege ... auf Veranlassung der Päpste" seien demnach „Irrlehren" und „die Grundlagen der Religion Christi in Vergessenheit geraten"[395]. Diese beiden Kerngedanken Jesu, die allumfassende Liebe und der allumfassende Friede auf Erden, kulminieren für 'Abdu'l-Bahá schließlich und ultimativ in der Vorstellung vom ‚Reich Gottes auf Erden', dessen Errichtung den Menschen aufgetragen sei und das als ‚geistige Wirklichkeit' in den Herzen der Menschen den Willen Gottes manifestieren solle: „Dieses ist die herrliche Zeit, von welcher der Herr Christus sprach, als Er uns zu beten gebot: ‚Dein Reich komme, Dein Wille geschehe, wie im Himmel also auch auf Erden.'"[396] Das Reich Gottes wird dabei ausdrücklich nicht als jenseitiges Heilsversprechen aufgefasst, sondern als ganz konkreter Handlungsauftrag für die Gläubigen im irdischen Leben, im ‚Hier und Jetzt'.

Jesu Gotteslehre

Obwohl dieses Thema bereits ausführlicher im Kapitel ‚Geburt und Stufe Jesu' dargestellt worden ist, sei dennoch an dieser Stelle noch einmal auf das Selbst- und Gottesbild eingegangen, das Jesus gemäß 'Abdu'l-Bahá vermittelt. Es lässt sich nicht immer klar unterscheiden, bei welchen Gedanken es sich um Selbstzeugnisse Jesu handelt und bei welchen um Fremdzuschreibungen 'Abdu'l-Bahás. Dennoch lassen sich einige Passagen erkennen, die zumindest direkt auf den biblischen Jesus verweisen und ihn zu Wort kommen lassen. Hierbei wird häufig aus dem Johannesevangelium zitiert: „Ich bin im Vater, und der Vater ist im Sohn."[397] „Der Herr Christus sagte: ‚Wer Mich gesehen hat, der hat den Vater gesehen' – Gott, geoffenbart im Menschen."[398] „Und Er sagte ihnen: ‚Ich bin Gottes Sohn, und wahrlich, im innersten Sein des einzigen Sohnes, Seines mächtigen

---

[394] 'Abdu'l-Bahá, Ansprachen in Paris, S. 29.
[395] 'Abdu'l-Bahá, Beantwortete Fragen, S. 165.
[396] 'Abdu'l-Bahá, Ansprachen in Paris, S. 67.
[397] 'Abdu'l-Bahá, Ansprachen in Paris, S. 14; 'Abdu'l-Bahá, Beantwortete Fragen, S. 116; 'Abdu'l-Bahá, Briefe und Botschaften, S. 55; 'Abdu'l-Bahá, The Promulgation of Universal Peace, S. 241; vgl. Johannes 14:10 und 17:21.
[398] 'Abdu'l-Bahá, Ansprachen in Paris, S. 16; vgl. Johannes 14:9.

Schützlings, sehet den Vater, deutlich offenbart mit allen Seinen Eigenschaften und Vollkommenheiten."[399] Auch wenn hier primär aus dem Evangelium des Johannes zitiert wird, fügt 'Abdu'l-Bahá doch verschiedentlich erklärende Halbsätze an den biblischen Text an. So steht bei Johannes nichts von ‚offenbaren Eigenschaften und Vollkommenheiten' des Vaters. Diese erklärenden Satzanschlüsse mögen zwar die biblische Vorlage verändern, doch hierdurch bettet 'Abdu'l-Bahá diese Aussprüche Jesu ebenfalls direkt in den Kontext seiner eigenen Theologie und Prophetologie ein, sodass die zitierten Abschnitte als Grundlage erscheinen, auf der er seine eigenen Gedanken entfalten konnte, ohne jedoch den Bezug zum biblischen Text aufzugeben. Jesus identifiziert sich hierbei im übertragenen Sinne mit Gott, indem er erklärt, dass Gott in ihm sichtbar wird, ebenso wie er umgekehrt Anteil an Gottes Herrlichkeit hat. Die bereits zuvor geschilderte Spiegel-Metaphorik der Bahá'í-Prophetologie findet hier im Evangelientext einen Ansatzpunkt. „Und diese universale Wirklichkeit ist Mensch, göttliches Sein, immerwährendes Wesen."[400] Die göttliche Wirklichkeit, die Jesus widerspiegelt und offenbart, ist nun gemäß 'Abdu'l-Bahá das Ziel aller Sehnsucht des Menschen. Der Mensch als „Summe der Schöpfung" sehne sich im innersten Wesen danach, Vollkommenheit in der Verbindung mit dem Göttlichen zu erfahren und zum „Ausdruck für den vollendeten Gedanken des Schöpfers" zu werden, zum bedeutungsvollen „Wort Gottes"[401]. „Aus diesem gleichen Gott trat alles Erschaffene ins Dasein, und Er ist das eine Ziel, nach dem alles in der Natur Verlangen trägt. Diese Auffassung fand in den Worten Christi Ausdruck, als Er sagte: ‚Ich bin das Alpha und das Omega, der Anfang und das Ende.'[402]"[403] Jesus ist schließlich derjenige, der den Weg der ‚Hinwendung zu Gott' offenlegt und beispielhaft beschreitet und verkörpert somit den „Weg, die Wahrheit und das Leben"[404].

---

[399] 'Abdu'l-Bahá, Briefe und Botschaften, S. 51; vgl. Johannes 14:9.
[400] 'Abdu'l-Bahá, Briefe und Botschaften, S. 54.
[401] 'Abdu'l-Bahá, Ansprachen in Paris, S. 37.
[402] vgl. Offenbarung 21:6 sowie 22:13.
[403] 'Abdu'l-Bahá, Ansprachen in Paris, S. 37.
[404] Johannes 14:6.

Hinwendung zu Gott

Die Hinwendung zu Gott ist nicht nur ein zentrales Thema der Lehre Jesu, wie sie Bahá'u'lláh und 'Abdu'l-Bahá darstellen, sondern auch in höchstem Maße symbolisch-metaphorisch aufgeladen. Sie ist nicht nur das alles durchziehende und beherrschende Thema Jesu, in das sowohl Taufe als auch Abendmahl in ihrer je eigenen Ausdeutung einbezogen werden, sondern ebenfalls die Verbindungslinie, die den biblischen Jesus Christus mit dem koranischen Isa ibn Maryam und schlussendlich beide mit dem Jesus Bahá'u'lláhs und 'Abdu'l-Bahás verbindet. „Ich bezeuge, o mein Gott, dass Du mich erschaffen hast, Dich zu erkennen und anzubeten"[405], heißt es im kurzen Pflichtgebet der Bahá'í. Die Beziehung zwischen Gott und Mensch, die Beziehung zwischen Schöpfer und Schöpfung, die Beziehung zwischen Vater und Kindern – wie auch immer man es konkret bezeichnen will –, ist der elementare Wesenskern der Religion als solcher und diese ohne jenen Kern völlig undenkbar. Das gesamte Streben des Menschen ist, wie 'Abdu'l-Bahá erklärt, auf Gott hin ausgerichtet. In ihrem Ursprungszustand ist die Seele „nach Gottes Wesen"[406] erschaffen und somit ein Ebenbild Gottes. Hierzu führt 'Abdu'l-Bahá aus, dass die gesamte Schöpfung eine „Emanation der liebevollen Eigenschaften Gottes"[407] sei und somit gleichermaßen sowohl die Grundlage aller Existenz als auch des göttlichen Wesens. Werden die Menschenseelen nach den „Lastern, die sie in der Welt erwerben"[408] des Zustandes der Gottesebenbildlichkeit beraubt, ist es ihr natürliches Verlangen, zu diesem Urzustand zurückzustreben. Jesus wird mit den Worten „Ihr sollt vollkommen sein, wie auch euer Vater im Himmel vollkommen ist"[409] zitiert, um diesem Streben in einer konkreten Aufforderung Ausdruck zu verleihen. „Dies ist nicht einfach", betont 'Abdu'l-Bahá, „Es erfordert die Bündelung aller himmlischen Tugenden. Es erfordert, dass wir Empfänger aller Vollkommenheiten Gottes

---

[405] Bahá'u'lláh, Gebete und Meditationen, S. 395.
[406] 'Abdu'l-Bahá, Briefe und Botschaften, S. 225.
[407] 'Abdu'l-Bahá, The Promulgation of Universal Peace, S. 549.
[408] 'Abdu'l-Bahá, The Promulgation of Universal Peace, S. 348, 550.
[409] Matthäus 5:48.

werden."[410] Die Gottesebenbildlichkeit bezieht sich hierbei ausdrücklich auf die menschliche Seele, die geistigen Kräfte und die schöpferische Energie des Menschen, die sich in Kunst, Kultur und Musik zum Ausdruck bringen.

Der Weg der Loslösung

Es gibt viele Faktoren, die Bahá'u'lláh und 'Abdu'l-Bahá nennen, die den Prozess der Loslösung vom Irdischen bremsen oder hindern. So wird beispielsweise darauf hingewiesen, dass das Wissen der Gelehrten zu Hochmut und Verstockung führen kann und derjenige, der sich mit vorurteilsfreier Neugier dem Unbekannten stellt, einem Kind gleicht. In diesem Kontext zitiert Bahá'u'lláh den Ausspruch „Den Kindern hast Du gewährt, was den Gelehrten und Weisen versagt ist."[411] Hochmut war es auch, der die jüdischen Gelehrten davon abhielt, Jesus zu erkennen. Die „erleuchtete[n] und geistig gesinnte[n] Kinder" sind „Gott nahe"[412]. „Sie besitzen reine Herzen. Sie haben vergeistigte Angesichter."[413] „Darum hat Christus die Welt aufgerufen: ‚Wenn ihr nicht umkehrt und werdet wie die Kinder, so werdet ihr nicht ins Himmelreich kommen' – das will heißen, der Mensch muss im Herzen rein werden, um Gott zu erkennen."[414]

Ebenfalls als deutliches Hindernis auf dem Weg der Loslösung erscheint materieller Reichtum: „Die Reichen hält der Reichtum davon ab, das Königreich zu betreten."[415] Bahá'u'lláh weist zwar die völlige Askese als Lebensform zurück[416] und gesteht zu, dass die Schönheit der Welt dazu geschaffen sei, sich an ihr zu erfreuen, doch solle niemals etwas Geschaffenes zwischen den Schöpfer und seine Schöpfung treten[417]. 'Abdu'l-Bahá zitiert zudem die biblische Erzählung ‚Vom reichen Jüngling' in diesem Zusammenhang: „Es ist

---

[410] 'Abdu'l-Bahá, The Promulgation of Universal Peace, S. 348.
[411] Bahá'u'lláh, Botschaften aus 'Akká, S. 79.
[412] 'Abdu'l-Bahá, The Promulgation of Universal Peace, S. 71-72; vgl. Matthäus 18:1-4.
[413] 'Abdu'l-Bahá, The Promulgation of Universal Peace, S. 71-72; vgl. Matthäus 18:1-4.
[414] 'Abdu'l-Bahá, The Promulgation of Universal Peace, S. 71-72; vgl. Matthäus 18:1-4.
[415] 'Abdu'l-Bahá, Briefe und Botschaften, S. 231.
[416] Bahá'u'lláh, Das Heiligste Buch (Kitáb-i-Aqdas), S. 40.
[417] Bahá'u'lláh, Ährenlese, S. 241.

leichter, dass ein Kamel durch ein Nadelöhr gehe, denn dass ein Reicher ins Reich Gottes komme."[418] Armut erscheint hier als Vorsprung auf dem Weg der Loslösung, wie Bahá'u'lláh sie beschreibt: „Das Wesen der Loslösung ist für den Menschen, das Angesicht dem Hofe des Herrn zuzuwenden, in Seine Gegenwart zu treten, Sein Antlitz zu schauen und als Zeuge vor Ihm zu stehen"[419]. 'Abdu'l-Bahá kommentiert mehrfach Jesu Seligpreisung „Selig sind die Armen"[420] aus der lukanischen ‚Feldrede' in diesem Sinne. In der parallelen Bergpredigt des Matthäusevangeliums heißt es hingegen „Selig sind, die da geistlich arm sind"[421], was an anderer Stelle von 'Abdu'l-Bahá als „Gesegnet sind die kindlich Reinen"[422] wiedergegeben wird und sich somit in seiner Auslegung wiederum auf die Kinder bezieht, die „dem Himmelreich angehören", denn „ein schlichtes, reines Herz steht Gott nahe. Ein Kind strebt nicht ehrgeizig nach Weltlichem"[423].

Im materiellen Reichtum kumulieren für 'Abdu'l-Bahá exemplarisch sämtliche irdischen Befindlichkeiten, die den Menschen an der Welt hängen lassen. Er überspitzt diese Haltung noch zusätzlich, indem er Jesus mit den Worten zitiert: „Schüttelt sogar den Staub von euren Füßen!"[424] Denjenigen, der es trotz des Vorhandenseins von irdischen Gütern welcher Art auch immer erreicht, sich von diesen zu lösen, erwartet im Gegenzug für seine Standhaftigkeit ein besonderer Lohn im jenseitigen Leben: „Wenn jedoch der Reichtum dieser Welt, irdischer Ruhm und Ansehen den Reichen nicht am Eintritt in das Gottesreich hindern, wird er an der Heiligen Schwelle begünstigt und vom Herrn des Königreiches angenommen."[425] Es

---

[418] 'Abdu'l-Bahá, Briefe und Botschaften, S. 231; 'Abdu'l-Bahá, The Promulgation of Universal Peace, S. 44; vgl. Matthäus 19:24.
[419] Bahá'u'lláh, Botschaften aus 'Akká, S. 181.
[420] 'Abdu'l-Bahá, Briefe und Botschaften, S. 231; 'Abdu'l-Bahá, The Promulgation of Universal Peace, S. 44; 'Abdu'l-Bahá, Sendschreiben zum Göttlichen Plan, S. 35; 'Abdu'l-Bahá, zitiert in: S. Blomfield, 'Abdu'l-Bahá in London, S. 90; vgl. Lukas 6:20.
[421] Matthäus 5:3.
[422] 'Abdu'l-Bahá, zitiert in: W. Gollmer, Mein Herz ist bei euch, S. 47.
[423] 'Abdu'l-Bahá, zitiert in: S. Blomfield, 'Abdu'l-Bahá in London, S. 60.
[424] 'Abdu'l-Bahá, Sendschreiben zum Göttlichen Plan, S. 54.
[425] 'Abdu'l-Bahá, Briefe und Botschaften, S. 231.

genügt also nicht, seinen materiellen Reichtum aus einem Selbstzweck heraus aufzugeben, sondern auch jeder irdische Ansehensgewinn vor den Gläubigen sollte vermieden werden: „Selig sind die namenlosen und spurlosen Armen, denn sie sind die Führer der Menschheit."[426]

Ebenfalls unerlässlich auf dem Weg der Loslösung ist die Erlangung ‚geistiger Vollkommenheiten' wie Vorurteilsfreiheit[427], Demut[428] und Bescheidenheit[429], zu deren Erwerb Jesus die Gläubigen auffordert[430]. Dies manifestiert sich in besonderem Maße in einer von Bahá'u'lláh und 'Abdu'l-Bahá angeführten Erzählung: „Jesus war ein armer Mann. Eines Nachts, als Er draußen im Freien war, begann es zu regnen. Er hatte kein Obdach, und so hob Er Seine Augen zum Himmel und sprach: ‚O Vater! Für die Vögel der Luft hast Du Nester geschaffen, für die Schafe einen Pferch, für die Tiere Erdhöhlen, Zufluchtsorte für die Fische, aber für Mich hast Du kein Obdach. Ich habe keinen Ort, wo Ich Mein Haupt betten kann; Mein Bett ist der kalte Erdboden, Meine Lichter bei Nacht sind die Sterne, und Meine Nahrung ist das Gras auf dem Felde – und doch, wer ist auf Erden reicher als Ich?'"[431]

Der Mensch und die Sünde

„Der Mensch kann sich nicht selbst aus dem Taumel der sinnlichen Leidenschaften befreien ohne die Hilfe des Heiligen Geistes"[432] schreibt 'Abdu'l-Bahá in den ‚Beantworteten Fragen'. Vorstellungen einer Selbsterlösung, die häufig von christlicher Seite mit außer

---

[426] 'Abdu'l-Bahá, Sendschreiben zum Göttlichen Plan, S. 35.
[427] 'Abdu'l-Bahá, Briefe und Botschaften, S. 201.
[428] 'Abdu'l-Bahá, Beantwortete Fragen, S. 168.
[429] 'Abdu'l-Bahá, Beantwortete Fragen, S. 168; 'Abdu'l-Bahá, Sendschreiben zum Göttlichen Plan, S. 35.
[430] 'Abdu'l-Bahá, Ansprachen in Paris, S. 91.
[431] 'Abdu'l-Bahá, Ansprachen in England und Nordamerika, S. 22; vgl. Bahá'u'lláh, Das Buch der Gewissheit (Kitáb-i-Íqán), S. 109-110 und T. Khalidi, Der muslimische Jesus, S. 162.
[432] 'Abdu'l-Bahá, Beantwortete Fragen, S. 97.

christlichen Jesusbildern assoziiert werden, wird hier eine eindeutige Absage erteilt. Im Gegenteil ist der Mensch ohne Gottes Gnade, Liebe und Führung unfähig, sich von der Welt zu lösen: „Gäbe es die Liebe Gottes nicht, jeder Geist bliebe leblos."[433] Zum Verständnis dieser grundsätzlichen Bedürftigkeit des Menschen ist es notwendig, 'Abdu'l-Bahás Haltung zu den Begriffen Sünde und Erbsünde zu beleuchten.

In diesem Kontext greift er die Sündenfallerzählung[434] aus der Genesis auf, die er zunächst nacherzählt[435], um sie dann in ihren Facetten und Deutungszusammenhängen auszuführen. Die Geschichte von Adam und Eva müsse, so führt 'Abdu'l-Bahá aus, „einfach als Gleichnis verstanden werden"[436], denn die Erzählung sei, wörtlich verstanden, so fernab von rationalen Argumenten und mit so widersprüchlichen Symbolen versehen, dass man sie kaum einem intelligenten Menschen zuschreiben könnte und als reine Phantasie abtun müsste. Da sie jedoch „göttliche Geheimnisse und umfassende Bedeutungen" enthielte, die „wunderbaren Erklärungen"[437] zugänglich seien, müsse man hinter das Wort schauen und die einzelnen verwendeten Symbole im Rahmen einer allegorischen Erzählung ausdeuten. Diese Art der Betrachtung steht der Allegorese Philos von Alexandrien nahe, eines jüdisch-hellenistischen Philosophen, der Adam als die Vernunft und Eva als die Sinnlichkeit des Menschen deutete.

Demnach steht Adam in dieser Deutung nicht für eine konkrete historische Gestalt, sondern als Erster Mensch sinnbildlich für die Menschheit in ihrer Gesamtheit, im engeren Sinne für die sie vom Tier unterscheidende, charakteristisch menschliche Eigenschaft der Verstandeskraft und des menschlichen Geistes. Eva sei dem gegenüber die gottesebenbildliche, individuelle Seele des Menschen, die mit einem freien Willen ausgestattet und zur Entscheidung für

---

[433] 'Abdu'l-Bahá, Ansprachen in England und Nordamerika, S. 72.
[434] 1. Mose 2:8-24.
[435] 'Abdu'l-Bahá, Beantwortete Fragen, S. 124.
[436] 'Abdu'l-Bahá, Beantwortete Fragen, S. 125.
[437] 'Abdu'l-Bahá, Beantwortete Fragen, S. 125.

oder gegen den Willen Gottes fähig ist. 'Abdu'l-Bahá erklärt: „Es ist deutlich erwiesen, dass, während der Mensch gewisse Kräfte mit dem Tier gemein hat, er sich doch vom Tier durch seine intellektuellen Leistungen, seine geistige Fassungskraft, die Aneignung von Tugenden und die Fähigkeit, die Segnungen Gottes, die Gnadengaben ihres Herrn und die Ausgießungen Seines himmlischen Erbarmens zu empfangen, unterscheidet. Dies ist die Zierde des Menschengeschlechts, sein Ruhm und seine Erhabenheit."[438] Er erklärt weiterhin, „dass der Mensch, bevor er nicht aus der materiellen Welt und aus der Gefangenschaft des Materialismus befreit wird", im günstigsten Falle als „vollkommenes Tier"[439] erscheinen könne, ihm aber die Eigenschaften des Menschen völlig fehlten. Der Mensch ist also in diesem Zustand der Weltverhaftung und Gottferne „einem Tier" gleich, „da er nur körperlich geboren worden ist – das heißt, er gehört der Welt des Stoffes an und ist den Gesetzen und Begrenzungen der Natur unterworfen."[440] Seine Existenz beschränkt sich in diesem Zustand auf die Befriedigung der Grundbedürfnisse, zu einer sinnerfüllten Existenz ist er aber unfähig. Bahá'u'lláh klagt: „O Sohn des Geistes! Reich erschuf Ich dich, warum machst du dich selbst arm? Edel erschuf Ich dich, warum erniedrigst du dich selbst? Aus dem Wesen des Wissens gab Ich dir Leben, warum suchst du Erleuchtung bei anderen als Mir? Aus dem Ton der Liebe formte Ich dich, warum befasst du dich mit anderem?"[441]

Die Schlange steht sinnbildlich für die Versuchung und die Verlockungen eben dieser materiellen, tierischen Welt, von denen sich der Mensch eigentlich zum Wohle seiner Seele entsprechend dem Willen und dem Gebot Gottes lösen sollte. Die beiden Bäume schließlich stehen für die beiden Welten, die materielle und die göttliche. Man kann jedoch auch diese beiden Welten im Endeffekt noch weiter abstrahieren, sodass sie letztendlich für verschiedene Bewusstseinszustände stehen, die Nähe Gottes, die zum ewigen

---

[438] 'Abdu'l-Bahá, The Promulgation of Universal Peace, S. 471.
[439] 'Abdu'l-Bahá, The Promulgation of Universal Peace, S. 422-423.
[440] 'Abdu'l-Bahá, The Promulgation of Universal Peace, S. 422-423.
[441] Bahá'u'lláh, Die Verborgenen Worte, S. 15.

Leben führt, oder die Trennung von Gott, die zum (geistigen) Tod und zur Weltverhaftung führt. Bahá'u'lláh und 'Abdu'l-Bahá zitieren im Zusammenhang mit diesen Bewusstseinszuständen beide gleichermaßen den Ausspruch „Lass die Toten ihre Toten begraben"[442].

Adam, in diesem Fall als Person verstanden, als Archetypus des weltverhafteten Menschen, der sich gemäß der Klage Bahá'u'lláhs ‚selbst erniedrigt', die Gefangenschaft „physischer Notwendigkeiten"[443] dem geistigen Fortschritt vorzieht und demnach symbolisch vom verbotenen ‚Baum der Erkenntnis des Guten und Bösen' isst, steht hierbei letztendlich Jesus als Archetypus des gottgefälligen, „von den Fesseln der Natur" befreiten und „von seinen animalischen Trieben"[444] erlösten Menschen gegenüber, der „geistige Empfindsamkeit besitzt und sich der Segnungen des Heiligen Geistes versichert hat"[445], sodass er spiegelbildlich zu Adam vom ‚Baum des Lebens' isst oder in seiner Eigenschaft als göttlicher Offenbarer sogar selbst mit ihm gleichgesetzt wird: „Denn gleichwie sie in Adam alle sterben, werden sie in Christus alle lebendig gemacht werden."[446]

Die Vorstellung einer Erbsünde, die sich über Adam auf die Menschheit übertragen habe, weil er vom verbotenen Baum aß, lehnt 'Abdu'l-Bahá ab. Dies sei „weit von der Gerechtigkeit Gottes entfernt"[447]. Es ist also nicht eine ursprüngliche Sünde des Menschen, die ihn von Gott trennt, sondern seine physische Existenz, die er mit dem Tier gemeinsam hat und die von Instinkten und Grundbedürfnissen geprägt ist, die für sich genommen weder als ‚gut' noch als ‚böse' gelten könnten. Erst die Verstandesgabe

---

[442] Bahá'u'lláh, Das Buch der Gewissheit (Kitáb-i-Íqán), S. 100; 'Abdu'l-Bahá, Ansprachen in England und Nordamerika, S. 72; 'Abdu'l-Bahá, Beantwortete Fragen, S. 106, 127, 269; 'Abdu'l-Bahá, The Promulgation of Universal Peace, S. 79, 253, 344, 450; vgl. Matthäus 8:22 und Lukas 9:60.
[443] 'Abdu'l-Bahá, The Promulgation of Universal Peace, S. 450.
[444] 'Abdu'l-Bahá, The Promulgation of Universal Peace, S. 423.
[445] 'Abdu'l-Bahá, The Promulgation of Universal Peace, S. 450.
[446] 'Abdu'l-Bahá, Beantwortete Fragen, S. 120; vgl. 1. Korinther 15:22.
[447] 'Abdu'l-Bahá, Beantwortete Fragen, S. 122.

macht es dem Menschen im Unterschied zum Tier möglich, Gut und Böse zu unterscheiden. Damit geht gleichermaßen die Verpflichtung einher, das Gute zu tun und das Böse zu unterlassen. Die Fähigkeit der Reflektion ist also gleichbedeutend mit der Fähigkeit der Erkenntnis des Willens Gottes. Der Wille Gottes, der sich insbesondere in seinen Geboten ausdrückt, wird dabei nicht, wie Paulus dies interpretierte, als Notmaßnahme gegen eine grundsätzliche Verderbtheit des Menschen angesehen, sondern als erzieherische Maßnahme, die dem Wohl und dem Fortschritt des Menschen dienen soll. Der Mensch ist also nicht erlösungs-, sondern erziehungsbedürftig: „Der Mensch bedarf göttlicher Erziehung und Eingebung ... die Lehren Christi und der Propheten sind für die menschliche Erziehung und Führung notwendig."[448] So dient der Erkenntnis des Willens Gottes und der Erziehung der Menschheit letztlich die göttliche Offenbarung, die den Menschen einen Weg aus der Gefangenschaft physischer Notwendigkeiten aufzeigt und sie herausfordert: „Handelt so, dass ihr ewiges Leben ererbt und dass ihr aus Wasser und Geist geboren werdet, damit ihr ins Reich Gottes kommt."[449]

Leben und Wahres Leben

Solange die Menschen diesen Zustand nicht erreicht haben und auch nicht das Interesse erkennen lassen, ihren Lebenswandel zu ändern, sind sie ‚geistig tot'. „Beachte, dass Menschen, die nach außen hin lebten, von Christus Tote genannt wurden; denn Leben heißt ewiges Leben und Sein ist wahres Sein."[450] Bahá'u'lláh schreibt: „In allen Schriften, in den Büchern und Chroniken lautet das Urteil über die, deren Lippen nicht vom lieblich reinen Kelche wahrer Erkenntnis gekostet haben und deren Herzen der Gnade des Heiligen Geistes an ihrem Tage beraubt waren, auf Tod, Feuer, Blindheit, Mangel an Verständnis und Gehör."[451] Und 'Abdu'l-Bahá ergänzt: „Wisse, dass

---

[448] 'Abdu'l-Bahá, zitiert in: P. Schwartz-Klapp, Esoterik, Träume und übersinnliche Phänomene, S. 70.
[449] 'Abdu'l-Bahá, Beantwortete Fragen, S. 218.
[450] 'Abdu'l-Bahá, Beantwortete Fragen, S. 106.
[451] Bahá'u'lláh, Das Buch der Gewissheit (Kitáb-i-Íqán), S. 99.

die Unsterblichkeit den Seelen eigen ist, denen von Gott der Geist des Lebens eingehaucht ward. Alle anderen sind leblos – sie sind tot, wie Christus im Evangelium erklärt hat."[452] Dabei ist diese Aussage jedoch nicht so zu verstehen, dass die Seelen der Toten aufhören würden, zu existieren, sondern auch hier handelt es sich um eine metaphorische Beschreibung, die die Gottferne der ‚toten' Seelen zum Ausdruck bringen soll: „Wem der Herr die Augen öffnet, der wird die Menschenseelen in dem Rang sehen, den sie nach ihrer Befreiung aus dem Leib einnehmen werden. Er wird die Lebenden in der Nähe ihres Herrn blühen sehen, die Toten versunken in den tiefsten Abgrund der Verdammnis."[453] Die in der Welt mögliche Wahl zwischen Gottnähe und Gottferne im Handeln und Denken wird also in gleicher Weise auf das Leben nach dem (physischen) Tod übertragen. Jesus wird nun implizit die Fähigkeit zugesprochen, diese Stufe der menschlichen Seele zu erkennen, wenn er mehrfach mit dem Ausspruch „Lass die Toten ihre Toten begraben!"[454] zitiert wird.

Die Geburt aus dem Geiste

Nach den Worten Jesu müssten die Menschen „von neuem geboren werden"[455], wie Bahá'u'lláh im ‚Buch der Gewissheit' schreibt. Und 'Abdu'l-Bahá ergänzt: „Nach den Worten Christi müssen sie die Stufe der Wiedergeburt erlangen, das heißt, wie sie bei der ersten Geburt aus dem Mutterleib hervorgingen, so müssen sie nunmehr aus dem Leib der stofflichen Welt geboren werden."[456] Niemand könne, so sagen Bahá'u'lláh und 'Abdu'l-Bahá einhellig, „in das Reich Gottes kommen", sofern er nicht „geboren werde aus Wasser

---

[452] 'Abdu'l-Bahá, Briefe und Botschaften, S. 224.
[453] 'Abdu'l-Bahá, Briefe und Botschaften, S. 224.
[454] Bahá'u'lláh, Das Buch der Gewissheit (Kitáb-i-Íqán), S. 100; 'Abdu'l-Bahá, Ansprachen in England und Nordamerika, S. 72; 'Abdu'l-Bahá, Beantwortete Fragen, S. 106, 127, 269; 'Abdu'l-Bahá, The Promulgation of Universal Peace, S. 79, 253, 344, 450; vgl. Matthäus 8:22 und Lukas 9:60.
[455] Bahá'u'lláh, Das Buch der Gewissheit (Kitáb-i-Íqán), S. 99; vgl. Johannes 3:7.
[456] 'Abdu'l-Bahá, Sendschreiben zum Göttlichen Plan, S. 91.

und Geist"[457]. Bahá'u'lláh setzt die Geburt aus dem Geiste direkt mit der Auferstehung zum ewigen Leben gleich, wenn er sagt: „Wer immer in einer Sendung aus dem Geist geboren und durch den Hauch der Manifestation der Heiligkeit beseelt ist, gehört wahrlich zu denen, die zum ‚Leben' und zur ‚Auferstehung' gelangt und in das ‚Paradies' der Liebe Gottes eingegangen sind."[458] 'Abdu'l-Bahá hingegen assoziiert die Wiedergeburt aus dem Geiste mit der Taufe und schreibt: „Hier bedeutet Wasser kein stoffliches Wasser, denn an anderer Stelle steht ausdrücklich, dass die wahre Taufe mit ‚Geist' und mit ‚Feuer' erfolgen soll; hieraus wird deutlich, dass weder irdisches Feuer noch stoffliches Wasser gemeint sind, denn eine Taufe mit Feuer ist unmöglich."[459] „Daher sind das Wasser der Taufe und das Feuer eines."[460] Er stellt hier also einen direkten Bezug zwischen der Taufe Johannis und den Worten Jesu aus dem Johannesevangelium her, indem er die geistige Wiedergeburt als Reinigung und Heiligung von irdischen Sünden deutet. „Das Wasser ist die Ursache des Lebens, und wenn Christus von Wasser spricht, so versinnbildlicht Er das, was die ‚Ursache des ewigen Lebens' ist. Dieses lebengebende Wasser, von dem Er spricht, ist wie das Feuer, denn es ist nichts anderes als die Liebe Gottes, und diese Liebe bedeutet für unsere Seelen Leben. Durch das Feuer der Liebe Gottes wird der Schleier verbrannt, der uns von den himmlischen Wirklichkeiten trennt, und mit klarem Blicke werden wir fähig, uns vorwärts- und emporzukämpfen, auf den Pfaden der Tugend und Heiligkeit voranzuschreiten und ein Mittel der Erleuchtung für die Welt zu werden."[461] Das ‚lebendige Wasser' taucht unabhängig von der Taufe auch in einem weiteren Kontext im Johannesevangelium auf, wenn Jesus im Dialog mit einer Samariterin sagt: „Wenn du erkenntest die Gabe Gottes und wer der ist, der zu dir sagt: ‚Gib mir zu trinken!', du bätest ihn und er gäbe dir lebendiges Wasser. ... wer

---

[457] Bahá'u'lláh, Das Buch der Gewissheit (Kitáb-i-Íqán), S. 99; Bahá'u'lláh, Edelsteine göttlicher Geheimnisse, S. 64; 'Abdu'l-Bahá, Ansprachen in Paris, S. 62; 'Abdu'l-Bahá, Beantwortete Fragen, S. 218; 'Abdu'l-Bahá, The Promulgation of Universal Peace, S. 422.
[458] Bahá'u'lláh, Das Buch der Gewissheit (Kitáb-i-Íqán), S. 99.
[459] 'Abdu'l-Bahá, Beantwortete Fragen, S. 96.
[460] 'Abdu'l-Bahá, Ansprachen in Paris, S. 62.
[461] 'Abdu'l-Bahá, Ansprachen in Paris, S. 62-63.

aber von dem Wasser trinken wird, das ich ihm gebe, den wird in Ewigkeit nicht dürsten, sondern das Wasser, das ich ihm geben werde, das wird in ihm eine Quelle des Wassers werden, das in das ewige Leben quillt."[462] Diese Deutung der Taufe sowie der Aussagen des Johannesevangeliums zur ‚geistigen Wiedergeburt' und zum ‚lebendigen Wasser' verbindet einige biblische Grundgedanken miteinander, die in den Evangelien weitestgehend unkommentiert nebeneinander stehen. Die deutlichsten Aussagen zum Taufverständnis stammen aus den synoptischen Evangelien, während das Wasser des Lebens und die Geburt aus dem Geiste originäre Themen des Johannesevangeliums sind. Die physische Taufe gilt Bahá'u'lláh und 'Abdu'l-Bahá in diesem Deutungskomplex als äußerliches Symbol für die beschriebene innere Heiligung des Geistes.

Das lebendige Brot

Analog der ‚Wiedergeburt aus Wasser und Geist' und dem ‚lebendigen Wasser', das Jesus den Menschen zu trinken gibt, wird auch auf das Bild vom ‚lebendigen Brot' rekurriert, das Jesus den Menschen zu essen gibt. Das Johannesevangelium widmet dem ‚Brot des Lebens' einen größeren Abschnitt[463]. Bahá'u'lláh zitiert im Zusammenhang mit der Deutung des Brotes jedoch nicht Johannes, sondern den Koran, wenn er ausführt: „Dies ist die Speise, die den im Herzen Reinen und im Geist Erleuchteten ewiges Leben bringt. Dies ist das Manna, von dem gesagt ist: ‚Herr, sende Dein Brot vom Himmel auf uns herab.'[464] Dieses Brot wird denen, die es verdient haben, niemals vorenthalten, noch kann es jemals aufgezehrt werden. Es wächst ewiglich am Baume der Gnade. Es kommt zu allen Zeiten aus den Himmeln der Gerechtigkeit und Barmherzigkeit. ... Er sollte diese Himmelsspeise hoch achten, damit vielleicht durch die wundersame Gunst der Sonne der Wahrheit die Toten ins Leben gerufen und die Erschöpften durch den unendlichen Geist erquickt werden."[465] Bei der ursprünglichen koranischen Erzählung handelt

---

[462] Johannes 4:10-14.
[463] Johannes 6:22-59.
[464] Koran 5:115.
[465] Bahá'u'lláh, Das Buch der Gewissheit (Kitáb-i-Íqán), S. 19-20.

es sich eigentlich um eine Zeichenforderung durch die Jünger. Bahá'u'lláh deutet sie symbolisch und identifiziert die materielle Speise des Koran mit dem lebendigen Brot des Johannesevangeliums, ohne dies explizit auszudrücken. Die Symbolik, insbesondere der Rückgriff auf das ‚Manna', macht jedoch eine bewusste Synthese wahrscheinlich. Dieser ursprünglich alttestamentliche Begriff taucht im Evangelium im Zusammenhang mit Jesu Rede vom ‚lebendigen Brot' wieder auf. 'Abdu'l-Bahá geht anders als Bahá'u'lláh direkt auf den Text des Evangeliums ein und zitiert ausgiebig die Sprüche Jesu mit Bezug auf das Brot des Lebens. Was bereits in den Schriften seines Vaters zum Ausdruck kommt, wird hier nochmals konkretisiert. Die Gleichsetzung des lebendigen Brotes mit den Gottesoffenbarern, den ‚Sonnen der Wahrheit', wie Bahá'u'lláh sie nennt, manifestiert sich für 'Abdu'l-Bahá in Jesu Ausspruch: „Ich bin das lebendige Brot, vom Himmel gekommen. Wer von diesem Brot essen wird, der wird leben in Ewigkeit."[466] Auch Jesu weitere Äußerungen, die aus dem Johannesevangelium entnommen werden, stützen bei 'Abdu'l-Bahá diese Deutung: „Gottes Brot ist das, das vom Himmel kommt und gibt der Welt das Leben."[467] „Der Geist ist's, der da lebendig macht; das Fleisch ist nichts nütze."[468] „Wahrlich, wahrlich, Ich sage euch: Ihr suchet Mich nicht darum, dass ihr Zeichen gesehen habt, sondern weil ihr von dem Brot gegessen habt und seid satt geworden."[469] „Ich bin das Brot des Lebens. Wer zu Mir kommt, den wird nicht hungern; und wer an Mich glaubt, den wird nimmermehr dürsten."[470] In dieser Zusammenstellung der Bibelverse erscheint eine Assoziierung des Brotes mit dem Geist folgerichtig, ebenso wie die Identifikation des lebendigen Brotes mit Jesus und folglich auch die Gleichsetzung des Geistes Jesu mit dem lebendigen Brot und der Quelle göttlicher Offenbarungen und Vollkommenheiten, die dieses und jener beide gleichermaßen darstellen.

---

[466] 'Abdu'l-Bahá, Beantwortete Fragen, S. 102; Johannes 6:51.
[467] 'Abdu'l-Bahá, Beantwortete Fragen, S. 102; Johannes 6:33.
[468] 'Abdu'l-Bahá, Beantwortete Fragen, S. 102; Johannes 6:63.
[469] 'Abdu'l-Bahá, Beantwortete Fragen, S. 102; Johannes 6:26.
[470] 'Abdu'l-Bahá, Beantwortete Fragen, S. 103; Johannes 6:35.

'Abdu'l-Bahá erklärt, dass „Er [Jesus] ‚zu Mir kommen' als essen und ‚an Mich glauben' als trinken bezeichnete."[471] Es sei, so 'Abdu'l-Bahá weiter, „eindeutig erwiesen, dass mit der himmlischen Nahrung die göttlichen Gnadengaben, der geistige Glanz, die himmlischen Lehren und die umfassende Bedeutung Christi gemeint sind"[472]. „Durch das Erscheinen Christi wurden die geheiligten Lehren, die ewige Gnade bedeuten, verbreitet; das Licht der Führung leuchtete auf, und der Geist des Lebens wurde der Menschheit geschenkt."[473] Das ‚Blut Christi' wird in diesen übergreifenden Kontext eingebettet, indem 'Abdu'l-Bahá das Blut ebenfalls als Symbol des Lebens auffasst: „Auch mit dem Blut ist der Geist des Lebens und die göttliche Vollkommenheit, himmlischer Glanz und immerwährende Gnade gemeint. Denn alle Teile des menschlichen Körpers erhalten durch den Kreislauf des Blutes ihre Lebenskraft."[474] 'Abdu'l-Bahá fasst seine Ausführungen schließlich zusammen, indem er Jesus selbst die Worte in den Mund legt: „Ich gab euch Meine Segensgaben und Vollkommenheiten, und wenn ihr diese Gnade angenommen habt, habt ihr ewiges Leben gewonnen und seid eures Anteils an der himmlischen Nahrung teilhaftig geworden."[475]

Zum ewigen Leben gelangt also, wer Jesu Lehre verinnerlicht, seine Gebote befolgt, seine Ethik lebt und sich nicht von irdischem Reichtum oder Ansehen blenden lässt. Insofern ist Jesus gemäß der Deutung 'Abdu'l-Bahás tatsächlich „der Weg, die Wahrheit und das Leben"[476], denn „die Seele, die aus den Lehren Christi göttliche Vollkommenheiten erwirbt und himmlische Erleuchtung erwirbt,

---

[471] 'Abdu'l-Bahá, Beantwortete Fragen, S. 103; vgl. 'Abdu'l-Bahá, Ansprachen in England und Nordamerika, S. 171.
[472] 'Abdu'l-Bahá, Beantwortete Fragen, S. 103; vgl. 'Abdu'l-Bahá, Ansprachen in England und Nordamerika, S. 171.
[473] 'Abdu'l-Bahá, Beantwortete Fragen, S. 103; vgl. 'Abdu'l-Bahá, Ansprachen in England und Nordamerika, S. 171.
[474] 'Abdu'l-Bahá, Beantwortete Fragen, S. 102; vgl. 'Abdu'l-Bahá, Ansprachen in England und Nordamerika, S. 171.
[475] 'Abdu'l-Bahá, Beantwortete Fragen, S. 103; vgl. 'Abdu'l-Bahá, Ansprachen in England und Nordamerika, S. 171.
[476] Johannes 14:6.

wird zweifellos ewig leben"[477]. So fordert er die Gläubigen kompromisslos und unmissverständlich auf: „Unser größtes Bemühen muss auf die Loslösung von den Dingen dieser Welt gerichtet sein. Wir müssen danach streben, geistiger und strahlender zu werden, den Rat der göttlichen Lehre zu befolgen, uns dem Dienste der Sache der Einigkeit und wahren Gleichheit zu ergeben, Barmherzigkeit zu üben und die Liebe des Höchsten auf alle Menschen auszustrahlen, auf dass das Licht des Geistes in allen unseren Taten sichtbar und die ganze Menschheit dadurch vereinigt werde, damit sich ihr stürmisches Meer beruhigt und alle rauen Wogen von der hinfort stillen und friedlichen Oberfläche der See des Lebens schwinden mögen."[478]

---

[477] 'Abdu'l-Bahá, Ansprachen in England und Nordamerika, S. 171-172.
[478] 'Abdu'l-Bahá, Ansprachen in Paris, S. 67.

3.5. Tod und Auferstehung Jesu

Die Ereignisse um Jesu Kreuzigung, seine Auferstehung und Himmelfahrt werden in den Bahá'í-Schriften, anders als in den Evangelien oder den Paulusbriefen, nicht in den Vordergrund gerückt. Zentrale Heilsbedeutung kommt hier der Aufnahme, Verinnerlichung und Umsetzung von Jesu Lehre und der Orientierung an Jesu praktischem Vorbild im Lebenswandel zu. Die Kreuzigung verliert hier also als singuläres und zentrales Ereignis seine dem frühen (paulinischen) Christentum immanente Heilsbedeutung. Dennoch befasst sich insbesondere 'Abdu'l-Bahá verschiedentlich mit diesen Themen und deutet sie vor dem Hintergrund der eigenen Theologie aus, ohne jedoch den Bezug zu den Evangelien aufzugeben.

Die Schuldigen an Jesu Verurteilung

Wie bereits im Kapitel ‚Leben und Wirken Jesu' ausführlicher dargestellt, befand sich Jesus Zeit seines irdischen Lebens unter ständiger Unterdrückung und wurde von der Mehrheit seiner Zeitgenossen, insbesondere aber den Gelehrten, abgelehnt. Bahá'u'lláh und 'Abdu'l-Bahá berichten verschiedentlich von den Reaktionen der Umwelt auf Jesu Offenbarung und benennen Schuldige. Die Schuldfrage wird insbesondere im Hinblick auf Jesu Verurteilung virulent. Bahá'u'lláh erwähnt in diesem Zusammenhang ebenso wie 'Abdu'l-Bahá den Hohepriester Kaiphas[479], der auch in der von Bahá'u'lláh integrierten Prozessszene, die noch näher ausgeführt werden wird, auftaucht. In der gleichen Szene wird Pontius Pilatus[480] genannt, der jedoch in den Bahá'í-Schriften keine weitere Erwähnung findet. Die einzigen Einzelpersonen, die ausdrücklich als diejenigen benannt werden, die „das Todesurteil über Ihn"[481] sprachen, sind der Schriftgelehrte Hannas, der

---

[479] Bahá'u'lláh, Anspruch und Verkündigung, S. 144; Bahá'u'lláh, Das Buch der Gewissheit (Kitáb-i-Íqán), S. 111; 'Abdu'l-Bahá, Ansprachen in Paris, S. 79.
[480] Bahá'u'lláh, Das Buch der Gewissheit (Kitáb-i-Íqán), S. 111.
[481] Bahá'u'lláh, Ährenlese, S. 76; vgl. Bahá'u'lláh, Botschaften aus 'Akká, S. 26.

Bahá'u'lláh als „der gelehrteste Geistliche Seiner Zeit"[482] gilt, und der Hohepriester Kaiphas. Auch die Anhänger des Hannas tauchen in diesem Zusammenhang auf und werden als diejenigen bezeichnet, die „das Urteil über Ihn"[483] sprachen. An anderen Stellen werden Hannas und Kaiphas als Aufwiegler, die den Kreuzestod Jesu provozierten[484], oder zumindest als Führer beschrieben, die das Verhalten ihrer Anhänger billigend in Kauf nehmen[485]. Es bleibt letztendlich unklar, wer direkt den Tod Jesu verursacht hat, doch steht für Bahá'u'lláh und 'Abdu'l-Bahá eindeutig fest, dass es die Juden selbst waren, die Jesus den Tod brachten, und nicht die Römer.

Der Verrat des Judas

Eine besondere Gruppe von Juden muss in diesem Zusammenhang noch Erwähnung finden, nämlich der Jünger Judas Ischariot und seine Anhänger. Diese Anhänger des Judas werden in einem Brief mit denjenigen des Halbbruders 'Abdu'l-Bahás verglichen[486], die die Autorität 'Abdu'l-Bahás, die dieser direkt auf seinen Vater zurückführte, nicht akzeptieren wollten und ihm nach der Darstellung Shoghi Effendis aus Neid vorwarfen, seine Kompetenzen zu überschreiten[487]. Es wird darauf hingewiesen, dass von den Anhängern des Judas nicht die „geringste Spur" oder „irgendein Erfolg"[488] zurückgeblieben sei. So gering sei ihr Einfluss gewesen, dass „nicht mal ein Name"[489] von ihnen geblieben sei. Laut 'Abdu'l-Bahá seien Judas Anhänger durchaus zahlreich gewesen, denn „eine Reihe von Juden" habe zu ihm gehalten, doch erscheine es im Rückblick, „als hätte er keinerlei Gefolgsleute gehabt."[490] Auffallend ist hier die

---

[482] Bahá'u'lláh, Anspruch und Verkündigung, S. 144; vgl. Bahá'u'lláh, Anspruch und Verkündigung, S. 74; Bahá'u'lláh, Botschaften aus 'Akká, S. 26.
[483] Bahá'u'lláh, Anspruch und Verkündigung, S. 74; Bahá'u'lláh, Botschaften aus 'Akká, S. 238.
[484] 'Abdu'l-Bahá, Ansprachen in Paris, S. 79.
[485] Bahá'u'lláh, Anspruch und Verkündigung, S. 144.
[486] 'Abdu'l-Bahá, Briefe und Botschaften, S. 248-251.
[487] vgl. Shoghi Effendi, Gott geht vorüber, S. 279-283.
[488] 'Abdu'l-Bahá, Briefe und Botschaften, S. 250.
[489] 'Abdu'l-Bahá, Briefe und Botschaften, S. 250.
[490] 'Abdu'l-Bahá, Briefe und Botschaften, S. 250.

Parallele zu den Anhängern des Hannas, die Bahá'u'lláh ebenfalls als Beispiel einer fehlgeleiteten und von niederen Beweggründen getriebenen Gefolgschaft in einem anderen Zusammenhang als Vergleich anführt[491]. Judas selbst wird in einem anderen Brief zunächst sehr positiv erwähnt, und seine herausgehobene Stellung unter den Jüngern Jesu, die im Johannesevangelium anklingt, nach dessen Bericht Judas Ischariot die Gemeinschaftskasse verwaltet[492], wird als diejenige eines „Führers der Apostel"[493] beschrieben. In den synoptischen Evangelien wird Judas lediglich bei der Berufung[494] erwähnt, im Johannesevangelium taucht er in der Erzählung ‚Die Salbung in Betanien'[495] im Sinne eines ‚Moralapostels' auf, der Jesu Lehren vermeintlich wesentlich strenger auslegt als Jesus selbst, ohne jedoch im Herzen von seinem Reden überzeugt zu sein. Nach übereinstimmenden Berichten aller vier Evangelien gehört er aber bis zu seinem Verrat niemals zu den Jüngern, die offen an Jesus zweifeln oder Unverständnis äußern. Nichtsdestotrotz werden seine Person und seine Rolle durchgehend negativ beurteilt, was sich bei den Synoptikern bereits bei der Berufung in dem Hinweis auf den späteren Verrat und bei Johannes in Judas Verhalten gegenüber der salbenden Maria niederschlägt. Vor diesem Hintergrund erscheint es ungewöhnlich, dass 'Abdu'l-Bahá Judas als „den Bedeutendsten der Jünger", „Nahegekommenen" und „Glaubenden" sowie jemanden charakterisiert, der „die Menschen zu Christus"[496] rief und den Glauben aktiv verbreitete. Tatsächlich wird man mit einigem Recht annehmen können, dass sich hier im Judasbild die persönlichen Erfahrungen 'Abdu'l-Bahás mit seinem Halbbruder Muḥammad 'Alí niederschlagen. In seinem Testament hatte Bahá'u'lláh Muḥammad 'Alí zum zweithöchsten Repräsentanten der Gemeinde ernannt, der lediglich seinem älteren Halbbruder untergeordnet sein und ihn eines Tages beerben sollte[497]. In diesem Lichte betrachtet bekommt auch die von 'Abdu'l-Bahá angeführte Begründung für den Verrat

---

[491] Bahá'u'lláh, Botschaften aus 'Akká, S. 238.
[492] Johannes 12:6 und 13:29.
[493] 'Abdu'l-Bahá, Briefe und Botschaften, S. 250.
[494] Matthäus 10:1-4; Markus 3:13-19; Lukas 6:12-16.
[495] Johannes 12:1-8.
[496] 'Abdu'l-Bahá, Briefe und Botschaften, S. 194-195.
[497] Bahá'u'lláh, Botschaften aus 'Akká, S. 250.

des Judas eine sehr persönliche Konnotation. Denn nach seiner Darstellung ist es gerade die Auserwählung Petri, die Judas zum Abfall bewegt. Der Satz „Du bist Petrus, und auf diesen Felsen will ich meine Kirche bauen"[498] erscheint hier als Bevorzugung eines anderen vor Judas, der in seinem eigenen Denken viel mehr in Jesu Nachfolge geleistet hatte als Petrus. „Solches bewirkt der Neid", so fasst 'Abdu'l-Bahá die Tragik des Judas zusammen, der mit seinem vergleichsweise hohen Rang nicht zufrieden sein konnte, solange es jemanden mit einem höheren Rang innerhalb des Jüngerkreises gab[499]. Dieser Neid verführte Judas zum „Bündnisbruch" und zur „Verleugnung seines Glaubens", bis er Jesus schließlich im sich entwickelnden „Haß"[500] „für dreißig Silberlinge"[501] an die Juden verriet.

Mit dem Verrat des Judas beginnen auch die Passionserzählungen der drei synoptischen Evangelien[502], bei Johannes gibt es keine eigenständige Verratserzählung. In der Version des Markusevangeliums wird kein spezieller Grund für den Verrat genannt, während das Matthäusevangelium Geiz und das Lukasevangelium die Besessenheit durch Satan dafür verantwortlich macht. Die Bezugnahme auf den Neid des Judas gegenüber Petrus ist also eine singuläre Interpretation 'Abdu'l-Bahás.

Das Abendmahl

Das erste fassbare Ereignis der biblischen Passionsberichte ist das ‚Letzte Abendmahl'. „Christus hielt in den letzten Tagen Seines Lebens mit den Aposteln eine Versammlung ab. Alle saßen mit Ihm an derselben Tafel. Von diesem Tag an nannte man diese Versammlung ‚Mahl des Herrn'; denn sie sprachen über Gottes Königreich."[503] 'Abdu'l-Bahá vergleicht das Abendmahl Jesu mit den Neunzehntagefesten der Bahá'í und erläutert an anderer Stelle den

---

[498] Matthäus 16:18.
[499] 'Abdu'l-Bahá, Briefe und Botschaften, S. 194-195.
[500] 'Abdu'l-Bahá, Briefe und Botschaften, S. 194-195.
[501] 'Abdu'l-Bahá, Briefe und Botschaften, S. 250.
[502] Matthäus 26:14-16; Markus 14:10-11; Lukas 22:1-6.
[503] 'Abdu'l-Bahá, zitiert in: W. Gollmer, Mein Herz ist bei euch, S. 123.

Ablauf des Geschehens in Bezug auf eben diese Bahá'í-Versammlung: „Der Gastgeber muss die Freunde persönlich bedienen. Er muss für die Bequemlichkeit aller sorgen und jedem in äußerster Demut Herzensgüte erweisen. Wenn das Fest auf diese Weise und in der erwähnten Art veranstaltet wird, ist dieses Mahl das ‚Abendmahl des Herrn'; denn das Ergebnis ist das gleiche Ergebnis und die Auswirkung ist die gleiche Auswirkung."[504] Dabei ist die inhaltliche Parallele zur erzählten Version des Johannesevangeliums[505] auffallend, in der Jesus den Jüngern vor dem Mahl einzeln die Füße wäscht, was nach jüdischer Sitte die Aufgabe der niedrigsten Hausbediensteten gewesen wäre. Des Weiteren fällt an dieser Deutung auf, dass das Mahl selbs in den größeren Kontext einer Gemeindeversammlung eingebettet wird und vor diesem Hintergrund das Abendmahl die Gemeinschaft der Gläubigen stärken und eine geistige Atmosphäre schaffen soll. Parallelen ergeben sich zur urchristlichen Mahlfeier, der Agapé, einem an den Gottesdienst anschließenden Gemeinschaftsmahl, zu dem jeder Gläubige einen Beitrag leistete und somit auch die Armen zumindest einmal wöchentlich eine vollwertige Mahlzeit erhielten. Dieser soziale Aspekt ist heutzutage in vielen Regionen der Bahá'í-Welt ausgeprägt, in denen noch immer ein krasser Gegensatz zwischen Arm und Reich besteht. Auch dort wird das gemeinsame Mahl alle neunzehn Tage gemeinschaftlich vorbereitet und gefeiert.

Zudem erläutert 'Abdu'l-Bahá auch die theologische Ausdeutung des Abendmahls in seinen ‚Beantworteten Fragen' und geht dabei auch ausführlich auf die Symbolik von Brot und Wein ein, reißt das erzählte Geschehen jedoch nur oberflächlich an, wenn er schreibt, dass Jesus, als er das Brot brach und den Wein reichte, leiblich anwesend war[506]. Dabei ist dieser Satz als Widerrede zur katholischen Transsubstantiationslehre zu verstehen, die davon ausgeht, dass sich Brot und Wein nicht bloß symbolisch, sondern tatsächlich in Leib und Blut Christi verwandeln würden. Insofern reiht sich das Abendmahl in eine größere Gruppe biblischer Erzählungen ein, die

---

[504] 'Abdu'l-Bahá, zitiert in: Báb - Bahá'u'lláh, Verse Gottes, S. 344.
[505] Johannes 13:1-17.
[506] 'Abdu'l-Bahá, Beantwortete Fragen, S. 104.

zwar inhaltlich angenommen und vorausgesetzt werden, bei denen aber der Fokus der Bahá'í-Schriften eindeutig auf ihrer Auslegung liegt. Die Auslegung des Abendmahls als ‚Brot des Lebens' durch 'Abdu'l-Bahá wurde bereits im Kapitel ‚Lehre und Ethik Jesu' ausführlich behandelt, sodass an dieser Stelle der Hinweis ausreichend ist, dass das Abendmahl in einer den Evangelien vergleichbaren Form auch nach dem Zeugnis der Bahá'í-Schriften unzweifelhaft stattgefunden hat.

Jesus in Gethsemane

Im Anschluss an das Abendmahl zieht sich Jesus mit einigen Jüngern in den Garten Gethsemane zurück, wobei diese und auch der Garten selbst nur bei Matthäus und Markus namentlich genannt werden. Und zwar handelt es sich nach dem Evangelienbericht[507] um Petrus, Jakobus und Johannes. Jesus lässt die drei Jünger an einer Stelle im Garten zurück, entfernt sich ein Stück von ihnen und beginnt zu beten, dass Gott ihn verschonen möge. Bahá'u'lláh erwähnt diese Szene in einem seiner Gebete. Dort schreibt er: „Er, der Dein Geist war, o Mein Gott, zog sich am Abend vor Seinem letzten Tag auf Erden ganz allein in das Dunkel der Nacht zurück. Er fiel auf Sein Antlitz, betete zu Dir und sagte: ‚Wenn es Dein Wille ist, o Mein Herr, Mein Vielgeliebter, so lass durch Deine Gunst und Güte diesen Kelch an Mir vorübergehen.'"[508] Bahá'u'lláh bedenkt auch die im Evangelientext direkt folgenden, von ihm nicht direkt zitierten, Worte mit, wenn er schreibt, dass er „den Duft der Worte ... die Ihm in seiner Liebe ... über die Lippen kamen" spüren und „die Glut des Feuers ... das Seine Seele entflammte"[509] fühlen könne. Er schließt ein persönliches Bekenntnis an, in dem er ähnliche Formulierungen benutzt, wie sie Jesus für sein Gebet im Garten Gethsemane zugeschrieben werden: „Ich wünsche nur, was Du wünschest, und schätze nur, was Du schätzest. Für Mich wähle ich nur, was Du für Mich

---

[507] Matthäus 26:36-46; Markus 14:32-42.
[508] Bahá'u'lláh, Gebete und Meditationen, S. 240-241; vgl. Matthäus 26:39; Markus 14:36; Lukas 22:42.
[509] Bahá'u'lláh, Gebete und Meditationen, S. 241.

wählst, o Du Besitzer Meiner Seele."[510] Jesu Ergebung in den Willen Gottes, die die biblische Szene ausmacht, wird auch hier in den Fokus genommen. Weitere Details der Geschichte wie die wachenden Jünger, der Garten oder die Klage Jesu über die Schlafenden nach seiner Rückkehr tauchen in Bahá'u'lláhs Darstellung nicht auf. Das Gebet Jesu erscheint hier also losgelöst von der ursprünglichen Erzählung, die für den Kontext keine weitere Relevanz besitzt.

Jesu Gefangennahme

An die Klage Jesu im Garten Gethsemane schließt sich direkt seine Gefangennahme an, die in den Evangelien weitgehend übereinstimmend beschrieben wird. Hierbei erscheint Judas mit den Knechten des Hohepriesters und küsst Jesus, sodass die Soldaten wissen, wen sie ergreifen sollen. Einer der Jünger greift in dieser Situation nach seinem Schwert und schlägt einem der Hohepriesterknechte ein Ohr ab. Nach dem Bericht des Johannesevangeliums ist dies Petrus, in den anderen Evangelien bleibt er anonym. 'Abdu'l-Bahá erwähnt diese Szene mehrfach, auch wenn er nur an einer Stelle Details des Geschehens nennt: „Als Sein Jünger Petrus, in der Absicht, seinen Herrn zu verteidigen, das Ohr des Hohepriesterknechtes abschlug, sagte Christus zu ihm ‚Stecke dein Schwert ein.'"[511] Es ist also klar, dass 'Abdu'l-Bahá hier der Vorlage des Johannesevangeliums folgte. Der Satz ‚Stecke dein Schwert ein' kommt noch weitere Male unabhängig von der Erzählung von Jesu Gefangennahme in den Schriften und Reden 'Abdu'l-Bahás vor und untermauert hierbei stets das Jesus zugeschriebene Verbot von Gewalt und Krieg (siehe Kapitel ‚Lehre und Ethik Jesu'). Ebenso wie bei der vorhergehenden Szene ist also auch hier die biblische Geschichte lediglich Vorlage für die Entfaltung weitergehender Gedankengänge, die zunächst mit der Vorlage keinen inhaltlichen Zusammenhang haben. Dennoch ist die Rezeption der biblischen Erzählung eindeutig und ihre Authentizität wird hierdurch grundlegend anerkannt.

---

[510] Bahá'u'lláh, Gebete und Meditationen, S. 241; vgl. Matthäus 26:39; Markus 14:36; Lukas 22:42.
[511] 'Abdu'l-Bahá, Ansprachen in Paris, S. 34.

Der Prozess gegen Jesus

Wesentlich umfangreicher wird der chronologisch folgende Prozess gegen Jesus vor dem Hohen Rat dargestellt und ausgeführt. Es ist hier wiederum Bahá'u'lláh, der auf den Verlauf des Geschehens eingeht. „Erinnere dich auch des Tages, da die Juden Jesus, den Sohn Marias, umringten und Ihn drängten, Er solle Seinen Anspruch, der Messias und Prophet Gottes zu sein, bekennen; denn sie wollten Ihn zum Ungläubigen erklären und zum Tode verurteilen. Sie führten Ihn, die Sonne des Himmels göttlicher Offenbarung, zu Pilatus und zu Kaiphas, dem obersten Priester jener Zeit. Die hohen Geistlichen waren im Palast versammelt, auch eine Menge Volkes war zusammengeströmt, um Seine Leiden zu begaffen, um Ihn zu verhöhnen und zu beleidigen. Obwohl sie Ihn mehrfach fragten - denn sie hofften, Er werde Seinen Anspruch bekennen -, verharrte Jesus stumm und sagte nichts. Schließlich stand ein von Gott Verworfener auf, trat zu Jesus und beschwor Ihn: ‚Hast du nicht behauptet, du seiest der göttliche Messias? Sagtest du nicht: Ich bin der König der Könige, Mein Wort ist Gottes Wort, und Ich breche den Sabbat?' Da hob Jesus Sein heiliges Haupt und sprach: ‚Siehest du nicht den Menschensohn sitzen zur Rechten der Kraft und Macht?'"[512] Die hier geschilderte Prozessszene hat in dieser Form keine Parallele in den Evangelientexten, denn zum Einen tauchen hier Pilatus und der Hohepriester Kaiphas zeitgleich auf, und zum Anderen ist der in Bahá'u'lláhs Darstellung entfaltete Dialog zwar in sehr groben Zügen an den Verlauf in den synoptischen Evangelien angelehnt, doch in seiner Wortwahl singulär. Der Jesus zugeschriebene Satz ‚Siehest du nicht den Menschensohn sitzen zur Rechten der Kraft und Macht?' taucht zwar in den Evangelien jeweils in leicht differierenden Versionen auf[513], doch niemals wird er als Frage formuliert. Die Prozessszene wirft zahlreiche Fragen auf, da außer dem berichteten Dialog keinerlei verwertbare Angaben gemacht werden. So ist unklar, ob der Hohepriester Kaiphas oder der Statthalter Pilatus schließlich das Urteil spricht, ob der Schriftgelehrte Hannas am Prozess teilnimmt oder nur im Vorfeld mitwirkt

---

[512] Bahá'u'lláh, Das Buch der Gewissheit (Kitáb-i-Íqán), S. 111.
[513] Matthäus 26:64; Markus 14:62; Lukas 22:69.

und ganz grundsätzlich, ob er sich in mehreren Stationen abspielte, wie dies in den Evangelienberichten der Fall ist. Zusammentragen lassen sich lediglich einige der Anklagen, die gegen Jesus vorgebracht wurden. So habe Jesus „den Sabbat gebrochen, das Gesetz Mose herausgefordert und gedroht, den Tempel und die heilige Stadt Jerusalem zu zerstören"[514]. Darüber hinaus habe er sich des „Aufruhrs"[515] gegen die römische Herrschaft schuldig gemacht. Unzweifelhaft fest steht bei der berichteten Prozessszene lediglich das Ergebnis, nämlich das Todesurteil gegen Jesus wegen „offener Gotteslästerung"[516]. Im Gefolge des Prozesses wird noch eine weitere Begebenheit angerissen, wenn auch nur in einem Nebensatz. 'Abdu'l-Bahá erwähnt im Zusammenhang mit den Zweifeln der Jünger nach Jesu Tod den Umstand, dass „selbst Petrus"[517] Jesus dreimal verleugnet habe, womit die in allen vier Evangelien vorkommende Erzählung[518] angesprochen ist, zu der Jesus ankündigt: „Wahrlich, ich sage dir: Heute, in dieser Nacht, ehe der Hahn zweimal kräht, wirst du mich dreimal verleugnen."[519] Weder die Ankündigung noch das Geschehen werden genauer ausgeführt, es findet sich lediglich dieser vereinzelte Hinweis in einem anderen Kontext, eine Randnotiz. Doch auch hier wird die grundsätzliche Authentizität der biblischen Berichte von der Verleugnung des Petrus anerkannt.

Die Passion Christi

An den Prozess, unabhängig von seinem konkreten inhaltlichen Verlauf, schließt sich zeitlich direkt die eigentliche Passionserzählung an. Hierbei wird Jesus zunächst entkleidet und ihm anschließend ein Purpurmantel umgelegt sowie eine geflochtene Dornenkrone aufs Haupt gesetzt[520]. Hier ergibt sich ein weiterer merklicher Unter-

---

[514] 'Abdu'l-Bahá, Ansprachen in Paris, S. 81-82; vgl. Matthäus 26:61; Markus 15:58.
[515] Bahá'u'lláh, Anspruch und Verkündigung, S. 144; vgl. Lukas 23:5.
[516] 'Abdu'l-Bahá, Briefe und Botschaften, S. 51-52.
[517] 'Abdu'l-Bahá, Ansprachen in England und Nordamerika, S. 152.
[518] Matthäus 26:69-75; Markus 14:66-72; Lukas 22:54-62; Johannes 18:15-18 und 18:25-27.
[519] Matthäus 26:34; Markus 14:30; Lukas 22:34; Johannes 13:38.
[520] Matthäus 27:28-29; Markus 15:17; Johannes 19:2.

schied zwischen der biblischen Darstellung und derjenigen Bahá'u'lláhs und 'Abdu'l-Bahás, denn hier sind es nicht die römischen Soldaten, die Jesus quälen und ihm die Dornenkrone aufsetzen, sondern die Juden selbst: „Während Seines Daseins in der körperlichen Welt war Er der Verachtung und dem Spott des schwächsten Volkes der Welt, der Juden, preisgegeben, die es für passend hielten, eine Dornenkrone auf Sein gesegnetes Haupt zu setzen."[521] Auch die direkt anschließende Verspottung[522], die 'Abdu'l-Bahá an anderer Stelle erwähnt, wird nicht den römischen Soldaten, sondern den Juden selbst zugeschrieben: „Denke daran, wie die Juden Ihn dem Spott preisgaben, sich über Ihn lustig machten und zu Ihm sprachen: ‚Friede sei mit dir, König der Juden! Friede sei mit dir, König der Könige!'"[523] Dabei spuckten sie ihm ins Gesicht, was ebenfalls erwähnt wird[524].

Im Anschluss an dieses Geschehen wird Jesus „mit Hohn und Spott durch die Straßen der Stadt"[525] geführt und „auf den Märkten"[526] zur Schau gestellt. Die Kreuzigung selbst beschreiben weder Bahá'u'lláh noch 'Abdu'l-Bahá in ihren Einzelheiten, denn die Grausamkeit dieser Hinrichtung ist in den Augen Bahá'u'lláhs so enorm, dass er sich weigert, sie zu schildern: „Schließlich fügte man Seinem gesegneten Leib ... zu, was die Feder vor Scham verschweigt und ohnmächtig ist, zu beschreiben."[527] „Sie ... begingen, was den Heiligen Geist wehklagen ließ und den Gottnahen die Tränen in die Augen trieb."[528] Viele der Details, die die Evangelien zur Kreuzigung zu berichten haben, wie die beiden Verbrecher, die zusammen mit

---

[521] 'Abdu'l-Bahá, Beantwortete Fragen, S. 119; vgl. 'Abdu'l-Bahá, Beantwortete Fragen, S. 30; 'Abdu'l-Bahá, Christ sein heißt..., S. 42; 'Abdu'l-Bahá, The Promulgation of Universal Peace, S. 85, 613.
[522] Matthäus 27:29; Markus 15:18; Johannes 19:3.
[523] 'Abdu'l-Bahá, Briefe und Botschaften, S. 206; vgl. 'Abdu'l-Bahá, The Promulgation of Universal Peace, S. 613.
[524] 'Abdu'l-Bahá, Christ sein heißt..., S. 42; 'Abdu'l-Bahá, The Promulgation of Universal Peace, S. 613.
[525] 'Abdu'l-Bahá, The Promulgation of Universal Peace, S. 85.
[526] 'Abdu'l-Bahá, The Promulgation of Universal Peace, S. 613.
[527] Bahá'u'lláh, Anspruch und Verkündigung, S. 144.
[528] Bahá'u'lláh, Anspruch und Verkündigung, S. 88.

Jesus gekreuzigt werden, die Inschrifttafel über Jesu Kreuz, die Kreuzigungszeugen unter Jesu Anhängern oder das Los über Jesu Kleider tauchen in den Bahá'í-Schriften nicht auf. Vor dem körperlichen Tod Jesu ist die einzige Begebenheit, die noch angerissen wird, dass „Christus um Vergebung für Seine Mörder gefleht"[529] habe. 'Abdu'l-Bahá bezieht sich hierbei auf den Ausruf „Vater, vergib ihnen; denn sie wissen nicht, was sie tun!"[530], den er bei einer Gelegenheit auch direkt zitiert.

'Abdu'l-Bahá legt Jesus noch weitere Sätze in den Mund, die er am Kreuz beziehungsweise direkt vor seinem Tod geäußert haben soll. Darunter ist ein sehr bemerkenswerter Ausspruch, den 'Abdu'l-Bahá in den Kontext seiner Auferstehungsdeutung einbettet und der Jesus seinen Sieg über den Tod noch am Kreuz voraussagen lässt: „Diese Sonne wird strahlen, dieses Licht wird scheinen, und Meine Gnade wird die Welt umfassen, und alle Meine Feinde werden erniedrigt sein."[531]

Hinzu kommen zwei Gebete, die Jesus am Kreuz gesprochen habe:

> „Löse Mich aus den Fesseln der körperlichen Welt, mache Mich frei aus diesem Käfig, auf dass Ich zur höchsten Höhe der Erhabenheit und Herrlichkeit aufsteige und dass Ich jene Größe und Heiligung, die vor der irdischen Welt bestand, wiederfinde, dass Ich Mich der ewigen Welt erfreue und Mich zur ursprünglichen Heimat, zur Welt ohne Raum, zum verborgenen Königreich erhebe."[532]

Sowie an anderer Stelle:

> „O Mein geliebter Herr, wie lange willst Du Mich ihnen überlassen? Erhebe Mich zu Dir, schütze Mich bei Dir, gib Mir eine Wohnstatt bei Deinem Thron der Herrlichkeit."

---

[529] 'Abdu'l-Bahá, Beantwortete Fragen, S. 258; vgl. 'Abdu'l-Bahá, The Promulgation of Universal Peace, S. 7.
[530] 'Abdu'l-Bahá, The Promulgation of Universal Peace, S. 57; vgl. Lukas 23:34.
[531] 'Abdu'l-Bahá, Beantwortete Fragen, S. 30.
[532] 'Abdu'l-Bahá, Beantwortete Fragen, S. 118.

> Wahrlich, Du bist der Erhörer der Gebete, und Du bist der Gütige, der Barmherzige.
>
> O Mein Herr! Wahrlich, diese weite Welt ist zu klein für Mich; Ich liebe dieses Kreuz aus Liebe zu Deiner Schönheit, aus Sehnsucht nach Deinem Reich der Höhe und um des Feuers willen, das, von den Windstößen Deiner Heiligkeit entfacht, in Meinem Herzen lodert. Hilf Mir, o Herr, zu Dir aufzusteigen, stehe Mir bei, Deine Heilige Schwelle zu erreichen, o Mein liebender Herr!
>
> Wahrlich, Du bist der Barmherzige, der Besitzer großer Gabenfülle! Wahrlich, Du bist der Großmütige! Wahrlich, Du bist der Mitleidvolle! Wahrlich, Du bist der Allwissende! Es gibt keinen Gott außer Dir, dem Mächtigen, dem Kraftvollen!"[533]

Beide Gebete illustrieren eine tiefe Sehnsucht Jesu nach der Rückkehr zu Gott, seinem Herrn und Vater, die sich mit einem Gefühl von Befreiung von den Schranken der Körperlichkeit verbindet. Insofern sind beide Gebete deutlich von der Bahá'í-Eschatologie mit ihrer starken Kontrastierung von begrenzter körperlicher und unbegrenzter geistiger Wirklichkeit beeinflusst, was auch ihr Stil unterstreicht. Es handelt sich hierbei eindeutig um Bahá'í-Gebete, die in genau dem gleichen Grundmuster abgefasst sind, das Bahá'u'lláh für seine eigenen Gebete verwendete und das 'Abdu'l-Bahá hier aufgreift. Dennoch verbindet sich mit ihrer Erwähnung in den Schriften 'Abdu'l-Bahás selbstverständlich der Anspruch, dass es sich hierbei um authentische Jesusworte handelt. Inwieweit sie sinngemäß oder wortwörtlich aufzufassen sind, wird nicht erläutert. Da sich die beiden Gebete jedoch im Inhalt stark ähneln, scheinen sie auf den gleichen Grundgedanken zurückzugehen und eine einheitliche Aussage zu besitzen.

Direkt nach dem Tod Jesu treten furchterregende Naturereignisse ein. „So wird zum Beispiel in den Evangelien über das Martyrium Christi berichtet, dass eine Finsternis eintrat, die Erde erbebte, der Vorhang des Tempels von oben bis unten entzweigerissen wurde und die Toten aus den Gräbern aufstanden."[534] 'Abdu'l-Bahá führt in der Folge aus, dass diese Ereignisse symbolisch zu verstehen seien

---

[533] 'Abdu'l-Bahá, Briefe und Botschaften, S. 206.
[534] 'Abdu'l-Bahá, Beantwortete Fragen, S. 49; vgl. Matthäus 27:51-52.

und keinesfalls wörtlich genommen werden könnten, denn „wenn sich dies alles wirklich ereignet hätte, wäre es ganz außerordentlich gewesen und sicherlich in der Geschichte jener Tage verzeichnet worden."[535] Da es jedoch keine unabhängigen Quellen gäbe, die diese Berichte stützen würden, sei es „klar..., dass sie nicht wörtlich zu nehmen sind, sondern eine innere Bedeutung haben."[536] Welche symbolische Bedeutung genau den berichteten Ereignissen nach Jesu Tod innewohnen solle, erläutert er jedoch nicht.

Das Universale Haus der Gerechtigkeit diskutiert zudem den Ort der Grabstätte Jesu in einem Brief. Demzufolge gebe es keine eindeutigen Hinweise auf den Bestattungsort in den Bahá'í-Schriften, jedoch gebe es zahlreiche Pilgernotizen von 'Abdu'l-Bahá und Shoghi Effendi, in denen angedeutet werde, dass die Jünger „den Leichnam Christi verbargen, indem sie ihn unter den Mauern Jerusalems bestatteten, und dass dieses Grab heutzutage unterhalb der Grabeskirche liegt"[537]. Allerdings fehlt diesen Pilgernotizen eine offizielle Bestätigung durch die Schriften, sodass sie hier nur der Vollständigkeit halber zitiert werden können. Interessanterweise korrespondieren diese Aussagen jedoch mit der bereits zur Zeit des Neuen Testaments vorgebrachten Behauptung der Juden, die Jünger Christi hätten die leibliche Auferstehung durch eine Umbettung des Leichnams Jesu vorgetäuscht: „Als sie aber hingingen, siehe, da kamen einige von der Wache in die Stadt und verkündeten den Hohenpriestern alles, was geschehen war. Und sie kamen mit den Ältesten zusammen, hielten Rat und gaben den Soldaten viel Geld und sprachen: ‚Sagt, seine Jünger sind in der Nacht gekommen und haben ihn gestohlen, während wir schliefen. Und wenn es dem Statthalter zu Ohren kommt, wollen wir ihn beschwichtigen und dafür sorgen, dass ihr sicher seid.' Sie nahmen das Geld und taten, wie sie angewiesen waren. Und so ist dies zum Gerede geworden bei den Juden bis auf den heutigen Tag."[538]

---

[535] 'Abdu'l-Bahá, Beantwortete Fragen, S. 49.
[536] 'Abdu'l-Bahá, Beantwortete Fragen, S. 49.
[537] Aus einem Brief im Auftrag des Universalen Hauses der Gerechtigkeit an einen einzelnen Gläubigen, 09.10.1989.
[538] Matthäus 28:11-15.

Die islamische Sicht auf die Kreuzigung

In aller Kürze sei an dieser Stelle auch auf die grundsätzliche Problematik verwiesen, die sich im Umgang mit der Kreuzigung im islamischen Kulturraum zwangsläufig ergeben musste. Denn wenn Bahá'u'lláh im Rückgriff auf die Evangelien den Kreuzestod Jesu akzeptierte, geriet er damit automatisch in Konflikt mit der muslimischen Geistlichkeit, die mit Verweis auf den Koran die Kreuzigung grundsätzlich ablehnte. Ausgehend von dem Koranvers „Und wegen ihrer Rede: ‚Wir haben den Messias, Jesus, den Sohn der Maria, den Gesandten Allahs getötet'; während sie ihn doch weder erschlugen noch den Kreuzestod erleiden ließen, sondern er erschien ihnen nur gleich (einem Gekreuzigten); und jene, die in dieser Sache uneins sind, sind wahrlich im Zweifel darüber; sie haben keine (bestimmte) Kunde davon, sondern folgen bloß einer Vermutung; und sie haben darüber keine Gewissheit"[539] wird in der islamischen Theologie traditionellerweise davon ausgegangen, dass es nicht Jesus war, der am Kreuz gestorben ist, sondern dass ein anderer Mensch an seiner Stelle gekreuzigt worden sei, während Gott Jesus lebendig in den Himmel emporgehoben habe. Parallelen hat diese Sicht, die in erster Linie den Skandal des Prophetenmordes aufzulösen versucht, in einigen Strömungen des frühchristlichen Doketismus. So identifiziert beispielsweise Basilides den Gekreuzigten mit Simon von Cyrene, demjenigen, der gemäß den kanonischen Evangelien Jesu Kreuz trug. Auch wenn die Rede des Basilides von der ‚Ähnlichmachung' eines anderen Menschen sich vom Vokabular her mit dem koranischen Bericht deckt, so muss doch immer mitbedacht werden, dass es sich bei dem koranischen Isa ibn Maryam um einen Menschen aus Fleisch und Blut handelt, während der Doketismus Jesus lediglich einen Scheinleib zugesteht.

Eine Minderheit der islamischen Theologen deutete den angeführten Koranvers völlig anders und akzeptierte die Realität der Kreuzigung, unterschied hierbei jedoch zwischen dem menschlichen Körper Jesu, der wie jeder andere endlich, zerstörbar und den Widrigkeiten des irdischen Lebens ausgeliefert gewesen sei, und dem

---

[539] Koran 4:158.

unsterblichen und unzerstörbaren Geist Jesu. Folglich wäre es den Juden in dieser Auslegung zwar gelungen, den irdischen Körper zu zerstören, jedoch nicht den himmlischen Geist. Es erschien ihnen also so, als hätten sie es vermocht, Jesus als Individuum und Propheten auszulöschen, was ihnen der Unsterblichkeit und Macht seines Geistes wegen jedoch nicht gelungen sei. Bei 'Abdu'l-Bahá klingt dieses Denken bereits an, wenn er eigens darauf hinweist, dass Jesus, „äußerlich gesehen, gekreuzigt wurde"[540]. Shoghi Effendi bestätigt diese islamische Minderheitenmeinung in einem Brief ausdrücklich. Er schreibt: „Was Ihre Frage hinsichtlich der Sure 4:158 des Qur'án angeht, in der Muḥammad sagt, dass die Juden nicht Jesus, den Christus, sondern jemanden wie Ihn gekreuzigt haben: Was diese Textstelle meint ist, dass die Juden, obwohl sie den physischen Körper Jesu erfolgreich zerstörten, unfähig waren, die göttliche Wirklichkeit in Ihm zu zerstören."[541] An anderer Stelle äußert er sich ebenfalls in dieser Weise und betont die Authentizität der biblischen Kreuzigungsberichte[542].

Die Himmelfahrt

Singulär für die Deutung Jesu ist ebenfalls das Verständnis der Himmelfahrt bei Bahá'u'lláh und 'Abdu'l-Bahá. Denn anders als in den Evangelien kennen die Bahá'í-Schriften nicht nur keine eigenständige Himmelfahrtserzählung, sondern setzen die Himmelfahrt Jesu sogar direkt mit seinem Tod gleich. Bahá'u'lláh umschreibt den Tod Jesu beispielsweise derart, dass „Er Seine Zuflucht in den vierten Himmel nahm"[543] oder „Seinen Geist zu Gott aufgab"[544]. Auch davon, dass „Gott Ihn in den Himmel erhob"[545], ist die Rede. Diese Wortwahl deckt sich mit der islamischen Interpretation von der leiblichen Aufnahme Jesu in den Himmel, ohne diese jedoch konkret aussagen zu wollen. Die Analogie dieser Formulierung zum Begriff

---

[540] 'Abdu'l-Bahá, Beantwortete Fragen, S. 106.
[541] Aus einem Brief im Auftrag des Hüters an einen einzelnen Gläubigen, 19.03.1938.
[542] Aus einem Brief im Auftrag des Hüters an einen einzelnen Gläubigen, 14.07.1943.
[543] Bahá'u'lláh, Das Buch der Gewissheit (Kitáb-i-Íqán), S. 111.
[544] Bahá'u'lláh, Ährenlese, S. 78.
[545] Bahá'u'lláh, Anspruch und Verkündigung, S. 144.

der Himmelfahrt führte spätestens 'Abdu'l-Bahá zu der Gleichsetzung beider Begriffe, wobei der Tod Jesu in der deutschen Übersetzung teilweise als „Aufstieg"[546] bezeichnet wird, der direkt mit dem Zeitpunkt gleichgesetzt wird, an dem er „die menschliche Hülle abgelegt"[547] habe. Auch davon, dass Jesus „von dieser Welt ging"[548], wird in direktem Bezug zu diesem Aufstieg gesprochen. Der ‚Aufstieg' ist demnach eine den christlichen Himmelfahrtsbegriff im Deutschen absichtlich vermeidende Alternative, die allerdings im englischen Original keine Parallele hat; dort wird gemeinhin von der ‚Ascension of Christ' gesprochen. Anhaltspunkte für eine Annäherung an die Vorstellung von der Himmelfahrt bietet darüber hinaus die Verwendung des Himmelfahrtsbegriffs in der Beschreibung des Fortlebens Jesu im Geiste, wo abwechselnd die Himmelfahrt oder der Kreuzestod als Ausgangspunkt gelten: „So kommt es, dass man sogar im Reich dieser Welt, das heißt im Gebiet des Geistes und der Materie, sieht, wie die Größe und Herrlichkeit Christi auf dieser Erde nach Seiner Himmelfahrt offenbar wurden."[549] An anderer Stelle heißt es wiederum: „Indem Er Sich Selbst opferte, wurde allem Erschaffenen eine neue Fähigkeit eingehaucht. Die Beweise dafür sind in allen Völkern kund und heute vor dir offenbar."[550]

Das Universale Haus der Gerechtigkeit weist zudem auf die Zusammenhänge mit den geläufigen antiken und später mittelalterlichen Vorstellungen hin, wenn es bezüglich der Himmelfahrt erklärt, dass zu „der Zeit, als das Neue Testament geschrieben wurde, und noch viele Jahrhunderte später" es „allgemein anerkannter Teil des Weltbildes" gewesen sei, dass „die Welt, auf der wir leben, der Mittelpunkt des Universums sei, die Hölle ein Ort, der sich buchstäblich unter der Erde befindet, während der Himmel buchstäblich über den Wolken verortet wurde, jenseits der Atmosphäre der

---

[546] 'Abdu'l-Bahá, Ansprachen in Paris, S. 136; 'Abdu'l-Bahá, Briefe und Botschaften, S. 80, 329.
[547] 'Abdu'l-Bahá, Briefe und Botschaften, S. 80.
[548] 'Abdu'l-Bahá, Ansprachen in Paris, S. 136.
[549] 'Abdu'l-Bahá, Beantwortete Fragen, S. 119.
[550] Bahá'u'lláh, Ährenlese, S. 78.

Planeten."[551] In diesem Zusammenhang wird auch einmalig Christi Höllenfahrt erwähnt, bei der es sich im Ursprung um apokryphes Material handelt, das in den Schriften des Neuen Testaments selbst nicht enthalten, sondern dem Traditionsbestand der Alten Kirche entwachsen ist. Im Zuge dieser Höllenfahrt, die 'Abdu'l-Bahá zumindest implizit andeutet, wenn er im Zuge seiner Darstellung des Opfers Christi von der Erlösung der Propheten und Erzväter des Alten Testaments durch Jesus spricht[552], sei gemäß der Tradition Jesus in den drei Tagen seines Todes in die Hölle hinabgestiegen, habe dem Satan die Schlüssel der Höllenpforte entrissen und die Gerechten des Hauses Israel befreit und von dort hinausgeführt[553]. Tatsächlich seien also Höllen- wie Himmelfahrt Jesu dem Verständnishorizont der damaligen Zeit durchaus angemessen gewesen, da die Menschen sich „die nächste Welt als einen physischen Ort vorgestellt"[554] und die Berichte über diesen ihren kosmologischen Weltordnungsmodellen angepasst überliefert hätten. Für den modernen Menschen, der „eine klarere Vorstellung von der Beschaffenheit des physischen Universums" habe, seien solche Vorstellungen jedoch nicht mehr als ein „lächerliches Hirngespinst"[555]. Um dies zu unterstreichen, erwähnt das Universale Haus der Gerechtigkeit sogar äußerst plakativ als einzige Möglichkeit für einen physischen Körper, die Stratosphäre zu verlassen, die Reise in einem Raumschiff. Ungeachtet dessen sei aber dennoch aus den Bahá'í-Schriften unzweifelhaft zu erkennen, dass, „auch wenn wir diese Berichte nicht als im wörtlichen Sinne wahr betrachten können, dies weder die Wahrheit noch die Bedeutung der geistigen Wirklichkeiten, die sie vermitteln, schmälert"[556].

---

[551] Aus einem Brief im Auftrag des Universalen Hauses der Gerechtigkeit an einen einzelnen Gläubigen, 09.10.1989.
[552] Ansprachen in England und Nordamerika, S. 169.
[553] Aus einem Brief im Auftrag des Universalen Hauses der Gerechtigkeit an einen einzelnen Gläubigen, 09.10.1989.
[554] Aus einem Brief im Auftrag des Universalen Hauses der Gerechtigkeit an einen einzelnen Gläubigen, 09.10.1989.
[555] Aus einem Brief im Auftrag des Universalen Hauses der Gerechtigkeit an einen einzelnen Gläubigen, 09.10.1989.
[556] Aus einem Brief im Auftrag des Universalen Hauses der Gerechtigkeit an einen einzelnen Gläubigen, 09.10.1989.

Die Kreuzigung – Sieg über den Tod

An zahlreichen Stellen finden sich bei Bahá'u'lláh und 'Abdu'l-Bahá Hinweise auf das Fortleben Jesu im Geiste. Die Kreuzigung wird dabei nicht als Skandalon belassen, sondern ihr wird eine verkehrende Wirkung zugesprochen. Die Kreuzigung bedeute demnach die Verkehrung von Tod in Leben, im Weiteren kann man auch von einem Sieg über den (physischen) Tod sprechen. „Denke daran, dass Christus, allein und nur auf Sich Selbst gestellt, ohne Beschützer und Helfer, ohne Truppen und Heer und unter schwerster Bedrückung das Banner Gottes vor der ganzen Welt aufrichtete und ausharrte und schließlich alle überwand, obwohl Er, äußerlich gesehen, gekreuzigt wurde. Das ist doch ein wahrhaftiges Wunder, das niemals geleugnet werden kann. Eines weiteren Beweises für die Wahrheit Christi bedarf es nicht."[557] „Als der Herr Christus mit Dornen gekrönt war, wusste Er, dass Ihm alle Kronen der Erde zu Füßen lagen. Alle irdischen Kronen, wie prachtvoll, mächtig und strahlend sie auch waren, beugten sich anbetungsvoll vor der Dornenkrone. Es war diese sichere und gewisse Erkenntnis, von der Er sprach, als Er sagte: ‚Mir ist gegeben alle Macht im Himmel und auf Erden.'"[558] „Seine Erniedrigung war Sein Ruhm, Seine Dornenkrone ein himmlisches Diadem. Als sie die Dornen auf sein gesegnetes Haupt drückten und Ihm in Sein hehres Antlitz spien, da legten sie den Grundstein zu Seinem ewigen Reich. Er herrscht noch immer, doch sie und ihre Namen sind verloren und vergessen. Er ist ewig und strahlt in Herrlichkeit; sie sind nichts. Ihn suchten sie zu vernichten; doch sie vernichteten sich selbst und durch die Stürme ihrer Gegnerschaft nährten sie nur Seine Flamme."[559] „Nach Seiner Himmelfahrt wurden die juwelenbesetzten Kronen aller Könige gedemütigt und beugten sich vor der Dornenkrone."[560] „Und siehe, was dann geschah: wie ihre mächtigen Fahnen eingeholt wurden und stattdessen Sein erhabenes Banner gehisst wurde, wie all die hellen Sterne an jenem Himmel der Ehre und des Stolzes versanken, wie sie im Westen der

---

[557] 'Abdu'l-Bahá, Beantwortete Fragen, S. 106.
[558] 'Abdu'l-Bahá, Ansprachen in Paris, S. 134.
[559] 'Abdu'l-Bahá, Christ sein heißt..., S. 42.
[560] 'Abdu'l-Bahá, Beantwortete Fragen, S. 119.

Vergänglichkeit untergingen - und wie Sein Lichtgestirn von den Himmeln unsterblichen Ruhmes strahlt, während die Jahrhunderte und Zeitalter verrinnen."[561]

Das Opfer Christi aus der Sicht Bahá'u'lláhs und 'Abdu'l-Bahás

Auch wenn Bahá'u'lláh und 'Abdu'l-Bahá die Erbsündenlehre verwerfen, entwickeln sie doch eine eigene Deutung des Todes Christi, die weit über den Skandal eines Prophetenmordes hinausgeht. Zunächst ist festzustellen, dass es in ihrer Darstellung nicht Gott selbst ist, der Jesus opfert, sondern dass es sich dabei um ein freiwilliges und bewusstes Selbstopfer handelt[562]. Im Zusammenhang mit der Sünde Adams, die 'Abdu'l-Bahá im Zuge seiner Anthropologie aufgreift, kann man Jesus als ‚Zweiten Adam', als das perfekte Gegenbeispiel zu Ersterem betrachten. Demnach habe Adam, als er die Frucht des Baumes aß, beispielhaft falsch gehandelt, während Jesus beispielhaft richtig handelte. „Das ist das wahre Opfer: sich selbst hinzugeben, wie es Christus tat, als ein Lösegeld für das Leben der Welt."[563] Bahá'u'lláh äußerte sich ähnlich, wenn er das freiwillige Selbstopfer Jesu in eine Reihe mit dem Abrahamsopfer und zahlreichen anderen Martyrien stellt, was ebenfalls für das frühe Christentum belegt ist. „Was du über Abraham, den Freund des Allbarmherzigen, gehört hast, ist die Wahrheit, daran besteht kein Zweifel. Die Stimme Gottes befahl Ihm, Ismael als Opfer darzubringen, damit Seine Standhaftigkeit im Glauben Gottes und Seine Loslösung von allem außer Ihm den Menschen dargetan werde. Überdies war es Gottes Absicht, Ihn als Lösegeld für die Sünden und Frevel aller Völker auf Erden zu opfern. Jesus, der Sohn Marias, flehte zu dem einen, wahren Gott ... Ihm die gleiche Ehre zuteil werden zu lassen."[564] Der Gedanke des Sühnopfers für die Sünden der Menschheit findet sich bereits bei Paulus und in den

---

[561] 'Abdu'l-Bahá, Briefe und Botschaften, S. 206.
[562] 'Abdu'l-Bahá, Ansprachen in England und Nordamerika, S. 169, 172; 'Abdu'l-Bahá, Ansprachen in Paris, S. 91; 'Abdu'l-Bahá, Beantwortete Fragen, S. 120, 122; 'Abdu'l-Bahá, Briefe und Botschaften, S. 80; 'Abdu'l-Bahá, Christ sein heißt..., S. 42.
[563] 'Abdu'l-Bahá, Briefe und Botschaften, S. 80.
[564] Bahá'u'lláh, Ährenlese, S. 69-70.

Evangelien, während der Koran ihn grundlegend ablehnt. Die stellvertretende Sühne für die Sünden Anderer ist Teil des göttlichen Heilsplans für die Menschenwelt und in regelmäßigen Abständen wiederholen sich solche Ereignisse, wobei in diesem Kontext noch einmal hervorgehoben werden sollte, dass ein freier Entschluss, die Sünden der Menschheit auf sich zu nehmen, letztlich als konstitutiv für das Opfer selbst gelten muss. Jesus hätte demnach theoretisch die Möglichkeit gehabt, sein eigenes Leben zu retten, war also kein bloßes Werkzeug Gottes, machte von dieser Möglichkeit aber aus freiem Entschluss keinen Gebrauch[565].

Bahá'u'lláhs Äußerungen zum Opfer Abrahams entsprechen die Aussagen 'Abdu'l-Bahás zu Jesu Intention hinter dem Selbstopfer. So habe er sich ‚hingegeben', „um die Menschenwelt zu führen"[566], „die Menschheit zu erleuchten"[567], „die Überwindung der Sünde zu erreichen"[568] und „eine Sache zu vertreten und zu fördern, die das Menschengeschlecht erziehen, die Kinder Adams neu beleben und die ganze Menschheit erleuchten sollte"[569], „damit die Menschen von der Unvollkommenheit der körperlichen Natur befreit und mit den Gaben der geistigen Natur ausgezeichnet werden"[570] und „der Baum [der christlichen Gemeinde] wachsen und sich entfalten möge"[571]. All diese Aussagen lassen keine generelle Erlösungsbedürftigkeit des Menschen erkennen, sehen jedoch die bereits im Kapitel ‚Lehre und Ethik Jesu' beschriebene Notwendigkeit einer geistigen Wiedergeburt als ausschlaggebend für das Opfer Christi an. Demnach war es vorauszusehen, dass Jesus seine Verkündigung gegen den massiven Widerstand der Menschen nicht auf dem herkömmlichen Wege zum Erfolg würde führen können, sodass das Opfer notwendig war, um seine Aufgabe zu erfüllen: „Weil aber die Offenbarung einer solch großen Sache – einer Sache, die im Widerspruch zu allen Menschen, Völkern und Obrigkeiten stand – es in sich schloss, dass Er getötet

---

[565] 'Abdu'l-Bahá, Ansprachen in England und Nordamerika, S. 170.
[566] 'Abdu'l-Bahá, Ansprachen in England und Nordamerika, S. 170.
[567] 'Abdu'l-Bahá, Ansprachen in England und Nordamerika, S. 170.
[568] 'Abdu'l-Bahá, Beantwortete Fragen, S. 126.
[569] 'Abdu'l-Bahá, Beantwortete Fragen, S. 122.
[570] 'Abdu'l-Bahá, Beantwortete Fragen, S. 120.
[571] 'Abdu'l-Bahá, Beantwortete Fragen, S. 123.

und gekreuzigt würde, hat Christus damit, dass Er Seine Sendung verkündete, Sein Leben hingegeben."[572] Es war also Jesu Wille, seine Verkündigung gegen alle Widerstände zum Erfolg zu führen, die ihn veranlasste, sich zu opfern. Dabei wird in letzter Konsequenz der Einsatz des eigenen Lebens zum Wohle Anderer als erstrebenswertes Ideal dargestellt.

Der Opfertod Jesu wirkt gemäß 'Abdu'l-Bahás Auslegung auf zweifache Weise: Auf der einen Seite als leuchtendes und anfeuerndes Beispiel, höchste Stufe der Loslösung und Höhepunkt einer gottgefälligen Lebensführung; andererseits als notwendiges Mittel zur Freisetzung seines Geistes und seiner belebenden Kräfte in der jungen christlichen Gemeinde. 'Abdu'l-Bahá nennt diese beiden Deutungen „offensichtlich" bzw. „stofflich" und „verborgen"[573] bzw. „geistig"[574]. Die erste dieser Deutungen, die ‚offensichtliche' oder ‚stoffliche', ist demnach durch den innewohnenden Beispielcharakter geprägt. Durch das Opfer Jesu, eine Tat absoluter Selbstverleugnung zum Wohle der Menschheit, werden diejenigen, die durch seine Verkündigung nicht auf intellektueller Ebene berührt werden konnten, nun auf einer zutiefst emotionalen Ebene in einem Schockeffekt angerührt. Im Wesentlichen ist dies die Deutung, der sich auch die allgemeinen Gedanken 'Abdu'l-Bahás zurechnen lassen. Dem gegenüber steht eine ‚verborgene' oder ‚geistige' Bedeutungsebene, die insbesondere die Auflösung der körperlichen Begrenztheit Jesu in den Blick nimmt und seinem freigesetzten und unbeschränkten Geist einen dauerhaften Einfluss auf die Menschenwelt zuspricht. Schon Bahá'u'lláh äußert sich in dieser Weise, wenn er schreibt: „Indem Er Sich Selbst opferte, wurde allem Erschaffenen eine neue Fähigkeit eingehaucht. Die Beweise dafür sind in allen Völkern kund und heute vor dir offenbar. Die tiefste Weisheit, welche die Weisen zum Ausdruck bringen, die gründlichste Gelehrsamkeit, die Menschengeist entfaltet, die Künste, welche die fähigsten Hände gestalten, der Einfluss, den die

---

[572] 'Abdu'l-Bahá, Beantwortete Fragen, S. 122; vgl. 'Abdu'l-Bahá, Ansprachen in England und Nordamerika, S. 169.
[573] 'Abdu'l-Bahá, Beantwortete Fragen, S. 122.
[574] 'Abdu'l-Bahá, Ansprachen in England und Nordamerika, S. 168.

mächtigsten Herrscher üben, sind nur Offenbarungen der belebenden Macht, die Sein überragender, Sein alldurchdringender und strahlender Geist entfesselt hat."[575] Weiterhin vergleicht 'Abdu'l-Bahá Jesus mit einem Samenkorn. „Dieses Samenkorn opferte seine eigene Gestalt, damit der Baum wachsen und sich entfalten möge. Wenn auch das Äußere des Samenkorns zugrunde ging, so offenbarte sich seine Wirklichkeit in vollendeter, majestätischer Pracht und Schönheit in der Gestalt des Baumes. ... Die Gestalt des Samenkorns wurde dem Baum geopfert, aber seine Vollkommenheiten wurden infolge dieses Opfers sichtbar und offenkundig; denn der Baum mit seinen Zweigen, Blättern und Blüten war im Samenkorn verborgen, indem das Äußere des Samenkorns geopfert wurde, zeigten sich seine Vollkommenheiten in der vollendeten Gestalt der Blätter, Blüten und Früchte."[576] „Äußerlich verschwand Christus. Seine persönliche Identität verbarg sich vor den Augen, wie die Identität des Samens verschwindet; aber die Segnungen, die göttlichen Eigenschaften und Vollkommenheiten Christi offenbarten sich in der christlichen Gemeinde, die Christus ins Leben rief, indem Er sich opferte."[577] Jesus selbst äußert sich im Johannesevangelium vergleichbar: „Wahrlich, wahrlich, ich sage euch: Wenn das Weizenkorn nicht in die Erde fällt und erstirbt, bleibt es allein; wenn es aber erstirbt, bringt es viel Frucht."[578] Dabei versteht 'Abdu'l-Bahá die Gläubigen als diese Zweige und Blätter – Bahá'u'lláh verwendete für seine eigenen Anhänger und Familienangehörigen dieselben Bilder –, während der Baum die Gemeinde repräsentiert. Die hier angeführten Vollkommenheiten sind mit denjenigen identisch, die Jesus von 'Abdu'l-Bahá in seiner Lebensführung zugesprochen werden (siehe Kapitel ‚Leben und Wirken Jesu'). 'Abdu'l-Bahá hält außerdem unmissverständlich fest: „Der Einfluss heiliger Wesen und die Fortdauer Ihrer Gnade für die Menschheit, nachdem Sie die menschliche Hülle abgelegt haben, ist für die Bahá'í eine unumstößliche Tatsache, erscheinen doch die überflutenden Gnadengaben, die strömenden Segnungen der hei-

---

[575] Bahá'u'lláh, Ährenlese, S. 78.
[576] 'Abdu'l-Bahá, Beantwortete Fragen, S. 123.
[577] 'Abdu'l-Bahá, Ansprachen in England und Nordamerika, S. 172.
[578] Johannes 12:24.

ligen Manifestationen erst nach Ihrem Aufstieg aus dieser Welt. Die Erhöhung des Wortes, die Enthüllung der Macht Gottes, die Bekehrung gottesfürchtiger Seelen, die Verleihung ewigen Lebens – all dies wuchs verstärkt nach dem Martyrium des Messias."[579]

Beide Deutungen des Opfers greifen an vielen Stellen ineinander und häufig sind sie nicht klar genug voneinander zu trennen, um ihnen die einzelnen Aussagen zuordnen zu können. Die zweite Deutung greift bereits in ein anderes Kernthema des Christentums aus, die Auferstehung. Festzustellen bleibt, dass Jesu Mission in den Augen 'Abdu'l-Bahás trotz aller Schwierigkeiten von Erfolg gekrönt ist: „Als der heilige Odem Christi und die geheiligten Strahlen des Größten Gestirns sich verbreiteten, wurden die menschlichen Wirklichkeiten, nämlich diejenigen Menschen, die sich dem Wort Gottes zuwandten und den Reichtum Seiner Gnadengaben empfingen, frei von dieser Bindung und Sünde, gewannen ewiges Leben, wurden aus den Fesseln des Zwangs gelöst und gelangten zur Welt der Freiheit. Sie wurden von den Schwächen der menschlichen Welt gelöst und mit den Tugenden des Königreiches gesegnet. Das ist die Bedeutung der Worte Christi: ‚Ich gab Mein Blut für das Leben der Welt.' Das heißt: Alle Heimsuchungen, Prüfungen und Trübsale, selbst das größte Martyrium habe Ich auf Mich genommen, um dieses Ziel, die Überwindung der Sünde, zu erreichen. Damit ist die Loslösung des Geistes von der menschlichen Welt und sein Hingezogenwerden zum göttlichen Reich gemeint, damit sich Seelen erheben, die zum innersten Wesen der Führung der Menschheit werden und zu Offenbarungen der Vollkommenheiten des höchsten Königreichs."[580]

Die Frage der Auferstehung

Das Auferstehungsgeschehen, wie es in den Evangelien berichtet wird, lehnen Bahá'u'lláh und 'Abdu'l-Bahá ab. Analog zu der Vorstellung, dass eine körperliche Heilung keinerlei bleibenden Nutzen habe und daher für die Gottesoffenbarer nicht wesentlich sei,

---

[579] 'Abdu'l-Bahá, Briefe und Botschaften, S. 80.
[580] 'Abdu'l-Bahá, Beantwortete Fragen, S. 126.

wird auch die leibliche Auferstehung als nicht zielführend und daher unnötig zurückgewiesen. 'Abdu'l-Bahá verweist häufig darauf, dass Jesus selbst Menschen, die der materiellen Welt verhaftet waren, als Tote bezeichnete, obwohl sie physisch am Leben waren. Insofern ist für 'Abdu'l-Bahá „die Auferstehung der göttlichen Offenbarer ... keine körperliche. Ihre Stellung und Ihre Erscheinungsweise, Ihr Tun und Ihre Einrichtungen, Ihre Lehren und Ihre Ausdrucksweise, Ihre Gleichnisse und Ihre Unterweisungen haben geistige und göttliche Bedeutung und sind nicht an die stoffliche Welt gebunden."[581] Zuvor wurde bereits darauf hingewiesen, dass die körperliche Existenz Jesu eher als eine Beschränkung dargestellt wird, die überwunden werden musste, damit er seinen göttlichen Auftrag erfüllen konnte. Insofern wäre die körperliche Auferstehung ein Rückschritt in eine bereits überwundene Einschränkung. Dass die Offenbarer selbstverständlich auch ohne stofflichen Körper in der Welt wirken und den Menschen erscheinen konnten, bestätigt 'Abdu'l-Bahá im Zusammenhang mit der Verklärungsszene (siehe Kapitel ‚Leben und Wirken Jesu'), wo Moses und Elias unzweifelhaft präsent gewesen seien. Es habe sich hierbei jedoch um eine geistige Verbindung gehandelt und nicht um eine Reinkarnation der Propheten. Im Anschluss an die Gedanken 'Abdu'l-Bahás schreibt das Universale Haus der Gerechtigkeit: „Vom Bahá'í-Standpunkt aus ist die Vorstellung, dass die Auferstehung die Rückkehr eines Körpers aus Fleisch und Blut gewesen sei ... weder annehmbar noch ist es für die Wahrheit der Erfahrung der Jünger wesentlich, die besagt, dass Jesus nicht zu existieren aufhörte, als Er gekreuzigt wurde (wie es auch viele Juden zu dieser Zeit glaubten), sondern dass im Gegenteil Sein Geist, befreit vom Leib, in die Gegenwart Gottes gelangte und fortfuhr, Seine Anhänger zu inspirieren und zu führen und über die Geschicke Seiner Sendung zu wachen.[582]" Die geistige Auferstehung Jesu berichtet und deutet 'Abdu'l-Bahá jedenfalls, ohne dass Jesus in ihr durch die Jünger direkt wahrnehmbar auftaucht. Gemäß seiner Erzählung „waren die Jünger, die den Kreuzestod miterlebten,

---

[581] 'Abdu'l-Bahá, Beantwortete Fragen, S. 108.
[582] Aus einem Brief im Auftrag des Universalen Hauses der Gerechtigkeit an einen einzelnen Gläubigen, 14.09.1987.

verstört und erschüttert."[583] „Die Wirklichkeit Christi, Seine Lehren, Segensgaben, Seine Vollkommenheit und geistige Macht waren nach Seinem Kreuzestode zwei oder drei Tage lang verborgen und verschleiert, sie waren nicht sichtbar und leuchteten nicht. Im Gegenteil, man hielt sie für verloren, denn der Gläubigen waren wenige, und sie waren unruhig und aufgewühlt. Die Sache Christi war wie ein lebloser Körper."[584] Die Auferstehung betraf also nicht direkt die Person Jesu, sondern war in erster Linie eine Wandlung des Selbstverständnisses der Jünger, bedeutete Wiedererlangung ihrer Glaubensgewissheit und ihrer Glaubenstreue; eine Wandlung der inneren Einstellung der Menschen zur Offenbarung Jesu. Es war schließlich Maria Magdalena[585], die als erste wieder Mut fasste und die Jünger zurechtwies: „Warum zweifelt ihr? Warum habt ihr euch gefürchtet? O Petrus! Warum hast du Ihn verleugnet? Die Wirklichkeit Christi ist unsterblich, immerwährend, ewig. Für diese göttliche Wirklichkeit gibt es keinen Anfang und kein Ende, und deshalb kann es keinen Tod geben."[586] Auch Shoghi Effendi bestätigt dies: „Wir glauben nicht, dass es eine körperliche Auferstehung nach der Kreuzigung Christi gegeben hat, wohl aber, dass es eine Zeit nach Seiner Auferstehung gab, in der Seine Jünger Seine wahre Größe erkannten und begriffen, dass Sein Geist ewigwährend ist."[587] Die Auferstehung Jesu im Geiste ist also auch aufs Engste mit der Nachfolge der Jünger verbunden. Die Apostel führten Jesu Werk fort, folgten seinem Lebensweg (siehe Kapitel ‚Leben und Wirken Jesu') und erlangten dadurch selbst die Stufe der Auferstehung: „Wer am meisten leidet, erfährt die höchste Vervollkommnung. ... Kaiphas lebte behaglich und zufrieden, während Petri Leben voll Sorge und Prüfung war. Wer von beiden ist beneidenswerter? Heute zögen wir gewisslich den Zustand Petri vor, besitzt er doch unvergängliches Leben, während Kaiphas ewige Schande gewählt hat."[588]

---

[583] 'Abdu'l-Bahá, Ansprachen in England und Nordamerika, S. 152.
[584] 'Abdu'l-Bahá, Beantwortete Fragen, S. 109.
[585] 'Abdu'l-Bahá, Ansprachen in England und Nordamerika, S. 157, 172.
[586] 'Abdu'l-Bahá, Ansprachen in England und Nordamerika, S. 172.
[587] Aus einem Brief im Auftrag des Hüters an einen einzelnen Gläubigen, 09.10.1947.
[588] 'Abdu'l-Bahá, Christ sein heißt..., S. 52.

Nichtsdestotrotz erwähnen in der Nachfolge 'Abdu'l-Bahás sowohl Shoghi Effendi als auch das Universale Haus der Gerechtigkeit die bekannteren Szenen der Begegnung des Auferstandenen mit den Jüngern, dabei insbesondere die Erscheinung vor den Emmausjüngern aus dem Lukasevangelium[589] sowie die Begegnung Jesu mit dem ungläubigen Thomas aus dem Johannesevangelium[590]. Beide Erzählungen sollen laut Shoghi Effendi „die Wirklichkeit der Anwesenheit des Geistes Christi" andeuten „und nicht Seine körperliche Wiederauferstehung"[591]. Das Universale Haus der Gerechtigkeit geht wesentlich ausführlicher auf die genannten Berichte ein und hebt in seiner Darstellung insbesondere die erkennbaren Widersprüche hervor, die sich aus einem wörtlichen Verständnis ergeben würden. So sei es wahr, „dass Jesus den zweifelnden Thomas auffordert, Seine Wunden zu berühren, um zu beweisen, dass Er es wirklich ist, aber noch kurz zuvor erschien Er plötzlich in einem Raum mit verschlossenen Türen"[592]. Ähnlich äußert sich die Höchste Körperschaft zu den Auferstehungsberichten im Lukasevangelium, die ebenfalls eine deutliche Ambivalenz erkennen lassen. „In ähnlicher Weise verschwindet Jesus plötzlich, nachdem Er mit zwei Anhängern auf der Straße nach Emmaus gesprochen hatte. Er erscheint außerdem plötzlich in unterschiedlichen Teilen des Heiligen Landes, in Jerusalem, Galiläa und so weiter."[593] Tatsächlich berichten die Emmausjünger und der Apostelkreis unabhängig voneinander von zeitgleichen Begegnungen mit dem Auferstandenen, obwohl sie sich an unterschiedlichen Orten befinden. Kurz danach taucht Jesus plötzlich mitten unter ihnen auf, ohne das Haus zuvor betreten zu haben, sodass die Jünger ihn „wie das Evangelium berichtet, zunächst für einen Geist hielten"[594]. Es muss zudem auch

---

[589] Lukas 24:1-49.
[590] Johannes 20:24-29.
[591] Aus einem Brief im Auftrag des Hüters an einen einzelnen Gläubigen, 14.08.1937.
[592] Aus einem Brief im Auftrag des Universalen Hauses der Gerechtigkeit an einen einzelnen Gläubigen, 09.10.1989.
[593] Aus einem Brief im Auftrag des Universalen Hauses der Gerechtigkeit an einen einzelnen Gläubigen, 09.10.1989.
[594] Aus einem Brief im Auftrag des Universalen Hauses der Gerechtigkeit an einen einzelnen Gläubigen, 14.09.1987.

bedacht werden, dass bei all diesen Begegnungen zunächst niemand den Auferstandenen erkennt, sondern im Gegenteil seine Wirklichkeit erst durch seine konkreten Handlungen erkannt wird. In dieses Schema fügt sich auch eine Erwähnung Shoghi Effendis ein, der berichtet, „dass es eine Zeit nach [Jesu] Auferstehung gab, in der Seine Jünger Seine wahre Größe erkannten und begriffen, dass Sein Geist ewigwährend ist. Dies ist es, was symbolisch im Neuen Testament berichtet worden ist und missverstanden wurde. Mit dem Mahl mit Seinen Jüngern nach der Auferstehung ist es dasselbe"[595]. Es ist daher, „wenn man die biblischen Berichte mit unvoreingenommenem Geist liest", erkennbar, „dass diese Ereignisse weit davon entfernt sind, charakteristisch für einen leiblichen Körper zu sein"[596]. Das Universale Haus der Gerechtigkeit zitiert in diesem Zusammenhang Aussagen Bahá'u'lláhs, die deutlich machen, dass an solchen Stellen wie bei den Berichten über die Auferstehung, die bereits interne Paradoxien aufweisen und sich zudem noch gegenseitig widersprechen, diese Widersprüchlichkeiten von den Autoren absichtlich platziert worden seien, um die geistige Wirklichkeit hinter dem geschriebenen Wort deutlich zu machen und indirekt vor einem wörtlichen Verständnis der Texte zu warnen: „Beim Studium der Bibel sollten die Bahá'í ... berücksichtigen ... dass zahlreiche Abschnitte in den Heiligen Schriften dazu gedacht sind, metaphorisch verstanden zu werden, und nicht wörtlich, und dass einige der auftauchenden Paradoxien und scheinbaren Widersprüche dazu gedacht sind, genau dies anzudeuten."[597] Um dies zu verdeutlichen zieht die Höchste Körperschaft unter anderem Paulus' Ersten Korintherbrief heran, in dem eine deutliche Trennung zwischen körperlicher und geistiger Wirklichkeit gesehen wird: „Das sage ich aber, liebe Brüder, dass Fleisch und Blut das Reich Gottes nicht ererben können; auch wird das Verwesliche nicht erben die

---

[595] Aus einem Brief im Auftrag des Hüters an einen einzelnen Gläubigen, 09.10.1947.
[596] Aus einem Brief im Auftrag des Universalen Hauses der Gerechtigkeit an einen einzelnen Gläubigen, 09.10.1989.
[597] Aus einem Brief im Auftrag des Universalen Hauses der Gerechtigkeit an einen einzelnen Gläubigen, 28.05.1984.

Unverweslichkeit."[598] In den Augen der Höchsten Körperschaft ist es daher „klar, dass es selbst im christlichen Denken das Geistige ist, das lebendig und ewig ist, nicht das Materielle."[599]

Außerdem geht das Haus der Gerechtigkeit in einem Brief auf die innerchristlichen Diskussionen über die leibliche Auferstehung ein: „Es liegt in der Natur solcher Begriffe wie ‚Auferstehung' und ‚Wiederkunft', dass sich unterschiedliche Ansichten über ihre Bedeutung entwickeln. In der Tat gibt es unter den christlichen Theologen selbst große Meinungsverschiedenheiten bezüglich der Auferstehung Christi[600], wie das ‚Abingdon Dictionary of Living Religions' auf Seite 619 betont: ‚Eine Vielzahl christlicher Theologen betrachten die Auferstehung heutzutage als eine Metapher, die die Überzeugung ausdrückt, dass der ganze individuelle Mensch eine Zukunft nach dem Tod habe, andere wiederum bekräftigen die Bedeutung des traditionellen Glaubens, dass Jesus leibhaftig von den Toten auferweckt worden sei.'"[601] Das Universale Haus der Gerechtigkeit stellt jedoch ungeachtet dieser innerchristlichen Kontroversen unumwunden fest: „Die Arten, auf die christliche Theologen diese Lehren verstanden haben, unterscheiden sich, aber die

---

[598] 1. Korinther 15:50.

[599] Aus einem Brief im Auftrag des Universalen Hauses der Gerechtigkeit an einen einzelnen Gläubigen, 09.10.1989.

[600] Im deutschsprachigen Raum wurde die leibliche Auferstehung Jesu insbesondere von Rudolf Bultmann in Zweifel gezogen, der sie im Zuge einer ‚Entmythologisierung des Neuen Testaments' als antike und somit für den modernen Menschen unbrauchbare Metapher ohne erkenntnistheoretischen Mehrwert ablehnte. In seinen Augen sei Jesu Auferstehung in der Verkündigung der Jünger vollzogen worden, ihr liege jedoch kein historisches Ereignis zugrunde. Erwartungsgemäß war der Widerstand gegen Bultmann innerhalb der deutschen Evangelischen Kirche entsprechend heftig. Ein anderer bekannter Kritiker der Auferstehung ist der Göttinger Neutestamentler Gerd Lüdemann, dem nach seiner freimütigen Aussage ‚Das Grab war voll!' die Lehrerlaubnis entzogen wurde. Im katholischen Bereich ist Kritik an der leiblichen Auferstehung bisher selten und theologisch nicht aktuell. Im protestantischen Bereich mischt sich die Diskussion um die Historizität der Auferstehung zudem häufig mit der Rückfrage nach dem historischen Jesus von Nazareth.

[601] Aus einem Brief im Auftrag des Universalen Hauses der Gerechtigkeit an einen einzelnen Gläubigen, 14.09.1987.

wesentlichen Teile befinden sich in Übereinstimmung sowohl mit den Bahá'í-Lehren als auch mit den Berichten, die wir im Neuen Testament lesen."[602]

---

[602] Aus einem Brief im Auftrag des Universalen Hauses der Gerechtigkeit an einen einzelnen Gläubigen, 09.10.1989.

3.6. Nachfolge und Ankündigung

Die Geschichte Jesu endet nicht am Kreuz, denn „als Christus erschien, folgten einige gesegnete Seelen Seinem Beispiel. Sie begleiteten ihren Meister und beobachteten und verfolgten stets Sein Verhalten, Seine Schritte und Gedanken. Sie bezeugten die Verfolgungen, die sie Ihm aufbürdeten, und wurden über alle Begebenheiten unterrichtet, die einem so außergewöhnlichen Leben zugehören – sie waren Empfänger Seiner Güte und Seiner Gunst."[603] Die Jünger fanden nach der Kreuzigung, die sie sehr mitgenommen und verunsichert hatte, die Kraft, Jesus nachzufolgen und seine Botschaft in die Welt hinauszutragen. Dabei handelte es sich um eine völlige Verwandlung des Wesens der Jünger, eine Umkehrung ihrer Unvollkommenheit in Vollkommenheit – und vor allem auch um eine geistige Erweckung: „Bedenke, was Christus erreicht hat. Er bewirkte, dass die Seelen [der Gläubigen] einen Zustand erreichten, in dem sie willig und freudig ihr Leben ließen. Was für eine Macht! Tausende von Menschenseelen waren so hingezogen zu Gott, dass sie, in äußerster Freude ob ihrer geistigen Aufnahmefähigkeit, sich selbst vergaßen und sich in Seiner Nachfolge ganz dem Willen Gottes ergaben. Wäre ihnen einfach gesagt worden, dass es erstrebens- und lobenswert sei, sich auf dem Pfad Gottes selbst zu opfern, wäre all dies nie geschehen. Sie hätten nicht so gehandelt. Christus gewann sie, entriss ihnen die Zügel der Macht und sie eilten in Verzückung voran, um sich selbst zu opfern."[604] Dabei wird – im Unterschied zu den Evangelienberichten – die leibliche Präsenz Jesu während dieses Prozesses, der nach christlicher Deutung spätestens mit der Himmelfahrtserzählung und dem Pfingstwunder als abgeschlossen gelten kann, konsequent abgelehnt. Eigenständige Erzählungen über die Zeit nach der Auferstehung und Himmelfahrt Jesu, wie sie die Evangelien kennen, finden sich in den Bahá'í-Schriften nicht.

---

[603] 'Abdu'l-Bahá, The Promulgation of Universal Peace, S. 523.
[604] 'Abdu'l-Bahá, The Promulgation of Universal Peace, S. 351.

Lediglich eine Szene wird besonders erzählt und beschrieben als „Treffen der Jünger Jesu auf dem Berg nach Seiner Himmelfahrt"[605]. Hierbei handelt es sich um ein Gespräch innerhalb des Jüngerkreises, in dem die Frage der rechten Nachfolge geklärt werden sollte. „Jesus Christus ist gekreuzigt worden und wir können nicht länger die Gemeinschaft und den Austausch mit Ihm in Seinem physischen Körper pflegen; daher müssen wir Ihm gegenüber treu und gewissenhaft sein, wir müssen dankbar sein und Ihn hoch schätzen, denn Er hat uns von den Toten auferweckt, Er hat uns weise gemacht und uns ewiges Leben geschenkt. Was sollen wir tun, um unseren Glauben zu bezeugen?"[606] In der Folge werden Fragen wie Ehelosigkeit, die Aufgabe weltlicher Besitztümer sowie die Bereitschaft erörtert, bis zum äußersten zu gehen, sich verfolgen und töten zu lassen, um dem Vorbild gerecht zu werden[607]. 'Abdu'l-Bahá hebt, dem Bild einer Bahá'í-Beratung entsprechend, den einmütigen Charakter des Gesprächs hervor, der auf Wahrheitsfindung ausgerichtet ist, nicht auf die Durchsetzung der persönlichen Ansichten Einzelner. Nach dieser Beratung sollen sich die Jünger gemäß seinem Bericht über alle Lande verstreut haben. Sie „eilten ... in die verschiedenen Weltgegenden und verbreiteten die Lehren und Anweisungen, die Er ihnen gegeben hatte. Durch ihre Hingabe und ihre Mühen wurden andere Orte und entfernte Länder von den durch Ihn offenbarten Grundsätzen unterrichtet."[608]

Pfingsten und die Ausgießung des Heiligen Geistes

Diese Verbreitung der Lehren Jesu ist nicht zu trennen vom Pfingstereignis, das allerdings in den Bahá'í-Schriften nicht singulär stattfindet, sondern jeden einzelnen Anhänger Jesu ganz persönlich betrifft, damals wie heute. Denn „die Jünger waren nach dem Hingang Christi in Verwirrung, ihre Meinungen und Gedanken gingen auseinander und widersprachen sich; später wurden sie gefestigt und einig, und am Pfingstfest kamen sie zusammen und lösten sich

---

[605] 'Abdu'l-Bahá, The Promulgation of Universal Peace, S. 100.
[606] 'Abdu'l-Bahá, The Promulgation of Universal Peace, S. 100.
[607] 'Abdu'l-Bahá, The Promulgation of Universal Peace, S. 100-101.
[608] 'Abdu'l-Bahá, The Promulgation of Universal Peace, S. 523.

von den Dingen dieser Welt. Sie dachten nicht an sich selbst, verzichteten auf Behagen und irdisches Glück, opferten Leib und Seele ihrem geliebten Herrn, verließen ihre Familien und wurden heimatlose Wanderer, wobei sie sogar ihr eigenes Dasein vergaßen. Da wurde ihnen göttliche Hilfe zuteil, und die Kraft des Heiligen Geistes wurde offenbar; die Geistigkeit Christi siegte, und die Liebe Gottes herrschte. An diesem Tage wurde ihnen Hilfe geschenkt"[609], sodass sie ihren göttlichen Auftrag erfüllen konnten. Es handelt sich im Kern um die gleichen Gedanken, die 'Abdu'l-Bahá den Jüngern in seiner Beratungs-Szene in den Mund legt, sodass man sicherlich davon ausgehen kann, dass beide Erklärungen sich mit der gleichen Begebenheit befassen und diese mit unterschiedlichem Schwerpunkt darstellen. So kann man auch konstatieren, dass die jeweils zugehörigen Erzählungen der Apostelgeschichte[610] völlig verworfen und nicht weiter beachtet werden. Denn das Treffen auf einem Berg, wie 'Abdu'l-Bahá dies erklärt, würde eher zu einer Beschreibung der Himmelfahrt passen als zum Pfingstfest. Es sei darauf verwiesen, dass der Ort, an dem sich die Jünger zum Zeitpunkt des Herabkommens des Heiligen Geistes befanden, nicht explizit genannt wird, doch ist augenfällig, dass hier erneut nicht historisches Geschehen nachgezeichnet, sondern Lehre vermittelt werden soll. Es ist völlig unwesentlich, ob die beschriebenen Ereignisse sich mit dem Bericht der Apostelgeschichte in Übereinstimmung bringen lassen, oder nicht. Es ist ebenso unerheblich, wie genau die beschriebenen Ereignisse wirklich abgelaufen sind. Wesentlich ist, dass die Jünger aus diesen Ereignissen gestärkt und verwandelt hervorgingen: „Die Ausgießung des Heiligen Geistes auf die Jünger bedeutet also, dass sie sich dem Geiste Christi ganz ergaben, wobei sie Sicherheit und Festigkeit fanden. Durch den Geist der Liebe Gottes gewannen sie neues Leben und sahen, dass Christus lebte, half und sie beschützte. Sie waren wie Wassertropfen und wurden zum Meer, sie waren wie schwache Mücken und wurden zu königlichen Adlern, sie waren kraftlos und wurden stark. Sie waren wie Spiegel, die der Sonne zugewendet sind; wahrlich, in ihnen wurden Strahlen der Sonne

---

[609] 'Abdu'l-Bahá, Beantwortete Fragen, S. 110.
[610] Apostelgeschichte 1:1-14 und 2:1-13.

offenbar."[611] In der Folge dieses Geschehens, das die Niedergeschlagenheit der miterlebten Kreuzigung in Begeisterung verwandelte, vergaßen die Jünger „sich selbst und alles Irdische, ließen alle Sorgen hinter sich und gaben allen Besitz auf, läuterten sich von Selbstsucht und Leidenschaft, und in völliger Loslösung zerstreuten sie sich nah und fern, nur darauf bedacht, die Völker der Welt unter die göttliche Führung zu rufen, bis sie schließlich, die Welt zu einer anderen Welt gemacht, das Antlitz der Erde erleuchtet und bis zu ihrer letzten Stunde ihre Selbstaufopferung auf dem Pfade jenes Geliebten Gottes bewiesen hatten."[612]

Dabei wird ihre hochgelobte Verkündigungsarbeit nur dadurch möglich, dass sie ‚in Zungen' zu reden beginnen[613], wie die Apostelgeschichte dies ausdrückt. In der ursprünglichen Erzählung des Lukas erkennen die Juden aus aller Welt, die in Jerusalem zusammengekommen sind, dass ein jeder von ihnen die Worte der Apostel Christi versteht, und für jeden von ihnen ist es, als sprächen sie seine Muttersprache[614]. „Parther und Meder und Elamiter und die wir wohnen in Mesopotamien und Judäa, Kappadozien, Pontus und der Provinz Asien, Phrygien und Pamphylien, Ägypten und der Gegend von Kyrene in Libyen und Einwanderer aus Rom, Juden und Judengenossen, Kreter und Araber: wir hören sie in unsern Sprachen von den großen Taten Gottes reden."[615] Diese Darstellung der Geschehnisse wird von 'Abdu'l-Bahá zwar in ihrem Wesensgehalt und ihrer Grundaussage bestätigt, aber völlig anders interpretiert. Denn für ihn ist es nicht so, dass die Jünger plötzlich die Sprachen aller Völker der Welt beherrschen, sondern im Gegenteil in der „Sprache des Königreichs"[616] predigten, die universell und für jeden Menschen reinen Herzens verständlich ist. Die Sprache, auf die er sich hier bezieht, ist jedoch keine fassbare, durch Laute gebildete Kommunikation, sondern Vermittlung von Emotionalität, von Liebe und

---

[611] 'Abdu'l-Bahá, Beantwortete Fragen, S. 110.
[612] 'Abdu'l-Bahá, Dokumente des Bündnisses, S. 36.
[613] Apostelgeschichte 2:4.
[614] Apostelgeschichte 2:8.
[615] Apostelgeschichte 2:9-11.
[616] 'Abdu'l-Bahá, zitiert in: bahai-library.com/uhj_old_new_testaments.

Hoffnung. Er geht hierbei also auf eine völlig andere Bedeutungsebene von menschlicher Ausdrucksfähigkeit ein, nicht auf die offensichtliche verbale Ansprache, sondern auf mitreißende Emotionalität, die unabhängig davon erfahren werden kann, ob man die konkreten Worte versteht oder nicht. Dies beweist sich auch an seinem eigenen Beispiel, denn wann immer 'Abdu'l-Bahá auf seinen Reisen durch Europa und Nordamerika Ansprachen auf Persisch hielt, waren die Menschen dennoch von ihm hingerissen und emotional berührt. Eine dieser Geschichten wird gerne Bahá'í-Kindern erzählt:

> Obwohl 'Abdu'l-Bahá nur wenig Englisch sprach, hatte Er doch keine Schwierigkeiten, sich verständlich zu machen. Wenn Er sich nicht mit Worten mitteilen konnte, so sprach Er zu den Herzen der Menschen, und sie verstanden Ihn.
>
> Da gibt es die Geschichte von einem amerikanischen Bergarbeiter, der weder lesen noch schreiben konnte. Er hatte von 'Abdu'l-Bahá gehört und war zu Fuß von weit her nach San Francisco gekommen, um Ihn zu hören. Obwohl dieser Mann keine Ausbildung hatte, besaß er viele geistige Gaben. Er ging zu einem Treffen, auf dem 'Abdu'l-Bahá sprach. Er lauschte, seine Augen und sein Herz folgten jeder Bewegung und jedem Ton Abdu'l-Bahás. Es schien, als trinke er von frischem Wasser. Als der Dolmetscher die Ansprache ins Englische übertrug, flüsterte der Bergarbeiter: „Warum unterbricht dieser Mann den Redner?"
>
> Dann sprach 'Abdu'l-Bahá wieder, und der Arbeiter lauschte ganz glücklich. Als aber der Dolmetscher die Sätze ins Englische übertrug, verlor der Bergmann die Geduld und sagte: „Warum lassen sie diesen Mann immer dazwischenreden? Er sollte hinausgeschickt werden!"
>
> Der Nachbar klärte ihn auf: „Das ist der Dolmetscher. Er übersetzt vom Persischen ins Englische, damit Sie verstehen können."
>
> „Hat Er denn Persisch gesprochen? Wieso? Jeder konnte Ihn doch verstehen!"[617]

Auch wenn diese Erzählung sicherlich legendarischen und hagiographischen Charakter hat, ist doch die Parallele zur Auslegung des

---

[617] NGR Deutschland (Hrsg.), 'Abdu'l-Bahá. Erzählungen aus Seinem Leben, S. 40.

Pfingstwunders durch 'Abdu'l-Bahá nicht zu leugnen. Die in dieser Kindergeschichte erwähnte ‚Sprache des Herzens' ist gleichzusetzen mit der „Sprache des Königreiches"[618], von der er spricht. „Diese Sprache stimmt mit allen Sprachen überein, denn sie besteht aus himmlischen Bedeutungen und göttlichen Geheimnissen. Für denjenigen, der mit dieser Sprache vertraut wird, lichten sich die Schleier vor den Wahrheiten und Geheimnissen der Schöpfung. Göttliche Wahrheiten sind allen Sprachen gemein. Folglich lehrte der Heilige Geist die Jünger die Sprache des Königreiches, und hierdurch wurden sie fähig, mit den Völkern aller Nationen zu sprechen. Wann immer sie zu den Menschen anderer Nationen sprachen, schien es, als sprächen sie in deren Sprache."[619]

So gestärkt gingen die Jünger in die Welt hinaus, „eilten ... in die verschiedenen Weltgegenden und verbreiteten die Lehren und Anweisungen, die [Jesus] ihnen gegeben hatte. Durch ihre Hingabe und ihre Mühen wurden andere Orte und entfernte Länder von den durch Ihn offenbarten Grundsätzen unterrichtet. Mit ihrer Hilfe wurde der Osten erleuchtet, und das Licht, das den Osten erfüllt hatte, erfüllte gleichermaßen auch den Westen. Dieses Licht wurde zum Mittel der Führung für die Völkermassen."[620] „Während der Lebenszeit Jesu Christi waren es nur wenige und gezählte gläubige und feste Seelen, aber der himmlische Segen ergoss sich in so reichem Maße, dass in einer Reihe von Jahren unzählige Seelen unter den Schatten des Evangeliums traten. Gott hat im Qur'án gesagt: ‚Ein Korn wird sieben Garben hervorbringen, und jede Garbe wird hundert Körner enthalten.'[621] In anderen Worten, aus einem Korn werden siebenhundert werden; und wenn es Gottes Wille ist, wird Er diese nochmals verdoppeln. Es hat sich oft ereignet, dass eine begnadete Seele zur Ursache der Führung für ein ganzes Volk wurde. Wir dürfen nun nicht unsere Fähigkeiten und unsere Leistungskraft betrachten, nein, vielmehr müssen wir unseren Blick in diesen Tagen auf die Gunst und Gnade Gottes richten, Der aus dem Tropfen ein

---

[618] 'Abdu'l-Bahá, zitiert in: bahai-library.com/uhj_old_new_testaments.
[619] 'Abdu'l-Bahá, zitiert in: bahai-library.com/uhj_old_new_testaments.
[620] 'Abdu'l-Bahá, The Promulgation of Universal Peace, S. 523-524.
[621] Koran 2:262.

Meer und aus dem Atom eine Sonne gemacht hat."[622] Die angesprochene Gnade und Gunst Gottes verhalf den Jüngern dazu, sich selbst aufzugeben und „in vielen Ländern ein ruhmreiches Martyrium"[623] zu erleiden. Denn schließlich hatte sich nach 'Abdu'l-Bahás Darstellung auch Jesus „für den Baum der Christenheit"[624] geopfert. Insofern erscheint es folgerichtig, dass auch die Jünger als Samen dieses von Christus gepflanzten Baumes weiteres geistiges Wachstum hervorrufen sollten. Die Opferbereitschaft der Jünger und Apostel Jesu Christi, die sie in seiner Nachfolge erstrebten, wurde „in dem Baum, seinen Blüten, Früchten und Zweigen, aufgenommen und verkörpert."[625] Die Jünger bilden also gemeinsam mit Jesus selbst das Fundament der Kirche, die ihnen folgte. Die Kirche ist insofern im übertragenden Sinne ‚Leib Christi' und von seinem Geist beseelt. „Es ist daher offenkundig, dass die Kirche Gottes das Gesetz Gottes ist und dass das eigentliche Gebäude nur ein Symbol dessen ist. Denn das Gesetz Gottes ist ein Mittelpunkt, der viele Völker, Gebiete, Sprachen und Ansichten vereinigt. Sie alle finden Schutz in seinem Schatten und werden von ihm angezogen."[626]

Die Auserwählung des Petrus

Mit dem Verständnis der frühen Kirche ist die Frage nach der Stellung Petri untrennbar verbunden. Sowohl 'Abdu'l-Bahá als auch Shoghi Effendi zitieren verschiedentlich Jesu Ausspruch „Du bist Petrus, und auf diesen Felsen will Ich Meine Kirche bauen."[627] Das bedeutet jedoch nicht automatisch, dass sie sämtliche Schlüsse akzeptieren würden, die die Christenheit daraus gezogen hat und immer noch zieht. Zwar ist dieses Ereignis unzweifelhaft eine

---

[622] 'Abdu'l-Bahá, zitiert in: Shoghi Effendi, Das Kommen göttlicher Gerechtigkeit, S. 91.
[623] 'Abdu'l-Bahá, Dokumente des Bündnisses, S. 36.
[624] 'Abdu'l-Bahá, Ansprachen in England und Nordamerika, S. 172.
[625] 'Abdu'l-Bahá, Ansprachen in England und Nordamerika, S. 172.
[626] 'Abdu'l-Bahá, The Promulgation of Universal Peace, S. 226.
[627] 'Abdu'l-Bahá, Briefe und Botschaften, S. 194; 'Abdu'l-Bahá, The Promulgation of Universal Peace, S. 89, 226, 544; Shoghi Effendi, Die Weltordnung Bahá'u'lláhs, S. 32; Brief im Auftrag des Hüters an einen einzelnen Gläubigen, 07.09.1938; vgl. Matthäus 16:18.

„Auserwählung des Petrus zu besonderer Ehre"[628], wie 'Abdu'l-Bahá es ausdrückt, doch ist weder eindeutig umrissen, worin diese Auserwählung bestehen sollte, noch welche praktischen Auswirkungen sich daraus ergeben würden. Für ihn ist die Erwiderung an Petrus „eine Bestätigung der Treue Petri."[629] „Diese Äußerung sollte auf den Glauben Petri verweisen und bedeutete: Dein Glaube, o Petrus, ist wahrlich der Grundstein und eine Botschaft der Einheit für die Völker; er soll zum einigenden Band für die Menschenherzen werden und zur Grundlage für die Einheit der Menschenwelt."[630] Petrus ist das „schützende Tabernakel des Christentums"[631], unter dem Christus die Völker versammelte. Demnach sollte er jedem Gläubigen als Vorbild und Rechtleitung dienen, wie 'Abdu'l-Bahá an anderer Stelle bestätigt: „Des Menschen Verhalten muss wie das von Paulus sein, des Menschen Glaube wie der von Petrus."[632]

Was jedoch bei alledem nicht ausgesagt wird, ist eine besonders institutionalisierte Rolle Petri in der urchristlichen Gemeinde. 'Abdu'l-Bahá erklärt, dass Jesus „keinen Mittelpunkt des Bündnisses"[633] ernannt habe. Die Rolle, die ihm selbst im Testament Bahá'u'lláhs zugedacht worden war, wird in der Bahá'í-Literatur für gewöhnlich als absolut singuläre Erscheinung der Religionsgeschichte dargestellt, insbesondere auch im Kontrast zum Christentum und zum Islam, die beide an inneren Streitigkeiten zerbrachen. Bahá'u'lláh wollte durch die Berufung seines eigenen Sohnes die Einheit der Bahá'í-Gemeinde erhalten und eine Anlaufstelle schaffen, die bei internen Streitigkeiten vermitteln und verbindlich entscheiden können sollte. So hatte er bereits in seinem ‚Heiligsten Buch' verkündet: „Wenn das Meer Meiner Gegenwart verebbt, und das Buch Meiner Offenbarung abgeschlossen ist, wendet euer Angesicht Ihm zu, den Gott bestimmt hat,"[634] und „legt alles, was ihr im Buche nicht versteht, Ihm vor, der aus diesem

---

[628] 'Abdu'l-Bahá, Briefe und Botschaften, S. 194.
[629] 'Abdu'l-Bahá, The Promulgation of Universal Peace, S. 544.
[630] 'Abdu'l-Bahá, The Promulgation of Universal Peace, S. 89.
[631] 'Abdu'l-Bahá, Briefe und Botschaften, S. 78.
[632] 'Abdu'l-Bahá, Briefe und Botschaften, S. 263.
[633] 'Abdu'l-Bahá, The Promulgation of Universal Peace, S. 544.
[634] Bahá'u'lláh, Das Heiligste Buch (Kitáb-i-Aqdas), S. 73.

mächtigen Stamm entspross."⁶³⁵ Bahá'u'lláh begründet hiermit tatsächlich ein einzigartiges Amt, denn er begrenzt schon zu seinen eigenen Lebzeiten die verbindliche Schriftauslegung auf eine einzelne Person, die er direkt in seine Nachfolge berief und ausdrücklich mit den entsprechenden Kompetenzen ausstattete.

Es ist daher nur logisch und folgerichtig, dass 'Abdu'l-Bahá, wenn er über Petrus spricht, auf das Testament Bahá'u'lláhs direkt Bezug nimmt und sogar Passagen daraus zitiert, wobei er seinen eigenen Namen durch denjenigen Petri ersetzt: „[Christus] sagte nicht: ‚Er ist der Ast, der dieser Urewigen Wurzel entspross.' Er sagte nicht: ‚O Gott! Segne alle, die Petrus dienen. O Gott! Erniedrige, die Ihm nicht gehorchen. Meidet die Bündnisbrecher. O Gott! Du bist es gewiss, dass Ich liebe, die standhaft sind in Meinem Bund.'"⁶³⁶ Auch Shoghi Effendi geht auf diese ‚Mängel' der Nachfolge Jesu dezidiert ein und relativiert in gewisser Hinsicht die sehr grundsätzlichen Aussagen 'Abdu'l-Bahás, indem er deutlich trennt zwischen der Führungsrolle innerhalb des Jüngerkreises, die Petrus als Vorbild im Glauben und somit natürliche Autoritätsperson sicherlich gehabt habe, und der Schaffung spezieller Institutionen, deren Rolle innerhalb der Gemeindeordnung so detailreich festgelegt worden wäre, dass es keinen Raum für Uneinigkeit gegeben hätte. „Was den Ausspruch Jesu Christi ‚Du bist Petrus, und auf diesen Felsen will Ich Meine Kirche bauen' betrifft; dieser Spruch begründet ohne jeden Zweifel die Vorrangstellung Petri und ebenso den Grundsatz der Nachfolge, doch ist er nicht ausdrücklich genug, was die Wesensart und Funktionsweise der Kirche selbst anbetrifft. Die Katholiken haben zu viel in diesen Ausspruch hineingelesen, und leiteten von diesem gewisse Schlussfolgerungen ab, die überhaupt nicht zu rechtfertigen sind."⁶³⁷ Dabei sei außerdem zu beachten, dass die Nachfolgeregelung bereits zu Jesu Lebzeiten getroffen worden sei, es jedoch kein geschriebenes Testament und somit keine schriftliche Festlegung dessen gegeben habe, was mit dieser Auserwählung Petri an

---

[635] Bahá'u'lláh, Das Heiligste Buch (Kitáb-i-Aqdas), S. 94.
[636] 'Abdu'l-Bahá, The Promulgation of Universal Peace, S. 544.
[637] Aus einem Brief im Auftrag des Hüters an einen einzelnen Gläubigen, 07.09.1938.

Aufgaben und Privilegien einhergehen sollte.[638] Auch Shoghi Effendi beschreibt ausführlich, welche Institutionen und Regelungen (aus der Organisationsstruktur der Bahá'í-Gemeindeordnung) dem frühen Christentum gefehlt hätten, um seine innere Einheit zu bewahren und Spaltungen zu verhindern. Jesus habe demnach keine „dieser Institutionen [der Kirche] besonders mit der hinreichenden Vollmacht belehnt, Sein Wort auszulegen oder dem, was Er nicht ausdrücklich geboten hat, etwas hinzuzufügen."[639]

Shoghi Effendi bezieht sich hierbei wiederum auf das Testament 'Abdu'l-Bahás, in dem dieser die Führungsrolle, die ihm selbst von Bahá'u'lláh zugewiesen worden war, institutionalisierte und in feste Strukturen überführte. Demnach sollte ein ‚Hüter der Sache Gottes' in der Zukunft über die Auslegung der Heiligen Schriften wachen: „Er ist der Erklärer der Worte Gottes, und auf ihn wird der Erstgeborene seiner geradlinigen Abkommen folgen."[640] Außerdem sollte einer zweiten, bereits von Bahá'u'lláh selbst vorgesehenen Institution, dem Universalen Haus der Gerechtigkeit, die Aufgabe zukommen, „alle Vorschriften und Satzungen, die nicht im klaren heiligen Text zu finden sind"[641], zu erlassen. „Was sie entscheiden", so schreibt er an anderer Stelle, „hat dieselbe Geltung wie der heilige Text. Da dieses Haus der Gerechtigkeit die Gewalt hat, Gesetze zu geben, die nicht ausdrücklich im Buche enthalten sind, und die laufenden Geschäfte zu regeln, hat es auch die Gewalt, solche Gesetze aufzuheben. Zum Beispiel erlässt das Haus der Gerechtigkeit heute ein Gesetz und setzt es in Kraft, und wenn sich in hundert Jahren die Verhältnisse von Grund auf geändert haben, wird ein anderes Haus der Gerechtigkeit die Gewalt haben, dieses Gesetz den Zeiterfordernissen entsprechend zu ändern. Es kann dies tun, weil solche Gesetze nicht Teil des göttlichen Textes sind. So ist das Haus der Gerechtigkeit sowohl Urheber als auch Aufheber seiner Gesetze."[642]

---

[638] Aus einem Brief im Auftrag des Hüters an einen einzelnen Gläubigen, 28.12.1936.
[639] Shoghi Effendi, Die Weltordnung Bahá'u'lláhs, S. 39.
[640] 'Abdu'l-Bahá, Dokumente des Bündnisses, S. 37.
[641] 'Abdu'l-Bahá, Dokumente des Bündnisses, S. 43.
[642] 'Abdu'l-Bahá, Dokumente des Bündnisses, S. 53.

Entsprechend seinen Aussagen zu Petrus äußert sich 'Abdu'l-Bahá auch zur Autorität des Hüters und des Hauses, wenn er in seinem Testament erklärt: „Was immer sie entscheiden, ist von Gott. Wer ihm nicht gehorcht oder ihnen nicht gehorcht, hat Gott nicht gehorcht. Wer sich gegen ihn oder gegen sie auflehnt, hat sich gegen Gott aufgelehnt. Wer sich ihm entgegenstellt, hat sich Gott entgegengestellt. Wer sie bekämpft, hat Gott bekämpft. Wer mit ihm streitet, hat mit Gott gestritten. Wer ihn leugnet, hat Gott geleugnet. Wer an ihm zweifelt, hat an Gott gezweifelt. Wer von ihm abweicht, sich von ihm trennt und abwendet, ist in Wahrheit von Gott abgewichen, hat sich von Ihm getrennt und abgewandt."[643] Da Jesus aber in dieser Weise mit keiner „Seele einen Bund geschlossen" und niemandem befohlen hatte, „sich an dessen Wort zu halten und seine Auslegungen als wahr anzuerkennen"[644], wurde „die Einheit der Kirche Christi auf nicht wieder gut zu machende Weise erschüttert"[645].

Konflikte in der frühen Kirche – Auslegung des Evangeliums

Eine der Hauptkonfliktlinien, die sowohl 'Abdu'l-Bahá als auch Shoghi Effendi nachzeichnen, und die der frühen Christenheit nach ihrer Ansicht massiv schadeten, war die fehlende Auslegungsinstanz. Denn „nach der Himmelfahrt Christi erschienen viele, die maßgeblich daran beteiligt waren, Gruppenbildungen, Spaltungen und theologische Streitigkeiten zu verursachen. Es wurde immer schwieriger, zu wissen, wer dem wahren Pfad folgte."[646] 'Abdu'l-Bahá geht grob auf die christologischen Streitigkeiten des fünften Jahrhunderts ein und benennt ausdrücklich den Syrer Nestorius als „Unruhestifter", der Lehren verbreitet habe, die die Einheit der Kirche untergruben, und eine Konfession hervorbrachte, „die sich Nestorianer nannte"[647]. Ebenfalls erwähnt werden die Dogmenbildungen der Katholiken und Protestanten, wobei hinzuzufügen ist,

---

[643] 'Abdu'l-Bahá, Dokumente des Bündnisses, S. 37.
[644] 'Abdu'l-Bahá, The Promulgation of Universal Peace, S. 538.
[645] Shoghi Effendi, Die Weltordnung Bahá'u'lláhs, S. 39.
[646] 'Abdu'l-Bahá, The Promulgation of Universal Peace, S. 538.
[647] 'Abdu'l-Bahá, The Promulgation of Universal Peace, S. 538.

dass die Protestanten selbstverständlich an den damaligen Diskussionen nicht beteiligt waren, sondern sie stattdessen erst in der Frühen Neuzeit – aber mit ähnlicher Heftigkeit und Aggressivität – wiederholten. Shoghi Effendi beklagt hingegen insbesondere „das allmähliche Einsickern von Grundzügen des Mithraskultes, der Alexandrinischen Denkschule, von Lehren des Zoroastriertums und der griechischen Philosophie in die christliche Lehre"[648], ohne allerdings explizit auf die Elemente einzugehen, die er als Entlehnungen aus den genannten Strömungen betrachtete. Auch das Universale Haus der Gerechtigkeit bestätigt „unzweifelhaft, dass zahlreiche Irrlehren in das Christentum eingeflossen sind, [die] das reine Evangelium verdunkelten und Uneinigkeit und Spaltung bewirkten"[649]. Des Weiteren erwähnt Shoghi Effendi „die Zwietracht in der afrikanischen Kirche", die daraus entstand, dass in Zeiten der Verfolgung einige Geistliche vom Glauben abgefallen waren, um „sich ein schmähliches Leben"[650] zu erkaufen. Eine Gruppe innerhalb der Kirche, die sogenannten Donatisten, sprach sich dafür aus, alle von solchen Abtrünnigen gespendeten Sakramente als ungültig zu betrachten und somit auch sämtliche Taufen, Trauungen, Salbungen und ähnliche Zeremonien für nichtig zu erklären, sodass beispielsweise Taufen und Eheschließungen hätten wiederholt werden müssen. Die offizielle Reichskirche urteilte schließlich, dass es Gott sei, der durch den Geistlichen wirke, und daher dessen Verfassung für die Gültigkeit der gespendeten Sakramente unerheblich sei. Außerdem entstanden laut Shoghi Effendi „unter Petrus und Paulus Meinungs-Verschiedenheiten."[651], was im Folgenden noch näher erläutert werden soll. „Kurzum, in der Religion Gottes entstanden Spaltungen, und es wurde unmöglich, zu wissen, wer dem wahren Pfad folgte, da es keinen berufenen Nachfolger Christi gab, auf den sich Christus bezogen hätte, keinen Nachfolger, dessen Worte den geraden Pfad gewiesen hätten."[652]

---

[648] Shoghi Effendi, Die Weltordnung Bahá'u'lláhs, S. 89.
[649] Aus einem Brief im Auftrag des Universalen Hauses der Gerechtigkeit an einen einzelnen Gläubigen, 22.02.1998.
[650] Shoghi Effendi, Die Weltordnung Bahá'u'lláhs, S. 89.
[651] Shoghi Effendi, zitiert in: F. Sobhani, 19 Tage in der Gegenwart Shoghi Effendis, S. 12.
[652] 'Abdu'l-Bahá, The Promulgation of Universal Peace, S. 538.

Konflikte in der frühen Kirche – Juden- und Heidenchristen

Shoghi Effendi geht des Weiteren auf den Konflikt ein, der sich bereits in den Paulusbriefen[653] und der Apostelgeschichte[654] nachverfolgen lässt, nämlich denjenigen zwischen bekehrten Juden, die am Gesetz Mose festhalten wollten, und den bekehrten Griechen und Römern, die sich weder an das mosaische Gesetz gebunden fühlten, noch gewillt waren, sich diesem zu unterwerfen. Insbesondere sei hier an das Apostelkonzil erinnert, das angeblich eine gütliche Einigung in der Frage der Speisegebote erzielte, zieht man die Apostelgeschichte zurate; doch im Galaterbrief des Paulus werden sowohl die Ergebnisse dieses Konzils als auch die nachfolgende Erzählung vom gemeinsamen Mahl der Christen in Antiochia, das Petrus aus Prostest gegen die ‚gesetzlosen' Heidenchristen verließ, worüber Paulus fürchterlich schimpft, völlig anders und wesentlich weniger harmonisch dargestellt. Man kann hier also entgegen der kirchlichen Hagiographie von einem handfesten und emotional ausgetragenen Streit ausgehen. Die Frage der Speisegebote erwähnt bereits 'Abdu'l-Bahá: „Nach Christus haben vier Jünger, darunter Petrus und Paulus, den Genuss der von der Bibel verbotenen tierischen Nahrung erlaubt, mit Ausnahme des Fleisches der erwürgten und an Götzenaltären geopferten Tiere und des Blutes. ... Später hat Paulus auch den Genuss des Fleisches erstickter Tiere, der Schlachtopfer an Götzenaltären und des Blutes erlaubt."[655] Es bestätigt sich deutlich, dass die Apostel in dieser Frage weder einig waren, noch eine gemeinsame Linie hatten, was die Frage der Speisegesetze – oder des jüdischen Gesetzes insgesamt – anbetraf. Shoghi Effendi tadelt aber in seiner Darstellung der Kirchengeschichte nicht die Heidenchristen, sondern die gesetzestreuen Judenchristen: „Wie groß war doch die Hartnäckigkeit, mit der die bekehrten Juden unter den frühen Christen an den Zeremonien ihrer Vorfahren festhielten, und wie brennend war ihr Verlangen, jene Bräuche auch den Heidenchristen aufzuerlegen! Waren nicht die ersten fünfzehn Bischöfe von Jerusalem alle beschnittene Juden, und

---

[653] Galater 2:1-10 sowie 2:11-21.
[654] Apostelgeschichte 15:1-29.
[655] 'Abdu'l-Bahá, Beantwortete Fragen, S. 99.

hatten nicht die Kongregationen, denen sie vorsaßen, die Gesetze Mose mit den Lehren Christi vereinigt?"[656] Die Traditionalisten waren zunächst noch in der Überzahl, insbesondere in den Zentren jüdischen Lebens im Osten des Römischen Reiches, doch sollte sich dieser Zustand insbesondere durch die Missionsreisen des Paulus bald dramatisch ändern: „Waren nicht die asiatischen Kirchen von Jerusalem, Antiochia und Alexandrien, die hauptsächlich aus bekehrten Juden bestanden und nach deren Charakter und Temperament dazu neigten, sich auf das überlieferte Zeremoniell der mosaischen Sendung einzustimmen – waren nicht diese Kirchen gezwungen, das wachsende Übergewicht ihrer griechischen und römischen Brüder zur Kenntnis zu nehmen?"[657]

So ist denn festzuhalten, dass zwar dem Christentum fremde Vorstellungen wohl auch durch das Einwirken eben dieser Heidenchristen Eingang in die kirchliche Lehre fanden, doch dass andererseits die Dienstbarkeit und Willensstärke der „griechischen und römischen Brüder"[658] wesentliche Bedingung war für die Verbreitung des Christentums: „Mussten sie nicht die Überlegenheit und die geschulte Tüchtigkeit anerkennen, die jene Bannerträger der Sache Jesu Christi befähigte, die Zeichen Seiner Weltherrschaft auf den Ruinen eines zusammenbrechenden Imperiums aufzupflanzen?"[659] Sie nahmen die Lehren Jesu in großen Scharen an, „und das Licht, das den Osten erfüllt hatte, erfüllte gleichermaßen auch den Westen"[660]. Dass sich diese Ausführungen in ganz besonderem Maße auf den Heidenapostel Paulus beziehen, dass dieser mitnichten als ‚Bündnisbrecher' gelten kann und sich auch keiner verbindlichen Autorität entgegengestellt hat, dass er vielmehr den gegebenen Freiraum in besonderem Maße im Sinne seiner Missionsarbeit zu nutzen wusste, ergibt sich sowohl aus den zitierten Stellen als auch aus einer weiteren Äußerung, die die hervorstechenden Charaktereigenschaften Petri und Pauli einander direkt und komplementär

---

[656] Shoghi Effendi, Die Weltordnung Bahá'u'lláhs, S. 90.
[657] Shoghi Effendi, Die Weltordnung Bahá'u'lláhs, S. 114.
[658] Shoghi Effendi, Die Weltordnung Bahá'u'lláhs, S. 114.
[659] Shoghi Effendi, Die Weltordnung Bahá'u'lláhs, S. 114.
[660] 'Abdu'l-Bahá, The Promulgation of Universal Peace, S. 524.

gegenübergestellt: „Des Menschen Verhalten muss wie das von Paulus sein, des Menschen Glaube wie der von Petrus. Diesen Moschusduft soll das Volk der Welt atmen, dieser Geist soll die Toten auferwecken."[661]

Das Universale Haus der Gerechtigkeit geht in einem Brief noch ausführlicher auf die Konflikte zwischen Petrus und Paulus ein und geht dabei insbesondere auch der Frage nach, ob Paulus sich des Bündnisbruchs, also der aktiven Schädigung der Einheit der Urgemeinde, schuldig gemacht habe. Dabei wird mit Verweis insbesondere auf den Galaterbrief und den 2. Petrusbrief das Verhältnis zwischen Petrus und Paulus näher bestimmt. Die scharfen Anschuldigungen des Paulus gegenüber Petrus in Antiochia sind bereits zuvor erwähnt worden, wohingegen Petrus an Paulus insbesondere dessen Schreibstil moniert[662]. Die Höchste Körperschaft bestätigt somit, dass es inhaltliche Auseinandersetzungen zwischen Petrus und Paulus gegeben habe, was sich an deren eigenen Worten zeige, doch sei daraus noch keine grundsätzliche Opposition gegen Petrus und die ihm übertragene Vorrangstellung erkennbar. Im Gegenteil bestätige Paulus selbst, dass ihm an der Einheit der Christenheit gelegen sei, wenn er im 1. Korintherbrief schreibt: „Denn es ist mir bekannt geworden über euch, liebe Brüder, durch die Leute der Chloë, dass Streit unter euch ist. Ich meine aber dies, dass unter euch der eine sagt: Ich gehöre zu Paulus, der andere: Ich zu Apollos, der Dritte: Ich zu Kephas, der Vierte: Ich zu Christus. Wie? Ist Christus etwa zerteilt? Ist denn Paulus für euch gekreuzigt? Oder seid ihr auf den Namen des Paulus getauft?"[663] Demzufolge sei Paulus selbst daran gelegen, die aufgekommenen Spaltungen „zu heilen"[664].

Um dem Verhältnis Petri und Pauli gerecht zu werden, müsse man „all diese verschiedenen Gesichtspunkte im Auge behalten. Beiden wird in den Bahá'í-Schriften große Wertschätzung entgegen-

---

[661] 'Abdu'l-Bahá, Briefe und Botschaften, S. 263.
[662] 2. Petrus 3:16.
[663] 1. Korinther 1:11-13.
[664] Aus einem Brief im Auftrag des Universalen Hauses der Gerechtigkeit an einen einzelnen Gläubigen, 22.02.1998.

gebracht."[665] Es gebe also keinen Anhaltspunkt für die Behauptung, „dass Paulus sich ‚die Stufe Petri angemaßt' oder ‚die ursprüngliche Botschaft Christi völlig verändert habe'"[666]. Tatsächlich muss bei der Frage nach dem Bündnisbruch Pauli auch immer mitbedacht werden, dass es, wie bereits zuvor aufgezeigt, in der christlichen Sendung keine explizite Gehorsamsverpflichtung gegenüber Petrus oder ein autoritatives Lehramt wie das Hütertum gab und folglich das Konzept des Bündnisbruchs, das exklusiv der Bahá'í-Theologie entstammt, auf die Geschichte des frühen Christentums nicht anwendbar ist. Dies wird auch vom Universalen Haus der Gerechtigkeit bestätigt, wenn es schreibt: „Ihr Brief ... betreffend die Frage des Paulus als möglichen Bündnisbrechers ist gewiss angesichts der Äußerungen derjenigen entstanden, die versuchen, die Geschichte des frühen Christentums mit der Entstehungsgeschichte der Bahá'í-Religion zu vergleichen. ... In der Tat ist uns ... kein Text bekannt, der erklären würde, dass Paulus ein Bündnisbrecher gewesen sei."[667] Es gebe zwar eine Pilgernotiz, die dies andeute – vermutlich ist hiermit die Aussage Shoghi Effendis gemeint, dass „zwischen Petrus und Paulus Meinungs-Verschiedenheiten" entstanden und diese „allmählich zur Ursache der Spaltung"[668] geworden seien, die bereits weiter oben zitiert worden ist – doch könne dieser „ohne jegliche Bestätigung kein Glauben geschenkt werden"[669]. Man kann also festhalten, dass die Struktur der christlichen Urgemeinde trotz der Spannungen zwischen Petrus und Paulus einen Bündnisbruch im Bahá'í-Sinne nicht zulässt, da ein solches Konzept dort (noch) nicht vorgesehen war.

---

[665] Aus einem Brief im Auftrag des Universalen Hauses der Gerechtigkeit an einen einzelnen Gläubigen, 22.02.1998.
[666] Aus einem Brief im Auftrag des Universalen Hauses der Gerechtigkeit an einen einzelnen Gläubigen, 22.02.1998.
[667] Aus einem Brief im Auftrag des Universalen Hauses der Gerechtigkeit an einen einzelnen Gläubigen, 22.02.1998.
[668] Shoghi Effendi, zitiert in: F. Sobhani, 19 Tage in der Gegenwart Shoghi Effendis, S. 12.
[669] Aus einem Brief im Auftrag des Universalen Hauses der Gerechtigkeit an einen einzelnen Gläubigen, 22.02.1998.

Konflikte in der frühen Kirche – Verwaltung und Gesetzgebung

Die dritte Konfliktlinie betrifft nun schließlich den Bereich, der auch innerkirchlich zu späterer Zeit noch zu Kontroversen führte: Die Struktur der Kirche sowie die weitere Entwicklung von Ritualen und Glaubenslehren, die keinen direkten Ansatzpunkt im Evangelium hatten. Dies ist auch der Bereich, für den Bahá'u'lláh eigens Vorsorge getroffen hatte, damit eine flexible, komplementäre Gesetzgebung über das offenbarte Wort hinaus in der Zukunft die Handlungsfähigkeit der Bahá'í-Gemeinde würde sicherstellen können. Das Universale Haus der Gerechtigkeit ist nicht berechtigt, die Schriften verbindlich auszulegen. Interpretationen sind nur dann zulässig, wenn sie im Rahmen seiner gesetzgeberischen Tätigkeit stattfinden. In diesem Fall sind die Interpretationen des Hauses ebenso zeitbedingt und veränderbar wie die daraus resultierenden Gesetze. Shoghi Effendi stört sich, wenn man seine Darstellungen der Kirchengeschichte liest, insbesondere auch daran, dass es keine klare Festlegung gab, was überhaupt offenbartes Wort und was ergänzende Regelung sein sollte. Beschloss ein Konzil, waren dies Äußerungen des Willens Gottes, unabänderlich und für alle Zeiten festgeschrieben; Dogmen im klassischen, negativ konnotierten Sinne.

Er erläutert hierzu: „Keines der kirchlichen Sakramente, keiner der Riten und keine der Zeremonien, welche die Kirchenväter kunstvoll ausgearbeitet und prunkvoll zelebriert haben, keine der Maßregeln harter Zucht, die sie den einfachen Christen unerbittlich auferlegten – nichts davon beruht unmittelbar auf der Vollmacht Christi oder ging von Seinen ausdrücklichen Worten aus."[670] Dies betrifft jedoch nicht nur die Unterscheidbarkeit von offenbartem Text und ergänzender Gesetzgebung, sondern ganz grundsätzlich die Struktur der Kirche selbst, obgleich „gewiss ein Körnchen Wahrheit in der Organisation der christlichen Kirche"[671] liege. Shoghi Effendi weist in diesem Zusammenhang darauf hin, dass „die Kirchen Griechenlands und Asiens mit der Institution der

---

[670] Shoghi Effendi, Die Weltordnung Bahá'u'lláhs, S. 39.
[671] Aus einem Brief im Auftrag des Hüters an einen einzelnen Gläubigen, 28.12.1936.

Provinzialsynoden den repräsentativen Beratungsgremien ihrer Länder ein Verwaltungsmodell entlehnten."[672] Hiermit sind die Versammlungen gemeint, in denen die freien Bürger der römischen Provinzen, beziehungsweise die Vertreter der Städte und Gebiete, zu Beratungen mit dem Statthalter zusammenkamen und zunehmend auch an der Verwaltung der Provinzen beteiligt wurden. So seien aber jedenfalls in der frühen Kirche „die Amtsgewalt und die Merkmale ihrer Verwaltung ... nur gefolgert und mittelbar, mehr oder minder berechtigt, aus einigen ungenauen, bruchstückhaften Hinweisen abgeleitet, die [die Kirchenführer] unter [Christi] im Evangelium aufgezeichneten Worten verstreut fanden."[673] Der „Hauptgrund, warum die Einheit der Kirche Christi auf nicht wieder gut zu machende Weise erschüttert und ihr Einfluss im Laufe der Zeit untergraben wurde", liegt nach Shoghi Effendis Meinung darin, „dass das Bauwerk, das die Kirchenväter nach dem Hinscheiden Seines Ersten Apostels (Petrus) errichtet hatten, nicht auf Christi eigenen und ausdrücklichen Weisungen ruhte."[674]

Gerade die Reformatoren[675] seien es schließlich gewesen, die diese Schwachstelle erkannten und nutzten, mit ihrem Glaubenssatz ‚sola scriptura' dieses Bauwerk zum Einsturz brachten und die Konstruktion demontierten, die die Kirchenväter auf dem Grundstein des Evangeliums errichtet hatten. So erhoben sie ihre „Stimmen des Protests ... gegen eine selbsternannte Amtsgewalt, die sich Vorrechte und Vollmachten, welche nicht aus dem klaren Text des Evangeliums Jesu Christi hervorgingen, anmaßte."[676] 'Abdu'l-Bahá erwähnt in diesem Zusammenhang namentlich Martin Luther und seinen Konflikt mit dem Papst „wegen gewisser Lehraussagen wie des Eheverbots für Mönche, des verehrungsvollen Niederbeugens vor den Bildern von Aposteln und christlichen Führern der Vergangenheit sowie wegen verschiedener anderer religiöser Praktiken und Bräuche, die den Geboten des Evangeliums hinzugefügt worden

---

[672] Shoghi Effendi, Die Weltordnung Bahá'u'lláhs, S. 89.
[673] Shoghi Effendi, Die Weltordnung Bahá'u'lláhs, S. 39.
[674] Shoghi Effendi, Die Weltordnung Bahá'u'lláhs, S. 39.
[675] Aus einem Brief im Auftrag des Hüters an einen einzelnen Gläubigen, 28.12.1936.
[676] Shoghi Effendi, Die Weltordnung Bahá'u'lláhs, S. 39.

waren"[677]. Im Gegensatz zu allen anderen von Abdu'l-Bahá oder Shoghi Effendi geschilderten Spaltungen innerhalb der Christenheit erfährt die Reformation durch beide durchaus eine positive Würdigung, denn die Kritik der Reformatoren an den Zuständen innerhalb der Katholischen Kirche sei „mit vollem Recht"[678] vorgebracht worden und „nachweislich richtig"[679] gewesen. „Luthers Einstellung in der Frage der Freiheit von Religionsführern zur Heirat", seiner „Abkehr von der Anbetung und vom Niederknien vor Bildern und Heiligenfiguren, die in den Kirchen hingen", sowie „der Abschaffung von Zeremonien, die dem Evangelium beigefügt worden waren", sei es, so 'Abdu'l-Bahá, zu verdanken, dass „in den letzten 400 Jahren die Mehrheit der Bevölkerung Amerikas, vier Fünftel von Deutschland und England und ein großer Prozentsatz von Österreichern, alles in Allem etwa hundertfünfundzwanzig Millionen Menschen, andere christliche Bekenntnisse verlassen" hätten und „in die protestantische Kirche eingetreten"[680] seien. Trotz der offensichtlichen Macht und Stärke des Papsttums zu jener Zeit und der diesem gewärten Unterstützung durch die weltliche Gewalt „führten diese Stimmen des Protestes aus, die kanonischen Schriften, wie sie von den Kirchenkonzilien verkündet wurden, seien keine gottgegebenen Gesetze, vielmehr nur menschliche Vorkehrungen, die nicht einmal auf tatsächlichen Äußerungen Jesu beruhten."[681] So ist denn die Reformation im Urteil 'Abdu'l-Bahás und Shoghi Effendis im Wesentlichen „eine notwendige Infragestellung der menschengemachten Struktur der Kirche"[682] und somit eine Bewegung des Christentums zu seinen Wurzeln zurück, das durch zahlreiche von den Kirchenkonzilien beschlossene Lehren „vom Geiste dieses Evangeliums"[683] abgewichen war. „Der Beitrag, den die Reformation wirklich geleistet hat, ist, das Gebäude, das die Kirchenväter sich selbst errichtet hatten, ernsthaft herausgefordert und teilweise ins Wanken gebracht und den gänzlich menschlichen Ursprung der

---

[677] 'Abdu'l-Bahá, Das Geheimnis göttlicher Kultur, S. 44.
[678] Shoghi Effendi, Die Weltordnung Bahá'u'lláhs, S. 39.
[679] 'Abdu'l-Bahá, Das Geheimnis göttlicher Kultur, S. 44.
[680] 'Abdu'l-Bahá, Das Geheimnis göttlicher Kultur, S. 45.
[681] Shoghi Effendi, Die Weltordnung Bahá'u'lláhs, S. 39.
[682] Aus einem Brief im Auftrag des Hüters an einen einzelnen Gläubigen, 28.12.1936.
[683] Shoghi Effendi, Die Weltordnung Bahá'u'lláhs, S. 39.

kunstvoll ausgearbeiteten Lehren, Zeremonien und Institutionen entlarvt zu haben, die sie ersonnen hatten."[684]

Über diese inhaltlichen Fragen hinaus verwarfen die Reformatoren zudem das Papsttum als einigendes Band der Kirche, das sich in ihrer Interpretation selbst mit einer verbindlichen Lehrkompetenz ausgestattet hatte, die es niemals hätte besitzen sollen. „Ihre Beweisführung kreiste um die Tatsache, dass die ungenauen, kaum beweiskräftigen Worte Christi an Petrus: ‚Du bist Petrus, und auf diesen Felsen will Ich Meine Kirche bauen', niemals die extremen Zwangsmittel, das kunstvolle Zeremoniell, die einengenden Dogmen und Glaubenssätze rechtfertigen könnten, mit denen Seine Nachfolger Schritt für Schritt Seinen Glauben überbürdet und verfinstert haben."[685] Zwar seien „die Vorrangstellung Petri und sein Recht auf die Nachfolge Jesu von letzterem begründet worden", doch sei dies „ausschließlich mündlich" geschehen und nicht in einer „unmissverständlichen und klaren Sprache"[686].

Tatsächlich entzündeten sich an der Akzeptanz von Konzilsbeschlüssen und dem päpstlichen Absolutheitsanspruch aber auch schon vor der Reformationszeit immer wieder Streitigkeiten, wenngleich zum damaligen Zeitpunkt nicht die Autorität der Konzilien in Frage gestellt wurde, verbindliche Glaubenswahrheiten festzulegen; hier waren stattdessen das Verfahren und das Ergebnis Stein des Anstoßes. Sowohl die bereits erwähnten Nestorianer als auch die Christen Ägyptens und Syriens schieden aus der Gesamtkirche aus, da sie mit der Formulierung der beschlossenen Erklärungen nicht einverstanden waren und außerdem verschiedentlich Manipulationsvorwürfe laut wurden. In einem Fall musste ein Konzil abgebrochen werden, da radikale Mönche die Konzilsteilnehmer der Gegenseite im Versammlungsraum öffentlich, schamlos und äußerst brutal zusammengeschlagen hatten. Diese „Flammen des Streites"[687] entluden sich immer wieder, und nur selten war es möglich, die unterschiedlichen Parteien auch nur kurzfristig zu versöhnen.

---

[684] Aus einem Brief im Auftrag des Hüters an einen einzelnen Gläubigen, 28.12.1936.
[685] Shoghi Effendi, Die Weltordnung Bahá'u'lláhs, S. 39.
[686] Aus einem Brief im Auftrag des Hüters an einen einzelnen Gläubigen, 28.12.1936.
[687] Shoghi Effendi, Die Weltordnung Bahá'u'lláhs, S. 39.

So kam es schließlich, dass die Einheit der Kirche und der Christenheit über unterschiedlichste Fragen verloren ging, sodass sich zahlreiche, voneinander unabhängige Konfessionen etablieren konnten, die sich alle gegenseitig die Schuld gaben und sich gegenseitig verwarfen: „Da es keinen berufenen Ausleger des Evangeliums gab, erhob jeder einzelne den Anspruch, zu sagen: ‚Dies ist der wahre Pfad und alle anderen gehen in die Irre.'"[688] Und Shoghi Effendi ergänzt abschließend: „Wäre es den Kirchenvätern, deren ungerechtfertigte Autorität so von allen Seiten heftig angegangen wurde, möglich gewesen, die auf ihr Haupt gehäuften Anklagen dadurch zu widerlegen, dass sie bestimmte Äußerungen Christi zur künftigen Verwaltung Seiner Kirche oder zum Wesen der Amtsmacht Seiner Nachfolger hätten anführen können, dann wären sie sicherlich in der Lage gewesen, die Flammen des Streites zu löschen und die Einheit der Christenheit zu erhalten. Das Evangelium aber, die einzige Schatzkammer der Äußerungen Christi, bot den gequälten Kirchenführern keinen derartigen Schutz. Hilflos standen sie dem unbarmherzigen Angriff ihrer Feinde gegenüber, und schließlich mussten sie sich den Kräften der Spaltung, die in ihre Reihen eindrangen, beugen."[689]

Diese zum Teil sehr grundsätzliche Kritik an der christlichen Kirche und der Kirchengeschichte bedeutet jedoch keinesfalls, dass Jesu Mission gescheitert oder von seinem Lebenswerk nichts geblieben wäre. Für 'Abdu'l-Bahá bestätigt sich Jesu Wahrheit und Wirkmächtigkeit nicht in Form der Kirche, denn „das Vermächtnis Christi waren nicht die Kirchen, sondern die erleuchteten Seelen derjenigen, die an Ihn glaubten."[690]

Die Wiederkunft Christi in der Herrlichkeit des Vaters

Die Nachfolge Christi sollten nicht nur die Apostel und die Kirche antreten, auch aus der göttlichen Sphäre sollte eine erneute Bestätigung des göttlichen Willens erscheinen: „Wahrlich, Wir haben Ihn

---

[688] 'Abdu'l-Bahá, The Promulgation of Universal Peace, S. 538.
[689] Shoghi Effendi, Die Weltordnung Bahá'u'lláhs, S. 39.
[690] 'Abdu'l-Bahá, The Promulgation of Universal Peace, S. 616.

gesandt, dem Wir mit dem Heiligen Geiste beistanden, damit Er euch dieses Licht ankünde, das ausstrahlt vom Horizont des Willens eures Herrn, des Erhabensten, des Allherrlichen, Ihn, Dessen Zeichen im Westen offenbar sind."[691] Die Ankündigung der folgenden Manifestation, das Kernelement des Prinzips der fortschreitenden Gottesoffenbarung, nimmt in der Darstellung Jesu durch die Bahá'í-Autoritäten natürlicherweise den größten Raum ein. Des Weiteren ist dies das Thema, mit dem sich auch die meisten nachfolgenden Bahá'í-Gelehrten hauptsächlich befassten und das sie für ihre großteils apologetisch orientierten Werke[692] zu Rate zogen.

Laut Bahá'u'lláh „fragten die Gefährten und Jünger Jesu nach den Zeichen, die die Wiederkunft Seiner Manifestation ankündigen würden."[693] „Mehrmals", so erklärt er weiter, „fragten sie diese unvergleichliche Schönheit, und jedes Mal, wenn Er antwortete, wies Er auf ein besonderes Zeichen hin, welches den Anbruch der verheißenen Sendung ankündigen sollte."[694] In einer seiner Frühschriften, den ‚Edelsteinen göttlicher Geheimnisse', fasst er die Reden über die Wiederkunft aus den vier Evangelien zusammen, ohne sie jedoch an dieser Stelle ausgiebig zu erläutern[695]. Im ‚Buch der Gewissheit', wo er noch einmal dezidiert auf die Zusammenfassung in den ‚Edelsteinen göttlicher Geheimnisse' hinweist, erläutert er die Deutung der Wiederkunfts-Ankündigung gemäß dem Matthäusevangelium sehr ausführlich[696]; so ausführlich, dass sie einen Großteil dieses Werkes ausmacht.

> **„Dies wurde zuvor im ersten Evangelium, dem des Matthäus, offenbart. Darin nennt Er die Zeichen der Offenbarung Dessen, Der nach Ihm kommt. Er spricht: ‚Wehe aber den Schwangeren und Stillenden in jenen Tagen!..', bis die Taube am Pol der Ewigkeit gurrt und der himmlische Hahn fern auf dem Sidratu'l-**

---

[691] Bahá'u'lláh, Anspruch und Verkündigung, S. 87.
[692] Vgl. z. B. M. Abu'l-Fadl, "Falu'l-Khiab" und "Kitab-i-Fara'id"; J. Fox, "Bahá'u'lláhs Brief an die Christen"; G. Townshend, "Christus und Bahá'u'lláh" und "The Heart of the Gospel".
[693] Bahá'u'lláh, Das Buch der Gewissheit (Kitáb-i-Íqán), S. 19.
[694] Bahá'u'lláh, Das Buch der Gewissheit (Kitáb-i-Íqán), S. 19.
[695] Bahá'u'lláh, Edelsteine göttlicher Geheimnisse, S. 21-24.
[696] Bahá'u'lláh, Das Buch der Gewissheit (Kitáb-i-Íqán), S. 21-69.

> **Muntahá verkündet: ‚Sogleich aber nach der Bedrängnis jener Zeit wird die Sonne sich verfinstern und der Mond seinen Schein verlieren, und die Sterne werden vom Himmel fallen, und die Kräfte der Himmel werden ins Wanken kommen. Und dann wird erscheinen das Zeichen des Menschensohns am Himmel. Und dann werden wehklagen alle Geschlechter auf Erden und werden sehen den Menschensohn kommen auf den Wolken des Himmels mit großer Kraft und Herrlichkeit. Und Er wird Seine Engel senden mit hellen Posaunen.'"** [697]

Die in diesem Zitat erwähnte Bedrängnis deutet er in der Folge derart aus, dass es sich dabei um eine Zeit handele, in der der Menschheit die Erkenntnis Gottes verschlossen bleiben und die göttliche Religion mitsamt ihren geistlichen Führern dermaßen zugrunde gegangen sein würde, „dass eine sich nach Gotterkenntnis sehnende Seele nicht weiß, wohin sie sich wenden und wo sie suchen soll"[698]. Sonne, Mond und Sterne interpretiert er als Symbole für die Manifestation Gottes, ihre berufenen Nachfolger und die Geistlichen, die den Gottesglauben aufrecht halten und seine Gesetze wahren sollen[699]. Die Verwendung der Sonnensymbolik für die Propheten Gottes ist bereits im Kapitel ‚Geburt und Stufe Jesu' ausführlich erläutert worden, daher genügt an dieser Stelle der Hinweis, dass es sich auch in diesem Fall um eine Umschreibung für die Manifestationen Gottes handelt. Wenn also die Sonne ihren Schein verliert, bedeutet dies gemäß Bahá'u'lláhs Auslegung, dass die Grundsätze der Religion Gottes, die Gebote der Heiligen Bücher, bis zur Unkenntlichkeit entstellt und verwaschen sein würden[700]. Die Gebote selbst werden ebenfalls abwechselnd mit der Sonne und dem Mond verglichen, insbesondere das Pflichtgebet und das Fasten[701], die den direkten Kanal zwischen Gott und Mensch im Vollzug der Gebote offenhalten[702]. Man kann also sagen, dass auch die Missachtung und Geringschätzung der göttlichen Gebote ein spezifisches Merkmal der angekündigten ‚Endzeit' darstellen soll.

---

[697] Bahá'u'lláh, Edelsteine göttlicher Geheimnisse, S. 21-22; vgl. Matthäus 24:29-31.
[698] Bahá'u'lláh, Das Buch der Gewissheit (Kitáb-i-Íqán), S. 27.
[699] Bahá'u'lláh, Das Buch der Gewissheit (Kitáb-i-Íqán), S. 28-33.
[700] Bahá'u'lláh, Das Buch der Gewissheit (Kitáb-i-Íqán), S. 33-34.
[701] Bahá'u'lláh, Das Buch der Gewissheit (Kitáb-i-Íqán), S. 34.
[702] Bahá'u'lláh, Das Buch der Gewissheit (Kitáb-i-Íqán), S. 34.

Des Weiteren bezieht sich Bahá'u'lláh auch auf das ‚Zeichen des Menschensohns am Himmel', das er als Wiederholung der Ankündigung der Geburt Jesu[703] auffasst, da zu Beginn jeder Sendung ein Stern am sichtbaren Himmel ihr Kommen angekündigt habe.[704] Und wie auch Johannes der Täufer als „Zeichen am unsichtbaren Himmel"[705] die Sendung Jesu ankündigte, so sollte auch der Wiederkunft Christi ein anderer Prophet vorausgehen, der auf sein Kommen hinweist[706].

Zuletzt geht er auch auf die Ankündigung ein, dass der „Menschensohn" kommen werde „in den Wolken des Himmels mit großer Kraft und Herrlichkeit."[707] Dies bedeute jedoch nicht, dass die Wiederkunft Christi vom physischen Himmel geschehen würde, wie auch 'Abdu'l-Bahá später bestätigte: „[Die Christen] wähnen, Christus sei ... vom Gipfel Seiner Erhabenheit abgefallen und hinterher in die höheren Gefilde des Himmels aufgestiegen, zu dem Himmel, der überhaupt nicht existiert, da er nur Weltraum ist. Sie warten darauf, dass Er von dort auf einer Wolke reitend wiederkomme. Sie bilden sich ein, dass es in diesem unendlichen All Wolken gebe, dass Er auf ihnen reite und so hernniederfahre. Die Wahrheit ist indessen, dass eine Wolke nur Dampf ist, der von der Erde aufsteigt; sie kommt nicht vom Himmel herab."[708] Stattdessen, so sagen Bahá'u'lláh und 'Abdu'l-Bahá einmütig, bezögen sich die ‚Wolken' in diesem Zusammenhang auf den menschlichen Körper. „Hätten [die Zweifler] Christi Wirklichkeit begriffen, so hätten sie gewusst, dass der Körper Seiner Menschlichkeit eine Wolke war, die Seine Göttlichkeit verbarg. Die Welt sah nur Seine menschliche Form und wunderte sich darum, wieso es möglich sei, dass Er ‚vom Himmel herab kam'. Bahá'u'lláh sagte: ‚Gleichwie die Wolken die Sonne und den Himmel vor unserem Blick verbergen, verbarg auch die Menschlichkeit Christi der Menschenwelt Sein wahres göttliches Wesen.'"[709] Daher

---

[703] Bahá'u'lláh, Das Buch der Gewissheit (Kitáb-i-Íqán), S. 54.
[704] Bahá'u'lláh, Das Buch der Gewissheit (Kitáb-i-Íqán), S. 52.
[705] Bahá'u'lláh, Das Buch der Gewissheit (Kitáb-i-Íqán), S. 54-55.
[706] Bahá'u'lláh, Das Buch der Gewissheit (Kitáb-i-Íqán), S. 52-53.
[707] Bahá'u'lláh, Das Buch der Gewissheit (Kitáb-i-Íqán), S. 56.
[708] 'Abdu'l-Bahá, Ansprachen in Paris, S. 30-31.
[709] 'Abdu'l-Bahá, Briefe und Botschaften, S. 199-200.

stellt es keinen Widerspruch dar, wenn ein Prophet von sich aussagt, er käme vom Himmel, obwohl er doch von einer menschlichen Mutter geboren war. „Der Begriff ‚Himmel' bezeichnet hier Hehrheit und Erhabenheit, da er der Sitz der Offenbarung dieser Manifestationen der Heiligkeit, der Morgenröten altehrwürdiger Herrlichkeit ist. Diese altehrwürdigen Wesen sind, wenn auch aus dem Mutterleib geboren, in Wirklichkeit vom Himmel des Willens Gottes herabgekommen. Auch wenn Sie auf Erden wohnen, sind Ihre wahren Wohnstätten die Ruhesitze der Herrlichkeit in den Reichen der Höhe. Während Sie unter Sterblichen wandeln, sind Sie doch in den Himmel der göttlichen Gegenwart erhoben. ... Sie sind entsandt durch die alles überragende Macht des Urewigen der Tage, und sind erhöht durch den erhabenen Willen Gottes, des mächtigsten Königs. Dies ist mit den Worten gemeint: ‚...kommend auf den Wolken des Himmels'."[710]

Diesen Ausführungen in Bahá'u'lláhs ‚Buch der Gewissheit' oder ‚Kitáb-i-Íqán', wie es im Persischen heißt, haben weder 'Abdu'l-Bahá noch Shoghi Effendi Wesentliches hinzuzufügen. Beide rufen die Gläubigen ausdrücklich dazu auf, sich die aufkommenden Fragen über die Wiederkunft Christi selbst durch ein intensives Studium dieses Werkes zu beantworten.[711]

Die Verheißung des Trösters – Der Geist der Wahrheit

Zu der parallelen, inhaltlich deutlich anders akzentuierten Verheißung des Johannesevangeliums äußern sich alle drei Autoren ebenfalls sehr umfänglich.

> **Und im vierten Evangelium, dem des Johannes, steht geschrieben: „Wenn aber der Tröster kommen wird, Den Ich euch senden werde vom Vater, der Geist der Wahrheit, Der vom Vater ausgeht, Der wird Zeugnis geben von Mir. Und auch ihr seid Meine Zeugen, ..."**
> **Und an anderer Stelle sagt Er: „Aber der Tröster, der heilige Geist, Den Mein Vater senden wird in Meinem Namen, Der wird euch alles lehren und euch an alles erinnern, was Ich euch gesagt habe."**

---

[710] Bahá'u'lláh, Das Buch der Gewissheit (Kitáb-i-Íqán), S. 56-57.
[711] 'Abdu'l-Bahá, Beantwortete Fragen, S. 113 sowie ein Brief im Auftrag des Hüters an einen einzelnen Gläubigen, 14.08.1934.

> Und: „Jetzt aber gehe Ich hin zu Dem, Der Mich gesandt hat; und niemand von euch fragt Mich: Wo gehst du hin? Denn Ich habe es euch gesagt." Und wiederum: „Aber Ich sage euch die Wahrheit: Es ist gut für euch, dass Ich weggehe. Denn wenn Ich nicht weggehe, kommt der Tröster nicht zu euch. Wenn Ich aber gehe, will Ich Ihn zu euch senden." Und: „Wenn aber Jener, der Geist der Wahrheit, kommen wird, wird Er euch in alle Wahrheit leiten. Denn Er wird nicht aus Sich Selber reden; sondern was Er hören wird, das wird Er reden, und was zukünftig ist, wird Er euch verkündigen."[712]

'Abdu'l-Bahá geht in einer Ansprache ausführlich auf diese Verheißung ein und deutet sie. Der Satz „Denn er wird nicht aus sich selber reden; sondern was er hören wird, das wird er reden"[713] wird als Hinweis auf eine kommende Offenbarung gedeutet, denn diese Worte bedeuten laut seiner Auslegung, dass „Er sprechen wird mit der Macht der Offenbarung"[714]. In einer eigens verfassten Auslegung zur Tröster-Verheißung des Johannesevangeliums äußert sich 'Abdu'l-Bahá noch ausführlicher zu der Frage, ob es sich bei dem Verheißenen um eine konkrete Person oder um die Sendung des Heiligen Geistes handelte, und bestätigt somit gleichsam auch direkt den Anspruch Bahá'u'lláhs. Mit sprachanalytischem Geschick macht er sich daran, die christliche Lehre am Wortlaut des Evangeliums zu messen. So sei beispielsweise aus der Aussage „Wenn ich nicht weggehe, kommt der Tröster nicht zu euch"[715] unzweideutig klar, dass es nicht der Heilige Geist sein könne, den Christus ankündigte, da er zu Lebzeiten Christi stets präsent und durch Christus in der Welt wirksam gewesen sei. Im Gegenteil weise „diese Aussage darauf hin, dass der Tröster zur Zeit Christi nicht auf Erden war und dass Er danach kommen würde"[716]. Des Weiteren geht er auf den Satz „Er wird nicht aus sich selber reden, sondern was er hören wird, das wird er reden"[717] ein. Denn aus diesem Satz ergäben sich bestimmte Anforderungen an das angesprochene Objekt, namentlich das Vorhandensein von Ohren, um zu hören. Mit dem Gehörten sei folglich die

---

[712] Bahá'u'lláh, Edelsteine göttlicher Geheimnisse, S. 23-24.
[713] Johannes 16:12.
[714] 'Abdu'l-Bahá, zitiert in: W. Gollmer, Mein Herz ist bei euch, S. 69.
[715] Johannes 16:7.
[716] 'Abdu'l-Bahá, zitiert in: bahai-library.com/abdulbaha_tafsir_ayat_yuhanna.
[717] Johannes 16:13.

göttliche Offenbarung gemeint und mit dem Tröster „eine Person ... die mit himmlischen Eingebungen gesegnet und der Verwahrungsort der Offenbarungen des Herrn sein wird"[718]. Zuguterletzt sei aus dem Vers „Ich habe euch noch viel zu sagen, aber ihr könnt es jetzt nicht ertragen. Wenn aber jener, der Geist der Wahrheit, kommen wird, wird er euch in alle Wahrheit leiten"[719] zu erkennen, dass es sich nicht um den Heiligen Geist handeln könne, da dies ansonsten zur Folge habe, dass das vereinte Wirken des Wortes und des Geistes Gottes in Jesus Christus (die er in der christlichen Lehre als zwei gleichberechtigte Hypostasen nebeneinander stellt) nicht ausgereicht hätten, um die Jünger zu lehren, und das singuläre Wirken des Heiligen Geistes nun eine Aufgabe erfüllen solle, die zuvor einer vollständigeren Selbstoffenbarung Gottes nicht geglückt sei[720]. Demzufolge sei es „aus den gesegneten Versen des Johannes klar geworden ... dass nach der Schönheit Jesu eine andere Geheiligte Seele und eine Große Schönheit erscheinen wird, deren Belehrungen noch umfassender sein werden als die Erziehung, die Christus brachte, der Geist Gottes"[721].

Shoghi Effendi fasst den für die Bahá'í mit dieser Interpretation verbundenen Anspruch zusammen, wenn er schreibt: „Der Abschnitt im Johannesevangelium ... bezieht sich auf die Offenbarung Bahá'u'lláhs, durch Dessen Kommen diese Prophezeiung erfüllt worden ist."[722] So spricht auch Bahá'u'lláh in seinem Sendschreiben an die „Könige der Christenheit":

Vernahmt ihr nicht das Wort Jesu, des Geistes Gottes: ‚Ich gehe hin und komme wieder zu euch'? Warum versäumtet ihr dann, als Er wiederkam zu euch in den Wolken des Himmels, Ihm zu nahen, auf Sein Antlitz zu schauen und in Seine Gegenwart zu gelangen? An anderer Stelle sagt Er: ‚Wenn aber Jener, der Geist der Wahrheit, kommt, wird Er euch in alle Wahrheit leiten.' Doch seht, als Er die Wahrheit brachte, da weigertet ihr euch, Ihm euer Angesicht zuzuwenden, und ergötztet euch weiter mit Spiel und Tand. Ihr

---

[718] 'Abdu'l-Bahá, zitiert in: bahai-library.com/abdulbaha_tafsir_ayat_yuhanna.
[719] Johannes 16:13.
[720] 'Abdu'l-Bahá, zitiert in: bahai-library.com/abdulbaha_tafsir_ayat_yuhanna.
[721] 'Abdu'l-Bahá, zitiert in: bahai-library.com/abdulbaha_tafsir_ayat_yuhanna.
[722] Aus einem Brief im Auftrag des Hüters an einen einzelnen Gläubigen, 21.04.1939.

hießet Ihn nicht willkommen, noch suchtet ihr Seine Gegenwart, um
die Verse Gottes aus Seinem Munde zu hören und der vielfältigen
Weisheit des Allmächtigen, des Allherrlichen, des Allweisen, teilhaftig zu werden. Ihr habt versagt und so den Odem Gottes daran
gehindert, über euch zu wehen. Eurer Seele habt ihr die Süße seines
Duftes vorenthalten, und weiter streift ihr voll Ergötzen durch das
Tal verderbter Lüste. Bei Gott! Ihr werdet vergehen mit allem, was
ihr besitzet. Fürwahr, zu Gott werdet ihr zurückkehren und in der
Gegenwart Dessen, Der die ganze Schöpfung zusammenrufen wird,
zur Rechenschaft gezogen für das, was ihr getan."[723]

Im ‚Sendschreiben an die Christen' bekennt Bahá'u'lláh seinen Anspruch erneut, der verheißene Tröster zu sein, und formuliert ihn mit Rückgriff auf das neutestamentliche Vokabular im Einzelnen aus:

O ihr, die ihr dem Sohne folgt! Ist es wegen Meines Namens, dass
ihr euch gegen Mich sperrt? Warum sinnt ihr nicht nach in eurem
Herzen? Tag und Nacht habt ihr euren Herrn, den Allmächtigen,
angerufen, doch als Er vom Himmel der Ewigkeit in Seiner großen
Herrlichkeit herniederkam, da habt ihr euch von Ihm abgekehrt
und bleibt in Achtlosigkeit versunken. [...]

Öffnet die Tür eures Herzens! Er, der Geist, steht wahrlich davor.
Warum haltet ihr euch fern von Dem, Der euch zu einer strahlenden Stätte führen will? Sprich: Wir haben in Wahrheit die Tore des
Königreiches vor euch aufgetan. Wollt ihr vor Meinem Antlitz euer
Haus versperren? Das ist fürwahr nur ein schwerer Irrtum.
Wahrlich, Er ist vom Himmel gekommen, wie Er das erste Mal von
dort hernieder gekommen ist. Hütet euch, dass ihr nicht bestrei-
tet, was Er verkündet, so, wie die Menschen vor euch Seine Worte
bestritten. So unterweist euch Er, der Wahre, könntet ihr es doch
erkennen!

Der Jordanfluss ist dem Größten Meere verbunden, und der Sohn
ruft laut im heiligen Tal: „Hier bin Ich, hier bin Ich, o Herr, mein
Gott!", während Sinai das Haus umkreist und der Brennende
Busch verkündet: „Er, der Ersehnte, ist in Seiner überragenden
Majestät gekommen." Sprich: Sehet! Der Vater ist gekommen, und
was euch im Königreich verheißen ward, das ist erfüllt! Dies ist
das Wort, das der Sohn verbarg, als Er zu denen, die mit Ihm
waren, sagte: „Ihr könnt es noch nicht tragen.« Und als die Zeit
erfüllt war und die Stunde geschlagen hatte, da erstrahlte das Wort

---

[723] Bahá'u'lláh, Anspruch und Verkündigung, S. 211.

über dem Horizont des Willens Gottes. Hütet euch, o Anhänger des Sohnes, dieses Wort achtlos beiseite zu werfen! Haltet euch fest daran! Das ist besser für euch als alles, was ihr besitzet. Wahrlich, Er ist denen nahe, die Gutes tun. Die Stunde, die Wir vor den Völkern der Erde und den begünstigten Engeln geheim gehalten, ist nun da. Sprich: Wahrlich, Er hat für Mich gezeugt, und Ich zeuge für Ihn. Wahrlich, Er hat keinen anderen gemeint als Mich. Dies bezeugt jede ehrliche, verständnisvolle Seele. [...]

Sprich: Dies ist Der, Welcher den Sohn verherrlicht und Seine Sache erhöht. Werfet von euch, o Völker der Erde, was ihr besitzet, und haltet euch fest an das, was euch geboten ward von dem Allmachtvollen, Der Träger der Wahrheit Gottes ist. Reinigt eure Ohren und richtet eure Herzen auf Ihn, damit ihr den wundersamen Ruf höret, der vom Sinai, der Wohnstatt eures Herrn, des Herrlichsten, erhoben wird. Das wird euch wahrlich der Stätte nahebringen, wo ihr den Glanz vom Lichte Seines Antlitzes über diesem leuchtenden Horizont strahlen seht. [...]

Selig ist der Träumer, den Mein Odem erweckt. Selig der Leblose, den Mein belebender Hauch erquickt. Selig das Auge, das der Blick auf Meine Schönheit tröstet. Selig der Wanderer, der seine Schritte zum Heiligtum Meiner Herrlichkeit und Majestät lenkt. Selig der Elende, der Zuflucht sucht im Schatten Meines Baldachins. Selig der Dürstende, der zu den stillen Strömen Meiner Gnade eilt. Selig die unersättliche Seele, die ihre selbstischen Lüste aus Liebe zu Mir verwirft und ihren Platz an der Festtafel einnimmt, die Ich vom Himmel göttlicher Großmut für Meine Erwählten hernieder gesandt habe. Selig der Erniedrigte, der sich fest an das Seil Meiner Herrlichkeit hält, und der Bedürftige, der in den heiligen Schatten Meines Reichtums tritt. Selig der Unwissende, der den Springquell Meines Wissens sucht, und der Achtlose, der sich an das Tau des Meingedenkens klammert. Selig die Seele, die Mein erquickender Odem zum Leben erweckt und die Einlass in Mein himmlisches Reich erlangt. Selig der Mensch, den der Duft der Wiedervereinigung mit Mir bewegt und treibt, dem Morgen Meiner Offenbarung nahezukommen. Selig das Ohr, das hört, und die Zunge, die zeugt, und das Auge, das sieht und den Herrn erkennt in Seiner großen Herrlichkeit und Majestät, bekleidet mit Pracht und Herrschaft. Selig, wer in Seine Gegenwart gelangt. Selig, wer Erleuchtung von der Sonne Meines Wortes sucht. Selig, wer sein Haupt mit dem Perlenband Meiner Liebe krönt. Selig, wer Meinen Schmerz vernimmt und sich aufmacht, Mir beizustehen unter Meinem Volke. Selig, wer sein Leben hingibt auf Meinem Pfad und mannigfache Mühsal Meines Namens wegen duldet. Selig, wer, von Meinem Wort bestärkt, sich von den Toten erhebt, Mein Lob zu feiern. Selig, wer sich von Meinen wundersamen Weisen entzücken lässt und mit Meiner starken Macht die Schleier zerreißt. Selig, wer Meinem Bund die Treue hält und wen die Dinge der Welt nicht hindern, Meinen heiligen Hof zu erreichen. Selig der Mensch, der sich löst von allem außer Mir, sich aufschwingt in die Höhen Meiner Liebe, der Einlass findet in Mein Reich, Meine Gefilde der Herrlichkeit schaut, die Lebenswasser Meiner Gaben leert, sich am himmlischen Strom Meiner liebenden Vorsehung satt trinkt, mit Meiner Sache vertraut wird, begreift, was Ich in den Schatzkammern Meiner Worte verborgen habe, und, Meinen Ruhm und Preis kündend, vom Himmel göttlicher Erkenntnis strahlt. Wahrlich, er ist von Mir. Mit ihm seien Meine Barmherzigkeit, Meine Gnade, Meine Wohltat und Meine Herrlichkeit.[724]

Der Anspruch Bahà'u'lláhs ist unzweideutig formuliert und lässt keinen Zweifel daran, dass er es ist, der im Neuen Testament angekündigt worden ist. Diese Ausführungen machen deutlich, dass Bahá'u'lláh für sich selbst den Anspruch erhebt, eine der Selbstoffenbarung Gottes in Jesus Christus gleichwertige Wahrheit zu verkörpern und zu verkündigen. Darüber hinaus sagen sie aber auch Wesentliches über Jesus selbst aus, indem er als Gottesoffenbarer in die von den Bahá'í postulierte Reihe der historischen Offenbarungsreligionen ‚zurück geholt' wird. Auch Bahá'u'lláh selbst fügt sich in diesen Zusammenhang ein und beteuert, dass auch er lediglich ein Glied der Kette der Offenbarungen Gottes in der Welt ist und auch ihm ein weiterer Offenbarer folgen wird. 'Abdu'l-Bahá macht dies in mehreren seiner Ansprachen deutlich: „Abraham, Friede sei mit Ihm, errichtete einen Bund hinsichtlich Mose und gab die frohen Botschaften Seines Kommens. Moses errichtete einen Bund hinsichtlich des Verheißenen und verkündete der Welt die gute Kunde der Offenbarung Christi. Christus errichtete einen Bund hinsichtlich des Trösters und gab die Botschaft Seines Kommens. Der Prophet Muḥammad errichtete einen Bund hinsichtlich des Báb, und der Báb war der von Muḥammad Verheißene, denn Muḥammad gab die Botschaft Seines Kommens. Der Báb errichtete einen Bund hinsichtlich der Gesegneten Schönheit Bahá'u'lláh und verkündete die frohen Botschaften Seines Kommens, denn die Gesegnete Schönheit war Der, Den der Báb verheißen hatte. Bahá'u'lláh errichtete einen Bund hinsichtlich eines Verheißenen, Der in tausend oder Tausenden von

---

[724] Bahá'u'lláh, Botschaften aus 'Akká, S. 25-33.

Jahren offenbar werden wird."[725] Somit stellt sich weitergehend die Frage des Umgangs mit den aus der Offenbarung Christi hervorgegangenen christlichen Kirchen der unterschiedlichsten konfessionellen Färbung, deren aller Existenzberechtigung sich über zwei Jahrtausende hinweg maßgeblich von der Unvergleichlichkeit und Unüberbietbarkeit Jesu ableitete. Ein solches exklusivistisches Religionsverständnis stößt jedoch in der heutigen, religiös pluralen Welt an seine ideologischen Grenzen. Daher sind auch die christlichen Kirchen in der interreligiösen Begegnung herausgefordert, sich selbst auf der Landkarte der Religionen neu zu verorten und zu einem neuen Umgang insbesondere mit zeitlich später entstandenen Religionsgemeinschaften zu gelangen. Die Frage, die sich die christliche Theologie in der Zukunft noch vermehrt wird stellen müssen, ist daher, was das Christentum zu einem unverzichtbaren und elementaren Teil der Religionsgeschichte macht und was von ihrem unschätzbaren Reichtum die christliche Tradition in die Gemeinschaft der Religionen der Welt einzubringen vermag.

---

[725] 'Abdu'l-Bahá, Bahá'í World Faith, S. 358.

Nachwort des Verfassers

Zum Schluss dieses Werkes, der Kompliation aus dem Bahá'í-Schrifttum ebenso wie des Kommentars, möchte ich die Gelegenheit nicht ungenutzt lassen, einige der übergreifenden Gedanken, die sich über die Zeit ergeben haben, noch einmal strukturiert zusammenzufassen. Denn wie dies so oft der Fall ist, kann die geleistete Arbeit nur wenig dazu beitragen, die Zahl unbeantworteter Fragen wesentlich zu reduzieren. Stattdessen lassen sich im Anschluss an dieses Buch und das dort zusammengetragene Jesusbild zahlreiche neue Fragen formulieren und Anknüpfungspunkte für eine weitergehende Beschäftigung mit dem Jesusbild der Bahá'í ausmachen, die ich im Folgenden darstellen möchte.

1. Ausgehend von dem theologischen Grundgedanken, dass das gesamte Bahá'í-Schrifttum in sich und weiterführend auch mit der Bibel eine kohärente Lehreinheit bildet, ist in dieser Darstellung mit voller Absicht darauf verzichtet worden, die Gedanken insbesondere Bahá'u'lláhs und 'Abdu'l-Bahás näher auszudifferenzieren. Auch wenn sich theologisch eine einheitliche Betrachtung des Schrifttums aufdrängt, können doch insbesondere auch die Einzelbetrachtungen wertvolle Einblicke liefern, was die konkreten Hintergründe und die Entstehungsgeschichte der Jesusbilder Bahá'u'lláhs und 'Abdu'l-Bahás anbelangt. Die entscheidenden Fragen lauten an dieser Stelle: Wo liegt der jeweilige Schwerpunkt der Darstellungen? Inwieweit bauen sie aufeinander auf?

2. Bahá'u'lláh lebte und wirkte in einem großteilig muslimischen Umfeld. Seine Terminologie, seine Vorbildung und seine Adressaten waren muslimisch. Insofern verwundert es nicht, dass der Koran als Quelle theologischer Gedanken zu Jesus einen wesentlichen Teil des Materials bereitstellt. Erst in den späteren Jahren seines Exils kam er vermehrt mit Christen in Kontakt und schrieb an christliche Würdenträger und Herrscher. Es wäre danach zu fragen, inwiefern sich die Bezugnahmen auf Jesus durch den Wechsel im Adressatenkreis Bahá'u'lláhs in ihrem Inhalt und ihrer Begründung verlagern, welche Rolle die Bibel als Quelle in den jeweiligen Phasen des Wirkens Bahá'u'lláhs – auch im Verhältnis zum Koran – spielt und welche weiteren Gedanken in die Ausbildung seines Jesusbildes noch

eingeflossen sein könnten. Insbesondere ist hierbei auch nach Sufi-Traditionen und deren Jesus-Rezeption zu fragen.

3. Ein Großteil der Aussagen 'Abdu'l-Bahás entstammt entweder Ansprachen, die er auf seinen Reisen durch Nordamerika und Europa hielt, oder Briefen, die er zumeist an christliche Adressaten in ebendiesen Regionen sandte. Seine Referenzquelle ist fast ausschließlich die Bibel, während das koranische Jesusbild von ihm überhaupt nicht rezipiert wird. Seine Gedanken wiederum nehmen Anregungen aus dem Werk seines Vaters und aus der Sufi-Literatur auf. Außerdem ist bei einer dezidierten Auseinandersetzung mit dem Jesusbild 'Abdu'l-Bahás danach zu fragen, inwieweit er über die innerchristlichen Debatten seiner Zeit unterrichtet war, ob er beispielsweise die Werke der wichtigsten Aufklärerischen Theologen kannte und inwiefern theologische Gedanken christlicher Zeitgenossen in seine Bewertung der Person und Mission Jesu mit eingeflossen sein könnten.

4. Welche Texte aus dem Neuen Testament können als authentisches Material gelten? In den Schriften Bahá'u'lláhs und 'Abdu'l-Bahás scheint eine Bevorzugung der Evangelien vor der Apostelgeschichte und den Apostolischen Briefen erkennbar zu werden, wenngleich beide mindestens die Paulusbriefe selbst zitieren, um ihre eigenen Gedankengänge zu stützen. Erst das Universale Haus der Gerechtigkeit greift auch auf andere Briefe zurück und legitimiert somit die Zitierfähigkeit weiterer Texte. Eine eindeutige Zuordnung, welche Texte als authentisches Material gelten können, bzw. auf welche Stellen dies im Umkehrschluss nicht zutrifft, ist bisher nicht möglich und wird dies vermutlich auch nie sein. Der Umgang des Universalen Hauses der Gerechtigkeit mit den Texten, auch mit denjenigen, die nicht von Bahá'u'lláh, 'Abdu'l-Bahá oder Shoghi Effendi zitiert worden sind, lässt jedoch auf eine grundsätzliche Authentizität des gesamten Kanons und somit seine bahá'í-theologische Verwertbarkeit schließen.

5. Welche Autorität kommt den Klarstellungen (engl. *elucidations*) des Universalen Hauses der Gerechtigkeit zu? Die Höchste Körperschaft ist nicht befugt, verbindliche Auslegungen der Schriften vorzunehmen. Berechtigt ist sie lediglich, im Rahmen ihrer gesetzgeberischen

Tätigkeit eine Interpretation der Schriften vorzunehmen, die notwendig ist, um den Kontext eines Gesetzgebungsaktes zu bestimmen. In seinem Testament hatte 'Abdu'l-Bahá dem Universalen Haus der Gerechtigkeit zudem die Autorität verliehen, über ‚alle Fragen zu beraten, die kontrovers, unklar oder nicht ausdrücklich im Buche behandelt sind'. Insofern ist die Möglichkeit nicht ausgeschlossen, dass auch die Höchste Körperschaft der Gemeinde sich zu theologischen Fragen äußert. Allerdings handelt es sich bei theologischen Äußerungen des Universalen Hauses der Gerechtigkeit, insbesondere bei denen, die sich nicht auf bereits vorhandene Auslegungen Bahá'u'lláhs, 'Abdu'l-Bahás oder Shoghi Effendis stützen, definitiv nicht um gesetzgeberische Tätigkeit. Welche theologische Autorität und welchen Stellenwert diese Äußerungen tatsächlich haben (sollen), ist noch weitergehend zu klären.

6. Wie wird das in diesem Band zusammengestellte Jesusbild innerhalb der Bahá'í-Gemeinde von den Gläubigen rezipiert? Inwieweit beeinflusst bei Konvertiten die vorherige religiöse Sozialisierung das persönliche Jesusbild? Hat Jesus für die Bahá'í im Westen, die keine christlichen Konvertiten sind, überhaupt eine besondere Relevanz? Welches Bild Jesu vermitteln die Werke von einzelnen Bahá'í, die über Jesus schreiben? Ungeachtet der festgeschriebenen Lehre gibt es eine große Bandbreite an möglichen Umgangsformen mit den Lehrinhalten. Diese können von wortgetreuer Übernahme bis zu partieller Ablehnung reichen, ohne dass dies dem Selbstverständnis des Einzelnen als gläubiger Bahá'í zuwiderlaufen würde. Da die Bahá'í-Religion mehr Wert auf Orthopraxie (rechtes Handeln) als auf Orthodoxie (rechten Glauben) legt, ergibt sich zumindest für die persönliche Beschäftigung mit den Lehrinhalten ein gewisser Spielraum, wenngleich dies nicht dazu verleiten sollte, von einer theologischen Beliebigkeit der Gemeindeleitung auszugehen, deren Aufgabe es (auch) ist, über die Einheit der Gemeinde – und folglich auch der Lehre – zu wachen. Dennoch mag manch ein evangelikal sozialisierter Konvertit im Gegensatz zu den Bahá'í-Autoritäten die Wunder Jesu für physische Tasachen halten, manch einer trotz gegenteiliger Versicherung die Jungfrauengeburt ablehnen oder ein Dritter an die leibliche Auferstehung glauben. All dies wäre in einer umfassenden Studie zu untersuchen, die Raum lässt für die zu erwartende Diversität solcher persönlichen Vorstellungen.

7. Wie verhält sich das Jesusbild der Bahá'í zu neuzeitlichen christlich-theologischen Entwürfen? Wo ergeben sich intertheologische Anknüpfungspunkte zu den einzelnen neuzeitlichen Entwürfen insbesondere der protestantischen Theologie? Exemplarisch möchte ich diese Fragen an einigen der bekanntesten theologischen Entwürfe verdeutlichen.

Friedrich Schleiermacher
Das Werk Schleiermachers (1768-1834) kann als sehr bewusster Bruch in der Theologiegeschichte verstanden werden. Ähnlich wie die Philosophie heute in eine Zeit vor und eine Zeit nach Kant eingeteilt wird, so ist die Theologie Schleiermachers ein Wendepunkt der Theologie in ihrer Gesamtheit. Christologisch äußern sich Schleiermachers Gedanken insbesondere in zwei wesentlichen Charakteristika: Erstens ist eine Konkretisierung der intuitiven Gotteserkenntnis des Menschen nur dort möglich, wo Offenbarung einen Zugang zu dieser eröffnet, und zweitens eröffnet nicht ein singuläres Heilsereignis wie die Kreuzigung und Auferstehung Jesu den Zugang zu Gott und seinem Willen, sondern das konkrete Vor- und Urbild Jesus Christus, der durch seinen Lebenswandel und seine Lehre wirkt - also erst mittelbar im Nachvollzug seines heilsschaffenden Handelns im eigenen Leben Heilswirksamkeit entfalten kann. Der Tod am Kreuz ist in diesem Entwurf lediglich der Kulminationspunkt eines vollendeten Vorbildes. Ohne die Erkenntnis, dass es sich bei Christus um das Urbild des Glaubens handelt und das eigene Leben dementsprechend gestaltet werden muss, kann keine Erlösung erfolgen. Ähnliche Gedanken lassen sich bei 'Abdu'l-Bahá wiederfinden, insbesondere in seiner Auslegung des Opfers Christi.

Ernst Troeltsch
Der Kernpunkt der Theologie Troeltschs (1865-1923) ist das diesseitig gedachte Reich Gottes. Verankert im aufstrebenden liberalen Bürgertum des Kaiserreiches entwickelte er ein Modell des aktiv in die Welt hineinwirkenden Christenmenschen, der dadurch, dass er das Evangelium in seinem Alltag lebte und beförderte, selbst mittätig werden konnte am Aufbau des Reiches Gottes. Er griff damit einen zentralen, aber in der chistlichen Theologie lange vernachlässigten

Kerninhalt der Lehre Jesu wieder auf: „Das Reich Gottes ist mitten unter euch."[726] Das Reich Gottes ist demnach nicht ein jenseitiges Heilsversprechen, das in einem kosmischen Ereignis ‚vom Himmel herabkommt', sondern eine allmähliche Umformung der Gesellschaft in Hinrichtung auf die Gebote Gottes. Eine solcherart gestaltete ideale Gesellschaftsordnung zeichnet sich durch ethisches Handeln und Verantwortlichkeit des Einzelnen im Kontext der Gemeinschaft aus und ist daher nur dadurch möglich, dass die Einzelnen sich aus Verantwortungsbewusstsein gegenüber dem Nächsten selbst zurücknehmen und für sozialen Ausgleich sorgen. Der aktive Gestaltungsauftrag, den Troeltsch aus dem Evangelium herausliest, findet sich in systematisierter Weise in den Schriften Bahá'u'lláhs wieder, der die persönliche Wandlung des Einzelnen in den Kontext einer sich entwickelnden, geordneten Weltordnung einbettet.

Rudolf Bultmann
Bultmann (1884-1976) sticht aus der Evangelischen Theologiegeschichte insbesondere durch sein radikales Programm der ‚Entmythologisierung der neutestamentlichen Verkündigung' hervor. Seinen Analysen zufolge seien sämtliche mythologischen Gehalte des Neuen Testaments aus dem historischen Kontext der Antike herleitbar – und somit nicht originär und unaufgebbar christlich – und zudem dem modernen Menschen in großen Teilen weder eingängig noch vermittelbar. Die Verkündigung durch Engel, die Jungfrauengeburt und viele weitere Stoffe seien lediglich genutzt worden, um in einer dem damaligen Erkenntnisstand und kulturell bedingten Bildbestand angemessenen Weise ewige Wahrheiten auszudrücken, die von den verwendeten Bildern völlig uabhängig seien. Die jüdische und antik-pagane Mythologie sei daher in ihrer Gesamtheit verzichtbar, der kulturelle Horizont heutzutage ein anderer und der Verkündigung in der modernen Welt mehr damit gedient, die hinter den Bildern stehenden Konzepte herauszuarbeiten und diese ohne den kulturellen Ballast der Jahrtausende zu verkündigen. Der Analyse, dass das Neue Testament mit allgemeingültigen mythologischen Motiven arbeitet und dahinter

---

[726] Lukas 17:21.

stehende Wahrheiten den wesentlichen Kern seines Inhaltes ausmachen, kann die Bahá'í-Theologie ohne Bedenken zustimmen. Auch dass die damals verwendeten Bilder heute nicht mehr vermittelbar seien, wird bestätigt. Lediglich die Schlussfolgerung daraus ist eine andere, denn die Erzählungen des Neuen Testaments verlieren in den Augen der Bahá'í nicht an Wert, weil sich das Verständnis der Menschheit weiterentwickelt hat. Die Kontextualisierung der mythologischen Gehalte der Bibel leistet für den Bahá'í die Offenbarung Bahá'u'lláhs, die die gleichen ewig gültigen Wahrheiten, die bereits im Neuen Testamtent ausgesprochen worden waren, in der heutigen Zeit erneut und in einer dem modernen Denken angemessenen Form verkündet. Dennoch bleibt die Entmythologisierung des Neuen Testaments ein Anknüpfungspunkt für das Gespräch über die Deutung und die Bedeutung der mythologischen Stoffe zwischen Christen und Bahá'í.

Wolfhart Pannenberg
Die Programmschrift Pannenbergs (1928-2014) erschien 1961 unter dem Titel ‚Offenbarung als Geschichte' und zeichnet in Anlehnung an die jüdische Bundestheologie ein kontinuierliches Wirken Gottes in der Menschheitsgeschichte nach, das zu einer immer volleren Selbstoffenbarung Gottes in seinem Heilshandeln hinführt. Insbesondere ist in diesem Konzept die Selbstoffenbarung in Jesus Christus vorläufig und nur in Form einer Vorschau auf die Verwandlung der Welt am Ende aller Tage zu denken. Jesus ist demnach das Urbild eines vollendeten Menschen. Dieser zweifach-evolutionäre Gedanke, eine Vollendung der Menschheit in ihrer Gesamtheit ebenso wie die Vollendung des Einzelnen nach dem Bilde Christi findet seine Entsprechung in der Geschichtstheologie Shoghi Effendis und in der Anthropologie 'Abdu'l-Bahás. Die Offenbarung Gottes wird – freilich ohne einen angenommenen Endpunkt – immer vollkommener, in dem Maße, in dem die geistige Aufnahmefähigkeit der Menschheit wächst. Ebenso ist der einzelne Mensch durch Erziehung und Rechtleitung in der Lage, sich selbst zu verbessern, selbst über den physischen Tod hinaus. In diesen Zusammenhang fügt sich auch Pannenbergs Ablehnung des Sündenfalls ein. Adam ist demzufolge lediglich der erste Sünder und somit ein Urbild des Sünders im Menschen, die Sündenfallerzählung hat aber keine darüber hinausgehende Relevanz oder gar historischen Wert. Auch

ist Adam zu keinem Zeitpunkt in einem vollkommenen Zustand, ebenso wenig wie die Menschheit als Ganzes vollkommen ist oder war. Sie entwickelt sich nach diesem Modell in einem evolutionären Prozess unter der Führung Gottes. Dieses evolutionistische Konzept Pannenbergs kann ebenfalls einen Brückenschlag zwischen Christlicher Theologie auf der einen und Bahá'í-Theologie auf der anderen Seite ermöglichen.

8. Darüber hinaus stellen sich selbstverständlich ähnliche Fragen auch in Bezug auf die anderen von den Bahá'í als Manifestationen Gottes anerkannten Persönlichkeiten. Insbesondere wäre eine ähnliche Arbeit wie diese auch über Moses oder Mohammed wünschenswert. Gerade für den Dialog mit dem Islam wäre ein ausgearbeitetes Bild dessen, wie sich die Bahá'í-Autoritäten über den Propheten Mohammed äußern – auch als Gegenpol zu den zahlreichen bisher erschienenen apologetischen Werken –, dringend notwendig. Es bleibt abzuwarten, wann und in welcher Form ähnlich geartete Werke entstehen werden. Ebenfalls wäre es für die Zukunft wünschenswert, wenn auf der Basis solcher grundsätzlichen Arbeiten weitere Forschungen in den Bereichen, die ich zu skizzieren versucht habe, folgen würden.

Sören Rekel

Nachwort

„Was ist die bleibende Bedeutung des Jesus von Nazareth über seine und unsere Zeit hinaus? Was hat er den Menschen über die Reichweite christlicher Religion hinaus zu sagen? Was ist seine universale Botschaft an die Menschheit?"[727] So hatte ich 2005 in meinem christlichen Beitrag zum hundertjährigen Bestehen der deutschen Bahá'í-Gemeinde gefragt. 2015 hat Sören Rekel meine Fragen aufgegriffen und mit seinem Buch auf eine Weise beantwortet, an der sich die christliche Theologie durchaus ein Beispiel nehmen könnte. Entstanden ist auf diese Weise eine Art *Sentenzenkommentar* aus den heiligen Schriften der Bahá'í: vorbildlich belegt und mit großer Sorgfalt kommentiert. Ich bin tief beeindruckt vom Ernst und der gläubigen Hingabe, mit der sich Bahá'u'lláh, 'Abdu'l-Bahá , und Shoghi Effendi Jesus Christus und dem Zeugnis der Bibel über ihn zuwenden. Sie folgen dabei textkritischen und hermeneutischen Methoden, die weit vor der Zeit einer historisch-kritischen Exegese nahekommen, wie sie heute in der Bibelwissenschaft üblich ist. Allerdings wird sie von evangelikalen und ultrakatholischen Kreisen weiter erbittert bekämpft.

Besonders fasziniert mich, dass die Bahá'í-Schriften eine *theologische Außenperspektive auf Jesus* ermöglichen, die nicht fixiert und verpflichtet ist auf die christliche Dogmatik, die oft auch den unvoreingenommenen Blick auf das ursprüngliche Offenbarungsgeschehen verstellt. So wird die muslimische Auslegungstradition und Denkkultur gleichberechtigt mit der christlichen als Quelle gewürdigt. Dank ihrer Hermeneutik, die tief geprägt ist von der arabischen und persischen Metaphorik und Symbolsprache, erliegen die großen Interpreten der Bahá'í nicht der westlichen Manie des Wörtlichen, die ob des Ideals eindeutiger Rede oft die tiefere Bedeutung, die sich in der scheinbar unscharfen Mehrdeutigkeit von Bildern und Symbolen verbirgt, übersieht. Das metaphorische Schriftverständnis, das im Bahá'í-Schrifttum methodisch ange-

---

[727] U. Baumann, Gemeinsame Wege zum Gespräch zwischen Christen und Bahá'í, in: NGR Deutschland (Hrsg.), 100 Jahre Deutsche Bahá'í-Gemeinde. 1905-2005, Hofheim 2005, S. 201.

wendet wird, gibt kritischen und verunsicherten Gläubigen die Möglichkeit, Themen, die mit ihrem modernen, naturwissenschaftlich geprägten Weltbild unvereinbar scheinen (z. B. der Glaube an Wunder, die Schöpfung als historisches Geschehen, Gottessohnschaft Jesu, leibliche Auferstehung, Himmelfahrt und die Wiederkunft Christi auf den Wolken des Himmels), als Metaphern zu verstehen, die für ein nicht historisch-faktisches, sondern für ein inneres, spirituelles Geschehen stehen.

Besonders wichtig dürfte für christliche Leser die *Deutung der 'Gottessohnschaft' Jesu Christi* sein. Die Trinitätslehre der altkirchlichen Konzilien – ihre metaphysisch-ontologische Terminologie ist ja selbst unter Christen ein Ort vieler Missverständnisse und Irritationen – kann so auf eine Weise dynamisiert werden, die von modernen Menschen geglaubt werden kann, ohne auf ihren gesunden Menschenverstand verzichten zu müssen. Ich selbst bin in meinem kleinen Buch ‚Christentum'[728] den Weg der *prophetischen Christologie* gegangen. Sie hat im Neuen Testament durchaus einen prominenten Platz, wird aber in der kirchlichen Dogmatik seit Jahrhunderten sträflich vernachlässigt. Das Wort Gottes wird in der Folge seiner Dynamik als lebendiges Sprachgeschehen beraubt und zur göttlichen Person des präexistenten Logos eingefroren. Offenbarung als immer weitergehendes Geschehen in der menschlichen Geschichte wird damit zu einem abstrakten Lehrgebäude, das im 'Himmel' ewiger Ideen bleibt und mit der Lebenswirklichkeit wenig zu tun hat.

So stimme ich mit dem *Gottesverständnis* der Bahá'í und ihrer Propheten weithin überein, dass Gott an aller erster Stelle ein *Geschehen* ist, das sich *ereignet*, wenn ein Mensch für uns zum 'brennenden Dornbusch' wird, wo uns plötzlich aufgeht, wer Gott ist und was er für unser Leben bedeutet. Das geschieht auf besondere Weise in Jesus und den Propheten, die für uns zur Offenbarung, zum Wort Gottes werden können. Gewiss wird man bei manchen – vor allem historischen und hermeneutischen – Annahmen der Schriften Bahá'u'lláhs, 'Abdu'l-Bahás, und Shoghi Effendis, die den Wissens-

---

[728] U. Baumann, Christentum. Eine Einführung, Frankfurt a.M. ²2012.

stand des 19. und frühen 20. Jahrhunderts reflektieren, nicht stehen bleiben. Wichtig ist mir aber als einem – wenn auch kritischen – christlichen Theologen, dass für mich jedenfalls die Richtung stimmt, auf der Christen und Bahá'í gemeinsam vorangehen können, um Gottes Wort immer tiefer zu verstehen.

Für mich selbst und mein Verständnis des Christentums mag mein persönliches Bekenntnis stehen, das ich zur weiteren Diskussion an das Ende meines Nachwortes setze:

Wir setzen unser Vertrauen auf den Namen des Ewigen:
den Schöpfer aller Dinge, Ursprung und Ziel unseres Lebens,
den Erbarmer, den Barmherzigen.

Er ist da in Jesus, dem gottgesandten Menschen aus Nazareth.
In ihm ist er solidarisch mit uns bis in den Tod:
der Weg, die Wahrheit und das Leben.

Wir setzen unser Vertrauen auf den Geist Gottes,
der auf Jesus Christus ruht,
die Kraft, aus der wir leben, für die Hoffnung der Welt.

Urs Baumann

Literatur- und Quellenverzeichnis

Autoritatives und ergänzendes Bahá'í-Schrifttum
(Zitate in Kurzform)

'Abdu'l-Bahá, **Ansprachen in England und Nordamerika** 1911-1912. Eine Auswahl, Hofheim 2010.

'Abdu'l-Bahá, **Ansprachen in Paris**, Hofheim ^{9}2007.

'Abdu'l-Bahá, **Beantwortete Fragen**, Frankfurt a. M. ^{4}1998.

'Abdu'l-Bahá, **Briefe und Botschaften**, Hofheim ^{2}1998.

'Abdu'l-Bahá, **Christ sein heißt...** Eine Textauswahl, Hofheim 1997.

'Abdu'l-Bahá, **Das Geheimnis göttlicher Kultur**, Hofheim ^{2}2008.

'Abdu'l-Bahá, **Sendschreiben zum Göttlichen Plan**, Hofheim 1989.

'Abdu'l-Bahá, **Tablets of 'Abdu'l-Bahá 'Abbas I**, Chicago ^{2}1919.

'Abdu'l-Bahá, The **Promulgation of Universal Peace**. Talks delivered by 'Abdu'l-Bahá during His Visits to the United States and Canada in 1912, Wilmette ^{6}2012.

'Abdu'l-Bahá – Bahá'u'lláh, **Bahá'í World Faith**, Wilmette ^{2}1956.

'Abdu'l-Bahá – Bahá'u'lláh, **Dokumente des Bündnisses**, Hofheim 1989.

Der Báb – Bahá'u'lláh, **Verse Gottes**. Lesungen für morgens und abends, Hofheim ^{5}2009.

Bahá'u'lláh, **Ährenlese**. Eine Auswahl aus den Schriften Bahá'u'lláhs, zusammengestellt und ins Englische übertragen von Shoghi Effendi, Hofheim ^{7}2012.

Bahá'u'lláh, **Anspruch und Verkündigung**. Sendbriefe aus Edirne und 'Akká, Hofheim 2007.

Bahá'u'lláh, **Botschaften aus 'Akká**. Offenbart nach dem Kitáb-i-Aqdas, Hofheim 1982.

Bahá'u'lláh, **Brief an den Sohn des Wolfes**, Hofheim ²1988.

Bahá'u'lláh, **Das Buch der Gewissheit (Kitáb-i-Íqán)**, Hofheim ⁴2000.

Bahá'u'lláh, **Das Heiligste Buch (Kitáb-i-Aqdas)**, Hofheim 2000.

Bahá'u'lláh, **Edelsteine göttlicher Geheimnisse**, Hofheim 2007.

Bahá'u'lláh, **Gebete und Meditationen**, Hofheim ⁴2008.

Shoghi Effendi, **Das Kommen göttlicher Gerechtigkeit**, Hofheim 1969.

Shoghi Effendi, **Der verheißene Tag ist gekommen**, Hofheim 1967.

Shoghi Effendi, **Gott geht vorüber**, Hofheim ²1974.

Weitere Quellen autoritativen und ergänzenden Bahá'í-Schrifttums
(Zitate in Kurzform)

H. Balyuzi, 'Abdu'l-Bahá. **Der Mittelpunkt des Bündnisses Bahá'u'lláhs**, Hofheim 1983-84.

S. Blomfield, **'Abdu'l-Bahá in London**, Hofheim 2011.

H. Hornby, **Lights of Guidance**. A Bahá'í reference file, Neu Delhi ²1988.

Bahá'í News Service (Hrsg.), **Star of the West X**, Chicago 1919.

Bahá'í News Service (Hrsg.), **Star of the West XIV**, Chicago 1923.

T. Klapp – P. Schwartz-Klapp, **Esoterik, Träume und übersinnliche Phänomene**. Eine Textzusammenstellung aus dem Bahá'í-Schrifttum, Rudolstadt 2003.

T. Klapp – P. Schwartz-Klapp, **Gesundheit, Ernährung, Medizin und Heilen**. Eine Textzusammenstellung aus dem Bahá'í-Schrifttum, Rudolstadt ²2003.

F. Sobhani, **19 Tage in der Gegenwart Shoghi Effendis**, Hofheim 2013.

Quellen unveröffentlichter Bahá'í-Texte

Alle Zitate, die bisher nicht im Englischen oder im Deutschen gedruckt veröffentlicht worden sind, darunter insbesondere zahlreiche Schreiben im Auftrag des Hüters und des Universalen Hauses der Gerechtigkeit, entstammen der umfangreichen Textsammlung der Bahá'í Library:

http://www.bahai-library.com.

Bibelausgabe

Alle Bibelzitate, sofern nicht direkt aus dem Bahá'í-Text zitiert, sind der Übersetzung „Luther 1984" der Deutschen Bibelgesellschaft entnommen:

Deutsche Bibelgesellschaft (Hrsg.), Die Bibel. Nach der Übersetzung Martin Luthers, Stuttgart ⁹2009.

Koranausgabe

Alle Koranzitate, sofern nicht direkt aus dem Bahá'í-Text zitiert, sind, insbesondere der leichteren Leserlichkeit wegen, der Ahmadiyya-Übersetzung entnommen:

Ahmadiyya Muslim Jamaat (Hrsg.), Koran. Der Heilige Qur-an. Arabisch und Deutsch, Frankfurt a. M. ⁸2012.

Apologetische Schriften von Bahá'í mit Bezug auf Jesus
(Zitate in Kurzform)

M. Abu'l-Fadl, Falu'l-Khiab, Samarkand 1892.

M. Abu'l-Fadl, Kitab-i-Fara'id, Kairo 1898.

J. Fox, Bahá'u'lláhs Brief an die Christen, Hofheim ²2012.

G. Townshend, Christus und Bahá'u'lláh. Eine Einführung in die Bahá'í-Religion für Christen, Hofheim ⁴2012.

G. Townshend, The Heart of the Gospel, Oxford 1951.

Nicht-Bahá'í-Literatur
(Zitate in Kurzform)

U. Baumann, Christentum. Eine Einführung, Frankfurt a.M. ²2012.

U. Baumann, Gemeinsame Wege zum Gespräch zwischen Christen und Bahá'í, in: NGR Deutschland (Hrsg.), 100 Jahre Deutsche Bahá'í-Gemeinde. 1905-2005, Hofheim 2005.

F. Eißler – J. Schnare (Hrsg.), Bahai. Religion, Politik und Gesellschaft im interreligiösen Kontext, EZW-Texte 233, Berlin 2014.

M. Hutter, Die Bahá'í. Geschichte und Lehre einer nachislamischen Weltreligion, Marburg 1994.

M. Hutter, Die Weltreligionen, München 2005.

M. Hutter, Handbuch Bahá'í. Geschichte – Theologie – Gesellschaftsbezug, Stuttgart 2009.

T. Khalidi, Der muslimische Jesus. Aussprüche Jesu in der arabischen Literatur, Düsseldorf 2002.

Stichwortverzeichnis

Abdu'l-Bahá 24f, 31, 404, 406, 408, 411

Abendmahl 11, 319, 327, 344 - 346

Abraham 174, 178, 235, 267, 359, 399

Adam 4, 58f, 118, 142 - 148, 177f, 230, 232, 260, 286, 315, 331, 333, 359f, 408

Ägypten 23, 81, 88, 234, 259, 295, 373, 389

Apostel 108, 110, 112 - 114, 141, 168f, 183f, 189, 198 - 201, 221, 305, 307, 318, 343f, 365f, 373, 376, 382, 387, 390

Andreas 244, 258

Jakobus 238, 244, 258f, 346

Johannes 28, 110, 113, 163, 219, 238, 244, 258, 305f, 346

Paulus 106, 119f, 128, 147, 188, 198 - 200, 260, 262, 286, 304, 318, 334, 341, 359, 367, 377, 381 - 385, 404

Petrus 80, 110 - 112, 119, 131f, 185, 189, 195 - 200, 203, 238f, 243f, 257f, 305, 307, 318, 324, 344, 346f, 349, 365, 376 - 378, 380 - 385, 387, 389

Apostelgeschichte 27, 372f, 382, 404

Arius 201, 289

Arme 43, 51, 53, 103, 137f, 161, 233, 240, 246, 329f, 345

Armut 46, 329, 345

Auferstehung 8, 11, 148, 154, 182 - 186, 189, 190f, 214, 224, 244, 254f, 260, 296, 306, 336, 341, 353, 363f, 367f, 405, 406, 412

Báb 9, 18, 22f, 29f, 225f, 302, 399

Bahá'u'lláh 9, 11f, 18, 23f, 26, 29f, 33, 403, 407, 411

Barmherzigkeit 76, 130, 162, 164, 173f, 176, 264, 322, 337, 340, 399

Baum der Erkenntnis 143, 231, 333

Baum des Lebens 4, 142f, 162f, 231f, 333

Bergpredigt 28, 300, 322, 329

Bethlehem 56, 234, 273f, 279

Bibel 11, 26 - 28, 40, 44, 46 - 48, 69, 101, 119, 161, 163, 178, 186, 189f, 221, 225, 227 - 229, 231, 267f, 303, 318, 367, 382, 403f, 408, 411

Altes Testament 11, 26f, 42f, 49, 51, 66, 82, 84, 99, 106, 118, 121, 127, 142f, 160, 272f, 283, 315, 318, 357

Neues Testament 4, 12, 26f, 78, 82f, 185, 187f, 226 - 228, 230, 281, 303, 353, 356f, 367 - 369, 399, 404, 407f, 412

Blut 119f, 144, 159, 165f, 172, 178, 188, 190, 238, 250, 253, 261, 284, 318f, 339, 345, 354, 363f, 367, 382

Brot 28, 110, 163 - 168, 250, 252 - 254, 337f, 345f

Brüder Jesu 62, 277

Buße 97, 235, 273, 294

Christologie 7, 284, 287f, 380, 406, 412

Daniel 54f, 225f, 230, 242, 272

David 41, 53, 127, 268, 277

Dornenkrone 42, 79, 92, 107, 171, 181f, 244, 349, 358

Dreieinigkeit 68, 284 - 286, 289, 412

Ehe 57, 240, 320, 381

    Ehebruch 104, 120, 124, 240, 278, 306, 317 - 319

    Ehelosigkeit 201, 293, 371, 387

    Ehescheidung 40, 52, 118f, 123f, 240, 268, 303, 317

    Mehrehe 52, 123f, 317

Einheit 18f, 21, 33, 68 - 71, 77, 80 - 82, 85f, 88 - 90, 92, 98, 108, 111, 114f, 117, 122, 124, 143, 170, 175, 192, 195 - 197, 199, 202f, 209, 213, 267, 284 - 286, 297, 309, 312, 321, 377, 379f, 384, 387, 390, 405

Elias 22, 99 - 101, 296f, 364

Elisabeth 278

Emanation 69, 161, 284, 288, 327

Engel 64, 88, 90, 206, 208, 213f, 234, 243, 246, 249, 263, 276, 279, 392, 398, 407

Erlösung 11, 77, 108, 114, 117, 126, 138, 157, 160, 248, 308f, 334, 357, 360, 406

Erziehung 79, 88, 91, 124f, 136, 147, 219, 313, 334, 396, 408

Eva 142f, 145, 230, 331

Evangelium 42, 48f, 63, 70f, 75, 77, 82, 93, 96, 99 - 102, 107, 114, 126f, 132, 140, 153, 155 - 157, 163, 165, 173, 182 - 184, 186, 189f, 194f, 199, 201 - 203, 206 - 208, 215f, 218, 221, 227, 229, 242, 245, 260f, 301, 303, 308,

319, 326, 335, 338, 366, 375, 380f, 386 - 388, 390f, 394f, 406

Johannesevangelium 28, 69, 71, 166, 182, 186, 207f, 220, 226f, 284, 287, 306, 324 - 326, 336- 338, 343 - 345, 347, 362, 366, 394 - 396

Lukasevangelium 7, 93, 186, 190, 206, 208, 226, 276 - 278, 280, 297, 306, 321, 344, 366, 373

Markusevangelium 206, 208, 226, 321, 346

Matthäusevangelium 28, 99, 206f, 214, 226, 274, 277 - 280, 294, 296, 321, 329, 344, 346, 391

Feuer 111, 119, 128, 150, 154, 156 - 158, 179, 205, 213, 223, 235, 237, 259, 294, 320, 334, 336

Flavius Josephus 76, 292

Fleisch 96, 119f, 148f, 152 - 156, 160, 162f, 165, 167, 188, 190, 238, 250f, 253f, 261, 284, 287, 304, 318, 338, 354, 364, 367, 382

Frieden 43 - 45, 47, 52, 79, 86 - 89, 91f, 107, 115, 117 - 119, 130f, 160, 227, 247, 256, 262, 264, 270f, 291, 303, 321, 324, 340

Galen 308

Galiläa 64, 76f, 188, 239, 243, 258f, 291, 366

Gebet 94, 104, 172, 174, 259, 263, 346, 352

Gebet Jesu am Kreuz 351f

Gebet Jesu im Garten Gethsemane 346f

Gebetsrichtung 127, 316

Pflichtgebet 17, 211, 327, 392

Gebot 41, 52, 120, 122 - 124, 126, 131, 160, 173, 177, 201, 240, 256, 312, 314, 318 - 320, 322, 324, 332, 334, 339, 387, 392, 407

Gegner 11, 23, 83, 213, 247, 301f, 304

Geistigkeit 43f, 48, 51, 64, 75 - 77, 81, 85f, 94, 96, 99, 101, 108f, 113, 118, 122f, 125, 128 - 130, 136, 139, 141 - 149, 151 - 153, 155, 159, 163f, 167f, 175, 177, 182 - 184, 186f, 189, 191f, 210, 269f, 282, 295, 297, 299, 307f, 313, 315, 325, 328, 330, 332 -334, 336, 339 - 340, 352, 361, 364f, 367, 370, 372, 374, 376, 408

Gelähmter 246, 297f

Gelehrte 11, 25f, 32 - 34, 39, 41, 45, 99, 104f, 107, 135f, 216, 229f, 234, 239, 243, 246, 269, 296, 302 - 304, 328, 341, 391

Gerechtigkeit 20, 27, 49, 52f, 124, 131f, 134f, 139, 141, 145 - 148, 160, 162, 164, 178, 189, 212, 215, 233, 236, 257, 308, 322f, 333, 337

Gesetz 33, 40f, 44f, 47 - 49, 52, 61, 74, 77 - 79, 82f, 87, 97f, 106, 108, 118 - 127, 145, 147, 154, 175, 184, 195, 203f, 208, 211f, 216, 223, 254, 268f, 295, 303, 314 - 318, 320, 332, 349, 376, 379, 382f, 386, 388, 392

Gethsemane 324, 346f

Gleichnis 54, 71, 98f, 116, 127f, 143, 151, 157, 182, 222, 233, 237, 294, 295, 310f, 321, 324, 331, 364

Gnade 26, 39, 42, 58, 68, 74, 76, 78f, 90f, 108, 112, 132, 135, 146, 149, 154, 157, 160, 164 - 168, 174, 176, 180, 194, 198, 205, 208, 211, 214, 220, 251, 262f, 302, 322, 331, 334, 337, 339, 351, 362, 375, 398

Gott 18 - 20, 26, 29, 39f, 46, 49f, 56, 59, 61 - 63, 65 - 67, 69, 71f, 74 - 78, 82, 90 - 93, 97 - 99, 102, 109, 122, 128f, 131, 136 - 143, 152f, 156, 160 -163, 167, 170, 172, 174, 178, 194, 196, 198, 205, 211, 223, 225, 231f, 234f, 241, 245, 250, 256, 279, 282, 284 - 286, 288 - 290, 294, 303f, 315, 322, 324f, 327 - 329, 333 - 335, 346, 354, 359, 370, 373, 375, 377f, 380f, 392, 406, 409, 412

Schöpfer 21, 26, 61, 97, 109, 128, 170, 326 - 328, 413

Vater 65f, 68, 71, 74, 101, 103, 106, 130 - 132, 139, 161, 173, 207, 216, 218, 236, 238, 249, 251 - 258, 261, 319, 322, 325 - 327, 330, 351f, 390, 394

Grab 189, 249, 254f, 353, 368

Hannas 105, 302, 341, 343, 348

Heidenchristen 204, 382f

Heiliger Geist 48, 53, 57, 59 - 61, 68 - 71, 74 - 76, 85f, 89f, 94, 99, 103f, 109 - 111, 115f, 139, 146, 148 - 152, 154 - 157, 167f, 176, 183f, 192f, 218f, 235, 245, 258f, 269, 275f, 278, 284 - 286, 289, 295, 298, 307, 319, 330, 333f, 350, 371f, 375, 395f

Herodes 56, 234, 241, 278f

Himmel 26, 42f, 45, 48, 56, 59, 61 - 68, 78, 83, 90, 103, 105, 112, 126, 130 - 132, 151, 153, 161, 163 - 168, 170f, 181 - 183, 187f, 190, 198, 205 -208, 210 - 215, 217, 221, 223, 231, 233, 236, 238, 240, 242 - 244, 246 -249, 252 - 254, 258f, 264, 270, 273f, 283, 285 - 287, 322, 325, 327, 330, 337,

348, 354 - 356, 358f, 392 - 394, 396 - 398, 407, 412

Himmelfahrt/Aufstieg 55, 176, 180f, 183, 186f, 189, 191, 194 - 196, 200, 218f, 341, 355f, 358, 363, 370 - 372, 380, 412

Hölle 41, 111, 140, 145, 148, 187, 223, 238, 356

Höllenfahrt 187, 357

Hüter der Sache Gottes 24, 32, 34, 379, 380

Imran 274f

Israel 18, 40, 46, 54, 77, 79, 81 - 83, 105, 116, 227, 234, 249, 251, 258, 315, 357

Jerusalem 54f, 77, 84, 106f, 130, 188f, 204, 225, 234f, 247 - 251, 258f, 279, 291, 303, 316, 349, 353, 366, 373, 382

Jesaja 39, 53, 96, 153, 188, 215, 235, 238, 251, 253, 261, 267, 271f, 310

Jesus

    Ankündigung seiner Geburt 264, 275f

    Christus 4, 7, 11, 39, 41 - 60, 62 - 68, 70 - 72, 74 - 92, 94 - 96, 98 - 103, 105 - 120, 122 - 125, 127 - 132, 134 - 142, 144 - 150, 152 - 169, 171 - 179, 181 - 186, 189 - 205, 215f, 218 - 221, 225 - 228, 234, 238, 241 - 243, 245, 249, 251, 255, 260 - 262, 267, 269, 271f, 279, 281 - 283, 285 - 290, 292, 295, 300 - 303, 305, 307 - 309, 313, 315, 318, 320, 323 - 328, 333 - 336, 339, 343 - 345, 347, 349, 351 - 353, 355 - 363, 365f, 368, 370 - 373, 375 - 378, 380 - 387, 389 - 391, 393 - 396, 399f, 406, 408, 411f

Erlöser 4, 8, 341, 360, 406

Erzieher 79, 80, 88, 212

Geburt 59f, 219, 270, 274 - 280, 293f, 393

Geist Gottes 50, 56, 60f, 76f, 103f, 107, 128, 217, 219, 276, 281f, 284, 308, 396

Menschensohn 42, 62 - 64, 93, 99, 101, 111, 171, 180, 182, 206, 208, 212, 215f, 221, 238f, 243, 246, 248, 252, 262, 281f, 348, 392f

Messias 39f, 42 - 44, 46f, 49 - 52, 63, 65, 75, 81, 88, 94, 97, 99, 101f, 105f, 170f, 180, 184, 215, 221, 263, 267 - 270, 273, 281, 283, 294, 303, 348, 354, 363

Sohn der Maria 62, 64, 103, 105, 166, 170, 174, 182, 207, 214f, 263f, 281, 348, 354, 359

Sohn Gottes 40, 53, 61, 65, 68, 71, 74 - 76, 104, 106, 116, 178, 189, 196, 200, 216, 234, 238f, 243, 251, 253 - 256, 277, 281f, 310f, 319, 325, 332, 377, 397f

Spiegel Gottes 20f, 41, 64 - 68, 70, 71, 151, 192, 193, 210, 283, 285f, 326, 372

von Nazareth 7, 9, 11, 26, 42f, 49, 83, 243, 249, 291, 319, 368, 411

Vorbild 86, 91f, 173, 195, 293, 295, 361, 370

Joachim 275

Johannes der Täufer 10, 56, 99f, 145, 176, 235, 238f, 251, 263, 273, 295 - 297, 302, 319, 393

Jordan 76f, 235, 239, 273, 291, 294, 397

Joseph 53, 60, 78, 148, 234, 253, 269, 277 - 280

Judas 77, 110, 169, 184, 307, 342 - 344, 347

Juden 17, 26, 33, 40 - 42, 44 - 50, 52, 56, 73, 76 - 78, 80, 82f, 93 - 95, 104f, 107f, 126, 130, 164, 166, 169 - 172, 174, 182, 187, 190, 204, 215, 221, 234, 244, 251, 253 - 255, 259, 261, 267 - 273, 278, 281f, 291f, 301, 303f, 313, 319, 328, 331, 342, 348, 350, 353, 355, 364, 373, 382f, 407f

Judenchristen 382

Jünger 77, 80, 94, 96, 99, 101f, 109 - 113, 119, 126, 132, 135, 141, 152, 156, 163, 166, 168, 183 - 185, 189 - 193, 196, 205, 218 - 220, 226, 237 - 241, 246, 248, 252, 256, 258, 264, 293, 296f, 302, 304, 306f, 318, 321, 323f, 338, 342f, 345 - 347, 349, 353, 364, 366 - 368, 370 - 373, 375f, 382, 391, 396

Jungfrauengeburt 60f, 189, 277f, 405, 407

Jüngstes Gericht 224f, 257

Kaiphas 105, 170, 243, 302, 341, 348, 365

Kinder 76, 79, 83, 107, 116, 131f, 134 - 137, 139, 142, 163, 177, 191, 220, 227, 234 - 236, 239, 245, 247, 250, 277, 282, 303f, 308, 322f, 327 - 329, 360, 374f

Kirche 4, 7, 11, 25, 33, 60, 110f, 165, 177, 195 - 200, 202 - 205, 288f, 296, 344, 357, 368, 376, 378, 380, 382f, 386, 388 - 390, 400

Kirchengeschichte 111, 382, 386, 390

König 74, 79, 83, 111, 128, 171, 182, 201, 213, 234, 245, 247, 268f, 272, 278f, 348, 350, 358, 394, 396

Koran 4, 26, 28f, 75, 174, 227, 231, 268, 273 - 278, 281f, 293, 327, 337, 354f, 360, 403f

Kreuzigung 8, 43, 45, 48, 50, 55, 73, 85, 89, 95, 106, 110, 119, 159, 167, 172 - 178, 184f, 190f, 193, 221, 249, 260, 263, 272, 306, 341f, 350 - 352, 354 - 356, 358, 361, 364f, 370f, 373, 384, 406

Krieg 25, 47, 80f, 85, 88, 119, 131f, 139, 173, 195, 224, 241, 245, 247, 312, 324f, 347

Lazarus 94, 254f, 298

Liebe 45, 52, 76, 80f, 84 - 86, 88 - 92, 98, 110, 112, 115, 117 - 119, 122, 128, 130 - 132, 141, 146, 150, 152, 154, 156 - 160, 162f, 170, 172f, 175, 179, 192, 213, 223, 236, 240, 242, 256, 271, 293f, 312, 315, 318, 321f, 325, 331f, 336, 340, 346, 352, 372f, 398

    Feindesliebe 122, 131f, 236, 300, 312, 318, 321 - 323

    Liebe zur Menschheit 159, 176, 179, 293, 312, 321f

Nächstenliebe 115, 131f, 236, 240, 312, 320 - 322, 407

Loslösung 19, 102, 130, 138, 144f, 152, 156, 174, 179, 191, 193, 213, 293, 300, 328 - 331, 340, 359, 361, 363, 373

Luther 201f, 387f

Macht Gottes 61, 79, 112, 148, 180, 363

Magier/Sterndeuter 56, 278

Manifestation Gottes 20f, 40, 65f, 86, 89, 122, 124, 138, 140, 159, 175, 178, 180, 205, 208f, 211 - 214, 217, 229, 281, 283, 285, 289f, 292, 297, 317, 320, 363, 392, 394, 409

Maria Magdalena 112f, 184f, 306, 365

Maria, Mutter Jesu 42, 45, 57, 59 - 62, 113, 189, 234, 263f, 274 - 279, 286, 306

Mensch 7, 9, 19 - 21, 39 - 40, 42 - 44, 46f, 51f, 54, 57 - 59, 61 - 64, 66f, 69, 73f, 77, 79 - 81, 84f, 88 - 93, 95f, 98 - 100, 103 - 105, 109 - 122, 124 - 126, 128 - 136, 139 - 165, 167, 174f, 177 - 180, 182, 184, 186f, 191, 193, 196f, 200, 202, 206, 208 - 213, 215, 221 - 226, 231 - 233, 241f, 244 - 246, 248, 250f, 254, 260, 264, 269, 278, 284 - 286, 288 - 291, 293 - 295, 298f, 302,

304f, 307, 309 - 315, 319 - 335, 337, 340, 343, 354, 357, 359f, 363 - 365, 368, 373 - 375, 377, 384, 388, 392, 397f, 406 - 408, 411f

Ebenbild Gottes 66, 128, 160f, 231, 320, 327f, 331

Mittelpunkt des Bündnisses 196, 377

Mohammed 22, 26, 66, 124f, 127, 134f, 174, 176, 199, 208, 267, 280, 297, 323, 355, 399, 409

Moses 27, 39 - 41, 45f, 48f, 52, 78, 81 - 84, 95, 101, 106, 116, 118 - 120, 122 - 125, 127, 145, 148, 176, 204, 227f, 236, 239f, 249, 252, 267 - 269, 280, 291, 297, 303, 313 - 316, 318f, 349, 364, 382f, 399, 409

Muhammad Ali 23, 343

Nachfolge 22f, 33, 53, 84, 90, 105, 111, 113, 115f, 137f, 173, 194 - 199, 201, 203, 300, 304f, 313, 318, 344, 365f, 370f, 376, 378, 381, 389f, 392

Nazareth 43, 45f, 49, 51, 62, 78, 279, 286, 306

Nestorius 200, 380

Offenbarer 20f, 40, 59, 73f, 92, 95f, 145, 160, 182, 186, 190, 280, 298, 320, 333, 364, 399

Offenbarung 4, 7, 11, 19 - 23, 27, 29, 32, 34, 41, 46, 49, 54 - 56, 64 - 70, 72, 74f, 77f, 82 - 85, 89f, 95, 97, 100, 105 - 107, 110f, 114, 116f, 123, 127, 143, 145, 149, 151, 156, 159, 170, 176f, 179f, 195, 206 - 212, 214, 219f, 223 - 229, 238, 267, 269, 272, 280, 283f, 288, 290f, 302, 307, 309 - 311, 313 - 316, 319f, 326, 334, 338, 341, 348, 360, 362f, 365, 371, 375, 377, 386, 391, 394 - 396, 398f, 406, 408, 412

Papst 3, 201, 325, 387, 389

Paradies 98, 126, 140, 143f, 154, 162f, 223, 336

Pfingsten 11, 192, 259, 370 - 372

Pharisäer 39f, 45, 78, 104 - 106, 235, 239, 241, 246, 251, 302

Pilatus 170, 341, 348

Platonismus 289

Propheten 18, 20f, 24, 28, 30, 39, 41, 43 - 47, 49 - 52, 54, 58, 75f, 82 - 84, 89 - 92, 100f, 105, 107, 115, 117, 119f, 122, 125, 127, 145, 148, 160, 170, 173 - 176, 178, 199f, 207, 210, 212, 222, 224, 226, 228f, 234f, 238, 242, 245, 247, 249, 251, 253, 263, 267, 282f, 285, 295, 297, 302f, 314f, 334,

348, 355, 357, 364, 392 - 394, 399, 409, 412

Prophezeiungen 11, 42 - 44, 46 - 48, 54f, 130, 214, 216, 220, 225f, 229, 267f, 270 - 273, 283, 304, 396

Rache 133 - 135, 322f

Reformation 197, 319, 387 - 389

Reich Gottes 47f, 51, 62, 64, 78, 84, 90, 93, 98, 109, 112, 117, 128f, 137 - 139, 141, 144f, 149 - 151, 153f, 156f, 162f, 168, 172f, 180, 182, 188, 191, 193, 206, 215, 219, 221, 226, 240f, 245f, 251, 261, 295, 320, 325, 328f, 334f, 344, 351, 363, 367, 373, 375, 397, 406, 407

Reiche 111, 137f, 305, 328f

Reichtum 80, 138, 144, 328f, 339, 345, 363, 400

Römer 45, 50, 52, 79f, 82, 85, 87 - 89, 120, 128, 195, 204, 271, 342, 349f, 382f, 387

Sabbat 40, 43, 45, 47, 49, 52, 106, 111, 119, 121, 171, 216, 242, 268, 303, 318, 348

Satan 40, 86, 88, 91, 128, 160f, 173, 344, 357

Schlange 44, 50, 57, 142 - 145, 215, 231, 332

Schöpfung 57, 71, 109, 117, 127, 132, 149, 160f, 180, 193, 206, 209, 217, 223, 245, 282, 289, 326 - 328, 375, 397, 412

Selbstoffenbarung Gottes 396, 399, 408

Shoghi Effendi 24, 32, 408, 411

Spaltung 33, 122, 199 - 201, 203, 260, 379 - 381, 384f, 388, 390

Sünde 40, 89, 93, 98, 102, 106, 141, 144f, 147f, 157, 165, 174, 178, 215, 225, 235, 246, 257, 294f, 297, 300f, 306, 330f, 333, 336, 359f, 363, 408

Erbsünde 178, 331, 333, 359

Sündenfall 145, 177, 231, 359

Tabor 99, 101, 296

Taube 75, 97, 99, 126, 162, 206, 280, 295, 297, 391

Taufe 11, 75, 97f, 156f, 230, 235, 260, 273, 294, 297, 319, 327, 336, 381

Tempel 54f, 61, 106, 114, 173, 204, 212, 243f, 272, 275, 303, 349, 352

Thora 27, 41, 49f, 52, 82 - 84, 121, 123, 219, 227, 229, 268, 312, 315, 317 - 319

Tiere 43 - 45, 47f, 52, 57f, 81, 103, 120, 141, 147f, 154f, 158, 231, 271, 318, 330 - 334, 382

Tod 7f, 11, 22, 24, 27, 32, 39, 45, 77, 89, 96, 101f, 105, 115, 119, 122, 140, 145, 147f, 150 - 156, 159, 164, 167, 170, 173, 175, 178f, 181, 184f, 188, 191, 209, 216, 221, 231, 234, 237, 239, 243, 245, 249, 260f, 272, 307, 312, 318, 333, 333 - 335, 337, 341f, 348f, 351f, 355, 357 - 359, 364f, 368, 371, 384, 398, 406, 408, 413

Todesstrafe 39, 51f, 105, 118, 121, 170, 213, 243, 249, 303, 318, 341, 348, 349

Tröster 207, 218, 257, 394f, 397

Tugenden 72, 77, 89, 100, 115, 117, 140, 144, 148, 161, 283, 312f, 327, 332, 363

Universales Haus der Gerechtigkeit 18, 24, 32 - 34, 404f

Vaterunser 130, 236

Vergebung 93, 119, 133 - 135, 157, 165, 178, 215, 246, 295, 297, 322f, 351

Verklärung 99, 101, 294, 296f, 364

Verrat 44, 77, 169, 307, 342 - 344

Vollkommenheit 4, 39, 57 - 59, 66 - 68, 70 - 78, 84, 91f, 100, 103, 106, 109, 125, 142 - 147, 149, 154, 161, 164 - 168, 177, 179f, 183, 190, 228, 236, 240, 264, 284 - 287, 293, 307, 312, 326f, 330, 332, 338f, 362f, 365, 370, 409

Vorsehung 26, 174, 176, 197f, 399

Wahrheit 19, 21, 28, 34, 39, 41, 45, 48 - 50, 52f, 56, 63 - 68, 70f, 75, 80, 91f, 95f, 100, 104, 106f, 109f, 114 -117, 122, 126, 131, 134, 141f, 146, 164, 174, 179, 182 - 184, 186f, 190, 193, 197, 207, 209 - 214, 216 - 220, 224, 230, 251, 256f, 261, 264, 268, 279, 282f, 286, 289, 308, 311f, 326, 337, 339, 357 - 359, 364, 380, 386, 390, 393f, 396 - 399, 413

Wasser 41, 45, 48, 53f, 77, 97, 119, 129, 141, 150, 153f, 156 - 158, 162, 225, 233, 235, 251, 271, 273, 294, 308, 310, 334f, 337, 374

Wein 165, 168, 345

Weltlichkeit 81, 86, 94, 96, 136, 141f, 154, 156, 220, 299, 307f, 329, 388

Wiedergeburt aus dem Geiste 96, 139, 146 - 156, 162, 251, 286, 335f

Wiederkunft 22, 62, 100, 191, 205, 207f, 212, 215f, 226, 279, 287, 296, 368, 390f, 393f, 412

Wille Gottes 91, 194, 212f, 290, 325, 332, 334, 347, 370, 386, 394, 398

Wirklichkeit 4, 20, 39, 42f, 46 - 48, 50, 53, 55, 61f, 64f, 67 - 74, 76, 86, 90, 92, 94, 96, 99 - 101, 108, 118f, 124 - 126, 129, 131, 136, 144, 146f, 149, 151, 155, 157, 159, 163 - 167, 174, 177 - 179, 183, 185 - 187, 189, 212, 219, 221, 269f, 272, 282f, 286, 290, 295, 298f, 325f, 352, 355, 362, 365f, 393

Wort Gottes 26, 41, 49f, 56, 69, 71f, 74f, 80, 82, 87, 90, 93, 101, 109, 127, 143f, 146f, 171f, 176f, 184, 209f, 220, 254, 273, 284f, 288, 290, 326, 348, 363, 379, 396, 412f

Wunder 44, 49, 60f, 94 - 97, 112, 150, 158, 207, 214, 242, 245, 280, 297 - 299, 301, 358, 363, 405, 412

Zacharias 56, 61, 97, 99, 263, 275, 306

Zehn Gebote 48, 127, 315f, 324